High Score & High Heels

Sonja Ganguin · Anna Hoblitz

High Score & High Heels

Berufsbiografien von Frauen in der Games-Industrie

Springer VS

Sonja Ganguin
Universität Leipzig
Deutschland

Anna Hoblitz
Universität Paderborn
Deutschland

ISBN 978-3-658-03824-3   ISBN 978-3-658-03825-0 (eBook)
DOI 10.1007/978-3-658-03825-0

Die Deutsche Nationalbibliothek verzeichnet diese Publikation in der Deutschen Nationalbibliografie; detaillierte bibliografische Daten sind im Internet über http://dnb.d-nb.de abrufbar.

Springer VS
© Springer Fachmedien Wiesbaden 2014
Das Werk einschließlich aller seiner Teile ist urheberrechtlich geschützt. Jede Verwertung, die nicht ausdrücklich vom Urheberrechtsgesetz zugelassen ist, bedarf der vorherigen Zustimmung des Verlags. Das gilt insbesondere für Vervielfältigungen, Bearbeitungen, Übersetzungen, Mikroverfilmungen und die Einspeicherung und Verarbeitung in elektronischen Systemen.

Die Wiedergabe von Gebrauchsnamen, Handelsnamen, Warenbezeichnungen usw. in diesem Werk berechtigt auch ohne besondere Kennzeichnung nicht zu der Annahme, dass solche Namen im Sinne der Warenzeichen- und Markenschutz-Gesetzgebung als frei zu betrachten wären und daher von jedermann benutzt werden dürften.

Lektorat: Stefanie Laux, Stefanie Loyal

Gedruckt auf säurefreiem und chlorfrei gebleichtem Papier

Springer VS ist eine Marke von Springer DE. Springer DE ist Teil der Fachverlagsgruppe Springer Science+Business Media
www.springer-vs.de

Geleitwort

Wir danken Sonja Ganguin und Anna Hoblitz für diesen Beitrag zur Untersuchung der Berufsbiografien von Frauen, die im ‚malestream' der digitalen Spieleindustrie in Deutschland arbeiten. Im Zusammenhang mit unserer eigenen Arbeit als Organisatorinnen des feministischen Forschungsnetzwerks F.I.G. (Feminists in Games), welches sich zur Aufgabe gemacht hat, Gender, Gleichberechtigung und die digitale Spielindustrie und -kultur zu untersuchen, waren wir höchst erfreut, als diese enthusiastischen Wissenschaftlerinnen unsere Einladung angenommen haben, dem Netzwerk beizutreten und eine Studie über die Situation von Frauen in der deutschen Games-Industrie durchzuführen. Diese Veröffentlichung beleuchtet also den Einstieg, die Berufswege und Erfahrungen von fünfzehn Frauen, die in der Games-Branche arbeiten. Das Ergebnis ist ein umfassendes Verständnis der von den Frauen wahrgenommenen Herausforderungen sowie ihrer Motivation, in dieser spannenden Branche zu arbeiten.

Eine methodische Besonderheit sehen wir in der Verwendung des Expertinnenbegriffs, der im Sinne der qualitativen Erhebungsmethode reflektiert wird. Damit ist dieses Buch ein sehr wichtiger Forschungsbeitrag in einem Kontext, in dem der Begriff des ‚Experten' häufig und nicht bewusst männlich konnotiert ist.

Gerade weil die Industrie noch jung ist – obwohl sie mittlerweile längst nicht mehr in den Kinderschuhen steckt –, sind Wertvorstellungen, Regelungen und Handlungsfelder immer noch im Wandel begriffen. Arbeiten wie diese können daher maßgeblich dazu beitragen, das Geschlechterverständnis in einer Branche, in der Frauen immer noch nur vereinzelt anzutreffen sind, zu ändern.

Für diejenigen von uns, die geschlechtliche Diskriminierung und die daraus hervorgehende Unterrepräsentation in einer Industrie mit solch gewaltiger kultureller und ökonomischer Wichtigkeit verstehen und ansprechen möchten, sind Beiträge zum Kenntnisstand, welche uns über unseren nationalen Kontext hinausbringen, aber gleichzeitig auch lokale Gegebenheiten beleuchten und komparative Daten liefern, von großem Wert.

Außerdem ist hervorzuheben, dass dieses Projekt den teilnehmenden Studierenden ermöglichte, die Spieleindustrie direkt zu erfahren und mit ihr in Kontakt zu treten. Wie wir aus der Studie wissen, repräsentiert ein solch direkter Kontakt in einem prägenden Abschnitt der Ausbildung der Interviewenden einen der wenigen gemeinsamen ‚stepping stones', die die Karrierewege der Frauen ausmachen.

In Forschungsfeldern, die sich mit Benachteiligung und Ungleichheit beschäftigen, zeichnet sich die beste Arbeit dadurch aus, dass sie nicht nur Hemmungen und Hindernisse dokumentiert, sondern vielmehr hilft, diese zu überwinden – Forschung, die eingreift, um Ungleichheiten zu beseitigen. Und das ist genau das, was die Arbeiten dieser beiden Wissenschaftlerinnen zu erreichen versuchen.

Professorin Dr. Suzanne de Castell
Institute of Technology, University of Ontario

Professorin Dr. Jennifer Jenson
York University Canada

Mitbegründerinnen der Initiative „F.I.G." (http://www.feministsingames.com/)

Vorwort

Zu Beginn dieses Buches möchten wir einige Anmerkungen für unsere kritischen und interessierten Leserinnen und Leser anführen.[1] So beschäftigen wir uns seit geraumer Zeit mit dem Thema „Games". Auf internationalen Tagungen fiel uns dabei auf, dass sich das Thema „Women in Games" vermehrt als eigener Forschungsgegenstand der Games-Studies etabliert hat und eigene Sessions zu diesem Thema durchgeführt werden. Für Deutschland lassen sich hingegen kaum ähnliche Forschungsbemühungen finden. Dies veranlasste uns, dieses Thema aufzugreifen und zu beleuchten. Wir haben Interviews mit Expertinnen geführt, damit sie uns aus ihrer persönlichen Sicht und von ihren Erfahrungen berichten. So entwickelte sich aus einer anfänglichen Neugier – fast wie ein Selbstläufer – dieses Buch.

Wir möchten Frauen aus der deutschen Games-Branche zu Wort kommen lassen, die über ihre Erfahrungen in Interviews berichten und somit dem interessierten Nachwuchs und Branchen-Interessierten Einblicke in eine spannende Industrie geben. Wie ist nun dieses Buch aufgebaut? Zuerst gibt es eine Einführung – in die Nutzung digitaler Spiele, die Games-Branche im Allgemeinen und die Rolle von Frauen in dieser spannenden Industrie. Anschließend präsentieren wir konkret unsere Forschungsfragen und die methodische Konzeption der Expertinnenbefragung. Hieran schließt der zentrale Teil dieses Buches an: die detailreichen Aussagen von 15 Frauen über ihre Arbeit in der Games-Branche. Diese Sicht auf die Games-Branche wird nach diesen Einzelvorstellungen synoptisch auf wichtige Gemeinsamkeiten und Unterschiede hin untersucht.

Bevor wir nun zum Gegenstand, den Computer- und Videospielen kommen, möchten wir hier noch die Möglichkeit nutzen und uns bei einigen Personen

---

[1] Zur besseren Lesbarkeit wird in diesem Buch hauptsächlich die maskuline Schreibweise verwendet. Es sei ausdrücklich darauf hingewiesen, dass in der Regel beide Geschlechter gemeint sind, sofern nicht explizit eine abweichende Verwendung erfolgt. In den abgedruckten Interviews wurde die Wortwahl der Expertinnen beibehalten, z. B. bezeichnet Kathleen Kunze sich selbst als Game Designer und nicht als Game Designerin.

bedanken. Zunächst bedanken wir uns bei den Studierenden der Universität Paderborn, die an den Expertinneninterviews mitgewirkt und damit selbst Einblicke in ein für sie interessantes Berufsfeld bekommen haben. Weiterer Dank gilt Prof. Susanne de Castell, University of Ontario, Prof. Jennifer Jenson, York University Canada, Prof. Dorothee Meister und Prof. Jörg Müller-Lietzkow von der Universität Paderborn für ihre Ideen und ihre Unterstützung. Bei den redaktionellen Arbeiten haben mitgewirkt: Alina Schultz, Julia Huneke und Horst Haus. Stefanie Laux und Stefanie Loyal waren unsere kompetenten Partnerinnen des VS-Verlages. Vielen Dank dafür!

Unser besonderer Dank gilt natürlich unseren Expertinnen – für ihre Teilnahme am Projekt und die konstruktive Zusammenarbeit – ohne sie wäre dieses Buch nicht möglich gewesen.

Paderborn und Leipzig, Juni 2014   Sonja Ganguin

                                                                                                     Anna Hoblitz

Inhaltsverzeichnis

1 **Frauen in der Games-Branche – Ein erster Einblick** 1
   1.1 Digitale Spiele – längst kein „Jungs-Thema" mehr 2
   1.2 Computerspiele als Kulturgut 5
   1.3 Der Computer- und Videospielemarkt in Deutschland 6
   1.4 Die Games Branche: Ein männerdominiertes Arbeitsfeld? 10
   1.5 Frauen in der Games-Industrie: 15 Beispiele aus Deutschland 16
   1.6 Aufbau des Buches 23

2 **Expertinnen-Gespräche** 27
   2.1 „Klassische" Spielebranche: Publisher und Entwickler 27
      2.1.1 Interview mit Franziska Lehnert, Senior PR-Managerin 27
      2.1.2 Interview mit Silja Gülicher, PR-Managerin 44
      2.1.3 Interview mit Sabine Hahn, Senior Business Managerin (Mobile) 57
      2.1.4 Interview mit Freya Looft, Managing Director 72
      2.1.5 Interview mit Renate Grof, Leiterin Gamesload 81
      2.1.6 Interwiew mit Odile Limpach, Managing Director 90
   2.2 „Neue" Spielebranche: Online- und Browsergame-Anbieter 105
      2.2.1 Interview mit Victoria Busse, Leiterin User Experience 105
      2.2.2 Interview mit Wiebe Fölster, Business Analyst 120
      2.2.3 Interview mit Gitta Blatt, Head of Human Resources 131
      2.2.4 Interview mit Catherina Herminghaus, Product Director 139
      2.2.5 Interview mit Kathleen Kunze, Game Designerin 151

2.3 „Mitwirkende" Spielebranche: Organisationen, Beratung, Presse 164
    2.3.1 Interview mit Katharina Dankert, Testerin 164
    2.3.2 Interview mit Sandra Urban, Senior Consultant 178
    2.3.3 Interview mit Ruth Lemmen, Projektmanagerin und Referentin für Medienkompetenz 189
    2.3.4 Interview mit Petra Fröhlich, Chefredakteurin 204

3 Frauen in der Games-Branche – eine vergleichende Analyse der Interviews 221
    3.1 Digitale Spiele – Private und berufliche Leidenschaft? 221
    3.2 Wege in die Games-Industrie – Verschlungene Pfade oder gerade Laufbahnen? 231
    3.3 Arbeiten in einer Männerdomäne – Vorteile und Vorurteile? 241
    3.4 Motivationsfaktor Games-Branche – Zufriedene „Workaholics"? 258
    3.5 Praktische Ratschläge für den Berufseinstieg 276
    3.6 Ausblick: Professionalisierung der Games-Branche? 280

4 Nachwort 285

Übersicht: Initiativen 287

Glossar 291

Literatur 295

Frauen in der Games-Branche – Ein erster Einblick

Bevor unsere Expertinnen aus der deutschen Computer- und Videospielindustrie zu Wort kommen und von ihren Berufswegen und Erfahrungen berichten, soll ein erster Überblick in die Welt der digitalen Spiele erfolgen. Sich als Frau in der Games-Branche zu bewegen, heißt auch, in einer erfolgreichen Industrie zu arbeiten. Der Erfolg einer Branche resultiert nicht zuletzt aus der Verbreitung und Nutzung der Arbeitsinhalte, die sie produziert. Deshalb werfen wir zuerst ein Schlaglicht auf die Nutzungsgewohnheiten der Spielerinnen und Spieler, diskutieren digitale Spiele als Kulturgut und stellen den Games-Markt kurz vor. Mit dem grundlegenden Verständnis der Branche, dem Medium und der Nutzer möchten wir dann gezielt die Situation von Frauen in der Games-Branche beleuchten. Abschließen werden wir dieses Kapitel mit Erläuterungen zu unserem methodischen Vorgehen und dem konzeptionellen Aufbau des Buches.

1.1 Digitale Spiele – längst kein „Jungs-Thema" mehr

Digitale Spiele[1] zählen heute für Kinder, Jugendliche und Erwachsene zu einer der beliebtesten Freizeitbeschäftigungen. Laut der KIM-Studie 2012[2] spielen 22 % der 6- bis 13-Jährigen Computer-/Konsolen- oder Onlinespiele jeden oder fast jeden Tag; weitere 44 % tun dies ein- oder mehrmals in der Woche (vgl. MPFS 2012, S. 47). Dabei fallen Unterschiede in der Nutzungshäufigkeit in den Altersgruppen auf: Je älter das Kind, desto häufiger wird gespielt. Daneben interessieren wir uns für die Frage, ob sich geschlechtsspezifische Differenzen zwischen den Nutzungsgewohnheiten von Mädchen und Jungen aufzeigen lassen. Während 29 % der Jungen jeden oder fast jeden Tag spielen, trifft dies nur auf 14 % der Mädchen zu. Geschlechtsspezifische Unterschiede zeigen sich auch bei den Lieblingsspielen. Während das Spiel „Super Mario" von Mädchen und Jungen fast gleichermaßen gern gespielt wird, favorisieren die Jungen vor allem das Fußballspiel „FIFA". Mädchen begeistern sich dagegen eher für das Spiel „Die Sims", bei dem vornehmlich soziale Beziehungen und der menschliche Alltag gespielt und simuliert werden. Bei den Lieblingsspielen der Jungen lässt sich eine klare Wettbewerbsorientierung erkennen, wogegen Mädchen Spiele, die stark auf Durchsetzung und Wettkampf hin ausgerichtet sind, häufig als unattraktiv beschreiben (vgl. Witting 2010, S. 117). Klimmt erklärt hierzu, dass Mädchen eine solche Spieldynamik als widersprüchlich zu der von ihnen angestrebten Geschlechtsrolle erleben (vgl. Klimmt 2004, S. 706). Mädchen bringen eher die Spiele in die Spielecharts, die nicht im Widerspruch zu einer femininen Geschlechtsrolle stehen, wie eben „Die Sims" oder „Nintendogs". Witting gibt zu bedenken, dass bei den Spielvorlieben häufig der Eindruck erweckt werde, diese seien an das biologische Geschlecht geknüpft. „Dabei kommen hier neben individuellen und biografischen Aspekten Effekte einer oft traditionellen Geschlechtsrollensozialisation zum Tragen", so Witting (2010, S. 118).

---

[1] Fragt man nach der Definition von Computer- und Videospielen, dann zeigt sich eine uneinheitliche und zum Teil recht verwirrende Begriffsvielfalt. Von der Geräteseite her lassen sich unterschiedliche Formen elektronischer Spiele bestimmen, die Jürgen Fritz unter dem Oberbegriff „Bildschirmspiele" führt (vgl. Fritz 2003, S. 2). Der hier verwendete Begriff „digitale Spiele" verweist darauf, dass in diesem Werk nicht die typischen Definitionen der 1980er-Jahre mit dem Gedanken der „Bildschirmspiele" im Mittelpunkt stehen, sondern „die Verbindung aus Spielen und Digitalität. Unter digitalen Spielen werden also im Folgenden diejenigen verstanden, die im Rahmen einer aktiven Nutzung von Binärcodes ein interaktives und dynamisch veränderndes inter-individuelles Unterhaltungserleben ermöglichen" (Müller-Lietzkow 2009, S. 241).

[2] In der KIM-Studie 2012 wurden in dem „Zeitraum von 29. Mai bis 13. Juli 2012 insgesamt 1.220 deutschsprechende Kinder im Alter von sechs bis 13 Jahren in einem persönlich-mündlichen Interview (CAPI) befragt" (MPFS 2012, S. 12).

1.1 Digitale Spiele – längst kein „Jungs-Thema" mehr

Unter Jugendlichen sind digitale Spiele insgesamt noch beliebter als bei Kindern: Fasst man laut der JIM-Studie[3] alle Spieleoptionen zusammen (Online-Spiele, PC- und Konsolenspiele), dann spielen 45 % der Jugendlichen täglich oder mehrmals pro Woche Spiele, wobei dies mit dem Alter – im Gegensatz zu den Kindern – abnimmt. Allerdings weiten sich die geschlechtsspezifischen Unterschiede stark aus. Während 70 % der befragten männlichen Jugendlichen täglich bzw. fast täglich spielen, tun dies lediglich 19 % der Mädchen. Die Unterschiede in der Spielhäufigkeit ebnen sich allerdings wieder ein, bezieht man auch das Spielen auf dem Handy ein (48 % Jungen und 41 % der Mädchen tun dies täglich/mehrmals die Woche). Damit stehen Handyspiele bei den Jugendlichen allgemein auf Platz 1, gefolgt von den Online-Spielen (vgl. MPFS 2013, S. 46). Aber nicht nur Kinder und Jugendliche spielen, sondern auch für immer mehr Erwachsene sind digitale Spiele eine beliebte Freizeitaktivität.

Insgesamt spielen nach den Angaben des Bundesverbandes Interaktive Unterhaltungssoftware e. V. (BIU) circa 26 Mio. Personen mehr oder weniger regelmäßig digitale Spiele (vgl. BIU 2011, S. 2).[4] Demnach gehören Computer- und Videospiele für über ein Drittel der Deutschen selbstverständlich zum Alltag, wobei der durchschnittliche Gamer 31 Jahre alt sei.[5] Aber Fakt ist, dass heute alle Generationen spielen. Dementsprechend hat sich das Konsumentenbild der Games-Industrie verändert und umfasst heute ein viel breiteres Spektrum: dazu gehören auch vermehrt Frauen. Diese Nutzergruppe ist – auch durch neue Spieletrends – in den letzten Jahren stetig gewachsen. In Deutschland spielen 11,6 Mio. Frauen (44 %) und 14,4 Mio. Männer (56 %) (vgl. BIU 2013e).[6] Dementsprechend scheint es so zu sein, dass sich insgesamt geschlechtsspezifische Unterschiede mit zunehmendem Alter einebnen. Allerdings lassen sich weiterhin Unterschiede in den Spielpräferenzen

---

[3] „Für die JIM-Studie 2013 wurde im Zeitraum vom 27. Mai bis 7. Juli 2013 aus der Grundgesamtheit der ca. 6,5 Mio. Jugendlichen im Alter zwischen zwölf und 19 Jahren in der Bundesrepublik Deutschland eine repräsentative Stichprobe von 1.200 deutschsprachigen Zielpersonen telefonisch (CATI) befragt" (MPFS 2013, S. 4).

[4] Die Daten des BIU basieren auf einer Befragung durch die GFK. In der Studie wurden 25.000 Deutsche befragt. Als Gamer und als regelmäßig Spielende bezeichnet der BIU Personen, die mindestens 1–2-mal pro Monat Computer- und Videospiele spielen.

[5] Im Vergleich zu den Zahlen des BIU (2013e) spielten laut der „GameStat"-Studie (2011), in der mehr als 4.500 Personen ab 14 Jahren zu ihrem Spielverhalten befragt wurden, rund 25,2 % der Deutschen gelegentlich digitale Spiele (vgl. Quandt 2011).

[6] Ähnliches gilt z. B. für die USA. Hier liegt der Frauenanteil der Spielenden laut Entertainment Software Association (ESA 2013) bei 45 Prozent.

feststellen. Allgemein zählen Frauen eher nicht zu den Core-Gamern[7] – sie bevorzugen Casual Games wie Bewegungs-, Musik- und Social Games (vgl. BIU 2013e).[8] Fragt man, was Mädchen und Frauen sich in Spielen wünschen, dann werden Spiele genannt, die beispielsweise eine gewisse Handlungsfreiheit ermöglichen, anspruchsvolle Rätsel sowie die Möglichkeit bieten, kooperativ mit anderen zu spielen. Nicht zuletzt wird dabei auch „immer wieder der Wunsch nach weiblichen Spielcharakteren geäußert" (vgl. Witting 2010, S. 119).[9] Dieser Wunsch ist aus der Perspektive der Spielerinnen nachvollziehbar, denn wenn man sich die Hauptcharaktere in digitalen Spielen anschaut, dann werden diese vornehmlich an männliche Spielfiguren vergeben. Die Bedeutung und Repräsentation von weiblichen und männlichen Spielfiguren hat sich dabei zu einem eigenen Forschungsthema entwickelt (vgl. z. B. Cassell und Jenkins 2000; Norris 2004; Hartmann und Klimmt 2006; Jenson et al. 2011), wobei insgesamt für Spielerinnen – aber auch für Spieler – ein differenzierteres, weniger klischeehaftes Angebot an Spielfiguren als wünschenswert angesehen wird. Aus diesem Grund wäre es vielleicht für die Games-Industrie interessant, auch die Vorstellungen von Frauen über ihre bevorzugten Typen von Spielfiguren zu beachten. Ein Weg könnte sein, vermehrt Spieleentwicklerinnen in den Entwicklungsprozess von neuen Spielen zu integrieren.

---

[7] Die Differenzierung zwischen Core- und Casual-Gamer basiert vornehmlich auf der zum Spielen eingesetzten Zeit. Müller-Lietzkow (2009, S. 244) differenziert hingegen drei Gruppen und zwar „den Core-, den Standard- und den Casual Gamer. Differenzierungskriterien sind Nutzungszeit, Nutzungsintensität, investiertes frei verfügbares Einkommen in digitale Spiele und Anschlusskommunikation".

[8] Eine Studie des Online-Anbieters „King.com" weist aus, dass zwei Drittel ihrer Casual Social Games-Spieler Frauen sind. „Unter den Stammspielern sind sogar 71 % Frauen. Das Durchschnittsalter im weitesten Spielerkreis der Männer beträgt 38 Jahre und das der Frauen 39,9 Jahre (vgl. king.com 2012, S. 4).

[9] Einige Firmen haben die Bedeutung der weiblichen Zielgruppe erkannt und möchten verstärkt auf deren Bedürfnisse eingehen. So wurde z. B. für die PlayStation 4 speziell nach weiblichen Fachkräften gesucht, um deren spezifische Erfahrungen in die Produktion einzubinden (siehe Weber 2013). Dass die bewusste Integration von Frauen in die Spieleentwicklung erfolgreich sein kann, um gezielt Spielerinnen als Nutzer zu adressieren, zeigt das bereits angesprochene Beispiel „Die Sims". So bestand etwa das Team für „Die Sims Online" zu 40 % aus Entwicklerinnen (vgl. Consalvo 2008, S. 177). In diesem Sinn führt Charu Gupta (Programmiererin SingStar) aus: „if a company makes games like SingStar, they are more likely to employ a woman producer" (Haines 2004, S. 8).

1.2 Computerspiele als Kulturgut

„Computerspiele sind eine der lebendigsten Ausdrucksformen des 21. Jahrhunderts. In Zukunft stehen sie neben etablierten Künsten wie Literatur und Film", so die Aussage von Arend Oetker, Vizepräsident des Bundesverbandes der Deutschen Industrie im Jahre 2005 (zitiert nach Müller-Lietzkow et al. 2006, S. 5). Den zunehmenden Stellenwert von Computerspielen[10] hat auch die Politik erkannt. So wurde bereits am 14.11.2007 von einigen Abgeordneten der CDU/CSU und SPD der Antrag gestellt, wertvolle Computerspiele in Deutschland in Form eines Deutschen Computerspielpreises zu fördern. Denn es sei eine „multimediale Spielekultur entstanden, die Ausdruck in der vermehrten Nutzung von Computerspielen und anderen interaktiven Unterhaltungsmedien findet" (Deutscher Bundestag 2007, S. 2, Drucksache 16/7116).

2008 wurden dann Computerspiele vom Deutschen Kulturrat als Kulturgut anerkannt. Diese Auszeichnung betont den künstlerischen, kreativen Prozess und die Bandbreite von Potenzialen, die das Medium bietet. Diese ganzheitliche Sicht auf Computerspiele wurde von einigen Personen des öffentlichen Lebens und auch aus der Wissenschaft heftig kritisiert und ein sogenannter Kölner Aufruf gegen Computergewalt verbreitet. Der Aufruf reduzierte Computerspiele auf Gewaltspiele und verlangte in polemischer Weise, dass kein Computerspielpreis verliehen werden soll.[11] Dies verdeutlicht, wie emotional öffentliche Diskussionen über das Kulturgut Computerspiel geführt worden sind.

2009 wurde dann aber der Deutsche Computerspielpreis ins Leben gerufen. Der Preis wird jährlich von den beiden Branchenverbänden der Games-Industrie (BIU und Bundesverband der Computerspielindustrie [G.A.M.E]) zusammen mit dem Beauftragten der Bundesregierung für Kultur und Medien verliehen. Der Preis soll besonders „pädagogisch wertvolle Spiele" fördern (Deutscher Bundestag 2008, S 1, Drucksache 16/10041). Dass der Preis auch von den Branchenverbänden der Spielindustrie vergeben wird, zeigt, dass der Industrie selbstverständlich daran gelegen ist, das Image von digitalen Spielen aufzubessern. Demzufolge bekräftigt auch Martin Lorber (2010, S. 44) von EA, die Industrie habe „ein Interesse daran,

---

[10] Auch wenn wir in diesem Abschnitt nur von Computerspielen zur besseren Lesbarkeit sprechen, sind *alle* Formen des digitalen Spielens einbezogen.

[11] Die bundesweit agierende Gesellschaft für Medienpädagogik und Kommunikationskultur (GMK) hat sich explizit für die Anerkennung als Kulturgut und die Verleihung des Deutschen Computerspielpreises eingesetzt: Es sei wichtig, dass über einen Preis Anreize für entwicklungsförderliche und pädagogisch wertvolle Computerspiele geschaffen werden und das Thema Computerspiele dürfe nicht auf die Gewaltdebatte reduziert werden (vgl. dazu auch Ganguin/Meister 2013, S. 155 ff.).

dass ihre Produkte angemessen und zum Vorteil und zum Vergnügen der Käufer genutzt werden. Nur das ist die Grundlage dafür, dass die Medienangebote langfristig in der ‚Mitte der Gesellschaft' akzeptiert und nachhaltig genutzt werden." Um die Computer- und Videospielbranche zu unterstützen, werden 385.000 € an Preisgeldern vergeben – die höchstdotierte Auszeichnung für digitale Spiele in Deutschland (vgl. BIU 2013d). In diesem Sinn sieht der Deutsche Bundestag die Computerspielbranche als einen wichtigen Bestandteil der Kultur- und Kreativwirtschaft an, dem Innovations- und Wachstumspotenziale innewohnen (vgl. Deutscher Bundestag 2007, S 1, Drucksache 16/7116).

Die Forderung der ehemaligen SPD-Fachpolitikerin für Kultur und Medien Monika Griefahn „Also weg mit dem Fragezeichen: Computerspiele sind Kulturgut" (Griefahn 2010, S. 35) kann – nicht zuletzt durch den Umstand, dass die Software-/Games-Industrie in jüngster Zeit vom Bundesministerium für Wirtschaft und Technologie nun auch strukturell als einer der elf Märkte der Kultur- und Kreativwirtschaft ausgewiesen wird (vgl. Bundesministerium für Wirtschaft und Technologie 2010, S. 64 ff.) – letztendlich als erfüllt angesehen werden – zumindest auf politischer und wirtschaftlicher Ebene. Die Frage ist natürlich, ob auch unsere Expertinnen eine solche Anerkennung auf sozialer und gesellschaftlicher Ebene erfahren haben. Denn nach dem Bundesministerium sind digitale Spieleentwickler Künstler, und ihre Arbeit erfordert ein hohes Maß an gestalterischer Kreativität. Ihre Produkte tragen einen erheblichen Teil zur heutigen Alltagskultur bei und werden als gern gesuchte Freizeitgestaltung von allen Altersgruppen angenommen. Dies wird nicht zuletzt daran deutlich, dass die Spielerinnen und Spieler in Deutschland in den letzten Jahren eine enorme Kaufkraft bewiesen haben.

1.3 Der Computer- und Videospielemarkt in Deutschland

Lenkt man den Blick auf wirtschaftliche Aspekte, dann zeigt sich, dass Computer- und Videospiele längst kein Nischenmarkt mehr sind.[12] So sind digitale Spiele neben Film, Fernsehen, Musik und Literatur zu einem weiteren Unterhaltungsleitmedium avanciert (vgl. Müller-Lietzkow et al. 2006, S. 25 f.; Müller-Lietzkow 2008, S. 199). Bereits 2007 wurde deutlich, dass die Computer- und Videospielindustrie sowohl im Hinblick auf den weltweiten Umsatz von rund 30 Mrd. € als auch den Umsatz von rund 2 Mrd. € in Deutschland inzwischen auf ähnlichem oder sogar höherem Niveau liegt wie andere Medienzweige, z. B. die Musik- oder die Filmindustrie (vgl. Deutscher Bundestag 2007, S 1, Drucksache 16/7116).

---

[12] Grundlegende Arbeiten zur Games-Industrie finden sich etwa bei Müller-Lietzkow, Bouncken, Seufert (2006), Kerr (2006) und Müller-Lietzkow (2009).

1.3 Der Computer- und Videospielemarkt in Deutschland

Auch 2010 war die Ertragssituation in Deutschland so, dass allein mit datenträgergebundenen Spielen in Deutschland mehr Umsatz generiert wurde als in der Musikindustrie oder an den Kinokassen. Dies ist umso erstaunlicher, da digitale Spiele auf physischen Datenträgern vornehmlich zu der Offline-Ära, also dem Markt bis zur Jahrtausendwende gezählt werden können. Wir befinden uns in der Online-Ära, dem Markt für digitale Spiele ab dem Jahr 2000, der zweiten großen ökonomischen Welle der Computer- und Videospielindustrie (vgl. Müller-Lietzkow und Meister 2010, S. 79). Diese Veränderung basiert aus technologischer Sicht vor allem auf dem Aufkommen von Internetflatrates, den verbesserten Breitbandverbindungen sowie leistungsfähigen Internet-Browsern.

2012 betrug der Umsatz mit digitalen Spielen in Deutschland 1.851 Mio. € (vgl. BIU 2013b) – im Vergleich dazu lag der Umsatz an den deutschen Kinokassen bei 1.033 Mio. € (vgl. FFA 2013, S. 4). In diesem Jahr wurden in Deutschland insgesamt 73,7 Mio. Spiele verkauft (vgl. BIU 2013b). Aktuell wurde im ersten Halbjahr 2013 mit Computer- und Videospielsoftware ein Umsatz von 752 Mio. € erzielt (vgl. BIU 2013a).[13] Werfen wir den Blick auf den Kernmarkt der Games-Branche, dann zählen dazu allgemein die Entwicklungsstudios und Publisher-Unternehmen. Müller-Lietzkow (2009) schätzt diesen Kern der Branche weltweit auf ca. 150.000 bis 200.000 Arbeitskräfte.[14] Auf nationaler Ebene identifizierte er ca. „7.000 Entwickler und ca. 12.000 direkt der Industrie zuzuordnende Arbeitskräfte auf Basis der Stichprobe von ca. 50 ausgezählten nationalen Unternehmen" (Müller-Lietzkow und Meister 2010, S. 89).[15] Im Vergleich dazu beschäftigte die Filmwirtschaft im Jahr 2009 insgesamt 61.753 Personen, und der Werbemarkt lag bei 142.077 Erwerbstätigen (Bundesministerium für Wirtschaft und Technologie 2012, S. 80). Nach Schätzungen des BIU arbeiten derzeit entlang der gesamten Wertschöpfungskette der deutschen Games-Branche rund 10.500 Menschen und 300 Firmen (vgl. BIU 2013c). Davon sind 150 Unternehmen im Bereich der Entwicklung und Vermarktung – also den „klassischen" Feldern der Spieleproduktion – angesiedelt. Laut Angaben von Bitkom (2013b) sind in der gesamten ITK-Branche über 900.000 Personen angestellt.

---

[13] Zu beachten bei der Zahlenangabe ist hierbei, dass es sich bei digitalen Spielen traditionell um ein Saisongeschäft handelt. Vor allem zur Weichnachtszeit – dies betrifft folglich das vierte Quartal, werden Comuterspiele gekauft.

[14] Aus der Industrieperspektive ist es sehr schwierig, genau abzuschätzen, wie viele Menschen international und national in der Branche tätig sind, da häufig Freelancer beschäftigt werden bzw. Personen, bei denen es sich nicht um zählbare versicherungspflichtige Beschäftigungsverhältnisse handelt.

[15] Eine vergleichbare Größe weist z. B. die britische Games-Industrie auf. Laut Skillset (2013) arbeiten dort rund 7.000 Personen in rund 485 Unternehmen.

Die Zahlen verdeutlichen, dass die Games-Branche im Vergleich zu anderen Wirtschaftszweigen, gemessen an der Zahl der Beschäftigen, eher klein ist. Dies hängt unter anderem damit zusammen, dass etwa die größten Publisher nicht in Deutschland beheimatet sind und bei uns kaum Großproduktionen[16] stattfinden. Gleichzeitig ist der mit den Produkten erzielte Umsatz mit dem anderer Medienzweige vergleichbar und die Marktentwicklung deutet ein weiteres Wachstum an. Obwohl der deutsche Absatzmarkt im globalen Wettbewerb als ein wichtiger, finanziell attraktiver Markt angesehen werden kann, gehört er aber nicht zu den weltweit führenden (vgl. Müller-Lietzkow 2009, S. 250). Deshalb kommt Teipen in ihrer Analyse zu dem Fazit: „However, although Germany is an important marketplace for video games, the German video games industry is far from being internationally competitive" (Teipen 2008, S. 309).[17]

Betrachtet man die traditionelle Wertschöpfungskette von digitalen Spielen[18], dann kann die Trennung zwischen Entwicklern und Publishern heute nicht mehr aufrechterhalten werden, denn es zeigen sich zahlreiche Veränderungen auf den Ebenen der Produktion, Distribution, Vermarktung und Finanzierung. „So sind neben der klassischen Wertschöpfungskombination aus Entwickler, Publisher und Handel zunehmend weitere Akteure im erweiterten Netzwerk der Industrie hochaktiv", etwa Juristen, Finanzexperten etc. (Müller-Lietzkow und Meister 2010, S. 89). Darüber hinaus führen die von den Nutzern gern gespielten persistenten Online-Welten zu neuen Geschäftsfeldoptionen, wobei gerade der Browser-Markt in Deutschland relativ stark ist (vgl. Ganguin 2010b, S. 93).[19] Dabei vereinen Online- und Browsergames-Anbieter zunehmend die Entwicklung und das Publishing von Spielen. Deshalb wird hier auch von „Hybridunternehmen" (Müller-Lietzkow und Meister 2010, S. 91) gesprochen. So paart sich das facettenreiche Netzwerk der Industrie (international, regional, virtuell, etc.) immer mehr mit neuen Geschäftsmodellen und komplexen Lizenz- und Distributionsbedingungen.

---

[16] Produktionen in der Industrie mit einem Finanzierungsvolumen über zehn Millionen US-Dollar sind heute keine Seltenheit mehr. Häufig arbeiten an den Großproduktionen über 100 Personen über mehrere Jahre. Das Finanzierungsvolumen für Triple A-Produktionen beträgt mehr als 15 Mio. US-Dollar (vgl. Müller-Lietzkow und Meister 2010, S. 88).

[17] In Bezug auf die Arbeitsbedingungen in der Games-Industrie hat Teipen (2008) intensive Forschung vorgenommen (siehe hierzu auch Kap. 3.4).

[18] Siehe hierzu die Arbeiten von Teipen (2008, S. 314) sowie Kerr (2006, S. 42 ff.).

[19] Hierzu erklärt Teipen, dass die Anforderungen bei der Spieleproduktion geringer sind, wenn Unternehmen sich damit zufrieden geben, sich auf einen spezifischen, nationalen Markt mit seinen Besonderheiten hin zu konzentrieren und gerade in Deutschland sei eine solche Strategie praktikabel mit Blick auf das große Marktvolumen (Teipen 2008, S. 332).

1.3 Der Computer- und Videospielemarkt in Deutschland

Die Innovations- und Wachstumspotenziale der Branche entstehen dank einer Reihe von kreativen und engagierten Menschen, die in diesem Feld ihren Beruf (und ihre Berufung) gefunden haben. Die Produktion von Soft- und Hardware, Technologie und Inhalt braucht Akteure mit sehr unterschiedlichen Fähigkeiten. Entsprechend sind die Berufsfelder in der Games-Industrie sehr vielfältig: Programmierung, Game-Design, Audio/Musik, Qualitätssicherung, Grafik, Animation, Produktion, Marketing, Vertrieb oder auch PR- bzw. Öffentlichkeitsarbeit (vgl. Müller-Lietzkow et al. 2006, S. 38 ff.; Consalvo 2008, S. 182; Prescott und Bogg 2011b; Saltzman 2003). Aber wie sieht es konkret mit der Ausbildung aus?

Vielfältige Berufsfelder fordern sehr unterschiedliche Ausbildungen. Auch deshalb war die Games-Industrie lange Zeit besonders durch die Arbeit von Autodidakten[20] geprägt. Kim Blake stellt in ihrem persönlichen Rückblick auf ihre Karriere in der Games-Branche heraus, dass bis zu Beginn der 1990er-Jahre die Spieleproduktion größtenteils durch kleine Teams mit wenigen Designern, Künstlern und Programmieren geprägt war (vgl. Blake 2011, S. 244 f.). Da sich bis in die 1990er noch keine genuin games-bezogenen Ausbildungswege etabliert hatten, war es in dieser Phase auch ohne zertifizierte Abschlüsse möglich, aufgrund von Kreativität und nützlicher Fähigkeiten (z. B. Organisationstalent) einen Platz in der Games-Industrie zu finden. Dies gilt heute allerdings nicht mehr ohne weiteres, so Blake – auch wenn nach wie vor viele Quereinsteiger in der Games-Industrie arbeiten. Die Ausbildungslandschaft hat sich seit den 90er-Jahren deutlich verändert. So erklärte Teipen (2008), dass es in Deutschland (etwa im Gegensatz zu Schweden) nur drei Bildungseinrichtungen gegeben habe, die sich spezifisch an den Anforderungen der Games-Industrie orientieren (zwei davon seien privat). Obwohl Informatik an öffentlichen berufsbildenden Schulen angeboten wird, sei hier das Problem, dass die Lehrinhalte ‚old-fashioned' seien und daher Games-Unternehmen kaum jemanden mit einer solchen Ausbildung suchen würden (vgl. Teipen 2008, S. 329). Eine etwas andere Einschätzung zu den damaligen Ausbildungsmöglichkeiten bietet die Übersicht von Müller-Lietzkow, Bouncken und Seufert (vgl. 2006, S. 227), die über 28 Deutsche Ausbildungsinstitutionen mit einem spezifischen Angebot, z. B. für Game-Designer, aufgeführt haben.[21] Sie weisen aber auch auf die im Vergleich zu anderen Ländern eher geringen Ausbildungskapazitäten sowie auf den Umstand hin, dass eine spezifische Ausbildung in Deutschland mit hohen Kosten

---

[20] Auch Teipen erklärt, dass z. B. Games-Designer oftmals Autodidakten seien, die allerdings nicht einfach zu finden seien, denn sie müssen verschiedene Fähigkeiten und Kompetenzen gleichzeitig vereinen, etwa den Markt verstehen und die Psychologie von Gamern kennen (vgl. Teipen 2008, S. 328).

[21] Weiter findet sich auf der Webseite http://www.games-career.com/de/Studium eine Auflistung von Bildungseinrichtungen, die Games-Studiengänge bzw. eine entsprechende Ausbildung anbieten.

verbunden ist. Nichtsdestotrotz lässt sich feststellen, dass das Ausbildungsangebot kontinuierlich wächst, wie etwa an der Neugründung der Games-Academy Hochschule in Berlin deutlich wird.

Eine games-spezifische Ausbildung wird auch in Deutschland immer wichtiger, da auch in dieser Branche Fachkräftemangel besteht. In diesem Zusammenhang führen etwa Müller-Lietzkow und Meister (2010, S. 88) das Argument ins Feld, dass, wenn man im internationalen Wettbewerb mithalten möchte, eine hohe Qualität der Produkte erwartet wird. Dazu werden Experten benötigt.[22]

Mit diesem Überblick über die Nutzung digitaler Spiele, den Diskurs zu digitalen Spielen als Kulturgut und die dahinter stehenden wirtschaftlichen Prozesse sollten unterschiedliche Perspektiven auf Computer- und Videospiele eröffnet werden. Ausgehend von diesen grundlegenden Ausführungen zu digitalen Spielen gilt es nun, das Thema des Buches – Frauen in der Spielewirtschaft – in den Mittelpunkt zu rücken.

1.4 Die Games Branche: Ein männerdominiertes Arbeitsfeld?

Forschungen zu Frauen in männerdominierten[23] Arbeitsfeldern liegen zahlreich vor. So wurden besonders die Technik- und Naturwissenschaften untersucht, z. B. Ingenieurinnen in der Männerdomäne (vgl. Ihsen 2010) oder Genderforschung zum Fach Mathematik (vgl. Blunck und Pieper-Seier 2010) sowie Geschlechter-

---

[22] Daneben haben besonders die Softskills wie Team- und Kommunikationsfähigkeit an Bedeutung gewonnen (vgl. Blake 2011, S. 244 f.). Und weitere Voraussetzungen sind natürlich immer auch Kreativität und Innovationskraft (vgl. Müller-Lietzkow/Meister 2010, S. 91). Welche Anforderungen unsere Expertinnen angeben, um in der Game-Branche zu bestehen, siehe Kap. 3.5.

[23] Im Allgemeinen werden „all jene Organisationen, Organisationssegmente, hierarchischen Ebenen oder auch Branchen Männerdomänen genannt, in denen rein quantitativ überwiegend Männer tätig sind" (Rastetter 1998, S. 169). Dabei erachtet Kanter (1977) einen Richtwert von bis zu 15 % Frauenanteil zur Charakterisierung als „Männerdomäne" als sinnvoll. Interessant ist dabei, dass Kanter zwar ihre Untersuchungen in Bezug auf das Geschlecht konzipiert hat, ihre Annahmen aber allgemein für Minderheiten (tokens) gelten sollen. Demzufolge nimmt Kanter an, nicht das Geschlecht sei der entscheidende Faktor, sondern gerade das quantitative Verhältnis von Minderheit und Mehrheit. Allerdings weist eine Reihe von Nachfolgeuntersuchungen aus, dass (a) ein „höherer Minderheitenanteil nicht automatisch zu größerer Akzeptanz, sondern im Gegenteil zu verstärkter Abwehr führt" und (b) das Geschlecht durchaus, also nicht der sehr viel allgemeinere Status als Minderheit, einen wesentlichen Faktor darstellt. Denn männliche Minderheiten „machen keineswegs die gleichen Erfahrungen wie weibliche" (Heintz und Nadai 1998, S. 81 f.).

1.4 Die Games Branche: Ein männerdominiertes Arbeitsfeld?

aspekte in der technischen Disziplin Informatik (vgl. Bath et al. 2010). Für die Informations- und Kommunikationstechnik gilt dabei, so z. B. Prescott und Bogg (2013b, S. 56), dass der ideale Arbeitnehmer häufig als männlich angesehen wird und demnach diese Branche auch männerdominiert ist. Internationalen Studien zufolge trifft dies auch für die junge Games-Branche. Sie wird häufig als ein dynamisches, kreatives, aber vor allem auch männlich zu geprägtes Arbeitsfeld wahrgenommen (vgl. z. B. Bryce und Rutter 2002; Gill 2002; IGDA 2005; Dyer-Witheford und Sharman 2005; Deuze et al. 2007; Prescott und Bogg 2011a, b; Skillset 2013).

Betrachtet man den Männer- und Frauenanteil im Entwicklungsbereich, dann haben 2009 in Großbritannien laut der Independent Games Developers Association (TIGA) rund sieben Prozent Frauen gearbeitet. Der Anteil ist 2012/2013 auf neun Prozent gestiegen (vgl. AON Hewitt und TIGA 2013). Creative Skillset kommt für Großbritannien zu etwas anderen Zahlen: 2009 waren vier Prozent der Beschäftigten Frauen. Dies ist gegenüber den Daten von 2006 ein Rückgang von sechs Prozentpunkten (vgl. Skillset 2006; 2009). 2013 hat sich diese Verringerung allerdings wieder leicht relativiert, und aktuell liegt der Frauenanteil bei rund sechs Prozent (vgl. Skillset 2013). Damit unterscheiden sich die Angaben von TIGA und Skillset leicht. Es wird jedoch insgesamt deutlich, dass Frauen weniger als zehn Prozent der Arbeitenden ausmachen. Für die USA weist die aktuelle Studie des Game Developer Magazins eine ähnliche Größenordnung von elf Prozent unter den Entwicklern aus (vgl. Gamasutra 2013). Auch in Kanada sind Frauen mit insgesamt 16 % deutlich in der Minderheit (vgl. ESAC 2013, S. 4). Im Unterschied zu diesen Zahlen liegen für die Bundesrepublik keine konkreten Daten zum Frauenanteil vor.[24] So differenziert der BIU in seinen Angaben zur Branche nicht zwischen den Geschlechtern.[25]

Während sich die Games-Industrie in einem kontinuierlichen Wandel befindet und sich stark weiter entwickelt, ist allerdings der Frauenanteil seit der Entstehung dieses Wirtschaftszweiges eher gering. Der Grund dafür sei jedoch nicht, dass die Games-Industrie und besonders die Entwicklungsstudios kein Interesse an Frauen hätten, erklärt Blake (2011, S. 248). Vielmehr scheinen nur wenige Frauen eine Passion für die Branche zu entwickeln. Als mögliche Ursache nennt Blake beispielsweise geschlechtsspezifische Unterschiede in der Wahl der sogenannten

---

[24] Einen Anhaltspunkt liefert der Hoppenstedter Branchenmonitor zur Games-Branche. Dieser führt an, dass der Frauenanteil auf der ersten Führungsebene bei 5,6 % liegt und auf der zweiten Führungsebene bei 27 % (vgl. Hoppenstedt 2012). Da jedoch nicht deutlich wird, wie Hoppenstedt diese Daten erhoben hat, sind die Angaben mit Vorsicht zu betrachten.

[25] Für den IKT-Bereich weist dabei der Bitkom (2013a) allgemein ebenfalls auf einen geringen Frauenanteil in den Studiengängen (Informatik ca. 21,1 % bei den Studienanfängern) hin.

MINT-Fächer.[26] Ebenfalls führt Haines (2004, S. 8) das geringe Technologieinteresse von Frauen an, welches sich besonders in dem geringen Anteil an Informatikstudentinnen zeige.

Prescott und Bogg (2011a, b, 2013a, b) haben Ursachen und Gründe für die Arbeit in der Games-Industrie umfassend erforscht. Sie haben auch gesondert das Ungleichgewicht im Beschäftigungsbereich – die vertikale und horizontale Segregation – untersucht. Dabei haben Prescott und Bogg (2011b, S. 217) keine Hinweise für eine vertikale Geschlechtersegregation finden können. Das heißt, Frauen arbeiten ihren Ergebnissen zufolge ebenso wie Männer in Senior-Positionen. Demgegenüber lassen sich jedoch gewisse Formen der beruflichen Trennung im Sinne einer horizontalen Segregation feststellen, und das, obwohl die Games-Industrie eine relativ junge Industrie ist. So sind Frauen überwiegend in traditionell „frauenfreundlichen" Berufsfeldern tätig, wie dem Marketing oder der Administration (vgl. Prescott und Bogg 2011b, S. 205). Unterrepräsentiert sind besonders Programmiererinnen, Designerinnen oder Künstlerinnen im Kernbereich der Entwicklung.

In dieser ersten umfassenden quantitativen Studie über Frauen in der Games-Industrie, bei der rund 550 Personen befragt wurden, geben die Studienteilnehmenden an, dass nach wie vor eine gewisse Überstundenpraxis besteht, die in der Games-Branche auch als „long hours culture" (Prescott und Bogg 2011a, S. 7) bezeichnet wird (vgl. auch Gill 2002; IGDA 2004; Consalvo 2008). Obwohl lange Arbeitszeiten besonders zur sogenannten Crunch Time[27] für beide Geschlechter gleichermaßen gelten und von den Tätigen eher als negativ bewertet werden, stellen laut den Forschungen von Consalvo (2008) diese Arbeitsbedingungen speziell für Frauen die größten Herausforderungen dar, um in diese Industrie zu gehen und dort Fuß zu fassen. In diesem Zusammenhang ist auch der Befund von Prescott und Bogg anzuführen, dass Frauen dazu tendieren, kinderlos und Single zu sein.[28] Darin unterscheiden sie sich von den befragten Männern: Der Großteil der

---

[26] Zudem werde von Frauen – anscheinend stärker als von Männern – erwartet, dass sie etwas ›Nützliches‹ mit ihrem Leben anfangen (vgl. Blake 2011, S. 248 f.). Eine solche, eher gesellschaftlich normative Erwartungshaltung gegenüber Frauen scheint demnach der Wahl eines Berufs in der Unterhaltungsindustrie und insbesondere in der Spielbranche im Weg zu stehen.

[27] Der Begriff „Crunch Time" bezieht sich in der Projektwelt der Games-Branche auf eine sehr arbeitsintensive Zeit kurz vor Projektabschluss.

[28] Einschränkend zu diesem Ergebnis ist anzuführen, dass die demografischen Daten der Befragten nicht ganz offenkundig sind. So lässt sich aus der Studie bzw. den Grafiken und Tabellen ungefähr abschätzen, dass etwa 65 % der Frauen und Männer unter 35 Jahre alt sind. Des Weiteren wurden in der Studie 454 Frauen und nur 93 Männer befragt, die international in der Games-Branche tätig sind. Auch diese schiefe Verteilung gilt es bei der Interpretation der Ergebnisse zu berücksichtigen.

1.4 Die Games Branche: Ein männerdominiertes Arbeitsfeld?

männlichen Befragten ist verheiratet und hat eine Familie (vgl. Prescott und Bogg 2011a, S. 22 f.). Demnach scheint die Frage nach der Vereinbarkeit von Beruf und Familie in der Games-Branche immer noch einen Diskussionspunkt darzustellen, wie auch die persönliche Einschätzung von Blake (vgl. 2011, S. 248 f.) nahe legt, sodass dieser Punkt entsprechend auch in den Interviews berücksichtigt wurde.

Interessanterweise legen aber die Ergebnisse von Prescott und Bogg auch nahe, dass die befragten Männer und Frauen mit ihrer Work-Life-Balance durchaus zufrieden sind (vgl. Prescott und Bogg 2011a, S. 22). Dies könnte z. B. daran liegen, dass nach einer deutschen Studie von Wimmer und Sitnikova (2012) die Identifikation der Arbeitenden mit der Branche und dem jeweiligen Arbeitgeber sehr groß ist. Dabei sei ein Hauptgrund, in der Branche zu arbeiten, eine tiefe Leidenschaft für digitale Spiele. Hier stellt sich die Frage, ob sich ein ähnliches Ergebnis ergibt, wenn allein die Perspektive von Frauen in den Mittelpunkt gerückt wird. Interviews mit Entwicklerinnen, die Consalvo (2008, S. 185) geführt hat, deuten dies an: Die Passion für Spiele ist einer der Hauptgründe für die Frauen, in der Branche zu arbeiten und auch schwierige Bedingungen, z. B. Crunch Times, zu akzeptieren. Consalvo (2008, S. 186) kommt in ihrer Betrachtung zu dem Fazit „passion is a strong ideological driver for the game industry". Gleichzeitig kritisiert sie, dass die Bedingungen in der Branche – besonders die Crunch Times – sich negativ auf die Leidenschaft gegenüber digitalen Spielen auswirken könnten. Consalvo schlüsselt an dieser Stelle nicht weiter auf, ob anstrengende Arbeitsbedingungen tatsächlich die persönliche Spielleidenschaft oder vielmehr die Loyalität gegenüber dem Arbeitgeber negativ beeinflussen.

Bisher bestehen noch keine vergleichbaren Einblicke in die Perspektive von Frauen, die in der deutschen Games-Industrie arbeiten. Einen ersten Ansatzpunkt dafür bietet aber die bereits erwähnte qualitative Studie von Wimmer und Sitnikova (2012). Diese haben die professionale Identität von Personen untersucht, die in Deutschland in der Spielebranche arbeiten. Die neun Interviewten arbeiten als Designer, Artist, Programmierer oder Producer entweder in Entwicklungsstudios unterschiedlicher Größe oder als Freelancer und sind somit dem Kernsegment der Spieleentwicklung zuzurechnen. Anknüpfungspunkte ergeben sich, insofern die Autoren auch eine Frau – 3D und Level Designerin – zu ihrer ‚Gameworker Identität' befragt haben. Diese arbeitet aufgrund ihrer Mutterschaft in Teilzeit (vgl. Wimmer und Sitnikova 2012, S. 161), was das Argument einer Kultur der langen Arbeitszeiten relativiert. Allerdings wünscht sie sich vor allem ein 1:1 Verhältnis von Männern und Frauen in der Games-Entwicklung. So sei – trotz der wachsenden Anzahl von Frauen in der Industrie – der typische Gameworker immer noch männlich (vgl. Wimmer und Sitnikova 2012, S. 165). In diesem Zusammenhang kritisiert die interviewte Designerin, dass die Hauptcharaktere von Spielen bestimmten gängigen Geschlechterklischees unterliegen (vgl. Wimmer und Sitnikova 2012, S. 164). Dies scheint ein interessanter Aspekt zu sein. Hängt vielleicht die Gestaltung der Spielcharaktere mit der Anzahl von Frauen in der Games-Entwicklung zusammen? Williams et al. (2009, S. 815 ff.) haben diesen Punkt aufgegriffen und führten eine Analyse von 150 Spielen (für neun Plattformen) durch. Die Ergebnisse zeigen eine sehr starke Überrepräsentation von männlichen Charakteren. Ein Grund dafür könnte sein, dass vor allem diejenigen Spiele als erfolgreich bewertet wurden, deren Spielfiguren einen besonders hohen Männeranteil aufweisen (vgl. Williams et al. 2009, S. 827). Dadurch fühlen sich männliche Spieler möglicherweise stärker zu Games hingezogen und spielen häufiger bzw. intensiver. Dies kann letztendlich dann auch dazu beitragen, dass junge Männer eher ihr Hobby zum Beruf machen wollen.[29] Entsprechend ihrer Nachfrage am Markt werden wiederum Spiele mit überdurchschnittlich vielen männlichen Charakteren kreiert (vgl. Williams et al. 2009, S. 830). Auf diesen zyklischen Prozess, den „virtuous cycle", gehen Fullerton et al. (2008, S. 165) ein und verdeutlichen ihn anhand der Henne-Ei-Problematik: Sie argumentieren, dass wenn erst einmal mehr Frauen in der Spieleentwicklung arbeiten und damit mehr interessante Inhalte für Frauen produziert werden, dieses Berufsfeld für weitere Frauen interessant wird. Bei dieser Argumentationskette muss aber auch berücksichtigt werden, dass die strategischen Entscheidungen vor allem im Management getroffen werden. Dass mehr Frauen in der Produktion tätig sind, bewirkt nicht notwendigerweise, dass auch mehr ansprechende Inhalte für Frauen entwickelt werden.

Zu den Beschäftigungsverhältnissen erklärt Teipen, dass es für die deutsche Games-Branche wichtig sei, attraktive Berufsprofile und auch Karrierewege stärker sichtbar zu machen (vgl. Teipen 2008, S. 332). Dies ist ein Ziel der vorliegenden Studie. Prescott und Bogg (2011b, S. 219 f.) kommen ebenfalls zu dem Fazit, dass Frauen stärker auffallen und augenscheinlicher werden müssen, um als positive Rollenvorbilder andere davon zu überzeugen, dass diese Branche nicht nur für Männer attraktiv ist. In diesem Zusammenhang ist es interessant zu beobachten, in welchem Verhältnis sich der Anteil der weiblichen Spielfiguren, der Spieleentwicklerinnen und der Spielerinnen zukünftig entwickeln wird.

Vielleicht gerade weil die Computer- und Videospielindustrie nach wie vor als männerdominiertes Feld wahrgenommen wird (vgl. Jenson et al. 2011, S. 149), wird die Rolle und die Situation von Frauen in der Spielewirtschaft zunehmend Gegenstand von Diskussionen.[30] So sorgte das Twitter Hashtag „#1ReasonWhy"

---

[29] So konnte Teipen in ihrer Studie aufzeigen, dass die meisten Beschäftigen in der Games-Industrie aktive Gamer waren, die ihr Hobby zum Beruf machten (vgl. Teipen 2008, S. 323).
[30] Siehe hierzu auch den Artikel von Raumer (2014) in dem Magazin „GamesMarkt".

vom 27. November 2012 in der Gaming-Branche für Aufsehen, da innerhalb weniger Stunden tausende Kommentare folgten. Luke Crane hatte mit seiner Frage „Why are there so few lady game creators?" (eher ungewollt) eine intensive Diskussion über den Status von Frauen in der Games-Branche ausgelöst. Die Antworten reichten von Erfahrungseinschätzungen, Annahmen über Motive und Gründe bis hin zu vielen Anekdoten und Details aus der Branche. Einige Games-Designerinnen kritisierten, dass ihre Arbeit ignoriert werde oder dass sexuelle Anspielungen gegenüber Frauen, etwa bei Messen oder Konferenzen, keine Ausnahme seien. Neben dem Austausch über diverse Unwägbarkeiten unterstützte diese Twitter-Diskussion zudem die Bildung eines informellen Frauen-Netzwerks. Hier bieten einige Frauen, die bereits erfolgreich in der Games-Industrie arbeiten, ihre Hilfe an, um Frauen zu unterstützen, die ihren Weg in die Spieleindustrie suchen oder mit Problemen zu kämpfen haben. Darüber hinaus haben aber die vielen Posts auch zum Ausdruck gebracht, wie viele Frauen bereits erfolgreich in der Branche tätig sind und dass sie sehr gerne dort arbeiten.

Um aber Frauen für die Games-Branche zu begeistern, haben sich in den letzten Jahren zunehmend internationale sowie nationale Initiativen und Aktionen zur Förderung von Mädchen und Frauen in eher männerdominierten Berufsfeldern herausgebildet.[31] In Deutschland ist hier vor allem die Initiative „MINT Zukunft schaffen" zu nennen, die das Ziel verfolgt, den weiblichen Anteil an den MINT-Fächern zu stärken. Darüber hinaus gibt es die Initiative „Geekettes", die vor allem in Hamburg und Berlin aktiv ist und sich an Frauen richtet, die in die Technologiebranche einsteigen wollen. Sie bietet z. B. verschiedene Workshops und ein Mentoring-Programm an. Außerdem werden in der Interviewserie „Geekette of the week" weibliche Vorbilder präsentiert. Weiter versucht der BIU, gezielt den weiblichen Nachwuchs anzusprechen, indem speziell für Mädchen Events organisiert werden, z. B. im Kontext des bundesweiten „Girls Day" oder der Deutschen Gamestage. Schülerinnen zwischen 14 und 16 Jahren wird hier die Möglichkeit geboten, in unterschiedliche Firmen und Berufsfelder hinein zu schnuppern und damit Informationen und Einblicke zu erhalten.

Spezielle internationale Programme für die Games-Branche sind z. B. die Initiativen „Women in Games Jobs" (WIGJ), „Women in Games International" (WIGI) oder die Special Interest Gruppe der International Game Developer Association (IDGA) „Women in Games" (WIGSIG), die mit vielfältigen Angeboten und Informationen die Situation von Frauen in der Branche stärken möchten. Mit der „European Women in Games Conference" und der „Women in Games Conference" wurden neben den vielen Netzwerktreffen bewusst Veranstaltungen geschaffen,

---

[31] Für einen ausführlichen Überblick über die Organisationen und Initiativen siehe: S. 287 ff.

um die Sichtbarkeit von Frauen in der Games-Branche zu erhöhen. Es scheint also politisch wie auch von der Branche selbst gewollt zu sein, den Anteil von Frauen in diesem zahlmäßig eher männerdominierten Bereich zu erhöhen.

1.5 Frauen in der Games-Industrie: 15 Beispiele aus Deutschland

Im Vergleich zur internationalen Forschung gibt es in Deutschland bislang kaum theoretische oder empirische Arbeiten, die sich mit dem Thema „Frauen in der Games-Branche" und ihren Berufsbiografien auseinandersetzen. Deshalb wurden qualitative Interviews mit Expertinnen geführt mit dem Ziel, deren Berufspfade nachzuzeichnen. Zwei übergeordnete Fragestellungen waren bei der Konzeption der Untersuchung leitend.

Erstens interessieren wir uns für die Beweggründe von Frauen, eine Karriere in der Computer- und Videospielindustrie anzustreben. So haben die bisherigen Ausführungen offenbart, dass Frauen anscheinend stärker als Männer mit bestimmten Herausforderungen in dieser Branche konfrontiert sind. Es stellt sich demnach auch die entgegengesetzte Frage, nämlich *warum sich Frauen für einen Weg in die Games-Branche entschieden haben und was sie an dieser Arbeit fasziniert.*

Zweitens darf der Diskussionspunkt eines eher männerdominierten Arbeitsfeldes keinesfalls ignoriert werden. Dementsprechend ist also gleichermaßen der Frage nachzugehen, welche Erfahrungen Frauen in diesem eher männergeprägten Berufszweig gesammelt haben und wie sie diese subjektiv bewerten. Anhand dieser übergeordneten Themenschwerpunkte soll ein differenziertes Bild der Situation von Frauen gezeichnet werden, die in der Games-Industrie ihren Beruf gefunden haben. Ziel des Buches ist es, einzelne Erwerbsbiografien ebenso wie Schlüsselerlebnisse auf dem Weg in die Spielebranche (Praktika, Ausbildungen, Soziale Netzwerke, etc.) zu dokumentieren. Nicht zuletzt ist diese Studie aber aus dem Anspruch heraus entwickelt worden, aus den Interviews Anregungen, Orientierungspunkte sowie Tipps für den interessierten Nachwuchs im Allgemeinen und für den neugierigen weiblichen Zuwachs im Besonderen zu liefern.

Um die Arbeit von Frauen in der Games-Industrie zu beleuchten, haben wir Expertinneninterviews[32] geführt. Damit steht die Expertise der befragten Frauen im Mittelpunkt. Die Fragen sind so angelegt, dass sie einerseits ihr Fachwissen über

---

[32] Das Experteninterview ist ein in der empirischen Sozialforschung oftmals eingesetztes Verfahren. In der Frauen- und Geschlechterforschung kommen Interviews mit Expertinnen „vor allem in Studien zur Entwicklung und Implementierung geschlechterpolitischer Maßnahmen und Programme" vor sowie „in (mikropolitischen) Forschungen zum Verhältnis

1.5 Frauen in der Games-Industrie: 15 Beispiele aus Deutschland

die Games-Branche preisgeben können. Fachwissen wird hier verstanden als das *berufsbezogene Wissen über die Branche und deren Strukturen.* Andererseits zielen die Fragen auf die Expertise im Hinblick auf die eigene Erwerbsbiografie, Berufserfahrungen sowie die subjektive Einschätzung dazu, als Frau in einer eher männergeprägten Branche zu arbeiten.

Entsprechend unseren leitenden Forschungsfragen haben wir uns bewusst für dieses Forschungsdesign und diese Zielgruppe entschieden. Ein möglicher anderer Ansatz wäre z. B. gewesen, einen Vergleich zwischen männlichen und weiblichen Perspektiven vorzunehmen, um Rückschlüsse auf bestimmte geschlechtsabhängige Wahrnehmungsschemata zu ermöglichen. Vielmehr interessieren wir uns für die Beweggründe von Frauen, eine Karriere in der Computer- und Videospielindustrie anzustreben und die Frage, welche Erfahrungen unsere Expertinnen in diesem Arbeitsfeld gesammelt haben.[33]

Auswahl der Expertinnen Als Expertinnen betrachten wir in unserem Projekt diejenigen Frauen, die sich durch eine „institutionalisierte Kompetenz zur Konstruktion von Wirklichkeit" auszeichnen (Meuser und Nagel 1997, S. 484). In diesem Sinn sind unsere Expertinnen Personen, die im Hinblick auf die forschungsleitenden Fragen „als ‚Sachverständige' in besonderer Weise kompetent sind" (Deeke 1995, S. 7 f.). Sie haben folglich einen privilegierten Zugang zu bestimmten Informationen und dementsprechend einen Wissensvorsprung gegenüber dem Forschenden (vgl. Hoffmann 2005, S. 270 ff.). Da es in diesem Buch um Berufsbiografien und Erfahrungen von Frauen in der Games-Branche geht, sind unsere Frauen *Expertinnen, die einen vertieften Einblick in Ausbildungs- und Berufswege sowie die gesamte Branchenstruktur haben* und damit „besonderes Wissen über soziale Sachverhalte" (Gläser und Laudel 2004, S. 10) in dieser Branche besitzen.

Unser Ziel war es, eine sehr heterogene Gruppe von Expertinnen auszuwählen, da ein „heterogen zusammengesetztes Expertensample (…) interessantere inhaltliche Aspekte aufdecken" vermag (Hoffmann 2005, S. 271). Dabei war uns wichtig, ein umfassendes Bild von Expertinnen in der Games-Branche nachzuzeichnen, sodass die Unterschiedlichkeit der von uns befragten Personen vornehmlich auf zwei Kriterien zielte:

---

von Organisation und Geschlecht" (vgl. Meuser und Nagel 2010, S. 376). Zum letzteren Forschungsthema siehe auch die Arbeiten von Riegraf (1996) und Wimbauer (1999).

[33] Mit diesem Verständnis wäre es auch nicht zielführend, Frauen in den Mittelpunkt zu stellen, die keinen Zutritt in die Branche gefunden haben oder die diese aus bestimmten Gründen wieder verlassen haben – auch wenn ein solches Forschungsdesign die möglichen Schwierigkeiten, als Frau in einem männergeprägten Wirtschaftszweig zu arbeiten, deutlicher herausstellen könnte.

- Erstens wurde darauf geachtet, unterschiedliche Bereiche der Branche zu berücksichtigen, etwa Entwicklung und Publishing, Offline- und Online-Spiele sowie Public Relations und Verbandsarbeit. Dieses Kriterium zielt auf eine horizontale Perspektive ab, nämlich dass möglichst unterschiedliche Berufsfelder innerhalb der Games-Branche einbezogen werden.
- Das zweite Kriterium betrifft eher eine vertikale Sichtweise. So sollten einerseits Frauen im Mittelpunkt stehen, die sich in Führungspositionen befinden, andererseits Frauen, die am Anfang ihrer Karriere stehen, um auch hier einen differenzierten Einblick zu erhalten.

Für die Kontaktaufnahme zu potenziellen Expertinnen wurden vor allem zwei Strategien genutzt. Zum einen haben wir anhand einer ausführlichen Internetrecherche (Verbandsinformationen, Veranstaltungen, Firmeninformationen, soziale Netzwerke) medial sichtbare Frauen der deutschen Games-Branche ausfindig gemacht und angesprochen. In einem zweiten Schritt haben wir dann einige Frauen gebeten, uns weitere interessante Kandidatinnen zu nennen, um anhand eines Schnellballeffekts weitere Expertinnen ansprechen zu können. Anhand dieser Strategie wurden insgesamt 23 Frauen angeschrieben.[34]

Die erste Anfrage an die Expertinnen erfolgte per E-Mail oder über soziale Netzwerke. In diesem ersten Kontakt wurde kurz das Forschungsvorhaben erklärt sowie begründet, warum ein Interesse an der jeweiligen Person für ein Interview vorliegt. Von den 23 angeschriebenen Expertinnen haben schließlich 15 ihre Teilnahme zugesagt. Als Gründe für die Absagen wurden unter anderen zeitliche Restriktionen genannt und in einem Fall wurden auch inhaltliche Bedenken geäußert, nämlich dass zu viele nicht-öffentliche Informationen in das Interview hineinspielen könnten. Im Folgenden möchten wir nun unsere Auswahl der Expertinnen vorstellen (vgl. Tab. 1.1).

---

[34] Kritisch im Sinne einer methodologischen Reflexion ist anzumerken, dass nur wenige der adressierten Frauen direkt im Bereich der Spielentwicklung arbeiten. Um diese Diskrepanz auszugleichen, wurde in diesem Segment intensiver nachrecherchiert. Allerdings konnten wir keine weiteren Expertinnen aus dem Bereich der Entwicklung für das Projekt gewinnen. Dies lässt sich auf zwei Ursachen zurückführen: Zum einen arbeiten Frauen vorwiegend nicht in der primären Spieleproduktion, sondern eher in angrenzenden Bereichen wie dem Marketing, Public Relations oder dem Personalmanagement (dies zeigen auch die bisherigen Ausführungen: siehe z. B. Prescott und Bogg 2011b, S. 205). Zum anderen gestaltete sich die Kontaktaufnahme schwierig, da es keine Informationen über die tatsächliche Anzahl von Frauen in der deutschen Spielebranche gibt und auch kein Kommunikationsnetzwerk besteht, über das eine direkte Ansprache möglich gewesen wäre. Die Unausgewogenheit in der Untersuchungsgruppe beruht demnach zum Teil auch auf der Ungleichverteilung von Frauen in den unterschiedlichen Bereichen der Games-Industrie.

1.5 Frauen in der Games-Industrie: 15 Beispiele aus Deutschland

Tab. 1.1 Auswahl der Expertinnen

Name	Alter	Branchen-eintritt	Position	Firma	Unternehmensgröße[a]
Gitta Blatt	49	2010	Head of Human Resources	Wooga	250+
Victoria Busse	28	2010	Leiterin User Experience	Bigpoint	k.A.
Katharina Dankert	k.A.	2013	Testerin	USK	ca. 12
Wiebe Fölster	32	2010	Business Analyst	InnoGames	250
Petra Fröhlich	k.A.	1993	Chefredakteurin	Computec/PC Games	
Renate Grof	49	1997	Leiterin Gamesload	Gamesload Deutsche Telekom	k.A.
Silja Gülicher	38	2008	PR-Managerin	Nintendo	5.195
Sabine Hahn	37	2003	Senior Business Managerin (Mobile)	Electronic Arts	9.000
Catherina Herminghaus	38	2006	Product Director	Travian Games	150
Kathleen Kunze	34	2003	Game Designerin	InnoGames	250
Franziska Lehnert	k.A.	2009	Senior PR-Managerin	Crytek	800+
Ruth Lemmen	k.A.	1999	Projektmanagerin/ Referentin	BIU	k.A.
Odile Limpach	k.A.	1995	Managing Director	Ubisoft Blue Byte	350+
Freya Looft	44	ca. 2005	Managing Director	TREVA Entertainment	k.A.
Sandra Urban	33	2007	Senior Consultant	Unternehmensberatung.	k.A.

[a] Mitarbeiterzahl: Eigene Angaben der Firmen auf ihren Webseiten.

Entsprechend den Kriterien zur Auswahl der Untersuchungsgruppe arbeiten die von uns befragten Expertinnen in sehr unterschiedlichen Bereichen und Positionen innerhalb der Games-Industrie. Besonders stark vertreten sind hierbei Frauen, die im Feld der *Browser- und Online-Games-Anbieter* tätig sind, also einem eher jungen bzw. progressivem Feld der Branche. Konkret sind dies die Unternehmen Bigpoint, InnoGames, Travian Games und Wooga. Dieser Games-Bereich spiegelt eine zentrale Entwicklung der deutschen Games-Branche wider, da sich Deutschland in diesem Segment zu einem entscheidenden Standort entwickelt hat (vgl. BIU 2014). Neben den Online- und Browsergame-Anbietern sind mit Blue Byte und Crytek auch zwei große deutsche *Entwicklungsstudios* vertreten. Im Bereich des *Publishings* finden sich in der Untersuchungsgruppe Expertinnen, die sowohl bei deutschen Niederlassungen internationaler Firmen wie Electronic Arts (EA) oder Nintendo, aber auch bei spezifisch nationalen Publishern – konkret TREVA Entertainment (ehemals dtp young entertainment) – beschäftigt sind. Neben Firmen im Kernsegment der Industrie konnten mit dem *Bundesverband Interaktive Unterhaltungssoftware* (BIU), der *Unterhaltungssoftware Selbstkontrolle* (USK), der *PC Games* (Computec Verlag) und einer *Unternehmensberaterin* weitere zentrale Brancheninstitutionen und die Presse in die Untersuchung einbezogen werden.

Nicht nur hinsichtlich der Arbeitsfelder, sondern auch in Bezug auf die Berufserfahrung zeigt sich eine große Bandbreite: Bereits in den 90er-Jahren haben Petra Fröhlich, Odile Limpach, Renate Grof und Ruth Lemmen eine Karriere in der Games-Branche begonnen. Sie können damit auf über 15 Jahre Berufserfahrung zurückblicken. Demgegenüber stehen z. B. Victoria Busse, Katharina Dankert und Wiebe Fölster noch am Anfang ihrer Laufbahn in der Games-Industrie. Die Einschätzungen der Expertinnen sind entsprechend auch immer vor dem Hintergrund ihrer jeweiligen Position und Berufserfahrung in der Industrie zu sehen.

Durchführung und Auswertung der Interviews Die Expertinneninterviews fanden zwischen November 2012 und April 2013 statt.[35] Die Länge der Interviews variierte zwischen 45 und 70 Minuten. Die unterschiedliche Interviewdauer ergab sich aus dem Verlauf des jeweiligen Interviews, der Behandlung zusätzlicher Themen durch die Expertinnen sowie der ihnen zur Verfügung stehenden Zeit. Im Idealfall wurden die Interviews Face-to-Face durchgeführt. War dies nicht möglich, wurde ein Telefon- bzw. Skype-Interview vereinbart. Die Gespräche wurden aufgezeichnet, transkribiert und zur besseren Lesbarkeit von uns sprachlich geglättet. Diese Versionen wurden anschließend von den Expertinnen durchgesehen und autorisiert.[36]

---

[35] An dem Projekt waren Studierende der Medienwissenschaft der Universität Paderborn beteiligt. In der nachfolgenden Darstellung der Interviews sind entsprechend jeweils die mitwirkenden Studierenden aufgeführt.

[36] In einigen Fällen wurden nur wenige Änderungen vorgenommen, in anderen wurden Passagen gekürzt, gestrichen oder geändert. Dies betraf vor allem private Aspekte, Verallgemeinerungen oder arbeitsspezifische Informationen.

Von Anbeginn bestand die Absicht, auf eine Anonymisierung der Interviews zu verzichten.[37] So war es unter anderem Ziel der Studie, die individuellen Berufsbiografien der Expertinnen nachzuzeichnen und die geführten Interviews zu veröffentlichen. Dies wurde den Expertinnen auch vorab mitgeteilt. Grundlage der Interviews war ein Gesprächsleitfaden, welcher den Expertinnen nicht vorab zu Verfügung gestellt wurde, um von ihnen spontane Antworten zu erhalten.[38] Im Mittelpunkt der Konzeption des Leitfadens stand die subjektive Perspektive der Expertinnen vor dem Hintergrund ihrer persönlichen Berufsbiografie. Die Gliederung des Gesprächsleitfadens sah vor, die Expertinnen als erstes nach ihrem Werdegang und ihrem beruflichen Alltag zu befragen. Die Absicht war, sich (a) ein Bild von der Arbeit der Expertinnen zu machen, (b) den Redefluss zu aktivieren und (c) einen Einstieg in das Thema zu schaffen. Darauf folgten Fragen zur Berufswahl, zur Zufriedenheit mit dem Beruf usw. Der Leitfaden umfasste acht Themenbereiche. Diese Oberkategorien sollen im Folgenden kurz anhand einiger exemplarischer Leitfragen dargestellt werden.

1. *Werdegang:* „Als erstes fänden wir es sehr spannend, etwas über Ihre Berufsbiografie zu erfahren. Können uns die Stationen ihres beruflichen Werdegangs schildern?"
2. *Aktueller Job/Berufswahl:* „Weiter würde uns interessieren, warum Sie sich gerade für diesen Beruf entschieden haben. Was hat Sie daran fasziniert? Wie sieht ein typischer Arbeitsalltag bei Ihnen aus?"
3. *Zufriedenheit mit dem Beruf:* „Wenn Sie das letzte Jahr Revue passieren lassen, was waren für Sie die Höhepunkte in Ihrem Job? Was begeistert Sie an ihrem Beruf? Gab es auch Situationen, in denen sie unzufrieden waren?"
4. *Einstellung zu digitalen Spielen:* „Spielen Sie selbst digitale Spiele? Was war ihr erstes Computerspiel? Haben Sie auch ein Lieblingsspiel?"

---

[37] Eine anonymisierte Befragung hätte möglichweise andere Themenschwerpunkte gesetzt, indem beispielsweise die Expertinnen negative Aspekte oder „Insider-Informationen" vermehrt geäußert hätten. Dieser Rahmen ist bei dem Lesen der Interviews sowie auch bei dem darauffolgenden Vergleich zu berücksichtigen.

[38] Ein Leitfaden ist zur Durchführung eines Experteninterviews notwendig, um *einerseits* das Wissen der Expertinnen umfassend zu erheben, *andererseits* die verschiedenen Äußerungen der Expertinnen später auch miteinander vergleichen zu können. Allerdings ist bei der Durchführung zu beachten, dass der Gesprächsleitfaden flexibel handhabbar ist (Meuser und Nagel 1997, S. 483). Je nach Gesprächsverlauf wurde so zwar auf die einzelnen Fragen eingegangen, diese folgten allerdings keiner vorgegebenen Reihenfolge. Die flexible Handhabung des Leitfadens folgt dem „Prinzip der Offenheit" qualitativer Forschung (vgl. Flick et al. 2000, S. 23).

5. *Work-Life-Balance:* „Was machen Sie gerne in ihrer Freizeit? Haben Sie bestimmte Hobbys? Wie empfinden Sie ihre Work-Life-Balance?"
6. *Frauen in der Games-Branche:* „Was denken Sie über die derzeit diskutierte Frauenquote in Unternehmen? Müssen Frauen ihrer Erfahrung nach besondere Hindernisse in der Branche überwinden? Hat es Vorteile, als Frau in einer eher männlichen Arbeitswelt zu arbeiten?"
7. *Tipps für den Berufseinstieg:* „Welche Qualifikationen brauchen junge Leute, um in der Games-Branche zu arbeiten? Was würden Sie jungen Frauen empfehlen, die in der Branche arbeiten möchten?«
8. *Reflexion und Zukunftspläne:* „Wenn Sie heute zurückblicken: Würden Sie etwas anders angehen? Was planen Sie für die berufliche Zukunft? Könnten Sie den Satz für mich beenden? Ich mag an meinem Beruf ..."

Als Orientierung für die Erarbeitung der Themenblöcke dienten unter anderem die Arbeiten von Treumann, Ganguin und Arens (2012) zu Berufsbiografien von E-Learnern, die Publikation von Riesmeyer und Huber (2012) zu Karrierewegen von Professorinnen der Kommunikationswissenschaft sowie die Ausführungen von Wimmer und Sitnikova (2012) zum beruflichen Selbstverständnis von Personen, die in der Games-Industrie arbeiten. Dabei wurde jeder Gesprächsleitfaden an die jeweilige Expertin angepasst, indem z. B. vorab recherchierte Informationen zum Werdegang aufgegriffen wurden.

Für die Auswertung der Interviews[39] wurde vornehmlich ein Verfahren von Meuser und Nagel genutzt, das darauf abzielt, fallübergreifende Bedeutungszusammenhänge in Experteninterviews herauszuarbeiten. Aufbauend auf den Einzelinterviews wird damit „das Überindividuell-Gemeinsame" herausgearbeitet, um „Aussagen über Repräsentatives, über gemeinsam geteilte Wissensbestände, Relevanzstrukturen, Wirklichkeitskonstruktionen, Interpretationen und Deutungsmuster zu treffen" (Meuser und Nagel 1991, S. 452).[40]

---

[39] Die Auswertung erfolgte unter Zuhilfenahme des Auswertungsprogramms MAXqda (vgl. Kuckartz 1999).

[40] Dazu schlagen Meuser und Nagel sechs Auswertungsschritte vor: Transkription, Paraphrasierung, Kodierung und Verdichtung, Kategorisierung, thematischer Vergleich und theoretische Generalisierung (vgl. Meuser und Nagel 2010, S. 376 f.).

1.6 Aufbau des Buches

Auch wenn die Expertinneninterviews sicherlich für sich allein stehen können, sollen sie doch einen entsprechenden Rahmen erhalten. Neben diesem ersten Überblick erfolgte vorab ein persönlicher Eindruck und damit Einstieg in die Thematik durch das Geleitwort von Suzanne de Castell und Jennifer Jenson. Im nun folgenden Kapitel werden die einzelnen Expertinnengespräche wiedergegeben.[41] Jedes einzelne Interview steht unter einer Überschrift – einem Zitat aus dem Interview, das die befragte Expertin jeweils als charakteristisch für sich oder das Gespräch ausgewählt hat. Betrachtet man diese Leitzitate der Interviews, dann lassen sich drei thematische Schwerpunkte erkennen:

Der erste Schwerpunkt umfasst die *Rolle von Frauen in der Games-Branche*. So bilanziert etwa Freya Looft, die Geschäftsführerin von TREVA Entertainment: „Wir haben im Unternehmen keine Frauenquote, aber haben freiwillig 90 % Frauen angestellt". Odile Limpach (Managing Director Ubisoft Blue Byte) stellt fest: „Ich hatte nie den Eindruck, dass Frauen benachteiligt werden." Diese Aussage von Odile Limpach wiegt umso mehr, als sie auf rund 18 Jahre Branchenerfahrung zurückblicken kann. Nichtsdestotrotz scheinen Frauen eine gewisse Sonderstellung einzunehmen, denn zumindest „von außen wird man als Exotin wahrgenommen", so die Unternehmensberaterin Sandra Urban. Inwiefern andere Expertinnen diese Einschätzung teilen oder andere Erfahrungen zu berichten haben, wird in der anschließenden Interviewauswertung (Kap. 3.3.) besprochen. Unabhängig von einer Frauenperspektive sieht Ruth Lemmen einen strategischen Vorteil darin, wenn Frauen und Männer gemeinsam in Teams und Projekten arbeiten: „Ich bin davon überzeugt, dass die Zusammenarbeit von Männern und Frauen in gemischten Teams sehr förderlich für die Games-Branche ist".

Als zweites finden sich einige Leitzitate, die den *Arbeitsalltag der befragten Expertinnen* betreffen. So lässt Silja Gülicher (PR Managerin) unumwunden eine gewisse Begeisterung für ihren Arbeitgeber erkennen, wenn sie sagt: „Jeder Tag bei Nintendo hat seinen eigenen Charme". Franziska Lehnert, (Senior PR-Managerin) von Crytek, freut sich, dass sich mit dem Image der Spiele auch das Ansehen der Arbeit an diesen in den letzten Jahren zum Positiven gewandelt hat, denn „das Herstellen von Games wird als Handwerk anerkannt". Eben dieses Handwerk interessiert die Business Analystin Wiebe Fölster (InnoGames): „Ich will praxisnah arbeiten". Das bedeutet unter Umständen auch, sich mit der Hardware-Seite der Spiele auseinanderzusetzen. So ist etwa der Arbeitsalltag von Sabine Hahn (Senior Busi-

---

[41] Spezielle Begriffe, die die Expertinnen in den Interviews verwendeten, werden im Glossar (S. 291 ff.) erklärt.

ness Managerin Mobile Electronic Arts) „von Technik bestimmt". Die Leidenschaft für digitale Spiele stellt Katharina Dankert (Spieletesterin USK) in den Mittelpunkt, wenn sie zu dem Fazit kommt: „Es ist ja nicht nur mein Job". Diese Begeisterung stößt auch an Grenzen, denn „die Problematik im Spielebereich ist, dass man nicht wirklich abgrenzen kann, wo die Freizeit beginnt und der Beruf aufhört" reflektiert die Chefredakteurin der PC Games, Petra Fröhlich.

Die dritte Gruppe beinhaltet Aussagen zu *Berufsbiografien oder Karrierewegen* und adressiert damit ein genuines Thema des Buches. Die Game-Designerin Kathleen Kunze (InnoGames) kann als eine der wenigen Expertinnen sagen, sie habe „nie etwas anderes gemacht, außer Games". Bei vielen der interviewten Expertinnen war allerdings der Berufseinstieg in die Branche eher zufällig, wie etwa bei Victoria Busse (Leiterin Experience Bigpoint): „An eine richtige Karriere in der Games-Branche habe ich gar nicht gedacht". Hinter der Zufälligkeit erkennt Catherina Herminghaus (Product Director Travian Games) rückblickend einen Sinn: „Everything happens for a reason". So reflektiert beispielsweise auch Renate Grof (Leiterin Gamesload): „Mein Interesse an neuen Medien habe ich schon an der Universität entdeckt". Das Interesse und die Leidenschaft für digitale Spiele sind für Gitta Blatt (Head of Human Ressource Wooga) grundlegend für eine Karriere in der Games-Branche. So lautet ihr Einstellungskriterium: „Show me someone with passion!"

Das erste Bild, das die ausgewählten Leitzitate der Interviews zum Ausdruck bringen, ist das einer vielfältigen, kreativen und spannenden Industrie. Die Games-Branche zeichnet sich durch eine Leidenschaft nicht nur – aber selbstverständlich auch – für digitale Spiele aus.

Neben den Zitaten werden zu den Interviews Datum und Ort der Interviewdurchführung angegeben. Dies ist wichtig, weil einige Expertinnen bei der Veröffentlichung dieses Buches bereits nicht mehr in der Position arbeiten, die sie innehatten, als die Interviews geführt wurden. Dies haben wir bei den entsprechenden Interviews angemerkt. Zusätzlich findet sich am Ende jedes Interviews eine stichpunktartige Kurz-Biografie der jeweiligen Expertin.

Die Reihenfolge der Interviews ist dabei nicht zufällig oder alphabetisch gewählt, sondern die Interviews sind entsprechend der Auswahlkriterien der Expertinnen gegliedert. In einem ersten Block sind die Gespräche mit den Frauen versammelt, die in der „klassischen" Spielebranche arbeiten. Die Bezeichnung „klassisch" wurde in Anlehnung an die klassische Wertschöpfungskette mit der Trennung zwischen Entwicklungsstudios und Publisher-Unternehmen ausgesucht. Diese Zuordnung ist insbesondere in Abgrenzung zum zweiten Block zu verstehen, der die Online- und Browsergame-Anbieter umfasst – also einen relativ „neuen" Zweig der Branche, die der sogenannten Online-Ära zugeordnet werden können. In einem

1.6 Aufbau des Buches

dritten Bereich sind diejenigen Expertinnen zusammengefasst, die in Unternehmen oder Organisationen arbeiten, die nicht im Zentrum der Spieleproduktion stehen, sondern von der Peripherie an dieser „mitwirken". Dazu zählen in diesem Fall die Unterhaltungssoftware Selbstkontrolle (USK), der Bundesverband Interaktive Unterhaltungssoftware (BIU), die Presse – vertreten durch die Zeitschrift PC Games – sowie die Beratung. In den jeweiligen Blöcken sind die Interviews nach der Branchenerfahrung – beginnend mit den „Berufseinsteigerinnen" – geordnet.

An die Wiedergabe der Interviews schließt eine vergleichende Darstellung der zentralen Themen der Interviews an. Darin werden die private Spielenutzung der Expertinnen, ihre Werdegänge, das Arbeiten in einem männlich geprägten Wirtschaftszweig sowie die Zufriedenheit mit dem Beruf beleuchtet. Abschließend folgen einige praktische Hinweise für den Berufseinstieg sowie eine Zusammenfassung der wichtigsten Ergebnisse und ein Ausblick auf zukünftige Forschungsthemen.

Expertinnen-Gespräche 2

2.1 „Klassische" Spielebranche: Publisher und Entwickler

2.1.1 Interview mit Franziska Lehnert, Senior PR-Managerin

„Das Herstellen von Games wird als Handwerk anerkannt."

Crytek – Frankfurt am Main, 02.04.2013

Foto: Privat

Frau Lehnert, vielen Dank, dass Sie sich für das Interview bereit erklärt haben. Als erstes fänden wir es sehr spannend etwas über Ihre Berufsbiografie zu erfahren. Können Sie uns die Stationen Ihres beruflichen Werdegangs schildern?
Ganz ursprünglich wollte ich Fernsehmoderatorin werden, weil ich VIVA früher toll fand und dann unbedingt zum Fernsehen wollte. Noch vor dem Studium habe ich ein Praktikum in der Trailer-Redaktion des MDR in Leipzig gemacht, wo diese kleinen Vorschaufilmchen produziert werden. Das fand ich allerdings relativ

langweilig und ich habe mich daraufhin entschieden, nicht mehr Journalismus zu studieren, was eigentlich mein Ziel war, sondern eben Medienwissenschaften, und bin dann in Jena gelandet. Mein erstes Praktikum während des Studiums war bei Werra TV. Das war ein kleiner regionaler Fernsehsender. Dort habe ich gemerkt, dass es mir Spaß macht, Sendungen zu planen oder mir Inhalte zu überlegen, aber auch, dass es mich nicht dauerhaft ausfüllt. Ich habe mir gedacht, dass Fernsehen vielleicht doch nicht das Richtige ist. Daraufhin habe ich mich für ein Praktikum im Bereich Printmedien entschieden und habe dies bei der Thüringer Allgemeinen Zeitung absolviert. Dort war ich ein bisschen überrascht, wie viel Verantwortung ich von Anfang an übernehmen durfte, indem ich quasi täglich eigene Events besuchen und darüber schreiben musste. Eine spannende Aufgabe – allerdings habe ich auch hier schnell gemerkt, dass mich die andere Seite reizen würden, nämlich die, die das Ganze managt und deshalb wollte ich noch ein Praktikum im Bereich Öffentlichkeitsarbeit machen. Dann war natürlich die Frage, wo ich das machen möchte. Anfangs war mir relativ klar, dass ich zu einem großen Unternehmen wollte, weil ich die Vorstellung hatte, dass es dort professioneller zugeht, man mehr lernt und dass es im Lebenslauf netter klingt. Daraufhin habe ich mich bei BASF im Bereich Unternehmenskommunikation beworben und habe auch eine Zusage bekommen. Kurzfristig habe ich mich aber auch noch bei Computerspieleentwicklern beworben und habe von denen auch eine Zusage erhalten. Das Dilemma war perfekt. Nach einigen schlaflosen Nächten hatte ich mich dann aber für die Computerspieleindustrie entschieden – sicherlich unter anderem weil ich mich als sehr lockere Persönlichkeit beschreiben würde und die Vorstellung hatte, dass dies dann einfach besser zu mir passt. Also habe ich mich für das Praktikum bei 10tacle Studios in Darmstadt entschieden. Recht schnell merkte ich, dass die Entscheidung richtig war, dass PR das ist, was mir Spaß macht und zum anderen auch, dass die Games-Branche das Richtige für mich ist. Danach musste ich leider erst einmal weiterstudieren, weil ich irgendwann fertig werden musste. Im Januar 2009 habe ich meinen ersten Job direkt bei Crytek angefangen. Hier bin ich ganz normal als Junior PR-Manager eingestiegen, war dann zwei Jahre Junior PR Manager und bin jetzt sogar Senior geworden.

Gab es bestimmte Personen oder Vorbilder, die Sie ermutigt haben, diese Richtung einzuschlagen?
Für mich war mein damaliger Professor in Jena, Jörg Müller-Lietzkow, zum Beispiel eine Kernfigur. Er brachte Computerspiele auf die Agenda der Universität. Einen großen Anteil hat auch Bernd Diemer, der damals eine Präsentation an der Uni Jena hielt und mir zum Beispiel den Tipp gegeben hat, zu 10tacle zu gehen. Ich hatte eher im Sinn zu einem Publisher zu gehen und er meinte: „Geh erst einmal zu

einem Entwickler, da lernt man im Zweifel mehr, weil es kleiner ist, natürlich auch mehr an der Basis und mehr am Produkt gearbeitet wird." Die Zwei waren also auf jeden Fall Kernfiguren, aber natürlich auch alle Leute, die während meines Praktikums bei 10tacle um mich herum waren, weil sie für mich die Zeit im Praktikum sehr gut gestaltet haben und mir auch sehr viele Freiheiten gegeben haben.

Welchen Einfluss hatte Ihr Studium auf die Berufsentscheidung?
Damals dachte ich noch, ich studiere erst einmal Medienwissenschaft und nicht Journalismus, weil man damit einfach mehr Möglichkeiten hat. Wenn man Journalismus studiert, ist man natürlich etwas eingeschränkter. Wobei ich mittlerweile der Meinung bin, dass einem auch damit relativ viele Wege offen stehen. Es ist wichtiger, die richtigen Kontakte und ab und zu ein bisschen Glück zu haben. Was mir wirklich geholfen hat, war aktiv im Fachschaftsrat mitzuarbeiten. Man sollte möglichst früh praktisch arbeiten und versuchen, sich Kontakte aufzubauen. Das Studium ist wichtig, aber Eigeninitiative hilft bedeutend mehr.

Und wie sah Ihre Spielenutzung in der Kindheit aus?
Ich habe nicht so exzessiv gespielt wie manch anderer vielleicht. Mein Cousin war großer Fan von digitalen Spielen. Er hatte immer sofort die neuste Konsole und hat alle Spiele bekommen. Ich habe davon profitiert und immer mit seinen Sachen gespielt. Meine Eltern hätten sich das auch gar nicht leisten können. Das hat mich sicherlich auch beeinflusst, da ich schon früh mit dem Medium in Kontakt gekommen bin. Aber nicht nur mein Cousin hat gespielt, auch meine Mutter hat am Computer die Standardspiele von Microsoft gespielt und ließ mich und meine Schwester auch ab und zu mal spielen. Computerspiele waren also Teil meines kindlichen Alltags, so ist man schneller mit der Industrie warm geworden als wenn man nie gespielt hätte.

Neben Ihrer Tätigkeit als PR-Managerin bei Crytek sind Sie auch Dozentin an der Games Academy in Frankfurt – wie kam es dazu?
Die Games Academy ist auf mich zugekommen. Sie schrieben mich mit der Bitte an, sie bräuchten jemanden, der den Bereich Marketing/PR unterrichtet und auch generell erklärt, wie die Branche aufgebaut ist und welche Rollenverteilung vorherrscht. Da ich generell gerne Wissen weitergebe und Reden vor Publikum kein Problem für mich darstellt, habe ich recht schnell eingewilligt, frei nach dem Motto „Warum nicht?" Anfangs war es wirklich der Gedanke: „Es schadet ja nicht, so übt man mal wieder das Sprechen vor der Gruppe. So schafft man es auch mal Informationen, die man im Kopf hat, wieder in eine vernünftige Ordnung zu bringen." Denn ich muss sagen, das verlernt man im Berufsalltag ein bisschen. An der Uni

wird man noch gezwungen, gelegentlich eine Präsentation zu halten oder Sachen logisch zu strukturieren. Durch den Arbeitsalltag, in dem viele Sachen einfach ad hoc erledigt werden müssen, hat man die Zeit einfach nicht noch viel zu reflektieren. Leider. Das war einfach eine sehr gute Chance und jetzt gebe ich mittlerweile zwei Vorlesungen im Semester. Das ist nicht super viel, aber zum einen ist es schön, dass ich die Möglichkeit habe bzw. mich selbst zwinge, mich mit Themen zu beschäftigen, die nicht unbedingt immer meinem Berufsalltag entsprechen. Zum anderen ist es auch schön zu sehen, wie die Studierenden von heute ticken, was sie für Vorstellungen über die Branche haben.

Sie sagten gerade, dass sie als Dozentin auch in den Bereich Marketing tätig sind. Warum haben Sie sich gerade für den Beruf der PR-Managerin entschieden?
So klar abgegrenzt von anderen Bereichen ist der PR-Bereich im Arbeitsalltag nicht. Das ist das Spezielle, wenn man für einen Entwickler arbeitet. Man kann nicht sagen, dass etwas nicht zum eigenen Aufgabenbereich gehört und es dann nicht erledigt. Deshalb rutscht man in meinem Fall automatisch immer mal wieder ein wenig in den Marketingsektor hinein – mal mehr, mal weniger, je nach Spiel. Wenn man von einer klassischen Retail-Entwicklung ausgeht, also von Spielen, die als physische Box in den Handel kommen, ist es eigentlich so, dass der Publisher den ganzen Marketingteil übernimmt. Nun könnte man sich fragen, warum ein Entwickler dann überhaupt einen PR-Manager braucht. Aber zum einen braucht PR und Marketing ja immer Content und der kommt eben vom Entwickler, und somit ist es sinnvoll dort jemanden zu haben, der das in die Hand nimmt. Darüber hinaus gibt es ja immer auch Unternehmenskommunikation oder firmeneigene Produkte, wie in unserem Fall die Technologie, die an den Mann gebracht werden wollen. Ganz klassisch beginnt eine Marketingkampagne mit einem so genannten Kick-Off-Meeting: Hier reist meistens der Publisher zum Entwickler und man sitzt zusammen und redet zunächst über das, was man vermarkten will, das Spiel. Auf dieser Basis erstellt der Publisher dann erste Marketingpläne, welche wiederum mit uns besprochen und diskutiert werden. Insofern bin ich immer mit Marketing in Berührung und das gefällt mir auch so. So bekommt man von beiden Welten etwas mit und sieht viele Unterschiede, aber auch Gemeinsamkeiten. Schließlich arbeiten alle am gleichen Ziel – das Spiel so positiv wie möglich zu präsentieren.

Wie sieht ein typischer Arbeitstag bei Ihnen aus?
Als erstes, das mache ich meistens schon auf dem Weg zum Büro, checke ich meine E-Mails und gucke, was dringend ist. Meistens nehme ich mir die erste Stunde, um wirklich abzuarbeiten, was heute wirklich passieren muss, bzw. mache ich mir einen Plan: Was hat jetzt Priorität? 1, 2, 3, 4. Dann haben wir am Morgen sogenannte Stand-Up-Meetings. Das heißt, wir haben Meetings in unseren kleinen Teams,

in denen gesagt wird, was für den Tag auf dem Programm steht, welche Entscheidungen getroffen werden müssen, und man gibt quasi einen Bericht über den aktuellen Arbeitsstand ab. Danach ist es jeden Tag unterschiedlich. Es gibt Tage, an denen man feste Calls mit Publishern hat – durch die Zeitverschiebung ist dies meist abends, sodass man den Tag nutzen kann, um sich vorzubereiten. In der Regel erhält man einen Tag vorher eine Agenda und, um dann eben die Themen auch adäquat im Call diskutieren zu können, muss ich versuchen, zu allen Punkten auch Feedback einzuholen. Dann gibt es Tage, an denen man Firmenpräsentationen erstellt, Events vorbereitet, Interviews koordiniert, Strategien plant und und und. Es wird nie langweilig, so viel steht fest. In der Regel nimmt man sich Sachen vor und man hat auch einen Plan, was passieren muss, und dann kommt es doch alles anders als man denkt.

Wofür sind Sie als PR-Managerin vor allem verantwortlich?
Wir haben die Verantwortungen hier bei Crytek nach Produkten aufgeteilt. Ich bin seit Anfang März hauptsächlich für alle Retail-Produkte verantwortlich. Ich betreue das „Crysis"-Franchise, „Ryse" und alles, was noch in einer Box in die Läden kommt. Mein Aufgabenspektrum umfasst dabei alles im Bereich Marketing und PR. Wie bereits erwähnt, arbeiten wir auf Basis einer High-Level-Marketing-Idee. Darin ist definiert, was die Kerneigenschaften des Spiels sind. Alles richtet sich danach aus. Wie präsentieren wir uns visuell? Worüber reden wir wann? Wo kommen die Assets her? Auf welchen Messen präsentieren wir uns etc. Vieles hängt auch davon ab, in welcher Phase sich ein Spiel gerade befindet. Haben wir es gerade angekündigt? Dann ist das Spektrum an Informationen, die man nutzen kann, natürlich begrenzt. Dann ist es wichtig seine Spokes Persons gut zu briefen und auf Interviews und Events vorzubereiten. Nach Release sieht das ganz anders aus, dann kann man viele Themen auch tiefgründiger beleuchten und aktive Pressearbeit leisten und mal eher etwas umfangreichere Themen kommunizieren. Dann gibt es immer das Thema Corporate-PR, das nur unsere Firma betrifft. Wie wollen wir uns präsentieren? Da kommt es darauf an, wer unsere Zielgruppe ist: Arbeitnehmer? Endkunden? Fans? Konkurrenten? Je nachdem haben wir hier unterschiedliche Mittel zur Hand, die wir einsetzen können. Da wir zahlreiche Studios im Ausland haben, spielt auch der Bereich Interne Kommunikation eine wichtige Rolle. Schließlich sind wir ja eine große Familie und da ist es wichtig, dass auch jeder immer grob weiß, was gerade passiert mit Crytek.

Wenn Sie das letzte Jahr Revue passieren lassen, was waren für Sie die Höhepunkte in Ihrem Job?
Mein persönliches Highlight war, dass ich mit „Crysis 3" zum ersten Mal ein komplett eigenes Projekt in meiner Verantwortung hatte und dabei alles eigenständig

entscheiden konnte. Ich habe natürlich auch mit meinen Chefs gesprochen, was passiert und hatte regelmäßig Update-Meetings, aber generell war es so, dass ich sagen konnte „Das würd ich gern so haben und so wird das gar nicht passieren." Das war mein persönliches Highlight, dass ich die komplette Verantwortung getragen habe. Man weiß, was für ein Budget dahinter steckt und man weiß auch, dass man derjenige ist, der dafür gerade stehen muss, wenn Sachen schief gehen. Das war ein absolut positives Erlebnis und hat mich emotional sehr ergriffen. Ich war erschrocken, wie sehr mich Reviews beeindruckten, die man eigentlich gewöhnt ist und die nicht von großer Bedeutung sind. Aber sobald es um das eigene Produkt geht, ist das etwas Besonderes.

Was fasziniert Sie an Ihrem Job am meisten?
Die Arbeit mit dem Team. Das ist auch der große Vorteil, wenn man bei einem Entwickler ist, dass man direkt an der Basis ist, sich sofort Feedback holen und Sachen erklären kann, weil so ein Team natürlich auch immer viele Fragen hat, und sich über Sachen wundert. Denn für sie ist es nicht Alltag und sie fragen dann, wieso die Screenshots noch nicht veröffentlicht wurden, und warum das Bild auf einmal anders aussieht. Das ist eigentlich das Schönste am Job, dass man diese Interaktion mit dem Team die ganze Zeit hat.

Gibt es auch etwas an Ihrem Job, das Ihnen nicht so gut gefällt, das vielleicht nicht ganz Ihren Erwartungen entspricht?
Was mich manchmal nervt sind sogenannte Reportings. Wenn man das Netz nach neuen Artikeln durchsucht und schaut, was alles geschrieben wurde, um es zusammenzutragen und dem Chef zu zeigen. Das ist relativ langweilig, aber im besten Fall hat man einen Praktikanten dafür [lacht]. Oder man hat eine Agentur für solche Aufgaben. Wenn ich doch ein Reporting erstellen muss, rede ich mir das immer schön, weil ich dann genau sehe, wofür meine Arbeit gut war. Ich lasse mich relativ wenig negativ beeinflussen.

Was waren Ihre Erwartungen an die Games-Branche?
Mein Vorteil ist, dass ich meistens gar keine Erwartungen habe, sondern vieles einfach auf mich zukommen lasse. Wobei ich zugeben muss, wenn man sich an der Uni mit Leuten unterhält, die schon im Job sind, erzählt einem so gut wie keiner „Ja, ist total easy gewesen!" Für die meisten war es einfach nicht leicht. Deswegen war es für mich natürlich überraschend, dass es in meinem Fall relativ einfach ging, aber ich bin dankbar dafür. Ich hätte erwartet, dass ich nach dem Studium erst noch ein Praktikum machen muss. Es ist eigentlich der Idealfall, dass man direkt in einen Job gehen kann. Denn normalerweise wollen die Unternehmen zunächst Prakti-

kanten. Zum einen sparen sie Geld und zum anderen sichern sie sich so ein bisschen ab. Insofern hätte ich wirklich nicht erwartet, dass es für mich so leicht und so schnell geht, aber manchmal kommt es anders als man denkt und in meinem Fall war das gut so. Und dass ich Dozentin werde, das hätte ich wirklich nie gedacht. Ich habe auch immer gesagt, das reizt mich überhaupt nicht, als Freunde auf mich zugekommen sind und meinten „Willst du nicht noch einen Doktor machen?". Aber vielleicht ändert sich meine Meinung dahingehend ja auch wieder.

Hatten Sie denn Bedenken, als Sie sich für den Schritt in die Games-Industrie entschieden haben?
Bedenken hatte ich vor allem im Hinblick auf die sehr klare Geschlechterstruktur. Es ist nach wie vor so, dass in unserer Branche die meisten Leute Männer sind. Kann das wirklich Spaß machen oder besteht nicht die Gefahr, nicht ernst genommen zu werden und direkt in einen Herd voller Vorurteile zu laufen? Aber das war letztendlich gar nicht so; alle waren sehr aufgeschlossen. Natürlich war es auch ein bisschen komisch meiner Familie zu sagen, anstatt zu BASF zu gehen – einem Unternehmen, das jeder kennt und jeder akzeptiert – gehe ich lieber zu einer Computerspielefirma. Eine Familie, die nicht ganz so cool ist, hätte vielleicht erst einmal Zweifel gehabt, ob das ein ordentliches Arbeitsumfeld ist. Es gibt auch immer noch Leute, die denken, wir zocken den ganzen Tag nur. Dabei musste ich mir schon ein DevKit mit nach Hause nehmen, um „Crysis 3" vor Release überhaupt spielen zu können. Hier am Arbeitsplatz finde ich leider meist keine Zeit [lacht].

Wenn Sie heute auf Ihre Berufsbiografie zurückblicken, würden Sie vielleicht irgendetwas anders angehen? Gab es eine Chance, die Sie verpasst haben, was Ihnen erst später bewusst wurde?
Nein, ich habe nichts verpasst. Ich hätte mich natürlich eher für die Spieleindustrie entscheiden können, aber eigentlich wüsste ich nicht, ob ich irgendetwas großartig anders machen würde.

Wie sieht es mit Ihrer beruflichen Zukunft aus? Käme für Sie auch ein Job außerhalb der Games-Industrie infrage?
Ich würde nie „nie" sagen. Ich weiß nicht, ob ich z. B. PR für Autoreifen machen würde [lacht]. Aber ich finde es immer wichtig, dass man ein Thema hat, das einen zumindest ein bisschen interessiert. Generell habe ich erst einmal meinen eigenen Bereich, in dem ich mich nicht nur um ein Spiel kümmere, sondern um mehrere. Das ist immer eine Herausforderung, weil man dann lernen muss, die Aufmerksamkeit auf verschiedene Teams zu verteilen und auch mehr die Pflicht hat, eine Gruppe zu führen. Man muss Leute in die richtige Richtung bringen und ich lerne

jetzt, negative Nachrichten zu überbringen. Wenn etwas nicht recht geklappt hat, muss man lernen, seinem Team negative Dinge zu vermitteln. Im Moment ist noch sehr viel Lernpotenzial vorhanden, weshalb ich keinen Grund sehe, mir Gedanken über einen Wechsel zu machen. Mich interessiert es aber nach wie vor, wie es wäre, für einen Publisher zu arbeiten. Wahrscheinlich wäre ich enttäuscht, weil ich es hier relativ schnell vermissen würde. Aber da wir hier Publisher-Ambitionen haben, kann ich das auch hier testen [lacht]. Ich glaube, mich würde das Ausland eine Zeit lang reizen.

Da sind Sie bei Crytek ja gut aufgehoben – Ihr Unternehmen führt Studios rund um den Globus.
Das stimmt. Anfangs hatte ich auch Respekt vor dem Fakt, dass Englisch unsere Firmensprache ist; aber mittlerweile ist das so selbstverständlich, dass ich mir das Gegenteil gar nicht vorstellen könnte. Es ist bestimmt noch einmal etwas ganz anderes, direkt im Ausland zu arbeiten – auch aufgrund kultureller Unterschiede. Insofern wäre das einfach für die persönliche Weiterentwicklung ganz interessant.

In Ihrer Position als PR-Managerin fungieren Sie als Sprachrohr Ihres Unternehmens. Wie stehen Sie der Gewaltdebatte in digitalen Spielen gegenüber?
Die Auswirkungen dieser Debatte halten sich bei uns in Grenzen. Vor allem bei Amokläufen spielt die Presse meistens verrückt und sucht schnell einen Schuldigen. Wir als Unternehmen halten uns aus dieser Diskussion heraus und kommentieren das in der Regel nicht. Die Frage dahinter ist immer: Welchen Vorteil bringt es uns, das zu kommentieren? Im Zweifel gibt es immer die „Hater", die dann noch mehr auf uns schimpfen. Daher fahren wir lieber die Taktik, dazu nichts zu sagen und die ganze Debatte an uns vorbeiziehen zu lassen. Dann ebbt das ein bisschen ab.

Digitale Spiele hatten lange Zeit – auch aufgrund der Gewaltdiskussion – ein eher negatives Image. Hat sich das Image merklich verändert?
Ich habe neulich erst darüber nachgedacht, denn mir fiel auf, wie oft Computerspiele mittlerweile in irgendwelchen Serien auftauchen. Allerdings ist es immer sehr zwiegespalten: Es gibt Serien, die zeigen Spiele als leichtes Unterhaltungsmedium für zwischendurch und es gibt Serien, wie „Breaking Bad" beispielsweise, wo sie Spiele zeigen, als Möglichkeit dem eigenen verkorksten Alltag zu entfliehen. Das ist nicht unbedingt das, was wir wollen. Wir wollen kein Medium sein, um aus dem Alltag zu flüchten, sondern einfach als Freizeitbeschäftigung anerkannt werden, wie ein Buch oder ein Film oder eine Serie. Teilweise wird das Medium Computerspiel entsprechend der Klischees dargestellt, was ich schade finde. Aber ich glaube der Typ der Leute, die spielen, hat sich verändert. Man spielt häufiger im Lebens-

alltag und nicht versteckt, als ob es etwas wäre, wofür man sich schämen müsste. Die allgemeine Berichterstattung über das Thema ist insgesamt ein wenig mehr ins Positive gerückt und man merkt auch, dass das Thema an sich häufiger in den Mainstream-Medien vertreten ist. Man kann über digitale Spiele nicht mehr nur in Games-Magazinen lesen, sondern auch die Tagespresse ist sehr interessiert daran, wie uns bei „Crysis" aufgefallen ist. Für die Presse ist es ein großes Thema, wie die Qualität eines Spieles ist und wie der Entwicklungsprozess vonstattengeht. Man erkennt Spiele mittlerweile mehr als hochqualitatives Gut an. Das ist unter anderem auch mit mehr Geld verbunden; die Bereitschaft zum Investment ist viel höher als früher. Hierfür ist es natürlich wichtig, dass man zeigt, dass man gut ausgebildete Spezialisten im Unternehmen hat, die nicht nur Spaß am Malen haben, sondern dass hier Leute in der Industrie sind, die das auch richtig gut können, die auch nicht nur für Games zeichnen könnten, sondern auch für vieles andere. Man merkt auf jeden Fall, dass die Nachfragen mittlerweile mehr auf professioneller Ebene sind. Es wird viel mehr nach den Hintergründen von Spielen gefragt. Es wird nicht mehr nur angeprangert, sondern auch nach Erklärungen, warum welche Entscheidung getroffen wurde, gefragt. Das Herstellen von Games wird als Handwerk anerkannt.

Welches Potenzial steckt in digitalen Spielen in der Zukunft, z. B. bei den Serious Games?
Ich fände es wünschenswert, wenn es gar nicht immer so als Thema hervorgehoben werden muss und man darauf hinweisen muss, dass man mit einem Computerspiel auch andere Sachen machen kann, sondern dass es in der Schule ganz normal wird statt einem Schulbuch eine Software zu nutzen, mit der Sachen gelernt werden können. Jetzt ist das noch immer etwas ganz Besonderes, nach dem Motto: „Guck mal, wie fortschrittlich das ist, wir haben jetzt eine tolle Software entwickelt." Kein Mensch sagt: „Guck mal, wir haben ein tolles Schulbuch geschrieben." Ich wünsche mir, dass das eher alltäglich und zum ganz normalen Gebrauchsgegenstand wird und man sagt: „Ich mache das jetzt eben am Computer und nicht mehr mit einem Buch." Ich kann mir vorstellen, dass die ganze Entwicklung sich mehr verselbstständigen wird und es ganz „normal" ist mit Spielen zu lernen. Ich kann mir auch vorstellen, dass sich die Altersgrenze noch einmal ändert. Wir sind mit Spielen aufgewachsen und unsere Kinder noch viel mehr, sodass diese in Zukunft noch mehr akzeptiert werden.

Da Sie in der Games-Branche arbeiten bleibt die folgende Frage natürlich nicht aus: Spielen Sie selbst Computer- und Videospiele in Ihrer Freizeit?
Ja, natürlich! Wobei ich leider sagen muss, dass ich es selten schaffe, ein Spiel von vorne bis hinten durchzuspielen. Denn wenn ich das schaffen will, dürfen nicht

irgendwie längere Pausen dazwischen sein, sonst ist meine Aufmerksamkeit schon wieder woanders und dann erzählt mir jemand von der Arbeit, ich sollte das und das Spiel unbedingt mal ausprobieren und dann hab ich schon wieder etwas anderes im Kopf.

Gibt es da ein besonderes Genre oder eine Plattform, die Sie bevorzugen?
Für „Crysis" musste ich erst einmal viele Shooter testen und das hat auch recht schnell Spaß gemacht. Jetzt durch „Ryse" spiele ich relativ viele Action Adventures, aber die spiele ich generell sehr gerne. Rennspiele mag ich zum Beispiel total, nur leider bin ich nicht besonders gut.

Würden Sie sich auch als Gamerin bezeichnen?
Ja schon, ich bin jetzt keine Hardcore-Spielerin, die, wenn sie nach Hause kommt, alles stehen und liegen lässt und dann: Ab vor den Rechner. Ich habe in meiner Freizeit auch anderes zu tun. Was natürlich daran liegen kann, dass man den ganzen Tag mit Spielen in Berührung ist und abends dann auch gern mal anderen Interessen nachgeht.

Was war Ihr erstes Video- oder Computerspiel, an das Sie sich erinnern, und was hat Ihnen dabei besonders gefallen?
Das erste, woran ich mich wirklich erinnere, bei dem ich wirklich saumäßig Spaß hatte, war „Banjo-Kazooie". Ich weiß noch, dass ich die Sounds total süß fand. Das hat mir riesigen Spaß gemacht und mein Cousin hat mich gehasst, weil ich ihm das immer weggenommen habe.

Haben Sie aktuell auch ein absolutes Lieblingsspiel?
Was mir wirklich Spaß gemacht hat – was wenige Leute verstehen – war „Heavy Rain". Ich spiele das heute noch gerne und laufe einfach nur herum im Spiel, weil ich das so cool fand als neue Idee, obwohl es fast eher ein Film als ein Spiel ist. Was ich auch wirklich gerne spiele ist „God of War", wobei ich „Dantes Inferno" fast ein bisschen besser fand. Ich mag auch „Batman – Arkham Asylum" richtig gern. Und natürlich „Last of Us" – herrlich!

Der Begriff „Spiel" hat viele Facetten und weckt viele Assoziationen. Wenn Sie an diesen Begriff denken, was fällt Ihnen spontan dazu ein?
Unterhaltung. Für mich ist ein Spiel in allererster Linie ein Unterhaltungsmedium. Ein Spiel muss Spaß machen. Das wäre für mich auch das erste Qualitätskriterium.

In Studien findet man auch häufig die Aussage, dass Frauen und Männer unterschiedliche digitale Spiele bevorzugen. Sehen Sie das genauso?
Ich bin generell kein Fan von Pauschalisierungen, aber stelle aber doch auch immer wieder fest, dass ich selbst auch mehr Frauen kenne, die Casual Games spielen als Frauen, die Shooter zocken.

Sie haben mit „Crysis" wahrscheinlich auch Playtests gemacht. Haben Sie dabei festgestellt, dass Frauen anders spielen als Männer?
[Lacht] Bei allen Tests, bei denen ich dabei war, waren nur Männer. Es ist auch nach wie vor so, dass unsere Hauptzielgruppe immer noch Männer sind. Es ist einfach bekannt, dass Männer mehr spielen als Frauen. Wir spielen im Office häufig „Warface", weil das einen Coop-Mode hat. Frauen sind noch schreckhafter und spielen viel lauter. Frauen reden viel mehr beim Spielen. Männer sitzen einfach still in ihrem Sessel und machen, was sie machen müssen. Frauen müssen alles kommentieren und müssen auch ständig schreien beim Spielen [lacht]. Sie können nicht einfach mal ruhig sein während des Spiels. Das fällt mir hier im Büro auf, wenn wir spielen, aber ich weiß nicht, ob das ein allgemeines Phänomen ist.

Denken Sie, dass es auch einen Unterschied gibt zwischen den Spielen, die von Männern und Spielen, die von Frauen entwickelt werden?
Das ist eine gute Frage – gibt es überhaupt Spiele, die nur von Frauen entwickelt werden? Ich kann mir generell schon vorstellen, dass persönliche Vorlieben, Hintergründe etc. Einfluss auf die Entwicklung von Spielen haben. Allerdings muss man auch immer bedenken, dass ein Spiel ja von einem Team entwickelt wird und somit ganz viele Dinge Einfluss haben und nicht ein einzelnes Geschlecht.

Haben Sie mehr männliche oder mehr weibliche Kollegen?
Also bei uns im PR-Team ist es relativ ausgeglichen, nicht ganz halb-halb, aber fast. In unserem Team sind relativ viele Frauen, weil in den Bereichen PR/Marketing und Grafik/Design eher Frauen arbeiten. In den Entwicklerteams ist es nach wie vor so, dass die Frauenquote deutlich unter zehn Prozent liegt. Wie gesagt, ich finde es nicht störend, weil ich generell einfach mit Leuten arbeiten möchte, denen ihr Job Spaß macht. Wenn das Männer sind, soll mir das auch recht sein. Das macht das Arbeiten in der Regel etwas entspannter, weil Männer schon vom Typ her nicht so aufgeregt sind wie viele Frauen [lacht]. Aber es ist komischerweise immer noch so, dass mehr Männer sich auch für diese Berufe bewerben. Ich sehe das auch an der Games Academy, wenn ich einen Kurs habe, dann sind Frauen auch in der Minderheit. Es ist also so, dass eher Männer diesen Bereich studieren.

Haben Sie den Eindruck, dass man als Frau in der Branche besondere Hindernisse oder Hürden hat, die man überwinden muss?
Das merke ich hier nicht. Was ich merke ist, dass man erst ab einer bestimmten Zeit, die man bei einem Unternehmen ist, ernst genommen wird. Am Anfang ist es natürlich so, dass viele denken: „Ja, ja, finde du erst einmal deinen Weg." Ich würde nicht sagen, dass mein Geschlecht irgendetwas ausmacht. Sicherlich gab es mal Momente – gerade wenn man zu Beginn der Karriere vielleicht als Junior in Meetings war mit lauter Leuten, die schon lange dabei sind, die männlich sind und am besten noch irgendwelche hohen Positionen haben – da ist es natürlich so, dass meine Stimme nicht so ein Gewicht hat wie die von einem Mann. Das muss nicht zwangsläufig mit meinem Geschlecht zu tun haben.

Hat es vielleicht als Frau auch Vorteile, in der Games-Industrie zu arbeiten?
Es kann natürlich sein, dass man sich als Frau erst einmal mehr beweisen muss – was man als Mann nicht muss. Aber die Erfahrung habe ich hier noch nicht gemacht. Ich hoffe auch, die werde ich nicht machen. Ich bin kein Fan von „Naja, ich klimpere mit den Augen und nur weil ich eine Frau bin, sollte mir das Leben leichter gemacht werden." Ich möchte mit Können und Professionalität überzeugen.

Derzeit wird diskutiert, ob Unternehmen sogenannte Frauenquoten einführen sollten. In diesem Zusammenhang wird auch kritisiert, dass die Arbeitszeiten mit der Familienplanung kollidieren und die Arbeitszeiten daher flexibler werden sollen. Wie ist das bei Ihnen? Schränkt Sie Ihr Job in dieser Hinsicht ein?
Ich würde sagen, ja. Ich möchte jetzt erst einmal keine Kinder, aber ich kann mir vorstellen, dass man als Frau nach wie vor im Nachteil ist, wenn man ein Kind bekommt. Du musst theoretisch eine ganze Weile aus deinem Job ausscheiden. Dabei gehen Dinge an dir vorbei. Das ist gar nicht zu verhindern und auch richtig so, denn das Leben geht natürlich weiter. Wenn du erst einmal ein Jahr aus dem Beruf heraus bist, dauert es erst einen Moment, bis du wieder hineinkommst. Wenn ein Spiel in drei Wochen herauskommt, komme ich um zehn Uhr ins Büro und gehe zwischen 19 und 20 Uhr erst nach Hause. Das ist mit einem Kind schon fast nicht möglich. Da muss man eigentlich hart sein und um acht ins Büro gehen und um 16 Uhr wieder gehen. Das ist die Idealvorstellung, aber in einer so schnelllebigen Branche schwer machbar und natürlich auch dem Umstand geschuldet, dass wir mit vielen internationalen Partnern arbeiten. Da muss man auch abends mal im Büro sein, weil es Zeitverschiebungen gibt. Das ist nicht ganz so leicht. Aber man kann das natürlich auch selbst beeinflussen. Man kann Calls auch von zu Hause aus machen. Man kann seinem Arbeitgeber auch vermitteln: „Du, ich hab jetzt ein Kind, das hat auch eine gewisse Priorität." Ich glaube aber auch, da werden sich die Unternehmen anpassen. Es ist auch Arbeitnehmersache, aber wenn man Arbeit-

2.1 „Klassische" Spielebranche: Publisher und Entwickler

nehmer unterstützen möchte, muss man das auch mit vollem Herzen machen. Man muss sich auch bewusst sein, dass ein Kind natürlich öfter mal krank wird. Was zur Folge hat, das der Arbeitnehmer auch mal krank wird. Ich glaube, da muss man Modelle, wie Home Office, finden, die das Ganze etwas abfangen. Oder noch flexiblere Arbeitszeiten einführen, wobei das bei uns bereits recht flexibel ist.

Wie ist das bei Ihnen mit der Work-Life-Balance? Wirkt sich Ihr Job auf Ihr Privatleben aus?
Ja, phasenweise schon. Jetzt im Moment kann ich relativ locker arbeiten. Aber es gibt natürlich Phasen, gerade als „Crysis" kurz vor der Fertigstellung stand, da bin ich die meiste Zeit im Büro. Dann ist es in der Regel so, dass ich nicht vor 23 Uhr nach Hause gehe. Dann hat das natürlich einen Einfluss. Es ist schon so, dass man z. B. nicht mehr ins Kino geht, man hätte auch einfach nicht mehr die Energie. Insofern wirkt sich der Job durchaus aus. Aber es ist nicht so, dass ich im Büro bin und die ganze Zeit denke „Och, eigentlich will ich gar nicht hier sein", sondern man hat innerlich eher diesen Drang „Jetzt habe ich solange an dem Spiel gearbeitet, jetzt will ich auch, dass es rauskommt und alles gut wird". Es nervt mich persönlich nicht und ich sag auch nicht, dass es zu viel Arbeit ist. Aber wenn man einen Partner hat, der da nicht viel Verständnis für aufbringt, und dann am Ende vielleicht noch meckert, wenn man erst um 23 Uhr nach Hause kommt, wird es schwierig. Das hat viel damit zu tun, wie der Partner drauf ist. Wir sind zum Glück ein ziemlich cooles Team. Das heißt dass es für mich eher so ist wie abends mit Freunden ein bisschen zusammen zu sitzen, als zu sagen: „Jetzt muss ich die Nasen noch drei Stunden länger ertragen." Das ist immer ganz vorteilhaft.

Was machen Sie in Ihrer Freizeit am liebsten, fernab von Games?
Aktuell: Laufen gehen. Ich versuche einfach mehr rauszugehen und mich zu bewegen. Das ist das, was mir zurzeit am meisten Spaß macht. Was aber auch daran liegt, dass ich einen Halbmarathon laufen möchte [lacht]. Sport ist eigentlich eine ganz gute Abwechslung, da kommt man mal raus und hat die Möglichkeit, auch mal abzuschalten: Und an zweiter Stelle, vielleicht sogar an erster, steht das Kochen. Ich könnte dreimal am Tag kochen, wenn ich die Zeit hätte [lacht].

Was sagt Ihr Umfeld zu Ihrem Job in der Spielebranche?
Meine Familie war relativ entspannt. Die haben gemeint, ich soll machen, was mir Spaß macht. Für sie war das auch erst einmal nur ein Praktikum. Jetzt sind alle begeistert, weil ich natürlich relativ günstig an alle möglichen Spiele komme [lacht]. Bisher hat sich noch keiner negativ geäußert, zumindest nicht aus meiner Familie. Ich kann mir vorstellen, dass es Leute gibt, die sich denken: „Warum macht sie denn nicht etwas Ernsthafteres?" Aber andererseits wissen die Leute, die mich gut

kennen, dass so etwas am besten zu meiner Persönlichkeit passt. Bisher habe ich kein negatives Feedback bekommen. Die meisten sind eher neugierig und fragen, was ich den ganzen Tag mache. Manchmal ist es aber auch schwierig. Meine beste Freundin beispielsweise ist Kieferorthopädin und wenn ich zu Geburtstagen gehe, wo nur Ärzte sind, und ich mir dann selbst denke: „Ja ... und ich mache Computerspiele!" [Lacht.] Das ist immer ein bisschen bizarr.

Spielt Ihre Familie oder Ihr Bekanntenkreis auch? Kommt es vielleicht vor, dass Sie sich auch mal zum gemeinsamen Wii-Spielen treffen?
Meine Familie im Sinne von Mama, Oma etc.? Nein, denen habe ich schon mal die Wii gezeigt, wir haben auch davor rumgeturnt, aber nichts Exzessives. Mein Cousin ist absoluter Hardcore-Zocker. Er ist mehr der Typ, der sich ein Spiel kauft und solange spielt, bis er es durch hat – ohne Pause. Meine Schwester spielt, aber sie ist eher so wie ich. Sie spielt dann immer abends zwei, drei Stunden, und macht aber auch wieder etwas anderes. Im Bekanntenkreis spielt jeder. Ich wüsste gar nicht, ob ich Leute kenne, die gar nicht spielen. Ich glaube, die spielen alle.

Haben Sie Kinder oder Jugendliche in der Familie oder im engeren Bekanntenkreis, bei denen Sie darauf achten, was gespielt wird und ob es dem Alterskennzeichen entspricht?
Nein, habe ich nicht. Ich find es immer erstaunlich, dass wir hier hin und wieder Praktikanten haben, die auch deutlich unter 18 sind. Das sind Freunde von Angestellten zum Beispiel; denn normalerweise ist 18 das Mindestalter hier. Dann bin ich schon erstaunt, wenn die Praktikanten mir dann erzählen, dass sie die ganzen Spiele ab 18 spielen. Allerdings will und kann ich mir da kein Urteil erlauben. Ich denke, da muss man das Gesamtbild betrachten.

Würden Sie generell Frauen einen Beruf in der Games-Industrie empfehlen?
Ja. Allerdings sollte man das als Frau, wenn man sensibel ist, vielleicht eher nicht machen, weil Männer schon einen raueren Ton haben. Ich kann mit so etwas relativ gut umgehen und finde das in der Regel sogar eher amüsant. Aber ich glaube, wenn man sehr, sehr sensibel ist und auch nicht mal ein bisschen Kritik einstecken kann und das vielleicht sehr persönlich nimmt oder eben gleich auf diese Schiene kommt „Oh du bist ja eben nur so zu mir, weil ich eine Frau bin", dann sollte man das vielleicht lassen. Ansonsten herrscht generell eigentlich ein schönes Arbeitsklima.

Was würden Sie jungen und engagierten Frauen raten, die in die Branche einsteigen wollen, und als Tipp mit auf den Weg geben?
Kontakte sind wirklich das A und O. Ich empfehle Leuten wirklich immer: „Geht auf Konferenzen, versucht, Kontakte zu knüpfen, aber" – und das sage ich auch

2.1 „Klassische" Spielebranche: Publisher und Entwickler

meinen Games-Academy-Leuten - „geht den Leuten nicht auf die Nerven." Wenn ich eine Vorlesung habe, gebe ich den Studierenden natürlich meine Visitenkarte und biete ihnen an, sich zu melden, wenn sie Fragen haben. Das ist auch alles kein Problem, aber teilweise gibt es dann eben Leute, die mir berufliche Fragen in einer Facebook-Nachricht stellen. Das überschreitet dann die Grenze. Eine Grundneugier finde ich auch extrem wichtig. Die Studierenden von der Games Academy, mit denen ich spreche, sind in der Regel Game Designer. Sie denken am Anfang auch immer: „Warum muss ich mich denn für Marketing interessieren? Ich will doch Spiele entwickeln." Ich versuche ihnen dann zu vermitteln, dass es nicht schadet, über den Tellerrand zu blicken und ein bisschen mehr zu können. Zum Beispiel interessiere ich mich auch total dafür, wie bestimmte Sachen in ein Spiel kommen und warum bestimmte Entscheidungen wie getroffen werden, obwohl ich es nicht wissen müsste, wenn ich nicht wollte. Es schadet nicht, sich in vielen Bereichen ein bisschen auszukennen. Das kann man dann immer noch ganz gut als Verkaufsargument für sich nutzen.

Wie denken Sie, wird sich in den nächsten Jahren die Rolle der Frau in der Games-Industrie verändern? Wird sie sich überhaupt verändern?
Ich kann mir schon vorstellen, dass es mehr Frauen in der Branche geben wird. Einfach weil sich die Frauen generell mehr mit Spielen beschäftigen und auch ein bisschen mehr mit in die Industrie hineinkommen. Ob sie eine führende Rolle spielen werden, weiß ich gar nicht. Es gibt mittlerweile relativ viele Initiativen für Frauen in der Games-Industrie. Gerade jetzt auf der GDC gab es dazu wieder ein extra Talk-Block, wo diesmal auch wirklich nur Frauen gesprochen haben. Ich stehe so etwas immer zwiegespalten gegenüber, denn einerseits braucht es solche Gelegenheiten, um Frauen in bestimmten Bereichen zu etablieren. Andererseits frage ich mich, warum man denn immer das Geschlecht als Abgrenzungskriterium nehmen muss? Warum kann ich denn nicht ganz selbstverständlich als Frau einen Talk halten, in einem ganz „normalen" Panel, ohne dass darüber steht, „only women". Am schlauesten ist es, durch Inhalte zu überzeugen und sich nicht von dieser Geschlechterfrage treiben zu lassen.

Wie sehen Sie die Zukunft der Games-Industrie? Was werden die Trends in den nächsten Jahren sein?
Man wird nicht mehr diese Rekorde schaffen, die man in den letzten Jahren geschafft hat - von wegen „wir sind größer als die Filmindustrie und alles wird noch toller, wir brauchen noch mehr Entwicklungsbudget". Jetzt ist man irgendwann an einem Punkt, an dem sich das ein bisschen einpegelt. Und wo sich der Alltag einstellt und nicht jedes Jahr ein neuer Rekord gebrochen werden muss. Das klingt jetzt negativ, aber ich meine nur den Zustand, wo man einfach nur eine Industrie

sein kann, die sich entwickelt, in der auch mal Sachen schiefgehen. In der Öffentlichkeit wird gerne davon gesprochen, wie toll die Industrie ist und alles ist ja ach-so-rosig. Ich glaube, man lernt jetzt, dass es Sachen gibt, die nicht so gelaufen sind, wie man sich das vorgestellt hat, dass Fehlentscheidungen getroffen wurden. Dann entsteht eine gesunde Industrie, in der es ganz normal ist, dass es sehr erfolgreiche Unternehmen gibt, aber eben auch Unternehmen, die Bankrott gehen und dann schließen müssen. Man sieht ja jetzt auch, wie viele Entwicklungsstudios schließen müssen. Das hat am Anfang viele geschockt, aber das ist der Lauf der Dinge, denn es gibt nun mal Sachen, die nicht funktionieren. Das ist auch in der Spieleindustrie nicht anders. Ich hoffe, dass es einfach so bleibt, dass man auch noch kleine Unternehmen hat und nicht alle Großen sich irgendwie zusammentun und man dann nur noch Mainstream-Sachen produziert. Dass diese Kraft bleibt, dass man innovativ sein kann und es auch noch Überraschungserfolge gibt. Ich hoffe, dass das bleibt. Ich bin kein Fan davon zu sagen, in fünf Jahren ist alles free-to-play. Das glaube ich einfach nicht. Ich glaube nicht, dass alles, was irgendwie über so viele Jahre aufgebaut wurde, und woran sich Leute gewöhnt haben, plötzlich über Nacht weg ist. Es wird eher so sein, dass vieles nebeneinander existiert und man als Konsument dadurch mehr Entscheidungsfreiheit hat.

Wenn Sie sich beschreiben müssten, wie würden Sie sich charakterisieren?
Ich bin ziemlich aufgeschlossen. Es gibt wenige Sachen, die ich sofort ablehnen würde. Ich bin generell allen gegenüber sehr offen und habe ein Grundinteresse an allem, was mir jeden Tag in meinem Beruf hilft. Ich bin sehr positiv und optimistisch. Es gibt in so einer Firma immer auch mal negative Gerüchte oder Phasen, in denen alle ein bisschen schlecht drauf sind. Von so etwas lasse ich mich immer relativ wenig beeindrucken. Ich glaube, das hilft mir.

Nun würde ich Sie noch gerne bitten, den folgenden Satz für mich zu beenden: Ich mag an meinem Beruf ...
... die Zusammenarbeit mit allen möglichen Charakteren, Kulturen, ja, Menschen.

Und zum Abschluss: Ich nehme an diesem Projekt teil, weil ...
... ich weiß, dass solche Projekte erst mit Praxisberichten zum Leben erweckt werden.

Vielen Dank für das Gespräch!
Unter Mitarbeit von: Benjamin Kratz und Christoph Hendrichs

Kurzvita
- Geboren 1984
- Wohnhaft in Frankfurt am Main
- 2002 bis 2008 Studium der Medienwissenschaften an der Universität Jena. Hauptfach: Medienwissenschaft; Nebenfach: Kunst- und Kulturgeschichte und Interkulturelle Wirtschaftskommunikation
- 2009 Berufseinstieg bei einem Entwickler für Computer- und Videospiele im Bereich Public Relations in Frankfurt am Main. Betreut dort neben interner Kommunikation und der firmeneigenen Technologie CRYENGINE Franchises wie Crysis und Ryse

2.1.2 Interview mit Silja Gülicher, PR-Managerin

„Jeder Tag bei Nintendo hat seinen eigenen Charme."
Nintendo – Frankfurt am Main, 18.01.2013

Foto: Privat

Vielen Dank, dass Sie sich zu diesem Interview bereit erklärt haben. Als Einstieg würde uns interessieren, wie Ihr bisheriger Arbeitstag so aussah?
Mein Arbeitstag hat damit angefangen, dass ich mir unsere Präsentation für die Konferenz LearnTec angeschaut und überarbeitet habe. Auf der Konferenz werden wir den Zusammenhang von Spielen und lebenslangem Lernen erläutern, indem wir vorstellen, woher diese Begriffe kommen, warum wir spielen, wie wir lernen und wo die Gemeinsamkeiten liegen. Zudem gehen wir darauf ein, was digitale Lern-Software, die auf den unterschiedlichen Plattformen angeboten wird, im 21. Jahrhundert für eine Bedeutung hat und was das konkret mit Spielen zu tun hat. Weiter ging der Vormittag mit einem Nintendo-Deutschland-Meeting, zu dem unterschiedliche Abteilungen zusammengekommen sind – das gesamte Marketing-Team inklusive PR, das Communication Center und das Sales-Team. Unser Geschäftsführer hat uns einen kleinen Rückblick auf das letzte Jahr gegeben und einen Ausblick auf dieses Jahr. Das war total spannend. Dann sind wir gemeinsam Mittagessen gegangen und haben darüber diskutiert, was wir alles in dem Meeting erfahren haben. Heute Nachmittag stand dann das PR-Team-Meeting an, das tatsächlich jeden Freitag – sofern wir da sind – stattfindet. In dem Meeting tauschen wir uns ganz konkret zu einzelnen Projekten aus: Da wir im Jahr etwa 24 Spiele releasen, hat mein Team immer relativ viel zu tun. Als Teamleiterin muss ich den

2.1 „Klassische" Spielebranche: Publisher und Entwickler

Überblick behalten, was in welchem Bereich, also für die einzelnen Produkte, ansteht bzw. umgesetzt wird. Ja, und jetzt rede ich mit Ihnen und anschließend findet es noch ein Meeting zu einem weiteren Thema statt und dann, hoffe ich, startet endlich das Wochenende.

Dann ist das doch noch ein langer Freitag für Sie.
Ja, der Arbeitstag beginnt für mich so zwischen acht und neun Uhr und hört irgendwann zwischen sechs und sieben Uhr abends auf.

Ist das heute ein typischer Tag für Sie gewesen? Und sind Ihre Tage eher abwechslungsreich oder sind auch Muster erkennbar?
Nein, es sind kaum Muster erkennbar: Das ist das Spannende und Tolle an diesem Job! Seitdem ich hier arbeite, kann ich mich an keinen Tag erinnern, an dem ich mich gelangweilt hätte. Jeder Tag ist anders. Die kommende Woche ist da ganz repräsentativ: Am Montag sitzen wir mit unserer Agentur zusammen, die unsere strategischen Projekte betreut. „Strategisch" bedeutet, dass sie nicht unsere Produkt-PR-Aktivitäten umsetzen, die natürlich immer eng mit den einzelnen Spielen verbunden sind, sondern dass sie unsere übergeordneten Themen betreuen. Das geht es um Fragen wie: Was machen wir im Bildungsbereich? Was machen wir für Best-Ager? Was machen wir im Zusammenhang mit körperlicher Fitness? Wir werden in diesem Meeting einen Rückblick auf das letzte Jahr erhalten und diskutieren, wie es dieses Jahr weitergehen soll. Am Dienstag findet unser Teamleiter-Meeting statt, in dem sich die Verantwortlichen für die einzelnen Abteilungen des Marketingbereichs mit dem Geschäftsführer und dem Marketingleiter austauschen. Mittags ist ein Business-Lunch geplant, bei dem mir ein neuer Mitarbeiter unserer PR-Agentur vorgestellt wird, der wahrscheinlich Teil des Nintendo-Teams auf Agenturseite wird. Danach findet ein Termin mit der Personalabteilung statt. Der Mittwoch sieht dann wieder ganz anders aus. Jeder Tag hat seinen eigenen Charme.

Gibt es trotzdem typische Aufgaben, die Sie als PR-Managerin bearbeiten oder ist das im Team aufgegliedert?
Mir ist es wichtig, dass jeder in meinem Team seine eigenen Kompetenzfelder hat – und dass er nach außen in diesem Bereich auch der Ansprechpartner ist. Mein Team besteht mit mir aus vier Personen. Da haben wir Harald Ebert, der seit über 20 Jahren hier bei Nintendo ist. Seine Aufgabe ist die Betreuung der Fachpresse. Dadurch ist er derjenige, der als einziger von uns alle Produkte bearbeitet, da er nahezu jedes Spiel bei den Fachmedien vorstellt. Er ist das reinste Lexikon und kennt wirklich fast jedes Spiel bis ins letzte Detail. Ihn unterstützt Ingo Kreutz, der zusätzlich aber auch Verantwortung für die komplette PR-Arbeit ausgewählter Produkte übernimmt. Darüber hinaus zeichnet er sich mitverantwortlich für den deutschen

Social Media Input der Nintendo-Kanäle. Der nächst-höhere Mitarbeiter, Nikolai Fenske, ist nicht nur für Produkt-PR von Triple-A-Spielen, sondern auch für einen Teil der strategischen Themen verantwortlich. Das ist in diesem Fall „körperliche Fitness". Konkret bedeutet das, dass er sich überlegt, was wir im Zusammenhang mit „Wii Fit U" etwa über die reine Produkt-PR hinaus machen können – z. B. mit Experten aus dem Bereich Sport, Bewegung und Gesundheit in Kontakt zu treten und zu eruieren, ob es Ansätze für eine Zusammenarbeit gibt.

Was zählt zu Ihrem Aufgabenbereich?
Eine Aufgabe neben der Produkt-PR – hier aktuell die Umsetzung von PR-Maßnahmen für „Nintendo Land" – ist unter anderem die Betreuung unserer strategischen Themen: Was liegt aktuell im Bildungsbereich an? Was bei Corporate? Fragen von der Wirtschaftspresse könnten hier z. B. lauten: „Wie sieht die strategische Ausrichtung für dieses Kalenderjahr aus?" Diese Interviews, die mit unserem Geschäftsführer geführt werden, betreue ich. Hinzu kommen alle Krisenthemen. Zum Beispiel wenn Greenpeace wieder einmal Unternehmen unter die Lupe genommen hat und wir uns im roten Bereich bewegen. Zusätzlich, neben dem Ganzen, das nach außen geht, trage ich natürlich nach innen auch die Teamverantwortung. Das bedeutet unter anderem, dass ich die jährlichen Mitarbeitergespräche führe, dass ich die Urlaubsplanung anstoße – und dass ich auch darauf achte, dass mein Team nicht zu lange arbeitet, also Arbeitszeiten nicht überschritten werde. Denn: Aufpassen, dass zu wenig gearbeitet wird, muss ich nie, weil hier alle mit Herzblut dabei sind. Administrative Aufgaben, wie etwa Software-Anträge und Stundenzettel freigeben, kommen auch noch hinzu.

Ist es Zufall, dass Sie in dieser Branche gelandet sind oder wie war das bei Ihnen?
Ich habe Geschichte und Philosophie studiert, da ich schon als Schülerin Journalistin werden wollte. Daher habe ich für Zeitungen geschrieben und bei einem Radiosender, einem kleinen Lokalradio, das von den Bürgern selbst gestaltet wird, mitgemacht. Anschließend war ich beim ZDF in der heute-Redaktion lange als Redaktionsassistentin tätig und habe dort auch Praktika gemacht. Eigentlich wollte ich in dem Bereich bleiben. Doch dann entdeckte ich eine Anzeige in der Zeitschrift „Women at work", die es damals noch gab, die das Berufsbild PR-Managerin beschrieb. Ich dachte: „Ist ja krass, das trifft ja genau auf mich zu." Ich habe mich dort für ein Praktikum beworben und bin tatsächlich eingestellt worden. Anschließend habe ich in der Firma mein Praktikum, mein Volontariat und meinen Junior gemacht. Danach bin ich zu einer anderen Agentur gewechselt und dort Beraterin und Senior-Beraterin geworden – einer Agentur, die unter anderem auch Nintendo betreute. Nintendo hat dann irgendwann eine Beraterin gesucht, die zwar bei Nintendo im Office sitzt, aber Externe bleibt. Das war im Januar 2008. Neun Monate

2.1 „Klassische" Spielebranche: Publisher und Entwickler

später bin ich übernommen worden. Rückblickend ist alles überraschend linear abgelaufen.

Aber es war kein lang gehegter Wunsch von Ihnen auf jeden Fall in der Games-Branche zu arbeiten?
Naja, es ist ja so: Wenn man Junior ist, dann kann man sich leider nicht immer aussuchen, wo man hinkommt. Stattdessen muss man erst einmal schauen, was einem überhaupt angeboten wird. Ganz naiv von der Universität kommend, fand ich erst einmal das Berufsfeld interessant. Die zweite Agentur hatte ich mir natürlich auch wegen der spannenden Kunden ausgesucht und ich bin froh, dass ich damals dort genommen wurde. Angestellt wurde ich für LG Mobile. Und wie das Leben so spielt … Natürlich, als ich mich bei der Agentur beworben habe, hatte ich auch Nintendo unter den Kunden entdeckt – und jeder will für Nintendo arbeiten. Ich kenne niemanden, der das nicht spannend findet. Aber das Team war komplett und da ich vorher schon für Siemens Mobile gearbeitet hatte, hat es sich natürlich angeboten, dass ich dann LG Mobile übernehmen würde. Ich bin aber nah dran geblieben und habe zum richtigen Zeitpunkt mitbekommen, dass sich personell etwas verändert – und dem Geschäftsführer vermittelt, dass ich Interesse habe. So ist zum Fleiß wirklich großes Glück gekommen, damit ich am Ende da gelandet bin, wo ich jetzt bin. Das war damals eine wichtige Erkenntnis für mich: Es gibt viele Marken in Deutschland, die sehr beliebt, die sehr spannend sind, für die jeder Pressesprecher gerne arbeiten würde. Fleiß reicht da leider nicht aus, da muss – nach meiner Überzeugung – auch noch das gehörige Quäntchen Glück dazu kommen. Dass ich das hatte – dafür bin ich wirklich dankbar.

Die Marke Nintendo kennt wahrscheinlich fast jeder in Deutschland.
Ja, um die 90 % …

Haben Sie als Kind selbst viele digitale Spiele gespielt?
Ich war immer eher die Leseratte als die Gamerin. Natürlich habe ich als Kind Gameboy gespielt, aber das bei weitem nicht so intensiv wie mein Bruder. Das war aber bei meiner Einstellung bei Nintendo nicht relevant, weil wir ja neben den klassischen Spielern auch eine „neue" Zielgruppe ansprechen, der ich genau angehöre. Zu GameCube-Zeiten hätte ich hier niemals Fuß fassen können, weil Nintendo damals noch viel stärker auf die klassische Gaming-Zielgruppe ausgerichtet war. Harald Ebert verkörpert genau diese Art von Spieler und ich bin als Gegengewicht zu ihm eingestellt worden. Als ich angefangen habe, kam gerade „Wii Fit" auf den Markt. Das Presseevent für das Spiel war mein erstes großes Projekt für Nintendo. Das war total cool, weil es genau dem entsprochen hat, was mich interessiert. Das zweite große Presseevent war dann – einen Monat später – für „Mario Kart Wii".

Ich habe vorher noch gedacht: „Oh Gott, ob ich das kann?", und war ganz aufgeregt. Zu Unrecht – denn das Spiel hat mich völlig in seinen Bann geschlagen. Heute ist es immer noch so, dass, wenn ich Besuch habe, ich immer wieder „Mario Kart Wii" anwerfe, weil ich total begeistert davon bin [lacht]. Ich habe schon viele Bewerbungsgespräche geführt und sehr oft sagen die Bewerber, dass sie schon von Kindesbeinen an Nintendo-Fan sind, aber das interessiert mich nur zweitrangig. Denn das Wissen über die Spiele und das Spielen kann man sich aneignen. Und für das ganz tiefe Wissen, das 20 Jahre und mehr zurückreicht, haben wir ja Harald. Ich brauche Leute, die ihr Handwerk beherrschen. Jemanden, der weiß, was PR bedeutet, der kreativ ist, der strategisch denken kann, der eine hohe emotionale Intelligenz mitbringt und das Projekt im Fokus hat. Die ganzen Inhalte kann man sich aneignen. Meistens [lacht].

Sie haben gesagt, dass Sie „Mario Kart" viel gespielt haben. Gibt es andere digitale Spiele, die Sie mehr spielen, seitdem Sie in der Branche arbeiten?
Ja, auf jeden Fall. Zum Beispiel die Spiele, die bei uns dem Bereich der geistigen Fitness zugeordnet werden, wie etwa die „Professor Layton"-Reihe. Da bin ich total gehooked und merke nicht, wie die Zeit vergeht. Leider muss ich zugeben, dass ich Jump ‚n' Runs, z. B. „Trine 2" für Wii U, eine Weile spiele – aber immer wieder merke, dass mir die lange Erfahrung fehlt, die einige aus meinem Team haben. Mich nervt es, wenn meine Konzentration nachlässt und ich dann mit der Steuerung nicht so zurechtkomme, wie ich das gerne hätte. Die Rätsel lassen sich zwar immer noch entspannt lösen, aber wenn ich in eine Kampfszene gerate, verliere ich, weil ich nicht so schnell die richtigen Knöpfe-Kombinationen drücken kann. Bei Knobelspielen und natürlich auch bei unseren Party- und Bewegungs-Spielen bin ich definitiv besser. Und bei „Mario Kart" bin ich auch sehr gut [lacht].

Können Sie sich noch erinnern, was Sie als Kind an digitalen Spielen fasziniert hat?
[Lange Pause.] Ich habe in erster Linie „Tetris" gespielt. So viel, dass ich die Blöcke immer noch habe fallen sehen, wenn ich die Augen zugemacht habe. Das Überraschende an Tetris ist, dass das Spiel für mich seine Faszination bis heute nicht verloren hat. Es ist total simpel, und trotzdem spricht den Ehrgeiz extrem an. In den achtziger Jahren – wie sah es denn da mit Videospielen bei uns aus? Das ist schon so lange her, das weiß ich gar nicht mehr so genau. Die Jump ‚n' Runs, die mein Bruder gespielt hat, mochte ich nicht, weil die so eckig waren, das fand ich nicht ästhetisch. Heute ist das ganz anders. „Trine 2" zum Beispiel habe ich mir heruntergeladen, weil ich die Trailer gesehen hatte und ich die Grafik und den Aufbau wunderschön finde. Inhaltlich sind Kinder heute aber im Grunde von den gleichen Dingen fasziniert, wie wir damals in den achtziger Jahren: Sie lieben es, wenn Figuren in unterschiedlichen Welten funktionieren. Das klassische Beispiel

ist „Pokémon" mit den Trading Cards, der eigenen TV-Serie und natürlich den Videospielen. Das Schöne ist, dass man seine Charaktere in unterschiedlichen Welten trifft. „Skylander", ein Adventure-Spiel gespickt mit fantasievoll gestalteten Figuren, wie Drachen und anderen Fabelwesen, geht noch einen Schritt weiter. Denn die „Skylander" sind Plastikfiguren, die man auf ein Portal stellt worüber sie dann in das Spiel hineingezogen werden. Du kannst während des Spiels die Figur von dem Portal herunternehmen, kannst eine andere Figur darauf stellen und dann spielt die neue Figur im Spiel weiter. Jede Figur hat ihre Stärken und Schwächen und ist unterschiedlichen Elementen zugeordnet. Dürfen die Kids nicht weiterspielen, weil ihre Videospielzeit abgelaufen ist, dann bauen sie sich – zum Beispiel aus Lego – eigene „Skylander"-Welten und spielen dort weiter. Das Spiel habe ich mir auch besorgt, denn ich finde es total faszinierend, dass zu dem digitalen Erlebnis über die Figuren der haptische Reiz hinzukommt.

Das klingt nach einer guten Verbindung, beziehungsweise nach etwas Neuem.
Ja, die Entwickler sind selbst von dem Erfolg überrascht worden. Sie haben Millionen von Figuren verkauft. Denn, genau wie bei den Pokémon, so haben auch diese Figuren bei den Kids großen Sammeleifer ausgelöst.

Ich mache jetzt einen kleinen Switch, weil ich gern mehr über Sie als Person erfahren möchte: Wenn Sie das letzte Jahr einmal Revue passieren lassen, was waren Ihre Highlights?
Jedes Jahr im Juni findet in Los Angeles die E3 statt. Sie ist die wichtigste Messe unserer Branche. Hier haben wir vergangenes Jahr die fast-finale Version von Wii U, unserer neuen TV-Konsole, vorgestellt. Bei dieser Messe dabei zu sein ist ein einzigartiges Erlebnis. Alle arbeiten eng zusammen, man unterstützt sich gegenseitig und es herrscht eine sehr harmonische, kameradschaftliche Atmosphäre. Tagsüber ist der Stress sehr groß, da sich die Termine aneinanderreihen und einige immer wieder auch parallel wahrgenommen werden müssen, da sie so nicht eingeplant waren – wenn zum Beispiel ein TV-Team spontan vorbeischaut. Aber sicher ist: das Team hält zusammen! Abends erlebt man mit Journalisten, mit Partnern oder auch nur im Team dann „Freizeit". Was natürlich nicht hundertprozentig Freizeit ist, da man ja nicht mit Freuden, sondern mit Arbeitskollegen und Geschäftspartnern unterwegs ist. Das bringt das Team noch einmal enger zusammen. Zudem empfinde ich die E3 immer wie mein berufliches Sylvester: Da entscheidet sich, was in den nächsten zwölf Monaten in der Branche passieren wird – das ist unglaublich spannend. Das ist das eine Highlight.

Das zweite Highlight des letzten Jahres ist auf jeden Fall, dass wir unsere TV-Konsole auf den Markt gebracht haben. Ein Hardware-Launch ist etwas ganz Besonderes. Es gibt den TV-Konsolen- und den Handheld-Bereich. In beiden Bereichen findet der Launch einer neuen Generation von Konsole vielleicht alle fünf bis sechs Jahre statt. Erst dann wird also ein ganz neues System eingeführt. In meiner Karriere bei Nintendo ist das die erste TV-Konsole, deren Marktstart ich begleiten durfte: Dazu gehören die ganze Vorbereitung inklusive der Freude über erste Informationen, Diskussionen sowie tausend Ideen, die man umsetzen könnte. Dazu zählen auch Presseevents, zu denen im Rahmen von einer Hardware-Vorstellung viel mehr Journalisten erscheinen, als zum Launch eines Spiels. Dieses Mal haben wir auch Nintendo-Fans eingeladen, was ganz wundervoll war. Unsere Fans zu erleben, hautnah dabei zu sein und nicht nur, zum Beispiel, ihre Briefe zu lesen – das ist immer großartig; dass erinnert einen daran, warum und für wen man das hier eigentlich alles macht.

Wie lange dauert der ganze Prozess bis zum Launch der Hardware?
Die Entwicklung einer Konsole ist nicht linear: In dem Moment, in dem eine Konsole fertig ist, werden schon wieder verschiedene neue Ansätze verfolgt, die dann eines Tages zur nächsten Generation werden könnten. Man entwickelt etwas, dann wird es ausprobiert, dann wird es verbessert, dann wird es vielleicht verworfen. Man schaut auch, welche anderen Technologien auf dem Markt sind und ob sich diese mit dem neuen Ansatz verbinden lassen. Auf die Frage gibt es also keine eindeutige Antwort. Es wird an neuen Konsolen gearbeitet, sobald die aktuelle Generation auf dem Markt ist, und dann muss man einfach schauen, welche Idee sich durchsetzt – welche Idee ein besseres Spielerlebnis bieten wird. Das ist ein evolutionärer Prozess. Die PR setzt da erst viel später an. Konkret für Wii U haben wir nach der E3, so ab Juni, geplant. Das ist recht früh, da wir normalerweise für ein Produkt erst ungefähr zwei Monate vorher zu arbeiten anfangen, weil wir dann erst die genauen Informationen zu dem Spiel haben: Was kann das Spiel genau? Wie unterscheidet es sich von anderen Spielen? Was ist der besondere Spielspaß? Das sind die Aspekte, die wir als Presseabteilung besonders hervorheben.

Machen Sie dann auch eine Testphase mit?
Nein, das könnten wir gar nicht leisten – dafür ist eine eigene Abteilung bei uns zuständig. Wir bekommen das fertige, oder fast fertige Produkt zu sehen und dieses Produkt zeigen wir dann der Presse, bzw. Meinungsbildnern. Bei sehr wichtigen Spielen machen wir eine Pressetour durch Deutschland; im Gegensatz zu anderen Ländern haben wir nicht nur eine, sondern gleich vier Medienstädte. Wir müssen also mit unserem ganzen Event nach München, Hamburg, Berlin und Köln und laden dort die jeweiligen Journalisten zum gemeinsamen Spielen ein.

Es klingt auf jeden Fall nach einem spannenden Arbeitsfeld, in dem Sie sich bewegen. Man hört heraus, dass es Ihnen sehr gut gefällt. Gibt es trotzdem Sachen, die Sie in manchen Situationen ärgern?

Natürlich. Es gibt nichts im Leben, das nur Sonnenseiten hat [lacht]. Man muss aufpassen, dass die Trennung zwischen dem Beruflichen und dem privaten Freizeitvergnügen eingehalten wird. Wir neigen schon dazu, einfach mal ein bisschen mehr zu arbeiten, weil es so viel Spaß macht. Bei einem Menschen, der gerade ins Berufsleben einsteigt, ist das in Ordnung – wer in dieser Berufsphase nicht 150 % Einsatz zeigt, macht etwas falsch. Denn es muss ja noch so viel gelernt werden, so vieles ist noch neu. Da erwarte ich besonderes Engagement. Doch nach einer bestimmten Zeit im Unternehmen möchte ich, dass meine Leute darauf achten, dass ihre Work-Life-Balance ausgewogen ist. Das ist zwar ein Modebegriff geworden – aber es ist sehr wichtig, dass man sich nicht nur über seinen Job definiert. Es gibt noch so viele andere Bereiche im Leben, die wichtig sind. Zumal ich überzeugt bin, dass es einen positiven Effekt auf das Arbeitsleben hat, wenn man sich um die eigene Freizeit kümmert. Dass der Workload zum Teil so hoch ist, dass dieser nicht in der vorgegebenen Zeit zu schaffen ist, ist unter dem Strich das Einzige, das ich negativ finde.

Wie wirkt sich der Beruf auf Ihr Privatleben aus? Sie sagten bereits, dass Sie durchaus elf Stunden am Tag arbeiten.

Ja, aber da ist noch eine Stunde Pause dazwischen [lacht]. Seit einiger Zeit haben wir einen Betriebsrat, was sich sehr positiv auf die Work-Life-Balance ausgewirkt hat. Davor war es allerdings eher die Regel, dass ich zwölf Stunden gearbeitet habe. Das ist aus meiner Perspektive viel zu viel. Entsprechend war ich auch die ersten Jahre bei Nintendo Single, was sich inzwischen geändert hat [lacht]. Ich denke, dass man wieder mehr Zeit und Platz für andere wichtige Aspekte des Lebens hat, wenn man auch mehr Zeit und Raum für sich selbst hat. Beispielsweise eine Beziehung, Freunde und Sport. Letzteres klingt vielleicht etwas banal, aber daran kann man es konkret machen. Viele Leute, die von der Universität kommen und neu ins Berufsleben einsteigen, hören zunächst mit dem Sport auf – auch wenn er vorher fester Bestandteil ihres Lebens war. Einfach weil sie keine Zeit mehr haben. Sie bekommen oft nach zwei, drei Jahren starke Rückenschmerzen – von der ausdauernden Sitzerei. Ich kenne viele Leute in meiner Umgebung, bei denen auf diese Weise Schmerzen entstanden sind – und die dann erst wieder mit Sport, zum Beispiel mit Krafttraining, angefangen haben.

Was machen Sie in Ihrer Freizeit, um abzuschalten und den Kopf frei zu bekommen?

Auf jeden Fall Sport, und zwar ein besonderes Krafttraining für den Rücken und den Bauch. Vor allen Dingen um Nebenwirkungen entgegen zu wirken, die durch das lange Sitzen entstehen. Ich mache auch gerne Yoga und gehe im Sommer laufen. Ich muss zugeben, im Winter bin ich, was das Laufen angeht, leider etwas faul geworden [lacht]. Meine Freundschaften zu pflegen war mir auch schon immer wichtig. Deswegen muss ich leider zugeben, dass ich weniger spiele, wenn keiner in meiner Umgebung Lust aufs Spielen hat. Mir ist es in meiner Freizeit sehr wichtig, mein soziales Netzwerk zu pflegen.

Was sagen denn Ihre Freunde und Ihr soziales Umfeld zu Ihrem Job?
Sie sind total begeistert. Vor allen Dingen eine ausgewählte Handvoll Jungs [lacht], die davon profitieren. Wenn man sich dann bei mir trifft, wird ein ganzer Abend vor dem Fernseher „verzockt". Das ist immer sehr laut, sehr lustig und sehr entspannend.

Werden Sie oft um Rat gebeten, wenn sich Freunde eine neue Software oder ein neues Spiel kaufen?
Ja, auf jeden Fall. Aber aus allen Bereichen. Bei mir melden sich nicht nur die klassischen Spieler, sondern natürlich auch meine Freudinnen – entweder für sich selber oder für ihre Kinder. Insbesondere für Wii U bin ich in letzter Zeit oft von vielen Seiten angesprochen worden und habe dann auch Freunde immer wieder zu mir nach Hause eingeladen, damit sie Wii U einfach mal selbst ausprobieren können. Das hat jetzt auch dazu geführt, dass sich zwei, drei Leute Wii U gekauft haben [lacht]. Aber das mache ich natürlich nur, wenn ich auch gefragt werde.

Das bleibt vermutlich nicht aus, wenn man bei Nintendo arbeitet.
Nein, aber das finde ich auch nicht schlimm. Wenn ich ein Problem mit meinem Rechner habe, dann frage ich auch meinen besten Freund, der im Bereich des IT-Supports gearbeitet hat. Der hilft mir immer wie von Zauberhand ...

Als Sie zu Beginn des Interviews kurz auf Ihr Team eingegangen sind, haben Sie vor allem von Kollegen gesprochen. Ist es so, dass die Branche, in der Sie arbeiten, eher von Männern dominiert wird?
Ich habe vorher für Handys [Siemens Mobile und LG Mobile; Anmerkung der Interviewer] gearbeitet, also auch für ein technisches Produkt. Wenn ich mich in dieser Branche einem Kreis von Männern genähert habe, haben sie mich offen empfangen, sich vorgestellt und mich ins Gespräch eingebunden. Bei einer derartigen Kreis-Situation in der Games-Branche war es vor fünf Jahren noch so, dass sich der Kreis geschlossen hat und ich alleine davor stand. Das war total merkwürdig – und hat sich Gott sei Dank grundsätzlich geändert. Dennoch habe ich damals feststellen müssen, dass man sich als Frau in der Games-Branche einfach mehr beweisen muss. Mir wäre es am liebsten, wenn mein Team in Bezug auf die Geschlechter ausbalanciert wäre, sodass es aus zwei Männern und zwei Frauen besteht. Ich muss ehrlich sagen, dass derjenige, den ich letztendlich eingestellt habe, in Bezug auf die Inhalte und vor allem die soziale Kompetenz viel besser war als die

Frauen, die ich damals im Vorstellungsgespräch hatte. Das finde ich sehr schade, darauf sollten wir Frauen achten. Viele der Frauen, die hier saßen, waren nur auf ihre Karriere bedacht, sodass ich gedacht habe: Wenn ich diese Person in mein Team hole, dann sprengt sie es, weil ihr ihr eigenes Fortkommen wichtiger ist, als das gute Umsetzen von Projekten im Team.

Sie wünschen sich, dass Ihr Team bezüglich der Geschlechter zu gleichen Teilen aufgeteilt wäre. Halten Sie eine Frauenquote für sinnvoll?
Ganz ehrlich: über dieses Thema habe ich bisher noch gar nicht nachgedacht. Vielleicht, weil bei Nintendo sehr viele Frauen arbeiten. In der ganzen deutschen Marketingabteilung arbeiten mehr Frauen als Männer – drei der vier Marketingteams, also DS- und Wii-Produktteam, Event und PR, werden von Frauen geleitet. Zudem wird unter anderem sowohl das Controlling als auch das Sales Team sowie das Communication Center jeweils von einer Frau geleitet. Wir haben also auch viele Frauen in leitenden Positionen. Bei uns werden diejenigen, die gut arbeiten, gefördert – unabhängig vom Geschlecht. Deswegen brauchen wir hier keine Einführung der Frauenquote.

Aber in meinem Berufsleben habe ich natürlich auch schon Chauvinisten kennengelernt. Wenn Männer zu dominant sind, dann kann ich mir gut vorstellen, dass Frauen benachteiligt werden. Aber ich weiß nicht, ob in so einem Umfeld dann die Frauenquote hilft. Besteht dann nicht die Gefahr, dass eine „Quotenfrau" ständig auf die Quote reduziert wird? Das ist nicht nur ungünstig für ihr Standing im Team – sondern auch für ihr Selbstwertgefühl: Habe ich diese Position verdient – oder ist sie nur durch ein Gesetz legitimiert? Wenn ich so darüber nachdenke, dann bin ich dagegen. Vorgesetzte, die unsicher wirken, führen auch unsicher. Es ist immer noch so, dass Frauen mehr leisten müssen, um anerkannt zu sein. Es ist schockierend, dass bei einer Auswertung vor ein paar Wochen herauskam, dass Frauen in Deutschland – zum Teil mit Abstand – weniger verdienen als Männer in gleicher Position. Das ist der reinste Skandal. Hier sollte der Gesetzgeber lieber einhaken, sodass Frauen gleich viel verdienen wie Männer – besonders dann, wenn sie Kinder bekommen. Damit kommen wir zu dem nächsten Aspekt: Die Infrastruktur für arbeitende Mütter ist in Deutschland im europäischen Vergleich katastrophal. Was machst du, wenn du in meiner Position tatsächlich Nachwuchs bekommst? Wie willst du das alles organisieren? Das ist in Frankreich zum Beispiel viel besser gelöst. Offensichtlich ist das Thema „arbeitende Mütter" auch eine Kulturfrage. Es gab neulich eine Umfrage, ob es schädlich für das Kind sei, wenn die Mutter wieder in den Beruf zurückkehrt. Es wurde nicht einmal nach dem Mann bzw. Vater gefragt, sondern nur nach der Frau. Ein wirklich erschreckend hoher Prozentsatz der Deutschen hat mit „Ja" geantwortet. Ich bin immer noch gegen die Quote – aber sehr dafür, dass alle anderen Bedingungen für Frauen angeglichen werden, damit es eine gleichwertige Honorierung für gleiche Arbeit gibt.

Würden Sie generell Frauen den Beruf in der Games-Industrie empfehlen oder denken Sie, dass man dafür ein besonderer Typ sein sollte?
Ich denke, es geht weniger darum, ob du ein Mann oder eine Frau bist, sondern viel mehr, was deine Interessensgebiete sind: Magst du Video- und Computerspiele? Kannst du dich in Themen, für die die unterschiedlichen Publisher stehen, hineindenken? Wie würdest du das jemand anderem vermitteln? Wie würdest du diese Begeisterung auf jemand anderen übertragen? Fallen dir kreative Maßnahmen dazu ein? Das sind die entscheidenden Fragen. Generell ist es eine tolle, junge Branche, die sehr leidenschaftlich ist, daher ist ein Grundinteresse an Spielen Voraussetzung.

Welche Eigenschaften sollte man generell – egal ob Mann oder Frau – mitbringen, um in der Games-Branche Fuß zu fassen?
Ich kann hier natürlich nur für den Bereich Marketing sprechen. Unabdingbar sind auf jeden Fall sehr gute Englischkenntnisse. Je nachdem für welche Position man sich bewirbt, sollte man auf jeden Fall sein Handwerk beherrschen – Fan sein alleine reicht nicht. Dies gilt beispielsweise sowohl für die klassische Werbung als auch für den PR- und Event-Bereich. So wie ein Schreiner seine einzelnen Werkzeuge beherrscht, so muss man auch hier die einzelnen Werkzeuge kennen und nutzen. Wichtig ist mir darüber hinaus eine hohe emotionale Intelligenz – denn der hohe Workload lässt sich nur im Team bewältigen.

Außerdem lege ich Wert auf sehr gute Umgangsformen und ein entsprechendes Auftreten. Das ist ganz lustig: Kürzlich habe ich mich mit einem Kollegen aus der Branche unterhalten und wir sind hier ganz unterschiedlicher Meinung. Ich finde es wichtig, dass Bewerber ordentlich angezogen sind, wenn sie bei mir im Vorstellungsgespräch sitzen – also bitte nicht im Casual Style. Mein Kollege meinte aber: „Nein, das ist die Videospielindustrie, und wenn hier jemand im Anzug kommt, dann hat er es nicht verstanden." Bei uns werden aber sehr viele unterschiedliche Zielgruppen angesprochen, man kommt also auch mit den unterschiedlichsten Meinungsbildnern in Kontakt, was den Job so extrem spannend macht. So kann es sein, dass man neben den Fans auch mit Politikern und Pädagogen spricht. Wichtig ist, dass man weiß, wie man sich in welcher Situation zu kleiden hat – für mich gehört es zu unserem Job, dass man diesen Knigge beherrscht.

Glauben Sie, dass diese Sicht bei Ihnen deshalb vorhanden ist, weil Sie kein Hardcore-Gamer sind und nicht aus der Branche kommen? Ist die Vorstellung, dass die Games-Branche eher locker ist, eine typische Annahme der Gamer und deshalb auch bei Ihrem Kollegen der Fall?
Der genannte Kollege ist interessanterweise kein klassischer Gamer und kommt ursprünglich auch nicht aus der Games-Branche. Daran kann es also nicht liegen [lacht]. Wahrscheinlich hat es etwas damit zu tun, dass jedes Unternehmen –

auch die unterschiedlichen Publisher dieser Branche – einfach anders tickt. Hinzu kommt, wie immer, die eigene Werteeinstellung des jeweiligen Vorgesetzten. Wie hier manchmal Leute zum Bewerbungsgespräch auftauchen … In meinen Augen zeigt man mit der Kleidung auch den Respekt, den man jemand anderem entgegenbringt. Was kann ich da raten? Ein Anzug ist immer die bessere Wahl. Stelle ich fest, dass diejenigen, die mich interviewen, nicht so förmlich gekleidet sind, würde ich das im Vorstellungsgespräch einfach kurz thematisieren – und anschließend zum Beispiel meine Anzugjacke ablegen.

Gibt es etwas, das Sie jungen Leuten, die Interesse an der Games-Branche haben, mit auf den Weg geben würden?
Was ich mit auf den Weg geben würde … Ich würde lieber länger studieren und diese Zeit als Inspiration nutzen. Auf jeden Fall Praktika machen! Man braucht Berufserfahrung, man muss schon einmal gearbeitet haben. Woher willst du wissen, was du werden willst, wenn du nicht in verschiedene Bereiche reingeschnuppert hast? Ich wäre niemals darauf gekommen PR-Manager zu werden, wenn ich damals dieses Praktikum nicht gemacht hätte. Das ist sehr wichtig. Sich die Zeit zu nehmen und einfach die Gedanken kreisen zu lassen – auch für Kreativität. Man hat nie wieder so viel Zeit wie im Studium – zumindest zu meiner Zeit. Und daraus kann sich tatsächlich etwas entwickeln, was dich über Jahre trägt. Ich hoffe, dass das heutzutage mit den Bachelor- und Masterstudiengängen auch noch möglich ist.

Hinzu kommt: Ohne die Freiheit, verschiedene Dinge auszuprobieren, wie willst du da dein Selbstbewusstsein und deine soziale Kompetenz aufbauen? Und für unseren Beruf sollte man beides mitbringen. Schließlich ist man die ganze Zeit in Kontakt mit Menschen. Ein fester Händegriff und der Augenkontakt bei Gesprächen sind wichtig. Wie willst du wissen, wie man mit anderen Menschen – unterschiedlicher Profession, unterschiedlichen Alters, unterschiedlicher Lebensbereiche – im Berufsleben umgeht, wenn du nur die Schule und die Uni kennst? Das ist etwas ganz anderes, als man es von der Schule oder von der Uni kennt, wo alle – scheinbar [lacht] – gleich gestellt sind. Im Berufsleben muss man zum Beispiel immer wieder einfach machen, was der Boss sagt – und hier muss man erst lernen, wann man diskutieren sollte und wann besser nicht [lacht].

Wenn Sie zurückblicken und alle Stationen, die Sie gegangen sind, reflektieren: Würden Sie dann etwas anders machen?
Ja, als Geisteswissenschaftlerin würde ich BWL als Nebenfach wählen. Dann hat man auch die Möglichkeit, sich in Richtung Marketing zu entwickeln; man hat mehr Varianten. Ich habe schon fast alles erreicht, was ich mit meinem Studium erreichen kann. Einer meiner Mitarbeiter hat Sport und Marketing studiert. Das ist eine sehr gute Kombination, weil sie so vielseitig ist.

Sie haben gerade Ihre Karriere angesprochen. Gibt es weitere berufliche Pläne, Veränderungspläne?
Damit Sie das direkt meinem Chef sagen [lacht]. Nein, die habe ich ganz ehrlich nicht. Vor kurzem war intern tatsächlich eine europäische PR-Stelle ausgeschrieben, aber ich habe mich dagegen entschieden mich zu bewerben, weil ich das Team hier toll finde und weil ich mich hier sehr wohl fühle.

Wenn Sie sich selbst beschreiben müssten, wie würden Sie sich charakterisieren?
Positiv, energiegeladen, authentisch – und zum Teil ungeduldig [lacht]. Das, was ich mache, mache ich mit Leidenschaft. Daher stelle ich hohe Qualitätsansprüche an mich und mein Team.

Noch eine Sache zum Schluss: Bitte beenden Sie folgende Sätze für uns: Ich mag an meinem Beruf ...
... dass er so vielseitig ist.

Ich nehme an diesem Projekt teil, weil ...
... es mir eine große Freude ist, Sie zu unterstützen. Außerdem wäre es toll, wenn diese Interviews Studierenden den Einstieg in das Berufsleben etwas erleichtern könnten.

Unter Mitarbeit von: Julia Grote und Niklas Nowak

Kurzvita
- Geboren 1975, wohnhaft in Wiesbaden
- 1995 bis 2000 Studium der Philosophie und der Geschichte an der Johannes-Gutenberg-Universität in Mainz. Während des Studiums Mitarbeit beim Kommunalen Radio Rüsselsheim und unterschiedlichen Zeitungen
- Ab 1998 Redaktionsassistentin in der heute-Redaktion des ZDF
- 2002 Wechsel zur PR-Agentur Weber Shandwick, zunächst als Praktikantin. Es folgte dort ein PR-Volontariat und schließlich eine Anstellung als Junior-Beraterin
- 2005 bis 2008 Beraterin und dann Senior-Beraterin bei der Agentur Euro RSCG ABC in Frankfurt
- Seit 2008 PR Managerin und Leiterin der Pressestelle bei Nintendo Deutschland

2.1.3 Interview mit Sabine Hahn, Senior Business Managerin (Mobile)[1]

„Mein Arbeitsalltag ist von Technik bestimmt."

Electronic Arts – Köln, 28.11.2012

Foto: Privat

Liebe Frau Hahn, vielen Dank für Ihre Bereitschaft zum Interview. Sie haben eine spannende Berufsbiografie. Was waren die einzelnen Stationen Ihres Werdegangs?
Nach dem Abitur habe ich 1995 an der Universität Leipzig ein Studium begonnen, im Hauptfach Kulturwissenschaften mit Soziologie und Journalistik im Nebenfach. Eigentlich hatte ich immer vor, in den Journalismus zu gehen. Der Grund, warum ich damals nicht Journalistik im Hauptfach hatte, war der hohe Numerus Clausus. 2002 habe ich mit meiner Magisterarbeit zum Thema „Kommerzialisierung der Jugendkultur Hip Hop" das Studium abgeschlossen. Mir war damals klar, dass innerhalb der Kulturindustrie der Broterwerb relativ schwer werden würde. Ich habe versucht, ein Volontariat zu finden, aber 2002 war die zweite große Medienkrise, da war an Jobs überhaupt nicht zu denken. Während des Studiums in Leipzig habe ich

---

[1] Frau Hahn hat EA im August 2013 verlassen und beabsichtigt nun, an der Universität Köln im Bereich Games Studies/Games Forschung zu promovieren.

beim MDR für drei Monate ein Praktikum in der Online-Redaktion gemacht, das hat mir sehr viel Spaß gemacht. Ich hätte sehr gerne als Journalistin den Einstieg gefunden, aber das war aufgrund der wirtschaftlichen Situation der Medienlandschaft damals definitiv unmöglich.

Dann habe ich Glück gehabt und über das Arbeitsamt eine Weiterbildung namens „European Market" ausfindig gemacht, die sich gezielt an arbeitslose Hochschulabsolventen in Ostdeutschland richtete. Dieses Programm einer Leipziger Akademie bestand aus drei Monaten Theorie vor Ort mit Schwerpunkten zu Themen wie der Europäischen Union oder dem europäischen Arbeitsmarkt. Anschließend gehörte ein drei Monate langes Berufspraktikum in London zum Programm. Die Akademie half bei der Organisation, und so landete ich durch Zufall in einer Firma, die mobilen Content verkaufte. Man muss dazu sagen, dass Anfang 2003 mobiler Content in Deutschland noch niemandem etwas gesagt hat. Die meisten Leute waren zufrieden, wenn sie ein Handy hatten, und die waren dann in der Regel schwarz-weiß – ich weiß gar nicht, ob die schon Klingeltöne konnten. In England gab es aber schon downloadbaren Content. Als ich im Februar 2003 in London ankam, habe ich Gespräche mit mehreren Firmen geführt, schlussendlich hat mich diese Firma mit dem mobilen Content am meisten gereizt. Recht schnell war für mich klar, dass ich noch über die drei Monate hinaus in London bleiben wollte. Ich wurde nach dem Praktikum übernommen und habe mit einem weiteren deutschen Angestellten ein Content-Portal hochgezogen. Dort gab es Handyspiele, Klingeltöne, Bildschirmhintergründe usw. Unsere Aufgaben reichten von Verträgen mit den Publishern über die Vermarktung und PR bis hin zur Webseite selbst. Ich muss dazu sagen: Ich bin in Ostdeutschland groß geworden. Das ist insofern wichtig, als ich bis dahin nie mit irgendeiner Spielekonsole in Berührung gekommen war und dieses ganze Thema Gaming und Handyspiele mir extrem fremd war. Nichtsdestotrotz habe ich mich in diesem Bereich sehr wohl gefühlt.

Nach einigen Monaten habe ich mich dann weiterbeworben und bei einem südkoreanischen Anbieter von Handyspielen angefangen. Die Firma hieß Com2uS. Dort wurden Handyspiele entwickelt und unter anderem in Europa vertrieben. Korea war einer der Vorreiter, die Technik war unserer enorm voraus. Samsung war dort schon sehr dominant. Ich habe ein Jahr für Com2uS gearbeitet, das war eine sehr spannende Zeit für mich. In London ist das berufliche Tempo ein anderes. Dort ist es üblich, immer mal den Job zu wechseln. Ich bin dann zu einer Firma namens Macrospace gewechselt. Mein Schwerpunkt war schon immer Vertrieb, aber bei Com2uS habe ich noch sehr viel Marketing gemacht. Macrospace, die auch Handyspiele entwickelten und verkauften, suchten damals jemanden, der für den deutschsprachigen Markt den Vertrieb aufbauen konnte. Kurz nachdem ich dort angefangen hatte, wurde die Firma von Amerikanern aufgekauft, hieß ab

2.1 "Klassische" Spielebranche: Publisher und Entwickler

dann Glu Mobile und wurde sehr schnell sehr groß. Das war eine sehr spannende Zeit für mich, weil ich immer wieder befördert wurde und aufgestiegen bin, neue Territorien für den Vertrieb bekam und jede Menge über die Wirtschaft und das Business mitbekommen und gelernt habe. Ich war auf vielen Messen, Events und Workshops, habe viele Kontakte geknüpft und ein großes Netzwerk aufgebaut. Das war für mich beruflich die spannendste und prägendste Zeit.

Ende 2006 bin ich dann für Glu Mobile nach Köln gegangen, um hier eine deutsche Niederlassung aufzumachen. Einige Monate später kam aber von EA ein mehr oder weniger verstecktes Angebot. Deren Handysparte war damals noch relativ jung und klein hier in Deutschland. Durch Kontakte wusste ich, dass dort jemand Neues für den Vertrieb gesucht wurde, und so bin ich dann im Dezember 2007 zu EA gekommen. Angefangen habe ich als Sales und Marketing Director für Mobile Games im deutschsprachigen Raum. Meine Aufgabe war es, ein kleines Team für Vertrieb und Vermarktung aufzubauen. Mitte 2009 bin ich für ein gutes Jahr in Elternzeit gegangen, habe jetzt fast vierjährige Zwillinge zu Hause, und bin im August 2010 zurückgekommen. Jetzt bin ich als Senior Business Manager bei EA immer noch für die mobilen Produkte zuständig. Mein tatsächliches Aufgabenspektrum ändert sich immer mal wieder, aber es dreht sich immer um den Vertrieb: Ich habe immer den Fokus, bestimmte Umsatzzahlen zu erreichen.

Sie haben schon gesagt, dass Sie durch Zufall in der Branche gelandet sind. Gab es Momente oder Situationen, die Sie besonders geprägt haben?
Die hat es auf jeden Fall gegeben. Es ist natürlich immer die Frage, wie lang dieser Vorstellungshorizont ist. Ich kann mir immer noch die nächsten paar Jahre in der Games-Industrie vorstellen, aber ich kann mir natürlich auch vorstellen, dass ich irgendwann in meinem Leben etwas anderes mache. Die prägendste Zeit war eigentlich die bei Glu Mobile, weil da, so zwischen 2004 und 2006, die Handyspieleindustrie extrem geboomt hat. Das war sehr spannend, ich habe eine Menge Erfahrungen gemacht. Ich habe mich immer wohlgefühlt in diesem sehr techniklastigen Bereich, das mache ich auch heute noch. Mein Arbeitsalltag ist von Technik bestimmt. Ich muss immer wissen, welcher Anbieter gerade welche Geräte auf den Markt bringt: Was können die? Was haben die für Prozessoren? Was haben die für Leistungen? Ich finde es spannend, mich damit auseinanderzusetzen.

Ein Thema als Frau in dieser Industrie ist natürlich nach wie vor: Kommt man damit klar, dass es so eine Männerdomäne ist? Ich glaube, es ist in den letzten paar Jahren besser geworden, aber ich habe das nie als Belastung empfunden, es war sehr spannend für mich, mich mit meiner Arbeit unter Männern zu behaupten. Ich habe in diesen frühen Jahren in der Industrie die Erfahrung gemacht, dass es ein ganz tolles Netzwerk ist, innerhalb von Leuten, mit denen man zusammenarbeitet.

Das war einfach eine gute Zeit und deshalb fühle ich mich bis heute sehr wohl in dieser Games-Industrie. Mir gefällt auch, dass es eine sehr junge Industrie ist, sehr umgangssprachlich, sehr alltäglich. Ich muss im Büro nicht im Anzug erscheinen und bin mit den Kollegen per Du. Man hat Themen jenseits der Arbeit, weil man eben im selben Alter und im selben – tja, jetzt muss ich den Begriff „Lifestyle" benutzen – unterwegs ist. Das gefällt mir alles sehr gut, und deshalb fühle ich mich einfach sehr wohl in dieser Industrie.

Und wie sieht für Sie ein typischer Arbeitstag aus?
Es gibt mehrere Varianten eines typischen Arbeitstages. Mein typischer Arbeitstag ist geprägt von sehr vielen E-Mails, von vielen Telefonaten, von einigen Meetings und da ich im Vertrieb arbeite, bin ich bin nach wie vor immer mal unterwegs. Früher war ich sehr viel unterwegs, in meinen frühen Jahren sogar fast zu viel. Zum einen hatte ich da ein größeres Verantwortungsgebiet, teilweise fast ganz Europa. Da war ich eigentlich fast jede Woche irgendwo. Das war natürlich auch reizvoll, viele Dinge zu sehen, kennenzulernen, mit vielen verschiedenen Kulturen zusammenarbeiten. Mittlerweile bin ich vielleicht einmal im Monat unterwegs. Ich verantworte jetzt bei EA seit einem Dreivierteljahr auch den UK und Irland als Markt für mobile Applikationen und bin deshalb regelmäßig für zwei Tage im Monat in London in unserem Büro. Reisen gehört also auch zu meinem Arbeitsalltag. Nicht mehr so ausgeprägt wie früher, aber immerhin. Dazu kommen Meetings mit Externen, d. h. wenn Ansprechpartner von Nokia, Sony oder Samsung vorbeikommen. Das alles macht meinen Arbeitsalltag aus: Sehr, sehr viele E-Mails rund um die Uhr, Meetings, Telefonate, Reisen.

Wie genau sieht Ihre Verantwortung als Senior Business Managerin für den Mobile-Bereich aus?
Ich muss mich darum kümmern, dass die mobilen Produkte, die EA entwickelt – sprich die Spiele für Smartphones, für Tablets, aber auch für Featurephones – so gut wie es geht bei den Carriern, also den Mobilfunkanbietern, platziert sind und zwar im UK, in Irland und Deutschland. Ein bisschen beschäftige ich mich auch noch innerhalb von Deutschland mit den Beziehungen zu den Handyherstellern, zu Nokia, Sony, Samsung und so weiter. Ich muss dafür sorgen, dass die Abverkäufe dieser Spiele die von EA gewünschten Ziele erfüllen. Das heißt es gehört zwangsweise auch ein bisschen Vermarktung dazu. Marketing ist nur grenzwertig mein Bereich, da haben wir einen extra Marketing-Manager, der das macht. Für mich geht es darum, die mobilen Produkte so gut es geht in den virtuellen Regalen der Mobilfunkanbieter zu platzieren und zu schauen, dass sie so gut es geht verkauft werden.

2.1 „Klassische" Spielebranche: Publisher und Entwickler

Wenn Sie das letzte Jahr einmal Revue passieren lassen, gab es bestimmte Highlights in Ihrem Job?
Seit ich die Industrie kenne, ist eines meiner Highlights die gamescom, die nicht nur für den Endkonsumenten sehr beeindruckend ist. Man sieht innerhalb weniger Tage auf großer Fläche sehr viele Trends, sehr viel Bewegung innerhalb der ganzen Games-Industrie. Dabei ist natürlich auch das Networking sehr wichtig. Die mobile Industrie ist schon immer sehr klein und überschaubar gewesen. Da haben sich über die Jahre Kontakte entwickelt, die teilweise auch sehr persönlich sind, und man freut sich einfach, wenn man nach einem Jahr den einen oder anderen wiedertrifft. Das ist immer eine sehr gute Zeit und ein Highlight. Zweitens gibt es in der Abteilung, in der ich arbeite, momentan sehr viel Bewegung, weil die ganze Games-Industrie immer mehr zum Digitalen geht. Die Entwicklung geht weg von verpackten Produkten für bestimmte stationäre Konsolen und hin zu downloadbarem Content. Da ich schon immer auf dieser Seite der Industrie gearbeitet habe, ist es für mich jetzt eine gute Zeit zu sehen, dass die Sparte, aus der ich komme, an Bedeutung gewinnt und die Zukunft sein wird. In ein paar Jahren wird keiner mehr eine PlayStation oder eine Xbox zu Hause haben, dafür laden sich alle „on the fly" herunter, was sie gerade spielen wollen, entweder mit ihrem Handy, ihrem TV oder womit auch immer. Da ist rein technisch eine Menge Entwicklung drin, das ist spannend. Man kann natürlich nicht sagen „das war im Juli so", sondern innerhalb der letzten zwölf Monate hat sich da viel getan. Als Drittes würde ich noch benennen, dass ich im April die Verantwortung für UK und Irland bekommen habe. Das ist für mich insofern ein Highlight gewesen, als dass ich durch meine vier bis fünf Jahre in London einfach sehr UK-affin bin und es mir Spaß macht, wieder mit dem Markt zusammenzuarbeiten, weil ich dadurch auch zwangsweise wieder mehr über den Markt mitbekomme.

Und was begeistert Sie an Ihrem Job am meisten?
Das ist eine Mischung aus den Sachen, die ich schon angesprochen habe. Es ist auf jeden Fall ein unkonventionelles Arbeiten. Ich muss dazu sagen, ich habe ja nie etwas anderes als die Games-Industrie kennengelernt. Deshalb kann ich nicht sagen, wie es ist, bei der Sparkasse zu arbeiten oder Immobilienberaterin zu sein. Aber mir gefällt einfach, dass ich tagtäglich so ins Büro gehen kann, wie ich bin, und so reden kann, wie ich bin. Natürlich gibt es Termine, bei denen man sich und die Firma repräsentieren muss, aber im Großen und Ganzen ist die Industrie jung und dynamisch – mir fallen jetzt keine klugen Worte dafür ein. Aber es ist sehr unkonventionell in der Games-Industrie. Es ist immer noch eine Spaßindustrie, wir verkaufen Produkte, die den Leuten Spaß machen, deshalb ist es auch für uns wichtig, selbst diesen Spaß mit den Produkten zu haben und auch nach außen zeigen zu können.

Des Weiteren macht mir diese technische Komponente, die ich erwähnt habe, sehr viel Freude. Dazu kommt die Industrie als solche. Da sehe ich ein bisschen diesen Zusammenhang mit meinem Kulturwissenschaftsstudium, auch wenn das eigentlich für meinen Arbeitsalltag überhaupt keine Rolle spielt. Aber ich sehe Computerspiele als Kulturgut. Ich sehe die Entwicklung in den letzten zehn Jahren und bin dadurch, dass ich jeden Tag damit zu tun habe, ein Teil dessen. Ich würde nicht so weit gehen zu sagen, ich kann es beeinflussen, aber ich hab seit zehn Jahren jeden Tag mit einem Kulturgut zu tun und sehe, wie die Menschen es annehmen und wie es sich entwickelt, wie sehr es wächst und das ist sehr spannend, das macht mir Spaß. Und – das ist vielleicht Punkt Nummer vier – mir macht die Kommunikation im Job Spaß: Als Vertriebler ist man immer am Kommunizieren, sei es per E-Mails, per Telefon oder in Face-to-Face Meetings. Es geht immer darum, bestimmte Inhalte zu verkaufen, bestimmte Aussagen zu kommunizieren und mit dem Vertriebspartner zusammen strategische Beziehungen aufzubauen. Das ist rein von der Kommunikation her aber auch menschlich sehr spannend.

Gibt es auch Dinge an Ihrer Arbeit oder an der Games-Industrie, die Ihnen weniger oder vielleicht auch gar nicht gefallen?
Das Erste, was mir einfallen würde, ist kein massives Problem, stößt aber immer wieder auf. Wenn man sagt, wo man arbeitet, also in der Videospielindustrie, dann ist die erste Reaktion oft: „Ach ja, Killerspiele". Dieses Vorurteil ist extrem ausgeprägt. Es ist oftmals relativ schwierig, den Leuten zu erklären, wie viel mehr es an Spielen gibt, wie weit mittlerweile das Thema ist. Also im sozialen Alltag, wenn ich mich im Kindergarten mit Leuten unterhalte, wenn ich auf dem Spielplatz jemanden treffe, unter Freunden, im Bekanntenkreis, die wissen zwar jetzt alle seit Jahren, was ich mache, aber wenn man sagt „Ich arbeite bei EA und mache Vertrieb" ist das Erste: „Ach so Killerspiele, hmm". Dass es aber auch durchaus eine Menge Spiele gibt, die für Familien konzipiert sind – und jeder von uns wird irgendetwas spielen, da bin ich mir relativ sicher –, das ist eher schwierig zu vermitteln. Das ist ein Vorurteil, dem ich oft begegne. Manchmal nervt es mich, immer wieder rechtfertigen zu müssen, was ich da eigentlich tue. Für das Zweite und Einzige, was mir sonst noch einfällt, bemühe ich dann wieder den Begriff „Männerdomäne". Das ist einerseits natürlich ein Vorteil für mich, und ich fühle mich darin auch wohl nach diesen ganzen Jahren. Aber man findet nicht so wahnsinnig viele Frauen in der Games-Industrie im selben Aufgabenbereich, in dem ich unterwegs bin. Wenn es Frauen gibt – ich weiß nicht, ob es da Untersuchungen oder Statistiken gibt, wie viel Prozent der Industrie weiblich sind, aber es sind ganz sicher keine fünfzig Prozent – dann machen die meistens eher Marketing, aber selten Vertriebsaufgaben. Das ist schon auch manchmal schwierig.

2.1 „Klassische" Spielebranche: Publisher und Entwickler

Als Sie damals in London angefangen haben in dieser Branche zu arbeiten, hatten Sie Erwartungen, wie es werden könnte?

Das kann ich leider nur mit „nein" beantworten, überhaupt nicht. Zum einen weil ich ja wirklich mit dem Thema Games bis dahin überhaupt nicht in Berührung gekommen war. Ich hatte nie eine Konsole zu Hause. Obwohl, doch. Ich habe vor London in einer WG gelebt, wo es eine PlayStation gab, da habe ich schon auch immer mal mitgemacht. So harmlose Spiele, Snowboarden oder Auto fahren oder so. Aber dieses Thema war mir eigentlich vollkommen egal. Ich wusste überhaupt nicht: „Was ist die Games-Industrie? Interessiert mich das oder nicht?" Zum anderen konnte ich mir zwar ungefähr vorstellen, was diese Firma, wo ich das Praktikum gemacht habe, macht, aber ich verband damit überhaupt keine Vorstellungen. Ich habe mich bei der Firma beworben, aber auch noch bei zwei oder drei anderen Sachen, wo es um klassische Marketingjobs gegangen wäre. Es war dann schlussendlich eine Bauchentscheidung, weil ich gemerkt habe, dass mir diese Firmen, die mir einen klassischen Marketingjob, oder ein Marketingpraktikum, angeboten hatten, zu steif waren. Alleine, wie die Büros aussahen, wie die Leute angezogen waren und so. Deshalb war das eigentlich eine Bauchentscheidung, aber nicht, dass ich gesagt habe: „Ich will unbedingt in die Games-Industrie. Ich stelle mir das so und so vor." Ich habe ehrlich gesagt überhaupt keine Ahnung gehabt, was mich erwartet.

Hatten Sie auf der anderen Seite vielleicht Bedenken, dass es danebengehen könnte?

Nein, ehrlich gesagt nicht. Vielleicht, weil ich nicht so den klassischen Einstieg hatte. Es war ja nicht wirklich der erste eigene Job, sondern für mich waren diese drei Monate Praktikum eben das Sprungbrett. Wäre das danebengegangen, hätte ich mir immer noch irgendeinen neuen Job in einer anderen Industrie suchen können, oder ich wäre wieder zurück nach Deutschland gegangen. Ich hatte eigentlich wirklich überhaupt keine Bedenken. Im Gegenteil: Ich habe mich gefreut, dass ich den Einstieg in London relativ easy gefunden habe. Zumal zu einer Zeit, wo in Deutschland – und gerade auch in Leipzig – für Hochschulabsolventen überhaupt keine Jobs verfügbar waren. Da ging es tatsächlich auch ein bisschen darum, dass ich gucken musste, überhaupt einen beruflichen Einstieg zu finden, so direkt nach der Uni und jetzt nicht: „Was ist meine präferierte Industrie?"

Sie haben gesagt, dass Sie früher nicht wirklich viel mit Spielen zu tun hatten. Ist das heute anders? Spielen Sie selbst digitale Spiele?

Jein. Ich habe schon noch andere Hobbys jenseits meiner Arbeit und den Computerspielen. Wir haben die klassischen Konsolen zu Hause gehabt, ich hatte zu Hause eine Wii und auch eine PlayStation. „Gehabt" sage ich deshalb, weil ich seit der Geburt meiner Kinder eigentlich nie wieder zu Hause eine Konsole angefasst habe.

Was ich natürlich mache, ist, unsere mobilen Spiele zu spielen, also auf dem Smartphone. Darum habe ich mir auch nach langem hin und her ein iPhone zugelegt, um mir die Spiele herunterladen zu können. Vorher hatte ich andere Geräte. Ich schaue mir die Spiele auf dem iPad an, das sind die Sachen, die ich wissen muss, die ich können und kennen muss. Wenn ich die Produkte für das iPad, iPhone oder für Samsung verkaufe, muss ich die Spiele kennen und ich muss sie auch spielen. Das ist schon immer ein Teil des Jobs gewesen, und das wird es auch bleiben. Aber es ist jetzt nicht so, dass ich sage „Oh geil, endlich kann ich mal wieder zocken", wenn ich mal eine freie Stunde habe.

Haben Sie trotzdem ein Lieblingsspiel?
Ja, aber es ist mir peinlich, das zu sagen [lacht]. Mein präferiertes Genre sind die sogenannten Casual Games also „Bejeweled", „Tetris", diese ganz einfachen, stupiden Geschichten. Ich weiß noch vor ein paar Jahren, da war ich wirklich komplett „tetrissüchtig", da habe ich mehrere Stunden am Tag „Tetris" gespielt. Oder „Zuma", „Bejeweled", diese ganzen PopCap Spiele, die finde ich herrlich. Strategie-Spiele überfordern mich komplett. Wenn ich spiele, dann möchte ich wirklich einfach nur abschalten und Zeit totschlagen, nicht auch noch mein Hirn benutzen müssen, deshalb Casual Games.

Zurzeit ist stark in der Diskussion, ob in Unternehmen eine Frauenquote eingeführt werden sollte. In der Kritik steht auch, dass Arbeitszeiten für Frauen mit Familie oftmals unangemessen sind und flexibler sein sollten. Wie ist das bei Ihnen? Was ist ihre Meinung dazu?
Seitdem ich 2010 als Mutter zurückgekommen bin, arbeite ich in Teilzeit. Ich arbeite siebzig oder achtzig Prozent der Stunden. Das heißt ich arbeite Montag bis Donnerstag, bin aber am Freitag zu Hause. Freitags schaue ich E-Mails nach und bin telefonisch erreichbar. Es ist für Mütter und Leute, die Familien haben, glaube ich, generell schwer, überhaupt irgendwo zu arbeiten. Man ist einfach nicht mehr so flexibel, wie man das vorher mal gewesen ist. Man ist nicht nur für sich alleine verantwortlich, sondern eben auch für eine Familie. Das ist kein spezielles Problem der Games-Industrie, sondern generell ein Problem in der Wirtschaft.

Zur Frauenquote selbst kann ich mich nicht äußern, weil ich da nach wie vor keine Meinung zu habe. Ich finde es interessant, dass das diskutiert wird. Ich finde definitiv, dass es viel zu wenige Frauen in Führungsjobs gibt. Ich finde auch das Klima für Frauen, die Kinder oder Familie haben, nicht wahnsinnig förderlich. Daher ist es für Frauen mit einem Familienleben schwierig, die auch Führungsaufgaben übernehmen wollen. Ich bin da, glaube ich, auch ein ganz gutes Beispiel. Ich hatte auch Führungsaufgaben, bevor ich in Elternzeit gegangen bin, wenn auch für ein kleines Team. Das waren drei oder vier Leute. Als ich zurückgekommen bin, hätte ich das nicht mehr leisten können, weil ich einfach meine Führung dann zu Hause gemacht habe. Ich wäre nicht mehr allzeit ansprechbar, ich hätte für den Moment erst mal keine Führungsaufgaben mehr übernehmen können. Vielleicht kann ich das in ein paar Jahren wieder, momentan kann ich das nicht und will das auch nicht. Das heißt, man muss Frauen auch zugestehen, dass sie gar nicht unbedingt in Führungspositionen arbeiten wollen. Ich finde gut, wenn darüber geredet wird, dass es zu wenige Frauen gibt und dass man sie dabei unterstützen sollte, in Führungspositionen zu gehen. Aber eine Frauenquote an sich finde ich eigentlich Quatsch, weil es ja auch keine Männerquote gibt oder eine Quote für Blonde, Braune, Behinderte oder Nicht-Behinderte. Es muss eigentlich um Kompetenz gehen, deshalb sehe ich das eigentlich kritisch.

Würden Sie sagen, dass sich Ihr Beruf auf Ihr Privatleben auswirkt – abgesehen von den Spielen, die Sie spielen müssen?
Jein, also eigentlich nur insofern, als in den ersten Jahren in dieser Industrie die Kontakte zu den Betriebspartnern oder Geschäftspartnern so persönlich gewesen sind, dass sich da auch Freundschaften oder Bekanntschaften jenseits der Arbeit entwickelt haben. Insoweit würde ich schon sagen, dass sich meine Arbeit auf mein Privatleben auswirkt, ansonsten – gute Frage – eigentlich nicht. Ich wüsste nicht, wie. Vielleicht, dass ich genauso, wie ich im Büro sitze, nachmittags im Privatleben unterwegs bin und ich nicht den Spagat machen muss, im Berufsleben eine andere Person darstellen zu müssen. Aber ansonsten eigentlich nicht.

Sie haben selbst schon angesprochen, dass die Industrie eher als Männerdomäne wahrgenommen wird. Wie gehen Sie persönlich damit um?
Ich glaube, man muss da etwas unterscheiden. Das Eine ist der Arbeitsalltag: Wie geht man damit um? Und das sind die offiziellen Anlässe, wie die gamescom oder Konferenzen, Workshops, Speaker Events usw., bei denen eigentlich Frauen immer extrem unterrepräsentiert sind. Für mich ist in beiden Bereichen zunächst das Allerwichtigste, dass ich nicht versuche, aufgrund des Geschlechts zu profitieren, sondern mit meiner Arbeit und nicht damit, dass ich einen kurzen Rock anhabe oder hohe Schuhe oder so. Ich möchte innerhalb des Büros und innerhalb der Industrie von den Leuten, mit denen ich zusammenarbeite und die ich kenne, dafür geschätzt werden, dass ich zuverlässig bin, das mache, was ich verspreche und einen guten Job mache. Ich möchte mit Kompetenz und Leistung überzeugen, also in Anführungszeichen „meinen Mann" stehen und nicht ausnutzen, dass es so wenige Frauen gibt. Es gibt sicher auch die, die eher über – sagen wir – persönliche Attribute versuchen vorwärts zu kommen. Die gibt es, glaube ich, in jeder Industrie, und die gibt es eben auch in der Games-Industrie. Das lehne ich für mich persönlich ab.

Ansonsten muss man sich als Frau ein bisschen an die Sprache und an den Jargon in der Games-Industrie gewöhnen. Es ist bei offiziellen oder externen Anlässen durchaus ein eher männlich dominierter Smalltalk. Also muss man ein bisschen Ahnung von Fußball haben, über Schenkelklopfer lachen können, ein bisschen Bier trinken können, um eben den Jungs auch nicht gleich Angriffsfläche zu bieten, weil man eben so weibliche Attribute hat. Man muss einfach auch mithalten können, um ernst genommen zu werden. Da darf man sich nicht dran stören, das muss man einfach können. Man muss auch mal einen Spruch über Frauen ertragen, wobei da die Grenzen fließend sind. Wenn hier innerhalb des Büros mal der eine oder andere Kollege von Frauen als „Tussis" redet, dann muss man auch mal zurückpfeffern und sagen, der hat sich jetzt im Ton vergriffen.

Und man muss auch einfach erkennen, dass Männer und Frauen nicht nur in der Games-Industrie verschieden vertreten sind, sondern auch in anderen Berufen. Die Games-Industrie ist jetzt eben klassisch männlich, der Job als Verkäuferin oder als Erzieherin ist klassisch weiblich. Wem das nicht gefällt, der geht dann eben in einen anderen Job. Ich stelle das auch immer wieder fest und rein statistisch ist es auch so, dass es einfach wenige Frauen in der Games-Industrie gibt. Wobei es auch hier Unterschiede gibt: Ich glaube, dass die Entwicklung nach wie vor kaum Frauen aufweist und im Vertrieb sind sie auch eher selten, aber das ist eine Gewöhnungssache.

Haben Sie den Eindruck, dass es auch besondere Hindernisse für Frauen in der Branche gibt, besonders beim Einstieg?
Was den Einstieg angeht, kann ich das nicht besonders gut beurteilen, weil mein eigener Einstieg jetzt schon zehn Jahre zurückliegt, und der ist auch nicht so wahnsinnig klassisch gelaufen. Ich weiß nicht, wie es heutzutage ist, wenn sich Frauen oder Mädels auf den ersten Job in der Games-Industrie bewerben. Ich vermute, dass das sehr viel besser geworden ist in den letzten paar Jahren, weil die Zahl der Frauen – rein subjektiv gefühlt – wächst, weil auch immer mehr Frauen in erster Reihe stehen. Es gibt so ein paar, die mir einfallen, die wahrscheinlich auch alle mit interviewt werden. Ich glaube, dass die Berührungsängste von Frauen, sich überhaupt auf Game-Jobs zu bewerben, weniger werden und dass das anders ist als vielleicht noch vor zehn Jahren.

Welche Tipps würden Sie einer jungen Frau geben, die sich jetzt in dieser Branche bewerben will?
Je nachdem, in welchen Bereich die Person geht, ist das Wichtigste, dass man – wie überall anders auch – eine gewisse Leidenschaft mitbringen sollte, aus der dann Kompetenz erwächst. Sagen wir mal, ein klassisches Beispiel, es ist eine Frau, die in die Entwicklung gehen und Producerin werden möchte. Dann ist das Wich-

tigste, dass man diese Leidenschaft behält und sich nicht unterkriegen lässt. Dass man Sprüche kontern kann, die definitiv von den männlichen Kollegen kommen werden, sei es innerhalb oder außerhalb der eigenen Firma, dass man die nicht zu persönlich nimmt, dass man sich da das vielbesagte „dicke Fell" wachsen lässt und dass man einfach schaut, dass sich aus der Leidenschaft über die Jahre eine Kompetenz entwickelt, mit der man dann punktet. Ab dem Moment, an dem die männlichen Kollegen oder die Partner merken, das ist nicht nur eine Frau, sondern das ist ein Mensch, eine Person, die Ahnung hat von dem, was sie da macht, dann ist das Geschlecht auch kein Thema mehr, sondern dann redet man eigentlich auf demselben Level. Man darf sich davon nicht abschrecken lassen, dass es eine Männerwirtschaft ist, sondern muss einfach dazu stehen, dass man da arbeiten möchte und schauen, dass man mit Erfahrung und mit Können pokert und eben nicht nur mit dem Geschlecht.

Glauben Sie, dass sich die Rolle der Frau in der Industrie in den nächsten Jahren verändern wird?
Ja, das glaube ich auf jeden Fall. Primär deshalb, weil sich die Industrie verändert. In den letzten zehn Jahren habe ich immer wieder wissenschaftliche Studien und Reports zum Thema „Frauen und Gaming" oder dem Nutzerverhalten von Frauen in die Hände bekommen. Frauen spielen klassischerweise und nachgewiesenermaßen eher die Casual Games, wo auch ich ganz ehrlich sagen muss, das ist auch bei mir der Fall. Durch die ganze Digitalisierung der Videospielindustrie weg von der Plattform hin zum downloadbaren Content wächst auch die Bedeutung der Casual Games. Es wird wahrscheinlich auch in zwanzig Jahren noch ein „Call of Duty" oder ein „Battlefield" geben und auch ein „FIFA" und ein „Need for Speed", aber ich glaube, jenseits dessen wachsen einfach die Casual Spiele und es gibt – nach dem, was ich so beobachte – immer mehr Firmen, die auch von Frauen gegründet und hochgezogen werden, bei denen Frauen auch in der ersten Reihe stehen und die sich genau in diesem Segment etablieren, wo sie auch definitiv bessere Karten haben. Es ist auch immer die Frage, ob man Familien-Entertainment und Kinder-Entertainment mit in die Games-Industrie packt. Wenn ja, dann ist es ganz klar, dass es für Frauen immer besser wird und dass es auch immer mehr Frauen gibt, die da mitmischen.

Am 27.11.2012 erschien auf golem.de ein Artikel, der beschreibt, dass sich gerade in den USA immer mehr Frauen über eine Diskriminierung am Arbeitsplatz in der Games-Branche beschweren. Glauben Sie, dass das in Deutschland besser oder anders ist?
Nein, ich glaube nicht, dass es hier anders oder besser oder schlechter oder sonst irgendwie ist. Ich glaube zum einen, dass die Beispiele, die durch die Presse ge-

hen, sehr willkürlich sind. Da könnte man sicher auch in Deutschland Beispiele finden, wo sich eine Frau über Diskriminierung am Arbeitsplatz beschwert. Aber man könnte genauso in Amerika Frauen in der Games-Industrie finden, die sagen, „es ist alles fein". Es wird ganz sicher Beispiele für Diskriminierung am Arbeitsplatz geben. Die gibt es aber auch in anderen Industrien und Bereichen. Das hat, glaube ich, gar nichts mit der Games-Industrie zu tun. Frauen haben es in klassischen Männerbereichen – und da ist ja die Games-Branche nur ein Beispiel von vielen – extrem schwer. Ich denke zum Beispiel gerade an die Autowirtschaft, einfach weil Frauen und Autos eine Sache sind, die kriegen die meisten Männer nicht überein. Wenn man in einer klassischen Männerdomäne arbeitet, muss man einfach wissen, dass man ein bisschen härteren Tobak vertragen muss. Wenn man das nicht verträgt und sich da auch über die Jahre nicht daran gewöhnen kann, dann wird man wahrscheinlich leiden oder jammern. Ich habe auch schon immer mal wieder Sprüche, Witze oder Kommentare einstecken müssen, die extrem unter der Gürtellinie lagen, aber es ist eben sehr subjektiv, ob man es als Diskriminierung empfindet oder nicht.

Wenn Sie auf die letzten zehn Jahre in der Branche zurückblicken, würden Sie irgendetwas anders machen?
Nein. Ganz ehrlich bin ich sehr glücklich und zufrieden mit meinen letzten zehn Jahren in der Branche. Ich würde mich immer wieder für diese Industrie entscheiden. Aus den besagten Gründen: jung und unkonventionell. Da passiert eine ganze Menge: viel Technik, viele lustige Partys und Events. Das hat mir wirklich Spaß gemacht. Meinen Werdegang als solchen finde ich absolut okay. Ich bin froh darüber, die ersten beruflichen Jahre im Ausland verbracht zu haben, weil mir das allein vom Erfahrungshorizont eine Menge gebracht hat. Ich habe auch fest vor, irgendwann mal mit meiner Familie ins Ausland zu gehen, wohin auch immer, also so ein bisschen Flexibilität finde ich sehr gut. Ich finde auch, dass ich zur richtigen Zeit – als diese Handyspielsparte gerade in der Entstehung war, sehr jung war und geboomt hat – am richtigen Ort gewesen bin, bei einer der Top-drei-Firmen bzw. Anbieter in diesem Bereich und später bei EA als Nummer eins quasi in der ersten Reihe gestanden habe und da ganz klar eine Menge tolle Erfahrungen gesammelt habe. Und jetzt auch nach den Kindern aus besagten Gründen – dass man eben nicht mehr so viel arbeiten kann und nicht mehr so flexibel ist – trotzdem immer noch die Chance habe, beim Branchenriesen EA einfach diese ganze Entwicklung sehr dicht am Geschehen mitzubekommen. Von daher gibt es eigentlich nichts, was ich anders machen würde.

2.1 „Klassische" Spielebranche: Publisher und Entwickler

Was ist Ihrer Meinung nach das Potenzial von Spielen, zum Beispiel von Serious Games?
Sehr gute, aber auch schwierige Frage. Die Frage ist: Wer ist die Zielgruppe? Redet man vom Potenzial für Dreijährige, für Jugendliche oder für Erwachsene? Generell glaube ich, dass das, was wir bisher in der Games-Industrie gesehen haben, erst der Anfang gewesen ist. Ich bin sehr davon überzeugt, dass Action-Shooter, Kriegsspiele usw. eine gewisse Masse des Zielpublikums bedienen. Aber das ist eigentlich eher eine Nische. Games haben in den letzten zwei bis drei Jahren gezeigt, dass Spiele eigentlich ein Massenmarktthema sind, aber dafür müssen es andere Genres sein, nämlich Casual Games, Edutainment und meinetwegen auch Renn- oder Strategiespiele, aber die dann eben eher familientauglich sind. Ich weiß, EA hatte ein paar Jahre, oder hat auch noch, eine Kooperation mit Hasbro und wir haben viele Brettspiele, wie „Monopoly", „Vier Gewinnt" usw., für Konsolen veröffentlicht. Das ist ganz klar ein Potenzial für die Videospielindustrie, um noch mehr Menschen zu erreichen. Ich glaube, dass gut gemachte Spiele sehr wohl einen gewissen pädagogischen Effekt haben können, das sehe ich auch an meinen eigenen Kindern. Die sind jetzt dreieinhalb und spielen bestimmt schon seit anderthalb Jahren mit dem iPad, also nicht jeden Tag, aber die können sehr wohl mit dem iPad umgehen und sie spielen auch darauf. Wenn man das gut aussucht, gibt es auch gute Applikationen oder Spiele, die pädagogischen Nutzwert haben. Das Spannende an der Games-Industrie ist, dass sich das in den letzten zwei bis vier Jahren immer mehr ausdifferenziert hat. Es gibt immer mehr Spiele, die das Potenzial haben, den Leuten auch etwas zu geben.

Wie sehr achten Sie zu Hause darauf, was Ihre Kinder spielen?
Ja, ich achte schon darauf. Zum einen achte ich darauf, wie viel sie das machen und in welchen Situationen. Sie sollen eben nicht spielen, weil ihnen langweilig ist oder als Zeitvertreib, sondern dass sie das bewusst erleben, damit sie das nicht so lange machen, wie sie wollen, sondern nur einen gewissen Zeitraum. Mittlerweile interessieren sie sich für das iPad nicht mehr so wahnsinnig. Aber am Anfang war das schon so, dass sie jedes Mal gebrüllt haben, wenn ich es ihnen wieder weggenommen habe. Man muss den Konsum dosieren, man muss klare Absprache haben und ich möchte alles, was auf dem iPad drauf ist, oder alles, wozu sie Zugang haben, selbst kontrollieren und mir selbst angeschaut haben. Wären die jetzt ein bisschen älter, sagen wir fünf oder sechs, und hätten eine Konsole zu Hause, dann wäre es immer noch mein Anspruch, jedes Spiel, das sie spielen können, zu kennen, damit ich weiß, worum es da geht, wo die Tücken sind, ob es altersgemäß ist, ob da Sachen drin sind, die ich noch zu heftig finde. Dann würde ich ihnen auch erklären, dass das erst geht, wenn sie älter sind.

Das Wichtigste ist zu wissen, wie man damit umgehen muss, da ist es von Vorteil, selbst in dieser Industrie zu arbeiten. Ich finde es ganz wichtig, Kinder mit Games groß werden zu lassen, weil ich glaube, wenn man das von vornherein verbietet, wird es irgendwann nach hinten losgehen und sich rächen. Games gehören in den 2010er Jahren genauso zum Alltag wie die Tageszeitung, der Fernseher und das Radio. Man muss eben dies nur zusammen erarbeiten: Was wird gespielt und wie lange wird gespielt?

Sie haben schon viel über die schönen Seiten des Berufs gesagt. Können Sie das vielleicht in einem Satz zusammenfassen? Ich mag meinen Beruf, weil ...
... er mich jung hält, weil er mich auf Trab hält, weil das Thema Games immer in Bewegung ist, sehr dynamisch ist, weil ich in einer Industrie arbeite, die sich mit einem Kulturgut beschäftigt, das den Leuten Spaß bereitet.

Gibt es noch etwas, dass Sie zum Schluss gern noch loswerden möchten?
Ich finde es spannend, dass sich mittlerweile auch Universitäten mit dem Thema Gaming auseinander setzen. Das interessiert mich persönlich sehr. Es gibt immer mehr Unis, die sich dem Thema in Form von Studiengängen oder Lehrgängen verschreiben. Oder eben, wie in Paderborn, dass sich innerhalb der Medienwissenschaften Leute damit auseinandersetzen. Das finde ich deshalb sehr interessant, weil ich denke, dass es ein Zeichen dafür ist, dass Gaming erwachsen und seriös geworden ist. Das finde ich gut. Je nach der Entwicklung an den Universitäten kann ich mir auch vorstellen, selbst auch noch mal da rein zu schnuppern. Ich habe zum Beispiel Kontakt zur Uni Leipzig, die suchen Dozenten. So etwas kann ich mir definitiv vorstellen, um eben die Brücke zu meiner universitären Herkunft zu schlagen. Ich konnte mir eine Weile nach der Magisterarbeit sogar vorstellen, direkt noch eine Doktorarbeit zu schreiben und da kann man sich ja auch neuen, jungen und frischen Themen widmen. Ich finde es gut und spannend, dass das Thema Games jetzt auch an den Unis gelandet ist und bin gespannt, wie es weitergeht.
Unter Mitarbeit von: Jakob Henke

Kurzvita
- Geboren 1976
- Wohnhaft in Köln
- 1995 bis 2002 Studium der Kulturwissenschaften an der Universität Leipzig. Hauptfach: Kulturwissenschaften; Nebenfach: Soziologie und Journalistik
- 2002 nach einem dreimonatigen Praktikum Berufseinstieg in London bei einer Firma, die mobilen Content für Handys vertrieb

2.1 „Klassische" Spielebranche: Publisher und Entwickler

- Wechsel zu Com2uS in den Bereich Marketing und Vertrieb für Handyspiele
- 2004 bis 2006 Aufbau des deutschsprachigen Marktes für Handyspiele bei Macrospace (später Glu Mobile)
- 2006 Rückkehr nach Deutschland und seit Dezember 2007 Sales Marketing Director für EA, zunächst für den deutschsprachigen Raum
- 2010 bis 2013 Senior Business Manager (Mobile) bei EA
- Zwischenzeitlich ein Jahr Elternzeit. Heute sind ihre Zwillingstöchter vier Jahre alt
- Seit August 2013: Promotion im Bereich Games Studies/Games Forschung

2.1.4 Interview mit Freya Looft, Managing Director

„Wir haben im Unternehmen keine Frauenquote, aber wir haben freiwillig 90 Prozent Frauen angestellt."

Treva Entertainment – Hamburg, 23.11.2012

Foto: Privat

Frau Looft, könnten Sie uns zum Einstieg ein paar Informationen zu Ihrer Person geben?
Ich bin 1969 in Itzehoe, Schleswig-Holstein, geboren, bin verheiratet und habe drei Kinder. Momentan lebe ich in Hamburg.

Und wie entwickelte sich Ihre Karriere – angefangen von Ihrer Ausbildung bis hin zu Ihrem aktuellen Beruf?
Nach dem Abitur 1988 bin ich für ein Jahr als Aupair-Mädchen nach Paris gegangen und habe 1989 mit dem Studium der Sprachwissenschaften und Französisch auf Gymnasiallehramt in Münster angefangen. Ich habe das Studium nach drei oder vier Jahren für ein weiteres Auslandsjahr in Cherbourg in der Normandie in Frankreich unterbrochen und habe dort als Assistenzlehrerin an drei Gymnasien Deutsch unterrichtet. Nach der Rückkehr nach Münster habe ich mein erstes Staatsexamen abgeschlossen und im Anschluss mein Referendariat – also das zwei-

te Staatsexamen – angefangen. Dies habe ich für ein halbes Jahr in Minden verfolgt, habe dann geheiratet und die letzten eineinhalb Jahre des Referendariats hier in Hamburg an einem Gymnasium in Norderstedt vollendet.

Anschließend hatte ich drei Schulangebote und habe mich aber entschieden, mein Glück auch noch einmal in der Wirtschaft zu versuchen. Ich hatte einen Freundeskreis, der überwiegend in der Wirtschaft, im Bereich Volkswirtschaft und in BWL, gearbeitet hat und habe sehr schnell in einer mittelständischen Unternehmensberatung, Gelsus – hier in Hamburg, ein Jobangebot als Projektleiterin bekommen. Diese Firma war spezialisiert auf Verlagshäuser, und als Projektleiterin habe ich im Bereich „Conjoint Measurement" Markt- und Zielausrichtung für einzelne Projekte betreut, z. B. für Zeitungen den Relaunch von Magazinen. Ich habe das Ganze zwei Jahre gemacht und der Job war sehr interessant.

Wir waren von der Personaldecke her relativ knapp besetzt, mit recht extremen Arbeitszeiten, weswegen ich mich für einen beruflichen Wechsel entschieden habe. Ich habe nachfolgend bei der DTP Entertainment AG als Produktmanagerin bzw. Producerin für Lernsoftwareprodukte angefangen. Da konnte ich die Lehrerfahrung und die zweijährige, kleine Wirtschaftserfahrung zusammenbringen. Das Unternehmen war eben sehr im Aufschwung begriffen und verhältnismäßig klein, insofern konnte ich mich da in verschiedenen Positionen entwickeln und bewähren. Ich habe zwei Jahre im Producing gearbeitet und für das Unternehmen den internationalen Vertrieb in Europa und in den USA aufgebaut. Sehr viele Softwareprodukte, sowie das entsprechende Ideeneigentum und sämtliche Rechte lagen bei der DTP Entertainment AG. So konnten wir diese Produkte weltweit vermarkten. Ende 2005 bin ich dann zur Geschäftsführerin einer eigenen Tochterfirma gemacht worden, weil sich die Kinderprodukte sehr erfolgreich entwickelt haben und wir dort eben auch die ein oder andere Lizenz, die uns gehörte, auslizensiert haben – für Kartenspiele, Bücher und Brettspiele. Das mache ich bis heute noch.

Gab es ein einschlägiges Erlebnis, dass Sie sozusagen in die Games-Branche befördert hat? Und: Wie kamen Sie konkret zu DTP Young?
Ich kann mir heute vorstellen, zehn verschiedene Berufe zu machen, u. a. auch Sprachforensiker beim BKA. Grundsätzlich hat mich Sprache, das Umgehen mit Sprache oder durchaus auch der ganze Kundenkreis Kinder interessiert. Das war einfach ein spannendes Thema, den Bereich Lernen und Kreativität auf einem anderen Medium auszuprobieren. Die Jobanzeige bei DTP Young kam für mich einfach zum richtigen Zeitpunkt. Diese Entfaltungsmöglichkeiten, sprich kreativ zu sein, der Vermarktungsaspekt und auch das Reisen innerhalb Europas in moderatem Stil, also nicht wie ein Pilot, sondern ein- zweimal im Monat, das ist für mich eine sehr schöne Mischung und eine Chance bestimmte Felder zusammen zu führen.

Wie sieht denn ein typischer Arbeitstag bei Ihnen aus? Wo liegen Ihre typischen Aufgaben?
Mein Arbeitstag beginnt in der Regel um 9.00 Uhr und endet um 20.00 Uhr. Zu meinen Aufgaben gehört es natürlich das Unternehmen auf verschiedenen Ebenen zu leiten und zu steuern. Ich bin zusammen mit Thomas Bauer, dem Gründer der DTP Gruppe, in der Geschäftsführung tätig. Wir teilen uns bestimmte Bereiche auf, müssen aber trotzdem sehr viel voneinander wissen. Meine Schwerpunkte liegen in der Produktneuentwicklung, im Erschließen neuer Plattformen, neuer Kooperationen und in der Steuerung des nationalen und internationalen Vertriebes. Ebenfalls bin ich selbstverständlich auch in puncto Finanzen durch die monatlichen Auswertungen und den Jahresabschluss sehr stark involviert. In der Regel sieht mein Tag so aus, dass der Vormittag und frühe Nachmittag mit internen Meetings zu neuen Produkten, Produktkalkulationen, Besuchen von Entwicklern hier vor Ort und Kooperationsgesprächen ausgefüllt ist und ich am späten Nachmittag einfach anfange bestimmte Punkte abzuarbeiten oder mit den USA telefoniere, die ein durchaus wichtiger Partner sind. Wir haben so circa zwei- bis dreimal im Monat Besuch von ausländischen Partnern, mit denen wir dann Essen gehen oder eben Geschäftstermine am Abend wahrnehmen. Wie bereits erwähnt, reise ich ein-, zweimal pro Monat, um nationale oder internationale Partner zu besuchen. Es gibt an sich nie den typischen Tag. Stattdessen gibt es immer mal eine Überraschung, die der Zufall bringt und dann muss man neu organisieren. Jeder Tag ist an sich auch ein bisschen anders. Anders als geplant, aber das ist nicht schlecht.

Wenn Sie das letzte Jahr Revue passieren lassen. Was waren die Höhepunkte in Ihrem Job?
Der Branche an sich geht es im Moment nicht immer nur gut und das sorgt eben auch dafür, dass man relativ flexibel auf kurzfristige Marktgegebenheiten reagieren muss. Wir haben jetzt einen anderen Firmennamen, nämlich Treva Entertainment. Das ist schon ein Highlight, weil wir gegenüber den Gesellschaftern länger für diese Umfirmierung gekämpft haben, um unseren inhaltlichen Fokus breiter aufzustellen. Wir haben im Vertrieb zwei neue Plattformen erschlossen – den E-Shop und die Smartphones – was uns auch in einem anderen Bereich voranbringt. Wir haben als einer der ersten Publisher in Europa angefangen Produkte auf einer Cartridge zu handeln. Das ist jetzt sehr speziell, aber wir begehen da kreative neue Vertriebswege. Weiterhin haben wir uns vertrieblich hinsichtlich des Partnernetzwerkes breiter aufstellen können. Das sind die Highlights, die mir momentan einfallen.

Und für Sie persönlich? Gibt es da ein bemerkenswertes, ein schönes Erlebnis, was Ihren Beruf betrifft?

Hinter diesen beruflichen Ereignissen steht ja auch eine Person. Wenn wir jetzt einen neuen Partner haben, habe ich mich natürlich auch gefreut, dass die Akquisen-Gespräche zum Erfolg geführt haben. Ich kann das schlecht trennen.

Wie waren Ihre Erwartungen an die Games-Branche?
In der Games-Branche war es mir immer wichtig, dass die Aufgabe oder die Themen, an denen ich arbeite, möglichst kreativ und abwechslungsreich sind und mich kopfmäßig fordern. Das war nie positionsgebunden. Wir sind mit unter 20 Mitarbeitern ein relativ kleines Unternehmen und somit habe ich, was die Weiterentwicklung in der Position betrifft, keine große Möglichkeit zur Veränderung. Ich bin jetzt auch schon über zwölf Jahre im Unternehmen und würde mich freuen, wenn meine Zukunft in diesem Unternehmen weitergeht, weil es mir sehr am Herzen liegt. Was ich mir vorstellen könnte, ist, dass die Zukunft neue Kooperationsaufgaben mit anderen Herstellern im Bereich Spielzeugindustrie oder auch möglicherweise im Bereich Lernen schafft, sodass sich interessantere, größere Schnittmengen mit anderen Unternehmen ergeben, die Content einbringen können. Zukünftig Software und Technik miteinander zu verschmelzen, da sehe ich noch interessante Aufgabenfelder, die spannend sein könnten.

Spielen Sie privat? Und wenn ja, was?
Ich spiele auch privat, aber nicht so viel. Ich habe Lernsoftware auf dem PC, insbesondere Sprachsoftware an die ich mich ab und zu mal setze, zum Beispiel ein Gedächtnistrainer. Dann spiele ich alle unsere Produkte an, insbesondere Nintendo DS und Nintendo 3DS Produkte – teilweise auch Wii Produkte, um zu sehen, wie sich die spielen lassen. Apps für das iPhone spiele ich eher weniger. Unsere Tochter ist sechs Jahre alt und hat von der Schule Lernsoftware für Deutsch und Mathe. Mit ihr spiele ich ein- bis zweimal im Monat die relevanten Lektionen durch.

Können Sie sich noch an Ihr erstes Spiel erinnern?
In Kindertagen, sprich unter 18 Jahren, hab ich gar nicht gespielt. Wahrscheinlich untypisch.

Achten Sie darauf, was Ihre Kinder spielen?
Da bin ich eher der konservative Typ – ich war früher Lehrerin. Eigentlich ist es bei mir so, dass ich die Dinge, mit denen ich mich tagtäglich beschäftige, eher weniger ins Privatleben bringe. Insofern achten wir schon darauf, dass unsere Kinder eher draußen spielen als drinnen und vor dem Computer. Ich denke, dass Lernprogramme für Kinder hin und wieder als Ausgleich zum Buch Sinn machen, aber in einem moderaten Rahmen. Es ist sicherlich ein sinnvolles, ergänzendes Medium.

Ab einem bestimmten Alter ist es eine gleichwertige Ergänzung, wenn der Content stimmt.

Es wird derzeit stark diskutiert, ob man eine Frauenquote in Unternehmen einführen soll. Wie ist Ihre Meinung dazu?
Wir haben im Unternehmen keine Frauenquote, aber freiwillig 90 % Frauen angestellt. Das liegt daran, dass die inhaltlichen Ausrichtungen unserer Themen insbesondere für Mädchen attraktiv sind. Auf ausgeschriebene Stellen haben sich mehr Frauen beworben und somit interessieren sich auch anscheinend mehr Frauen für diese Thematik. Im Producing und von den Inhalten her spricht es eher Frauen an. Die Vermarktung und PR-Kette zielen ebenfalls in diese Richtung. Aktuell arbeiten nur drei Männer im Unternehmen.

Das heißt also Sie würden sagen, dass Frauen andere Spiele entwickeln als Männer?
Das würde ich nicht unbedingt sagen. Frauen stellen sicherlich andere Fragestellungen an Spiele und wahrscheinlich ist die Methodik, wie ein Spiel entwickelt wird, eine andere. Sicherlich gibt es andere Präferenzen inhaltlicher Art von Frauen. Wir hatten aber einen männlichen Producer, der auch diese Art von Spielen entwickelt hat. Ich denke, wenn man von oben darauf guckt und fragt, „Was sagt der Arbeitsmarkt generell?", dann kann man sicherlich mit diesen „Schubladen" arbeiten.

Wie empfinden Sie persönlich Ihre Work-Life-Balance? Sind Sie damit zufrieden? Was würden Sie Frauen in ähnlichen Positionen empfehlen?
Ich weiß nicht, was sich Frauen in ähnlichen Positionen wünschen – ich bin nicht ganz zufrieden. Aber ich glaube, man braucht 24 h am Tag, um eine gute Mutter zu sein, die viel Zeit mit den Kindern verbringt und ebenfalls in der Geschäftsführung tätig ist. Insofern wird es immer so sein, dass man denkt, man tut im einen oder anderen Bereich zu wenig, auch wenn man Hilfe hat. Da es schwierig ist, an zwei Orten gleichzeitig zu sein, haben wir eine Haushaltshilfe.

Wenn Sie Freizeit haben, was machen Sie gerne?
Die meiste Zeit verbringe ich mit meinen Kindern. Sie sind noch relativ klein. Wir spielen sehr viel draußen oder fahren in den Zoo, etc. Wenn ich es schaffe, fahre ich ein- bis zweimal in der Woche ins Sportstudio.

Was sagt Ihr direktes Umfeld, also Familie und Freunde, zu Ihrem Job in der Spielebranche?
Jüngere oder gleichaltrige Menschen empfinden das als sehr spannend. Das ist natürlich ein Bereich, der sich in den letzten Jahren immer breiter aufgestellt hat und

junge Menschen können damit etwas anfangen. Es hat aber trotzdem noch einen Hauch von Moderne. Deswegen ist es für etwas ältere Menschen wenig greifbar und es kommt häufig die Frage der Verständlichkeit der Branche. Da merkt man, dass sich dieser Bereich für manche mehr etabliert hat als für andere.

Es wird häufig so wahrgenommen, dass die Branche männlich dominiert ist. Wie sehen Sie das?
Es ist schon so, dass die Spielbranche „männerdominiert" ist. Das hat auf der einen Seite damit zu tun, dass die Games-Branche gewachsen ist und am meisten mit der Entwicklung von Core-Gamer-Spielen verdient wird. Core-Gamer-Spiele sind in der Regel hinsichtlich des Inhalts spezieller, häufig mit männlichen Themen besetzt und daher weniger unisex. Deswegen interessieren sich auch für diese Spiele eher die angesprochene Zielgruppe. Auf der anderen Seite ist wahrscheinlich so, dass viele Arbeitgeber bemüht sind, die Mitarbeiter möglichst auf Vollzeit und ohne große Schwankung einzustellen. Da sind vermutlich Männer diejenigen, die weniger Schwankungen ausgesetzt sind – sprich Schwangerschaft, etc. Diese Einstellung findet sich nicht nur in der Games-Branche.

Müssen Frauen, die in dieser Branche arbeiten möchten, bestimmte Hindernisse überwinden? Wie haben Sie dies beobachtet?
Ich selbst habe diese Erfahrung nicht gemacht. Ich könnte mir vorstellen, dass Frauen, die sich für Core Games interessieren, möglicherweise gegen den Strom schwimmen und anders erklären müssen, warum sie sich gerade für Core Games interessieren.

Was würden Sie Frauen, die in die Games-Industrie einsteigen wollen, empfehlen?
Die Games-Branche ist ähnlich wie die Verlagsbranche: Eine sehr flexible Branche, in der sich durch die neuen Plattformen und durch das Zusammenwachsen der Medien sehr viel tut. Man sollte nicht nur bei dem bleiben, was man gelernt hat, sondern sich weiterentwickeln, neugierig sein und immer nach rechts und links schauen, was in anderen Medien gerade passiert. Das muss sein, weil die Spielebranche eine sehr junge Branche ist und sich schneller entwickelt als andere Segmente.

Macht das schnelle Wachstum es für Frauen leichter in der Games-Industrie Fuß zu fassen?
Das kann ich für mein Umfeld nicht unterstreichen, aber es würde mich freuen! Ich kenne vielleicht 50 oder 60 Geschäftsführer und da sind drei Frauen dabei. Ich bin jetzt seit fast zwölf Jahren in der Branche und es hat sich nicht viel geändert. Es liegt aber auch an der Person selbst. Wenn man sich für etwas interessiert und dann

noch zum rechten Zeitpunkt am rechten Ort ist, dann bietet die Branche, sowohl für Frauen als auch für Männer, gute Chancen. Das gilt eigentlich für alle Branchen. Je flexibler alle in den Köpfen werden, desto mehr wird Gleichberechtigung kommen. Mittlerweile studieren genauso viele Frauen wie Männer. Frauen suchen sich Bereiche aus, die ihnen Spaß machen. Neben dem Spaßfaktor müssen aber auch andere Faktoren erfüllt sein. Ich könnte mir vorstellen, dass Frauen wegen der Doppelbelastung von Beruf und Familie auch nach sicheren Arbeitgebern schauen. Sicherheit heißt nicht immer Flexibilität, deswegen denke ich, dass gut ausgebildete Frauen in solidere Branchen einsteigen, als in die Games-Branche. Weil es noch keine solide Branche ist, habe ich noch nicht den großen Durchbruch der Frauen in der Games-Branche erlebt. Warten wir es mal ab!

Über die Flexibilität hinaus, welche Qualifikationen benötigt man in der Games-Industrie?
Das ist eine sehr weite Frage. In der Games-Branche gibt es „zehn-plus" verschiedene Berufsprofile. Benötigte Qualifikationen sind für jedes Berufsprofil andere. Es gibt viele kreative Berufsprofile; es fängt an beim Mediendesign. Es gibt Akademien, die „Producing" als Studienfach anbieten. Es wäre sicherlich gut für den jeweiligen Berufszweig, für den man sich interessiert, Fachkenntnisse mitzubringen. Sicherlich ist die Games-Industrie ein internationales Business, was erforderlich macht, dass man zumindest eine Fremdsprache spricht. Eine zweite wäre sicherlich hilfreich. Außerdem ist eine gewisse Mobilität notwendig, um auf einzelne Messen zu fahren.

Welchem Berufsprofil würden Sie Absolventen mit einem Bachelor Medienwissenschaften und Kenntnissen u. a. in den Bereichen Mediengeschichte und Medientheorie einordnen?
Möglicherweise wäre er ein Kandidat für das Producing, vielleicht auch für das Game Design. Marketing weiß ich nicht; es hängt davon ab, wo die Interessen und Vorlieben sind. Ein Producer hat Kenntnisse im Programmieren und ist auch relativ stark gefordert, sich mit Zeit- und Budgetplanung auszukennen. Er ist eben Projektleiter für eigene Entwicklungen. Wir haben bislang immer Fachleute geholt. Zum Beispiel für Marketing BWLer mit einem Schwerpunkt Marketing und im Idealfall mit Praktika. Ähnlich ist es bei der PR.

Ich würde sagen, dass die Games-Branche vor 15 Jahren in den Kinderschuhen steckte. Sie hat jetzt keine Kinderschuhe mehr an. Das heißt dass sich die Berufsprofile spezialisiert und auch konkretisiert haben entsprechend der Anforderungen der Arbeitgeber. Ein Studierender z. B. Ihrer Universität, der sich für das Producing interessiert, muss sich dann mit speziell ausgebildeten Fachleuten zusammenset-

2.1 „Klassische" Spielebranche: Publisher und Entwickler

zen. Es gibt Universitäten oder Akademien, die Schwerpunkte genau auf diese Bereiche setzen. Sollte ein Arbeitgeber ganz konkrete Berufsprofile suchen, hat ein speziell Ausgebildeter schon mal einen Pluspunkt. Sicherlich sind persönliche Gespräche, „die Chemie" und ähnliche Dinge auch wichtig. Ich weiß nicht, ob ein Master ohne eine spezielle Ausrichtung sinnvoll ist.

Wenn Sie heute auf Ihre Ausbildung und Karriere zurückblicken, würden Sie etwas anders machen?
Ja, ich würde nicht Lehramt studieren, sondern Betriebswirtschaftslehre. Außerdem würde ich auch nicht zwei Jahre ins Ausland gehen, sondern nur ein Jahr. Oder ich hätte idealerweise einen internationalen Studiengang gewählt, der das Auslandsjahr integriert.

Haben Sie für Ihre berufliche Zukunft Pläne? Wäre für Sie auch noch ein Job außerhalb der Spielebranche denkbar?
Ich habe natürlich längerfristige Arbeitsverträge, die einen Geschäftsführer auf mehrere Jahre binden und danach lebe ich auch. Was in zehn oder 15 Jahren sein wird, weiß ich heute nicht. Es ist für die Games-Branche nicht abzusehen. Ich könnte mir vorstellen, auch in 15 Jahren weiter in der Games-Branche zu bleiben und vielleicht etwas anderes zu machen. Man hat eben gelernt, in der Games-Branche auf drei Jahre zu denken und nicht auf 20. Insofern kann ich mir nicht viel vorstellen. Aber der Hauptfokus ist bei der Arbeit und bei dem, was ich tue. Ich bin jetzt seit zwölf Jahren bei dem Unternehmen und das ist ja auch schon ein Commitment.

Fallen Ihnen weitere Aspekte ein, die wir bisher noch nicht angesprochen haben, die aber wichtig für Sie sind?
Eine Sache möchte ich noch sagen: Ich glaube, dass ein relativ großer Prozentsatz von Menschen in dieser Branche existiert, der als etwas anderes arbeitet, als das, was er gelernt oder studiert hat. Auch wenn man feststellen sollte, dass das Studium vielleicht nicht das ist, was man sich davon versprochen hat oder es im Vergleich zu spezialisierten Studiengängen nicht die Fokussierung bietet, kann es unter Umständen doch die Eintrittskarte sein, um in die gewünschte Branche zu gelangen. Genauso wie man für das Studium sagen muss, dass vielleicht 30 % der Inhalte wie-

derverwendbar sind. Ich glaube, das gilt auch für jede Berufsausbildung. Ich finde es interessant, wer eigentlich das macht, was er studiert hat. In der heutigen Welt können engagierte Menschen ihren Weg finden, auch wenn sie nicht das studiert haben, was angefragt ist. Damit widerspreche ich nicht meiner vorherigen Aussage, dass wir nach speziellen Leuten suchen. Wir stellen eher junge Leute an, die eben viel Input mitbringen und die bei uns für lange Zeit bleiben.

Wie würden Sie sich selbst in zwei bis drei Sätzen beschreiben?
Gewissenhaft, zuverlässig, neugierig, reiselustig, humorvoll. Das Schönste auf der Welt: Mutter sein! Spaß am Beruf.

Würden Sie bitte folgende Sätze für uns beenden: Ich mag an meiner Arbeit, dass ...
... dass sie mich kopfmäßig fordert und kein Tag wie der andere ist.

Ich nehmen an diesem Projekt teil ...
... weil ich die Studenten bei diesem interessanten und für mich auch innovativen Projekt unterstützen möchte. Was durchaus einen nützlichen Beitrag hat.
    Unter Mitarbeit von: Isabell Rosenblatt, Marcel Montanus, Enes Artes

Kurzvita
- Geboren 1969, wohnhaft in Hamburg. Verheiratet, drei Kinder
- Ab 1989 Studium der Sprachwissenschaften und Französisch auf Gymnasiallehramt an der Universität Münster
- Während des Studiums: Auslandsjahr in Cherbourg, Frankreich
- Erstes Staatsexamen in Münster, zweites Staatsexamen in Minden und Hamburg
- Einstieg in die Wirtschaft als Projektleiterin bei Gelsus, einer Unternehmensberatung
- Wechsel zu DTP Entertainment als Produktmanagerin und Producerin für Lernsoftware
- Seit Ende 2005 Geschäftsführerin der Tochterfirma DTP Young Entertainment

2.1.5 Interview mit Renate Grof, Leiterin Gamesload

„Als ich im Spielebereich angefangen habe, war es ein Nischenmarkt; mittlerweile sind wir im Massenmarkt angekommen."

Deutsche Telekom AG – Gamesload – Darmstadt, 28.11.2012

Foto: Privat

Wir fänden es sehr spannend zunächst Genaueres über Ihre Berufsbiografie zu erfahren. Könnten Sie uns als Einstieg die Stationen Ihres beruflichen Werdegangs schildern?
Ich habe Wirtschaftswissenschaften mit dem Schwerpunkt Marketing studiert. Nach einem Praktikum bei der Citibank habe ich dort als Marketing Managerin angefangen, um innovative Bankdienstleistungen zu etablieren. Als mein damaliger Vorgesetzter Geschäftsführer vom Schroedel Schulbuchverlag wurde, bat er mich, dort das Thema Neue Medien voranzutreiben. Der Schroedel Schulbuchverlag hatte Edutainment-Produkte aus den USA lizensiert, die ich für den deutschen Markt adaptiert habe. Das war sozusagen mein Eintritt in die Games-Welt, wenn auch aus einer ganz anderen Ecke – der des „spielerischen Lernens". Meine nächste Station war Sunflowers, ein Spielepublisher in Obertshausen. Zu Beginn habe ich den Kinderbereich betreut und später dann das Aufbau-Strategie-Spiel „Anno 1602" übernommen und dessen Markteintritt begleitet. Damit war ich in der Spieleindustrie richtig angekommen. „Anno 1602" war zu seiner Zeit das erfolgreichste deutsche Spiel aller Zeiten und es war für mich etwas Besonderes, fast von der Stunde null „dabei" gewesen zu sein. Ich war außerdem nicht nur an der Vermarktung des Spieles beteiligt, sondern hatte – aufgrund unseres kleinen Teams – auch die Möglichkeit, am Spiel selbst mitzuarbeiten. Von Sunflowers bin ich zur Deutschen Telekom,

genauer gesagt zu T-Online, gewechselt, um dort das Spieleportal „Fun & Action" zu übernehmen. Ich war zunächst für redaktionelle Inhalte verantwortlich, habe aber dann auch einen e-Commerce-Bereich für Spiele mit aufgebaut. Damit waren wir der erste deutsche Anbieter, der ein kostenpflichtiges digitales Angebot für PC-Spiele im Netz hatte. Daraus hat sich letztendlich auch „Gamesload" entwickelt, der erste deutsche e-Commerce-Shop, der Spiele per Download verkauft. Dort arbeite ich auch heute noch.

Also war es kein Zufall, dass Sie irgendwann in der Games-Branche gelandet sind?
Ich würde sagen, dass sich verschiedene Dinge einfach sehr positiv für mich entwickelt haben und ich in der Games-Branche – wenn auch eher zufällig – meine Heimat gefunden habe.

Welchen Einfluss hatte das Studium auf Ihre Berufswahl?
Ich konnte mit meinem Abschluss unterschiedliche Richtungen einschlagen und habe dann auch verschiedene Branchen durchlaufen, wie das Bank- und Verlagswesen, um letztendlich in der Spieleindustrie zu „landen". Aber so bewusst habe ich nicht darauf gezielt.

Warum haben Sie sich dann gerade für diesen Beruf entschieden?
Alles, was neu und faszinierend für mich ist, finde ich besonders spannend. Bei jeder meiner beruflichen Stationen hatte ich die Möglichkeit, etwas Neues zu entwickeln und mit aufzubauen. Am stärksten habe ich das im Spielebereich erlebt, was auch dazu geführt hat, dass ich hier geblieben bin. Wenn ich zurückblicke, habe ich schon frühzeitig mein Faible für Spiele entdeckt. Auf dem Atari ST1040 habe ich nicht nur meine Diplomarbeit geschrieben, sondern auch die ersten Spiele gespielt. Dem folgte der Commodore C64. Jedoch habe ich mir nie Gedanken darüber gemacht, dass ich später im Spielebereich arbeiten werde. Ich fand es einfach faszinierend, was man mit den Home-Computern alles machen kann. Dieser Drang nach Neuem begleitete mich mein ganzes Berufsleben – bis heute.

Also können wir davon ausgehen, dass Sie selbst immer noch spielen?
Ja, ich spiele immer noch. Eigentlich würde ich gerne mehr spielen, aber das lässt meine Zeit leider nicht zu. Zu Hause habe ich eine Xbox, eine Playstation 2 und eine Wii im Einsatz. Die „Schätze", die mich aber in meiner Spielerkarriere begleitet haben, wie beispielsweise die Dreamcast, bewahre ich auf dem Dachboden auf. Ich interessiere mich insbesondere für Aufbau-Strategie-Spiele. Das ist mein Genre. Gleichzeitig bin ich begeisterte Singstar-Nutzerin und ein Fan der Wii-Sportspiele. Also alles, das eher unterhaltend und nicht so ernst zu nehmen ist und gemeinsam mit anderen gespielt werden kann.

2.1 „Klassische" Spielebranche: Publisher und Entwickler

Wo wir gerade über Spielen reden: Denken Sie, dass Frauen und Männer unterschiedliche Spiele bevorzugen?
Wenn ich die Frage nach unterschiedlichen Präferenzen an meinem Team festmache müsste, würde ich „ja" sagen. Die Männer spielen Action- und Sportspiele, wie „Battlefield" oder „FIFA", und die Frauen haben eher ein Interesse an den „Sims" sowie „Simcity" und an Casual Produkten, wie „Bejeweled Blitz" oder „Candy Crush Saga". Ich kenne aber auch Frauen, die gerne „Call of Duty" spielen.

Können Sie sich denn noch daran erinnern, was Ihr erstes Spiel war?
Mein erstes Spiel war „Leisure Suit Larry". Vom heutigen Standpunkt aus betrachtet war es extrem pixelig und von der Grafik auf einem anderen Niveau als die Spiele heute, aber für die damalige Zeit eine super Umsetzung. Wie für viele andere Spieler, war auch für mich die zentrale Fragestellung: „Wo finde ich die Fernbedienung, damit ich ins nächste Level kommen kann?" Ich war fasziniert, dass man sich mit anderen auch außerhalb des Spiels sehr intensiv darüber unterhält und sich gegenseitig Tipps gibt, wie man weiter kommen kann – eine etwas andere Form des heute bekannten Multi-Player-Modus. Man saß gemeinsam vor dem Rechner und hat sich Gedanken darüber gemacht, wie es im Spiel weitergehen kann.

Haben Sie denn heute noch ein besonderes Lieblingsspiel?
Derzeit spiele ich hauptsächlich auf dem iPad und zwar überwiegend „Candy Crush Saga". Aber auch Aufbau-Strategie-Spiele, wie „Anno 2070", liegen nach wie vor ganz weit vorn. „Die Siedler Online" habe ich auch sehr lange gespielt. Was die Plattformen betrifft, probiere ich gern etwas aus; bei den Genres habe ich jedoch meine Präferenzen.

Würden Sie auch mit Ihren Kindern spielen?
Ich habe keine Kinder, bin aber eine beliebte Patentante, da bei uns zu Hause eine Vielzahl an „Spielgeräten" verfügbar ist und ich eine gesunde Einstellung zum Spielen habe. Die Kinder dürfen bei uns natürlich spielen, aber es muss in Maßen und kontrolliert sein. Das heißt, wenn ich mit meinen Patenkindern spiele, habe ich ein Auge darauf, was sie spielen und wie lange. Das Spiel darf die Kinder weder überfordern noch eine Reizüberflutung auslösen.

Digitale Spiele hatten sehr lange Zeit ein negatives Image, auch geprägt durch die Gewaltdiskussion und ihre möglichen negativen Wirkungen.
Das finde ich auch sehr schade und vor allem unangemessen. Die gewalthaltigen Spiele repräsentieren nicht die breite Palette an Produkten, die Tausende von Spielern ansprechen und einen ganz anderen inhaltlichen Fokus haben. Leider macht sich die breite Öffentlichkeit nicht immer die Mühe, zu differenzieren, sondern

schmeißt alle Spiele in einen Topf. Damit wird man dem sehr heterogenen Spielemarkt überhaupt nicht gerecht und den Spielern ebenfalls nicht. Ein Beispiel: Im vergangenen Jahr hat die Unterhaltungssoftware Selbstkontrolle (USK) 2.283 Prüfverfahren durchgeführt. Nur 7,8 % der begutachteten Titel erhielten eine Freigabe „Ab 18 Jahren" – das bedeutet dass aus Sicht der wichtigsten Jugendschutz-Instanz in Deutschland über 90 % aller Spiele für Kinder und Jugendliche geeignet sind.

Worin liegt Ihrer Meinung nach das Potenzial digitaler Spiele?
Sie haben auf jeden Fall das Potenzial, generationsübergreifendes Spielen zu ermöglichen. Bezogen auf bestimmte Spiele finden auch Spieler mit unterschiedlichen Spielstärken zueinander und haben trotzdem gemeinsam Spaß. Wenn Sie z. B. die Wii betrachten, haben sich für Konsolen ganz neue Einsatzmöglichkeiten gefunden. Die Wii wird u. a. auch in der Reha eingesetzt, um Schlaganfall-Patienten zu Bewegungsübungen zu motivieren. Neben dem unterhaltenden Aspekt ermöglichen Spiele auch die Interaktion mit anderen beispielsweise über soziale Netzwerke und fördern so das gemeinsame Spielen.

Gern würden wir noch einmal auf Ihren Beruf zu sprechen kommen: Wenn Sie die letzten Jahre Revue passieren lassen, was waren für Sie die Highlights in Ihrem Job?
Eines meiner Highlights war, die Kommerzialisierung der Spieleindustrie mitzuerleben. Als ich im Spielebereich angefangen habe, war es eher ein Nischenmarkt; mittlerweile sind wir im Massenmarkt angekommen. Gern würde ich im Rahmen meiner Berufstätigkeit erleben, dass sich die gesellschaftliche Akzeptanz der Spiele in der Gesamtbevölkerung verändert. Bei Spielen wird oft nicht differenziert: Gewalthaltige Spiele, über die am häufigsten gesprochen wird, sind nur eine Komponente des Spiele-Universums und repräsentieren nicht die gesamte Spiele-Landschaft. Ich wünsche mir, dass das Vorurteil, Gewaltspiele würden den Ton bestimmen, entkräftet wird und es einen gesellschaftlichen Wandel in der Wahrnehmung und Akzeptanz gibt.

Was begeistert Sie an Ihrem Job?
Kein Tag ist so wie der andere. Jeden Tag gibt es im Spielebereich Entwicklungen, die faszinierend und neu sind. Vor zehn Jahren hat man sich zum Thema „Browser Games" beispielsweise überhaupt keine Gedanken gemacht. Mittlerweile hat sich Free-to-Play zu einem gigantischen Markt entwickelt, der anderen, etablierten Geschäftsmodellen den Rang abläuft. Ich finde es extrem beeindruckend, wie schnell aus einem kostenlosen Angebot ein kommerzielles Produkt werden kann. Das macht für mich den Reiz meiner Arbeit aus: Genau diese Dinge zu identifizieren und zu überlegen: Ist das etwas für uns? Können wir das in unserem Portfolio ab-

2.1 „Klassische" Spielebranche: Publisher und Entwickler

bilden? Was müssen wir beachten, damit es auch für unsere Kunden attraktiv und interessant wird?

Daraus können wir entnehmen, dass Sie keine Routine in Ihrem Job haben, keinen typischen Arbeitsalltag?
Ich habe natürlich ein paar Routine-Aufgaben wie jeder andere auch. Dadurch, dass Gamesload ein eigenes Geschäftsfeld ist, bin ich unter anderem auch für den Umsatz verantwortlich und beobachte täglich unsere Verkaufszahlen und welche Angebote unsere Kunden nutzen. Darüber hinaus gibt es viele Themen, die jeden Tag neu sind und neue Impulse mit sich bringen.

Gibt es auch etwas, das Ihnen nicht so gut gefällt?
Ja, natürlich. Wir sind sehr stark davon abhängig, wie sich die Wirtschaft und die Kaufkraft unserer Kunden entwickeln. Wenn unsere Kunden sparen müssen, dann sparen sie natürlich auch im Bereich Unterhaltung, und das merken wir anhand rückläufiger Verkaufszahlen. Wir haben in unserer Branche immer wieder ein Auf und Ab, das wir kompensieren müssen. Sind unsere Verkaufszahlen nicht so, wie wir sie erwarten, müssen wir gegensteuern. Das geht manchmal einher mit Budgetkürzungen und eventuell auch so weit, dass wir uns von Freelancern trennen müssen. Das sind natürlich die Dinge, die mir keinen Spaß machen, die aber einfach zu meinem Job gehören.

Vielleicht können Sie uns noch einmal kurz erklären, was man sich genau unter dem Job einer Leiterin bei Gamesload vorstellen kann?
Sie müssen sich das so vorstellen: Gamesload ist eine e-Commerce-Plattform, vereinfacht gesagt ein Online Shop für digitale Spiele. Das Portfolio unseres Shops besteht aus verschiedenen Bestandteilen, wie beispielsweise PC-Vollpreis-Spielen, Casual Games, Browser Games. Mein Job ist, gemeinsam mit meinem Team dafür zu sorgen, dass wir immer aktuelle Produkte im Angebot haben und diese entsprechend vermarkten. Wir müssen sicherstellen, dass der Kunde auf unseren Seiten das für ihn perfekte Kauferlebnis hat. Daher analysieren wir regelmäßig, wie sich der Kunde auf unseren Seiten bewegt, ob er alle Informationen findet, die er benötigt, und wie wir unseren Service verbessern können.

Derzeit wird stark darüber diskutiert, ob eine Frauenquote in Unternehmen eingeführt werden soll. Außerdem stehen die häufig als unangemessen empfundenen Arbeitszeiten in der Kritik: Es wird davon ausgegangen, dass diese für Frauen mit Familien flexibler sein sollten. Wie denken Sie darüber?
Da ich selbst keine Kinder habe, stellt sich mir dieses Problem nicht unbedingt. Die Telekom ist allerdings ein Arbeitgeber, der die Frauenquote sehr aktiv unter-

stützt und auch darauf achtet, dass sie eingehalten wird. Die so genannte Work-Life-Balance ist unabhängig von der familiären Situation in unserem Unternehmen generell sehr wichtig. In einigen Branchen kann die Frauenquote sicherlich weiterhelfen. Trotzdem ist es wichtig, dass eine Frau für einen Job ausgewählt wird, weil sie für diese Tätigkeit die bestmögliche Besetzung ist und nicht nur, weil sie das passende Geschlecht hat. Generell sollte die beste Kandidatin bzw. der beste Kandidat eine Position besetzen und dabei spielt es keine Rolle, ob es eine Frau oder ein Mann ist.

Die Games-Industrie wird als Männerdomäne wahrgenommen. Wie empfinden Sie das?
Es gibt sicherlich mehr Männer, die in der Games-Industrie tätig sind, als Frauen. Ich hatte aber trotzdem nie den Eindruck, dass das Geschlecht eine Rolle spielt. Der Umgang miteinander ist in der Branche generell sehr offen und fast freundschaftlich, selbst wann man für konkurrierende Unternehmen tätig ist.

Werden die Frauen in der Games-Branche als Exotinnen wahrgenommen?
Nein, ich glaube nicht und ich fühle mich auf jeden Fall nicht so.

Entwickeln Frauen vielleicht andere Spiele als Männer?
Das ist eine sehr gute Frage. Ich kann es nicht empirisch belegen, aber ich würde sagen „ja". Es gibt natürlich immer die eine oder andere Spiele-Entwicklerin, die in verschiedenen Magazinen vorgestellt wird, weil sie am Konzept oder der Entwicklung eines Shooters beteiligt war, also einem Genre, das von Frauen nicht unbedingt präferiert wird. Ich weiß nicht, ob es ein Vorurteil ist, dass Frauen andere Spiele entwickeln als Männer oder ob es tatsächlich stimmt.

Würden Sie denn sagen, dass es Vorteile hat als Frau in der Games-Branche zu arbeiten?
Auf jeden Fall.

Muss man als Nicht-Spielerin besondere Hindernisse oder Hürden überwinden, um überhaupt in die Branche zu kommen.
Ich hab auch Mitarbeiterinnen und Mitarbeiter, die noch keine Affinität zum Thema Spiele hatten, bis sie bei uns angefangen haben. Mittlerweile sind jedoch alle mit dem Gaming-Virus „infiziert". Es gibt sehr viele Produkte, die sich hervorragend als Einstieg eignen. Viele Kolleginnen und Kollegen, die nicht an Spielen interessiert waren, sind über das iPad oder Smartphone an das Thema herangeführt worden. Das positive Erlebnis war der Beweggrund auch mal ein komplexeres Spiel auszuprobieren.

2.1 „Klassische" Spielebranche: Publisher und Entwickler

Was würden Sie Frauen empfehlen, die in die Games-Industrie einsteigen möchten?
Auf jeden Fall immer authentisch bleiben! Frauen sollten sich nicht so verhalten, wie sie glauben, sich in einer vermeintlichen Männerdomäne verhalten zu müssen. Frauen haben besondere Fähigkeiten, die für ein Team wichtig sind – daher sollten unterschiedliche Charaktere auch aufeinander treffen dürfen. Es wäre für das Gefüge eines Teams sehr schlecht, wenn alle Mitglieder dasselbe Skill-Set hätten. Deshalb sollten Frauen ihre Stärken in den Vordergrund stellen und diese auch gezielt einbringen.

Benötigt man besondere Qualifikationen?
Ich kann wieder auf mein Team verweisen. In unserer Abteilung haben wir Mitarbeiterinnen und Mitarbeiter mit ganz unterschiedlichen Abschlüssen und Qualifikationen. Der letzte Mitarbeiter, den ich eingestellt habe, ist ein Jurist. Er ist für das Portfolio Management unserer Spiele verantwortlich. Es gibt keine Regel, welche Ausbildung besonders geeignet ist, um in unserem Geschäft tätig werden zu können. Es geht vielmehr um die Begeisterung für das Thema an sich. Für mich war es noch nie ein Grund jemanden einzustellen, nur weil er oder sie den richtigen Abschluss mitbringt. Für mich ist es eher wichtig, ob ein Mensch den richtigen Spirit oder den richtigen Bezug zu unserem Geschäft hat und vor allen Dingen, dass er oder sie gut ins Team passt. Damit schließt sich auch der Kreis zu meinem Ratschlag, authentisch zu bleiben und seine Stärken in den Vordergrund zu stellen.

Wird sich der Einfluss von Frauen in der Games-Branche in den nächsten Jahren verändern?
Gute Frage. Ich weiß nicht, ob sich das so geschlechtsspezifisch beantworten lässt.

Also wird eine Geschlechtertrennung eher nicht vorgenommen?
Nein, ich glaube nicht.

Kennen Sie viele Spielerinnen?
Man muss einfach den Begriff „Spieler" bzw. „Spielerin" genauer betrachten. Mich fasziniert immer wieder, dass, wenn wir im Rahmen einer Marktforschung Frauen mittleren Alters die Frage stellen, ob sie sich selbst als Spielerin bezeichnen würden, die entrüstete Antwort kommt: „Nein, natürlich nicht!" Und wenn sie dann gefragt werden, was sie spielen und vor allem wie lange und wie regelmäßig, kommen erstaunliche Antworten ans Tageslicht. Zum Teil haben die Befragten ein Spielverhalten, das man Core Gamern zuschreiben würde. „Spieler" sind eben nicht nur diejenigen, die vor einer Konsole oder einem PC sitzen und ein Actionspiel spielen,

sondern genauso gut Frauen und Männer jeden Alters, die mit dem iPad stundenlang „Scrabble", „Angry Birds" oder „Doodle Jump" spielen. Wenn man über das Smartphone oder Tablet zum Spielen findet, ist man auf dem richtigen Weg.

Welche Trends haben Sie denn über die Jahre in der Branche beobachtet?
Das Thema „Browser Games" oder vielleicht besser „Free-to-Play" ist ein Trend, der die Spielbranche in den letzten Jahren sehr verändert hat. Dieses Segment konnte viele potenzielle Gamer abholen, da man kostenlos und unverbindlich Spiele ausprobieren und dann selbst entscheiden kann, wie stark man sich in einem Spiel engagieren möchte. Ein anderer Trend ist sicherlich „Cloud Gaming", das jedoch noch in den Kinderschuhen steckt. Hier geht es darum, plattformunabhängig zu spielen. Mit anderen Worten, das heimische Endgerät spielt nur noch eine untergeordnete Rolle. Spielen findet in der Wolke, der „Cloud", statt. Hier sehe ich auch für Gamesload Ansätze, wohin wir uns entwickeln könnten. „Mobile Gaming" ist mittlerweile kein Trend mehr, sondern ein Wachstumsmarkt. Angefangen mit dem ersten iPhone, das unkompliziert Zugang zu unzähligen Spielen im App-Store ermöglichte, hat sich für potenzielle Spieler im Lauf der letzten Jahre eine neue mobile Welt eröffnet, die Handheld-Konsolen fast komplett überflüssig gemacht hat. Nintendo und Sony werden das natürlich anders beurteilen, aber aus meiner Sicht hat sich damit ein ganz neues Segment aufgetan.

Wenn Sie jetzt auf Ihre Berufsbiografie zurückblicken, würden Sie vielleicht etwas anders angehen?
Jetzt im Nachhinein betrachtet, wäre ich gerne viel eher in die Spieleindustrie eingestiegen.

Wenn Sie sich selbst beschreiben würden, wie würden Sie sich charakterisieren?
Neugierig, sehr offen, ich liebe die Herausforderung und bin unheimlich begeisterungsfähig, aber ich kann auch andere sehr gut begeistern.

Und was machen Sie gerne in Ihrer Freizeit?
Ich treibe sehr gerne Sport und gehe pro Woche, wenn es klappt, vier Mal zum Fitness, am liebsten vor der Arbeit. Außerdem reise ich unheimlich gerne, auch an exotische Orte, und ich wandere regelmäßig, am liebsten in der Schweiz.

Dann hätten wir noch drei Schlusssätze für Sie. Wir beginnen und Sie führen den Satz jeweils zu Ende. Ich mag an meiner Arbeit, dass ...
... ich jeden Tag mit neuen Themen zu tun habe und mir meine Arbeit die Möglichkeit gibt, mich auszuleben.

2.1 „Klassische" Spielebranche: Publisher und Entwickler

In fünf Jahren ...
... wird sich zeigen, ob sich Trends durchgesetzt haben, die heutzutage noch nicht auf dem Schirm sind, und sich damit ganz neue Player erfolgreich in der Games-Industrie etablieren.

Und als letztes: Ich habe am Interview teilgenommen, weil ...
... ich das Thema sehr spannend finde und auch gerne unterstützten möchte, um die Games-Industrie einmal aus einer ganz anderen Perspektive darzustellen. Wie gesagt: Wenn Sie Lust haben, die Spieleindustrie kennenzulernen: Wir bieten auch Praktika an und unterstützen immer gerne Masterstudenten bei ihrer Abschlussarbeit.

Wir bedanken uns bei Ihnen für das Gespräch und dass Sie sich die Zeit genommen haben.
Unter Mitarbeit von: Yasemin Memis

Kurzvita
- Geboren 1964
- Wohnhaft in Frankfurt
- 1983 bis 1989 Studium der Wirtschaftswissenschaften an der Bergischen Universität-Gesamthochschule Wuppertal. Während des Studiums Praktikum im Marketingbereich der Citibank Privatkunden AG in Düsseldorf, das in einer Festanstellung mündete
- Von 1992 bis 1996 Leiterin der Verlagsbereichs Neue Märkte/Neue Medien beim Schroedel Schulbuchverlag in Hannover, verantwortlich für die Bereiche Edutainment, Lernsoftware und Lernhilfen
- Von 1997 bis 2000 Marketing Managerin beim Spielepublisher Sunflowers in Obertshausen. Hauptsächlich zuständig für die Vermarktung von ANNO 1602 und den entsprechenden Add-Ons
- Seit 2000 bei der Deutschen Telekom; dort zu Beginn verantwortlich für diverse Portale, unter anderem Spiele und Kids, und die Etablierung erster Spiele-Inhalte als Paid Content im Internet

2.1.6 Interwiew mit Odile Limpach, Managing Director

„Ich hatte nie den Eindruck, dass Frauen benachteiligt werden."

Ubisoft Blue Byte – Düsseldorf, 06.12.2012

Foto: Ubisoft BlueByte

Sehr geehrte Frau Limpach, können Sie uns zunächst etwas über Ihre Position und Ihre Arbeit bei Blue Byte erzählen?
Ich bin Managing Director des Ubisoft-Studios Blue Byte. Das heißt, ich bin die Geschäftsführerin des Studios. Dies bedeutet, ich lege die Strategie für das Studio fest, finde die richtige Positionierung im Markt, helfe den Teams, die richtigen Spiele zu entwickeln und neue Mitarbeiter zu finden – also das Studio organisatorisch und strategisch weiterzubringen.

Wie sind Sie zu Blue Byte gekommen? Können Sie uns die Stationen Ihres beruflichen Werdegangs schildern?
Dann fang' ich mal an: Ich hab in Frankreich an der Fachhochschule Wirtschaftswissenschaften studiert und bin ein Jahr nach Nordamerika gegangen, um einen MBA zu machen. Daraufhin bin ich zurück nach Deutschland gezogen. Der Grund dafür war, dass ich in Amerika einen sehr netten deutschen Mann, Herrn Limpach, kennengelernt habe [lacht]. Zunächst konnte ich nicht so gut Deutsch sprechen,

2.1 „Klassische" Spielebranche: Publisher und Entwickler

deshalb musste ich – so würde ich sagen – zunächst irgendeinen Job annehmen. Ich habe in einer Anlagenbau-Firma und danach für ein bisschen mehr als zwei Jahre in einer Speditionsfirma gearbeitet. Daraufhin wurde mir das Speditionsgeschäft ziemlich eintönig, sodass ich etwas Spannendes gesucht habe.

So bin ich auf Ubisoft in Düsseldorf gestoßen. Das ist schon fast 18 Jahre her. Damals hatte die gesamte Firma weltweit noch keine 500 Mitarbeiter. Das waren die Zeiten von „Rayman" auf der PlayStation. Das erste „Rayman", das es überhaupt gab. So haben wir die deutsche Filiale dann mitgegründet. Ich war Produktmanagerin und hab diese Spiele vermarktet. Wir waren damals nur vier Leute in Düsseldorf und so habe ich die ganze Entwicklung von Ubisoft in Deutschland miterlebt. Später kam bei mir die internationale Komponente hinzu und ich kümmerte mich somit weltweit um die Vermarktung der Spiele. Anschließend bin ich Marketing Director in Deutschland geworden. Ab 2000 war ich die Geschäftsführerin von Ubisoft Deutschland und leitete das Business für Deutschland und Österreich. Ab dann wurde es wieder ruhiger und ich fing an, wieder neue Herausforderungen zu suchen. In der Zwischenzeit kauften wir Blue Byte und Sunflowers mit der Marke „ANNO", und das Thema Spieleentwicklung wurde in Deutschland immer größer. 2007 ergab sich dann die Chance, zu Blue Byte zu wechseln. Also habe ich die Geschäftsleitung an einen Kollegen, mit dem ich sehr lange gearbeitet habe, übergeben und habe mich auf das Studio konzentriert – seitdem leite ich das Blue-Byte-Studio in Deutschland.

Hatten Sie denn schon vorher eine Affinität zu Spielen?
Nicht viel, ich hab das nur am Rande mitverfolgt. Als ich bei Ubisoft angefangen habe, waren Spiele eher ein Hobbythema, das war noch wenig fortgeschritten und deutlich weniger zugänglich als die mobilen Geräte von heute. Ich muss ehrlich zugeben, dass es ein bisschen der Zufall war, der mich in die Spielebranche gebracht hat. Und ich bin froh darüber! Seit fast 18 Jahren bin ich im Geschäft, und ich habe jedes Jahr etwas Neues gemacht. Ich habe zwar für diese Firma sehr lange gearbeitet, aber immer neue Aufgaben, neue Herausforderungen bekommen. Was ich z. B. heute mache, hat nichts mit dem zu tun, was ich vor drei Jahren und auf keinen Fall mit dem, was ich vor zehn Jahren gemacht habe. Das hängt viel mit der Firma selbst und ihrer Kultur zusammen. Ubisoft hat sich sehr weiterentwickelt; die Kolleginnen und Kollegen bekommen Aufgaben, für die sie nicht zwangsläufig die Ausbildung mitbringen. Es liegt aber auch an der Branche. Das kann ich an meinem Beispiel gut zeigen: Wir produzieren inzwischen Free-to-Play-Onlinespiele, und ich habe damals damit angefangen, Spiele für die erste PlayStation zu verkaufen. Der Markt verändert sich so sehr, und damit auch die Aufgaben und Anforderungen an jeden Mitarbeiter. Das ist das Schöne daran, finde ich, dass ich

bei meiner Arbeit nach so vielen Jahren immer noch täglich etwas lernen kann und muss, um mitzukommen.

Gab es in der Anfangszeit Ihrer Karriere auch Vorbilder, an denen Sie sich orientiert haben?
Ja. Ich habe es einfach bei Ubisoft versucht und hatte das Glück, die Gründer kennenzulernen, die mich persönlich rekrutiert haben – Yves Guillemot und die anderen Guillemot-Brüder. Die fand ich sehr beeindruckend, interessant und auch mutig. Sie haben einfach gesagt: „Jetzt muss man den deutschen Markt aufbauen. Macht mal!" Das war auch der Spirit, der mir im Unternehmen gefallen hat.

Sie haben Ihre Ausbildung in Frankreich gemacht, waren dann in den USA und sind schließlich nach Deutschland gezogen. Ist Internationalität von Vorteil in der Branche?
Ich glaube schon, ja. Wenn Sie sich hier bei uns ein bisschen aufhalten – Sie haben ja fünf Minuten an der Rezeption gesessen –, dann haben Sie mitbekommen, dass hier sehr viel Englisch gesprochen wird. Wir haben mittlerweile Mitarbeiter aus der ganzen Welt hier, zum Beispiel aus Portugal, Rumänien oder Japan. Es kommen alle hierher und entwickeln und lernen miteinander umzugehen. Wenn man Multikulturelles mag, dann hilft das sehr. Ich glaube nicht, dass das in der Spielebranche anders geht – außer, es geht um ganz kleine Studios oder Publisher, die nur in einem Land vertreten sind. So etwas gibt es kaum noch. Man muss weltoffen sein und mit anderen Leuten umgehen können. Wenn man in verschiedenen Ländern gelebt und studiert hat, dann möchte man das natürlich gerne weiter so international halten.

Und wie sieht ein typischer Arbeitstag von Ihnen aus? Gibt es bei Ihnen so etwas wie Routine oder ist das gar nicht möglich?
Das ist das Schöne – es gibt keine Routine. Es ändert sich sehr, sehr viel. Wir haben hier verschiedene Bereiche und sind etwas über 350 Mitarbeiter an den Standorten Düsseldorf, Mainz und Bukarest. Mein Arbeitsalltag besteht zu großen Teilen daraus, mich mit den Direktoren auszutauschen, ihre Berichte zu lesen, zu sehen, wo es Probleme gibt, wo es gut läuft. Wir tauschen uns auch regelmäßig über die Strategie aus: Was machen wir? Wie machen wir es? Machen wir es richtig? Wie entwickelt sich der Markt? Wir halten engen Kontakt mit unserer Zentrale in Paris und erklären, was wir gerade machen, welche Zusagen wir getroffen haben, welche Spiele wann kommen werden, welches Potenzial diese Spiele haben, etc. Routine im eigentlichen Sinne gibt es nicht so viel, weil es immer andere Schwerpunkte

2.1 „Klassische" Spielebranche: Publisher und Entwickler

und Produkte gibt. Im Moment haben wir zum Beispiel mehrere Spiele, die in der Open-Beta-Phase sind.

Welche Spiele wären das?
Neben „Die Siedler Online" sind das „Silent Hunter Online" und „Anno Online". Und – ja, es ist angekündigt worden – „Might & Magic: Heroes Online" befindet sich darüber hinaus in einer internen Closed-Beta-Phase. Es gehört auch dazu, dass ich spiele, dass ich mir die Spiele angucke und dass ich mit den Entwicklern rede. Teilweise direkt, teilweise über die Direktoren. Es ist also eine sehr bunte Mischung aus verschiedenen Tätigkeiten. Es gibt auch Wochen, in denen ich mich nur mit Zahlen beschäftige: Wie viele Mitarbeiter brauche ich? Wie sind die Budgets? Wie viele Räume brauche ich demnächst? Das Aufgabenfeld ist sehr breit gefächert.

Sie haben eine hohe Position inne. Können Sie sich an schwierige Entscheidungen erinnern, die Sie treffen mussten?
Immer. Im ganzen Werdegang muss man mit schwierigen Entscheidungen leben können. Ja, leider gibt es immer wieder Mitarbeiter, von denen man sich trennen musste. Oder auch ein aktuelles Beispiel: Wir haben gerade eine Entscheidung getroffen, die nicht einfach war. Wir haben zwei Jahre lang für die Wii entwickelt und gerade entschieden, dass wir das nicht mehr machen. Im Speziellen ging es um Fitness-Spiele, wo wir nur ein eingeschränktes Marktpotenzial sehen. Es fallen immer schwierige Entscheidungen an. Aber ich glaube, wenn man mit den richtigen Leuten arbeitet, die das Fachwissen mitbringen, dann kann man die richtigen Entscheidungen treffen.

Hatten Sie vielleicht spezifische Highlights im Jahr 2012, von denen Sie sagen „Das war besonders"?
Puh, das war so viel … [lacht] Wir haben den European Studio Award gewonnen. Der wird von Gamern gewählt. Das fand ich sehr besonders, denn das ist dann nicht irgendeine Jury aus der Branche. Das sind wirklich Gamer, die gesagt haben: „Blue Byte gefällt uns, weil sie gute Spiele machen." Das ist für mich ein Highlight meines Berufs. Die Games Convention war auch ein schönes Highlight. Wir hatten eine international besetzte Pressekonferenz auf Englisch und hatten sehr viele Leute eingeladen. Dabei kamen auch sehr viele Journalisten aus dem Ausland, um zu hören, was wir anzukündigen haben. Das war auch ein schöner Moment im Jahr 2012.

Gibt es da auch Dinge, die Ihnen nicht so gut gefallen?
Ach, immer mal wieder. Die technischen Probleme, wenn wir offline sind [lacht]. Das ist schwierig. Man hat den Eindruck, man wird zurückgeworfen. Man denkt, jetzt läuft alles, jetzt ist alles wunderbar. Aber, im Online-Geschäft musste ich lernen: Es kann jeden Tag etwas kaputtgehen. Das sind Momente, in denen man sich zurückgeworfen fühlt. Man denkt, „Mensch, das hat gerade alles so gut geklappt" und dann muss man das Team wieder motivieren, das Problem schnell zu lösen, damit alles wieder rund läuft. Und, wir sind sehr viel näher an den Gamern mittlerweile. Wenn wir einmal zwei Stunden offline sind, sind viele sauer, schreien und werden zum Teil auch persönlich in ihrem Feedback. Und das ist für die Kollegen, die das Spiel entwickeln, aber nichts für den aktuellen Schaden können, nicht einfach, dies mitzuerleben, und sich jeden Tag die Vorwürfe anzuhören „Warum geht das nicht?" und aufgebrachten Gamern erklären zu müssen: „Wir tun alles, wir beeilen uns. Aber es braucht gerade etwas Zeit, den bestimmten Fehler zu beheben." Das sind die Momente, die nicht so schön sind.

Sie haben gesagt, dass es eher ein Hobby-Geschäft war, als Sie angefangen haben in der Branche zu arbeiten – ist es auch Ihr persönliches Hobby? Spielen Sie in Ihrer Freizeit?
Nicht viel, nein. Ich spiele ein bisschen mit meinen Kindern, aber nicht sehr viel. Ich mache das für die Arbeit, das gehört dazu, das macht mir auch Spaß. Aber ich habe drei kleine Kinder und einen Ehemann, da ist die Zeit nicht unbedingt unbegrenzt da. Wenn ich mehr Zeit hätte, würde ich auch mehr spielen. Man muss aber am Wochenende entscheiden, was man machen möchte, und meistens entscheide ich mich, etwas mit meiner Familie zu unternehmen.

Achten Sie denn auch bei Ihren Kindern darauf, was gespielt wird?
Oh ja [lacht].

Und worauf achten Sie besonders?
Ich finde, die USK-Kennzeichnung ist sehr, sehr gut. Das muss man einfach streng beachten. Ein Spiel, das für das Alter nicht zugelassen ist, wird nicht gespielt. Und ich achte auch darauf, dass nicht zu lange gespielt wird und dass man andere Aktivitäten hat. Ich glaube, das ist wie bei allen Beschäftigungen: in Maßen ist es völlig okay und sehr schön. Und die Kinder lernen dadurch sehr viele Sachen und haben einfach Spaß daran. Aber es darf nicht nur das Spielen sein.

Welche Spiele spielen Sie gern mit Ihren Kindern?
Wir sind im Moment mit dem Nintendo DS unterwegs. Zu Weihnachten gibt es die Wii U, aber das wissen sie noch nicht [lacht]. Wenn wir auf der Wii gespielt haben,

waren das meist Tanz- und Sportspiele. Auf dem DS waren es dann „Rayman" und „Super Mario", also die Klassiker eigentlich. Oder „Nintendogs" für meine Tochter, die so gerne Hunde knuddelt.

Man hört häufig, dass man gerade in der Game-Branche sehr viel Zeit mit der Arbeit verbringt und sehr wenig Zeit für seine Freizeit oder die Familie hat. Ist das bei Ihnen ähnlich?
Nein, überhaupt nicht. Und das ist etwas, wo wir insgesamt bei Ubisoft versuchen, sehr gut darauf zu achten. Die Mitarbeiter haben Kernzeiten, daneben ist die Zeiteinteilung flexibel. Wenn jemand sehr früh aufstehen mag, dann kann er sehr früh hierher kommen. Die meisten kommen aber erst um zehn, weil [lacht] die jungen Leute meist keine kleinen Kinder zu Hause haben und nicht unbedingt so früh aufstehen wollen. Dafür bleiben sie länger, die anderen können früher weg. Wir haben sehr viel gelernt in den letzten Jahren und versucht, die Konditionen in der Firma so anzupassen, dass es den Mitarbeitern gut geht und dass sie ihr Leben auch leben können. Wir sind weit weg von diesen Zeiten, wo zum Projektende in der Firma übernachtet wurde. Das gibt es überhaupt nicht mehr. Es ist extrem wichtig, dass es eine sehr gesunde Work-Life-Balance gibt. Besonders wenn Sie kreative Mitarbeiter haben, von denen wir sehr viele haben – auch Programmierer müssen irgendwo kreativ sein und was erschaffen. Wir tun alles, was wir können, um das zu fördern. Es gibt immer Zeiten, die stressig sind, wo man länger bleibt, wo es Probleme gibt ...

Crunchtime ...
... genau. Aber wenn man ein Onlinespiel macht, dann könnte man vier Jahre lang Crunchtime machen. Das geht nicht. Deshalb versuchen wir wirklich, die Balance zu halten. Das habe ich schon längst für mich gelernt, dass meine Familie mich braucht, und ich leide nicht darunter – im Gegenteil.

Sie haben gerade die Gleitzeiten genannt. Gibt es andere Dinge, die Ubisoft explizit für die Mitarbeiter bereitstellt, vielleicht eine Kindertagesstätte oder ähnliches?
Oh ja, hätten wir gerne. Aber wir helfen zumindest bei den Kindergartenkosten. Wir unterstützen auch Fitnessclub-Mitgliedschaften. Rund um das Thema Sport haben wir mehrere Aktionen im Jahr, bei denen wir die Mitarbeiter auch zu Halbmarathons, Marathons, Sponsorenläufen oder kleinen Kursen schicken. Wir versuchen, ein Bewusstsein zu fördern. Das ist bei jungen Leuten teilweise schwierig, zum Beispiel das Bewusstsein für gute Ernährung. Wir haben immer Obst im Büro, sodass, wenn die Kolleginnen und Kollegen Hunger haben, sie lieber zu Obst greifen als zu einer Tüte Chips. Wir haben auch Wasserflaschen in den Büros, also

Kleinigkeiten. Gesunde Ernährung, gesundes Leben und Freizeit sind wichtig, um sich insgesamt wohl zu fühlen.

Finden Sie, das ist ausreichend? Haben Sie vielleicht noch irgendwelche Wünsche, die vielleicht noch erfüllt werden sollten?
Ach, ja, ich würde gerne noch viel mehr machen! Das ist immer eine Frage der Zeit und des Geldes ... Wir arbeiten an anderen Projekten. Aber darüber kann ich noch nicht wirklich reden, das ist einer der Schwerpunkte für die nächsten Jahre: Wie schaffen wir es, dass die Mitarbeiter gerne bei uns sind, dass sie eine gute Work-Life-Balance haben? Wir erlauben unter bestimmten Voraussetzungen auch Home-Arbeit. Ein Programmierer, der etwas Kompliziertes zu programmieren hat, kann teilweise besser von zu Hause aus arbeiten als hier, ohne gestört zu werden. Und das sehen wir auch ein und gestalten das so gut wie möglich flexibel.

Sie hatten vorher ein paar Trends erwähnt, die Sie persönlich sehen. Können wir da näher drauf eingehen?
Ich glaube, wir haben in Deutschland wirklich Glück gehabt mit den Onlinespielen und diesem Aufwind in der gesamten Entwicklerszene, in der sich auch viele kleine Firmen gegründet haben, die viele Spiele gemacht haben. Hier ist immer noch ein extrem guter Trend wahrnehmbar ... Neue Ideen, neue Entwickler. Wir arbeiten auch mit externen, kleinen Firmen zusammen. Für Dinge, für die wir selbst keine Ressourcen haben. Insgesamt ist Deutschland im Moment ein guter Boden für Spieleentwicklung. Und deshalb schaffen wir es auch, gute Mitarbeiter zu bekommen. Viele waren vorher in England. Dort geht es im Moment nicht so gut und da gibt es nicht so viele Studios wie hier, die rekrutieren. Wir sind nicht die Einzigen in Deutschland, die Mitarbeiter suchen. Ich glaube, so langsam kommt auch der Sog: „Warum nicht in Deutschland?" Und es ist ein Schneeballeffekt. Denn wenn man ganz ehrlich ist, Deutschland ist für wenige „das Traumland". Es gibt selten Leute, die sagen: „Ich will unbedingt in Deutschland arbeiten!" Aber die Sache ist, wenn wir Mitarbeiter haben, die mit ihren Freunden sprechen und sagen: „Och, Düsseldorf ist tatsächlich eine tolle Stadt. Es ist schön hier, die Leute sind nett und man kann hier sehr gut leben. Es ist klein, aber nicht zu klein", dann wird das Interesse auch bei anderen geweckt ... Und je mehr ausländische Mitarbeiter wir gewonnen haben, desto einfacher wird es auch andere Fachkräfte im In- und Ausland für uns zu begeistern. Das bedingt sich gegenseitig.

Also geht es eher in die Richtung, dass sich zu viele Leute auf einen Platz bewerben, als dass Sie nach Leuten suchen müssen ...?
Nein, ganz bestimmt nicht. Wir suchen noch auf vielen Positionen und ich weiß, dass wir nicht die Einzigen sind. Zum Beispiel Crytek – alle suchen gute Mitarbei-

2.1 „Klassische" Spielebranche: Publisher und Entwickler

ter. Durch den Wachstumstrend in unserer Branche ist da ist noch viel Potenzial und Luft nach oben, definitiv.

Bleiben wir noch kurz bei dem Thema Trends: Da Sie sich von der Wii als Plattform abgewandt haben – wohin geht die Entwicklung? Vielleicht in Richtung Mobile Gaming?
Tut es, aber das war wirklich nur eine lokale Entscheidung mit der Wii. Es ging um das Genre der Fitness-Spiele und da gibt es „Wii Fit" und daneben hat man wenige Chancen. Deshalb haben wir damit aufgehört. Insgesamt hat Ubisoft mit der Wii sehr gute Geschäfte gemacht und mit unseren Titeln für die Wii U im Moment auch. Es ist eine schwierige Entscheidung, wenn Sie ein Team haben, das daran gearbeitet hat, und man gemeinsam erkennt: „Okay, wir haben es doch nicht so weit gebracht, wie wir ursprünglich wollten. Wir machen jetzt etwas anderes." Was wir jetzt aufbauen ist das Mobile-Geschäft. Es ist ziemlich offensichtlich, dass Tablets und Mobile eine große Rolle spielen im Gaming. Das tun sie bereits jetzt und das werden sie auch in Zukunft. Daher wollen wir in dem Segment ein kleines Stück vom Kuchen abbekommen.

Ich würde jetzt gerne zu dem Hauptthema des Interviews kommen, nämlich Frauen in der Gaming-Industrie.
Ja, ich dachte schon, die ganze Zeit, wann kommt die Frage … [lacht] – Ja, die Gaming-Industrie ist eine Männerdomäne. Es sind viel mehr Männer als Frauen im Moment beschäftigt. Aber eigentlich nur in der Entwicklung. Wenn man sich die Vermarktung ansieht, dann würde ich behaupten, arbeiten dort 50 % Frauen. Im Bereich International Production haben wir eine Frau in der Führungsetage. Wie gesagt, in der Entwicklung ist es noch sehr eine Männerdomäne. Das hängt damit zusammen, dass wir weniger weibliche Bewerber haben. Es ist immer schwierig, ein allgemeines Statement abzugeben. Ich kann nur von uns reden und von Ubisoft insgesamt. Ich habe nie den Eindruck gehabt, dass Frauen benachteiligt werden. Sie werden definitiv nicht schlechter bezahlt. Das weiß ich, weil wir sie genauso behandeln wie ihre männlichen Kollegen – und das geht nach Leistung. Wenn ich die Frauen hier sehe, habe ich nicht den Eindruck, dass sie belästigt werden. Es ist wahrscheinlich, dass nicht jede Frau mit so vielen Männern arbeiten kann, das braucht wahrlich ein bisschen Persönlichkeit, ein bisschen … nicht zu sehr. Ich habe nicht den Eindruck, dass Frauen sich nicht bei uns wohl fühlen. Sonst würde ich etwas dagegen tun. Und ich habe auch wenige Mitarbeiterinnen bisher verloren. Sie fühlen sich bei uns wohl und bleiben auch lange.

Wir haben auch richtige Gamerinnen bei uns, zum Beispiel sehr gute Game-Designerinnen. Und zum Glück gibt es immer mehr davon – sehr viele Frauen im

Game Design, in der Grafik, sehr wenige in der Programmierung, aber immerhin ein paar. Und in den anderen Bereichen, wie Marketing, da werden es immer mehr. Und das ist gut. Es muss eine gesunde Mischung in den Teams geben, das hat Vorteile, das ist eine Bereicherung. Gerade in einer kreativen Branche, wo in Projekten gearbeitet wird. Da braucht man diese Mischung.

Können Sie sich vorstellen, warum sich so wenige Frauen bewerben? Was schreckt sie ab? Sie sprachen davon, dass man eine gewisse Persönlichkeit mitbringen muss.
Wahrscheinlich ist das ein Grund. Es gibt nicht so viele Frauen, die Computerspiele spielen, und ebenso ist das auch mit dem Studieren. Es gibt von vornherein weniger Frauen als Männer in den Studiengängen, die für uns wichtig sind. Informatik wird meist nicht von Frauen studiert und in anderen spielerelevanten Bereichen, wie Game Design, da gibt es nur wenige Studentinnen. Die ganzen Mitarbeiter hier sind ja meistens auch überzeugte Gamer, die Lust haben, hier zu arbeiten, weil sie ein Hobby zum Beruf machen können. Bei Frauen ist das weniger der Fall. Wir haben immer noch eine Zielgruppe, die eher männlich ist, die sogenannten Hardcore-Gamer ... Das ist wahrscheinlich auch ein Grund. Außerdem glaube ich, dass der Grund für die geringe Anzahl der weiblichen Bewerber eher in der Ausbildung als in der Branche selbst zu suchen ist. Das Interesse von Frauen führt häufig in andere Berufe und nicht in die Games-Branche. Ich muss sagen, es ist mir ein bisschen fremd, dass man sagt, eine Frau sei vor der Branche erschrocken oder sie traue sich nicht. Ich hoffe, dass junge Frauen selbstbewusst genug sind, um zu sagen: „Ich versuche es, hier zu arbeiten", und es einfach ausprobieren. Es ist ein bisschen Quatsch, sich von zu vielen Männern erschrecken zu lassen. Aber vielleicht arbeite ich schon zu lange hier – nur mit Männern.

Hat es vielleicht auch Vorteile, die man als Frau mitbringt, wenn man sich hier bewirbt oder in die Gaming-Branche einsteigt?
Wenn Sie sich bei uns bewerben, ist es egal, ob Sie ein Mann oder eine Frau sind. Sie müssen einfach qualifiziert sein. Es ist klar, dass Männer wie Frauen weiche Faktoren mitbringen, die durchaus von Vorteil sind. Ich glaube, dass Frauen oft sehr gute Teammitglieder sind. Ja, Klischees sind immer schrecklich. Es gibt nicht den typischen Mann oder die typische Frau. Aber Frauen sind oft gute Teamplayer und können gut kommunizieren, moderieren und Menschen zusammenbringen. Und das ist in einem Beruf, wo sehr viel in Projekten, mit vielen Leuten zusammen gearbeitet wird, definitiv von Vorteil. Ich tue mich immer schwer mit der Thematik, das gebe ich ehrlich zu. Denn ich finde es nicht gut, in Klischees zu denken, wie: „Männer und Frauen sind anders." Man muss immer das Individuum sehen und nicht die Menschen in Schubladen stecken.

Was können Sie denjenigen empfehlen, die sich für die Spielebranche interessieren? Welche Qualifikationen sollten sie auf jeden Fall mitbringen?
Auf jeden Fall ein Studium, und nicht zu allgemein, wir brauchen Spezialisten. Wir brauchen Game-Design-Spezialisten, wir brauchen Programmier-Spezialisten, Grafik-Spezialisten, reines Projektmanagement ... Ein bisschen von allem zu können ist selten nützlich. Man muss sich schon ein Feld heraussuchen und sagen „Das ist, was ich gerne mache! Das will ich später machen!", und sich dann darin gut ausbilden. Das halte ich für besser, als ein bisschen Ahnung von allem zu haben, aber nirgendwo richtig hervorragend zu sein. Wir wollen wirklich Leute, die sich da spezialisieren – oder die sich im Projektmanagement spezialisieren, dann aber auch richtig. Also, die Projektmanagement-Methoden kennen, sie zu studieren und anwenden können.

Haben Berufseinsteiger ohne spielespezifische Ausbildung überhaupt noch eine Chance?
Ja, durchaus. Wenn sie bei uns als Berufseinsteiger anfangen, dann suchen wir meistens Mitarbeiter mit einer Ausbildung, weil sie bisher ja nichts anderes gemacht haben, außer zu studieren. Bewerber, die ein ganz anderes Studium absolviert haben, aber schon zehn Jahre lang Spiele gemacht haben, die also viel Erfahrung haben und sich wirklich qualifiziert haben innerhalb ihres Arbeitsumfeldes, die nehmen wir auch. Wir haben hier Kollegen, die z. B. Kunst studiert haben. Dann ist es die Erfahrung, die zählt, und das, was man vorher geleistet hat. Wir sagen nicht: „Jeder, der hier arbeiten will, muss eine spezifische Ausbildung in der Gamesbranche gehabt haben." Das gilt eher für junge Leute, die erst einsteigen. Andere, die schon lange dabei sind, können sich durch ihre Arbeit qualifizieren.

Werden in Deutschland genug solche Ausbildungsplätze angeboten?
Nein, das müssen viel mehr werden, definitiv. Die öffentlichen Unis sollten anfangen, ordentliche Studiengänge anzubieten, die einen Schwerpunkt „Games" haben. Oder wenigstens „Multimedia" oder „Entwicklung". Ich glaube auch, dass viele junge Leute das auch machen würden. Wir sind auf dem Weg dorthin. Das ist wie immer ein bisschen langsam, aber wir sind auf dem richtigen Weg.

Finden Sie, dass Deutschland da zurückliegt?
Ja, im Vergleich zu anderen Ländern wie Frankreich oder Kanada, definitiv, ja.

Wie wichtig ist Vitamin B? Muss man Beziehungen haben, um in der Branche Fuß fassen zu können?
Um Gottes willen, nein, definitiv nicht. Wenn man jemanden kennt, dann wird man eingeladen, und dann muss man sich beweisen, wie alle anderen auch. Alle

Bewerber haben einen sogenannten Assessment Day, das machen wir für alle Positionen, den ganzen Tag Gespräche, Tests, Rollenspiele, gemäß der entsprechenden Stelle. Jeder, der qualifiziert ist, bekommt ein Angebot. Sonst nicht. Dass man Vitamin B benötigt, das war vielleicht vor 20 Jahren so ... Aber Studios, die professionell arbeiten, können sich das nicht leisten. Wir brauchen Leute, die gut sind, nicht Leute, die jemanden kennen.

In Ihren Vorträgen verweisen Sie auch auf wissenschaftliche Studien und Untersuchungen. Beschäftigen Sie sich damit viel in Ihrem Beruf?
Es gehört dazu, dass ich viel lese. Es ist wichtig zu gucken, was gesagt wird. Ich lese täglich Artikel über alle möglichen Themen. Vom Game Design, neuen Theorien, bis zur Entwicklung des Mobile Market. Es ist meine Aufgabe, mindestens einen Überblick darüber zu haben, wie der Markt sich gestaltet, wo es hin geht und wer mitspielt. Vielleicht liegt das an meinem Marketing Background: Wenn man etwas verkaufen will, muss man erst einmal wissen, an wen man es verkaufen möchte. Sich diese Fragen zu stellen, ist immer wichtig. Wenn man ein Spiel baut, muss man sich fragen: „Was gefällt den Leuten?" Als Game Designer, als Grafiker und als Programmierer muss man dann eine Aufgabe lösen. Das ist interessant und das ist, womit sich unsere Mitarbeiter beschäftigen: „Was gibt es Neues?" Computerspiele würden nicht jedes Jahr besser aussehen, wenn die Mitarbeiter, die das machen, nicht den Anspruch hätten, es besser zu machen als der Vorgänger. Und es gehört dazu, dass man ein bisschen recherchiert, guckt und den Ehrgeiz hat zu sagen: „Oh, der Wettbewerber sieht gut aus. Ich kann das aber noch besser machen – hier die Schattierung, da dieser Effekt." Es ist nicht einzig mein Verdienst, wenn meine Vorträge gut sind. Ich bereite die Themen selbst vor, aber ich habe ein ganzes Team hinter mir, das mir hilft, diese mit Leben zu füllen. Das ist ein Vorteil, wenn man ein größeres Studio hat. Da hat man Leute, die sich sehr gut im Markt auskennen und mir helfen, das Richtige zusammenzusuchen. Das ist immer Teamarbeit.

Wenn ein Bewerber bei Ihnen anfangen möchte, muss er auch die Motivation mitbringen, sich immer weiter fortzubilden. Habe ich das richtig herausgehört?
Es ist ratsam, ja. Sonst bleibt man stehen, aber das ist bei jeder Arbeit so. Jetzt werde ich was Böses sagen: Es sei denn, sie sind verbeamtet, dann ist das vielleicht nicht so [lacht]. Bei jeder Arbeit müssen sie sich weiterbilden und das ist das, was die Arbeit interessanter macht.

Haben Sie favorisierte Quellen, um sich zu informieren und die Sie uns empfehlen können?
Ich habe den Vorteil, dass ich das immer von Ubisoft zusammengestellt bekomme. Ich gucke nicht unbedingt so viel auf die Quellen. Aber es sind die Üblichen: IGN

und Co., also die großen amerikanischen Webseiten. Ich lese sehr viel Amerikanisch und Englisch. Und das wird uns immer so schön aufbereitet. Ich bekomme einen Newsletter, in dem alle möglichen Themen behandelt werden, das ist das Schöne. Tut mir leid [lacht].

Welche Potenziale sehen Sie bei digitalen Spielen und sind diese schon als mediales Kulturgut in der Gesellschaft anerkannt?
Das glaube ich schon, ja. Ich weiß nicht, wie lange es noch dauert. Aber was ich sehe ist, dass die nächste Generation, die jetzt gerade vielleicht 15 oder 16 Jahre alt ist, mit diesen Medien komplett aufgewachsen ist, wie z. B. meine eigenen Kinder. Das ist einfach eine Welt, die es ohne das Spielen von Computer-, Video- und Mobile Games nicht gibt. Wenn man mit etwas aufwächst, dann hat man ein ganz anderes Verständnis dafür und entwickelt eine ganz andere Akzeptanz dieses Mediums. Dann kommt man wahrscheinlich auch auf ganz andere Ideen, etwas damit zu machen. Die Kinder, die jetzt aufwachsen, für die gehört ein Spiel genauso dazu wie ein Fernseher. Das hat genau den gleichen Wert – es ist nichts anderes. Spielen ist sogar teilweise besser als Fernsehen, weil man mitmachen kann. Es ist nur eine Frage des Generationenwechsels. Wir können nicht sehr viel machen, um es zu beschleunigen, aber wir können gute Spiele machen. Wir können gucken, dass immer mehr Leute Games ausprobieren. Aber wenn sie damit nicht komplett aufgewachsen sind, dann werden sie immer ein bisschen so daran gehen „Ja, das ist jetzt zur Unterhaltung, etwas Zusätzliches." Wenn sie damit komplett aufgewachsen sind, dann sehen sie es als einen weiteren Teil ihres Lebens – wie Fernsehen, wie Zeitschriften, wie den Rest. Und dann werden sich auch wahrscheinlich andere Sachen daraus entwickeln. Dann werden Spiele in unserem Leben noch viel mehr „drin" sein als bis jetzt. Aber ich hoffe, ich erlebe das noch [lacht].

Wie finden Sie Serious Games, die bereits versuchen, verschiedene Bereiche zu verweben?
Sehr, sehr schönes Thema. Ich hätte gerne viel mehr Serious Games. Ich würde die gerne auch im Bereich Management und so weiter benutzen – wenn es denn welche gäbe. Ich bin jedes Mal sehr froh, wenn ich einen jungen Entwickler sehe, der sich mit dem Thema beschäftigt und versucht, etwas daraus zu machen. Bisher ist das nicht so ganz gelungen. Was ich gesehen habe, war mehr Serious als Game oder umgekehrt: zu viel Game und nicht genug Inhalte zum Lernen. Aber das hat definitiv Potenzial und das wird auch kommen. Es werden sich immer mehr Leute wirklich sehr tief mit der Thematik beschäftigen, sodass wir in dem Bereich auch gute Beispiele haben, die uns wirklich das ganze Leben erleichtern oder auch in der

Weiterbildung helfen. Aber bisher habe ich noch nichts gesehen, wo ich sage „Wow, das ist wirklich sehr, sehr gelungen".

Wissen Sie, woran es häufig scheitert?
Vielleicht, weil noch nicht die richtige Mischung an Leuten zusammengekommen ist – also diejenigen, die das gesamte Wissen haben. Diejenigen, die „ernste" Inhalte vermitteln wollen, haben meistens wenig Ahnung vom Spielen. Sie haben wahrscheinlich versucht, ein Serious Game zu machen. Aber es ist nicht ganz so einfach ein Spiel zu machen und so haben sie es nicht geschafft, Spaß zu integrieren. Das gilt auch umgekehrt: Wenn man von der anderen Richtung kommt und weiß, wie man ein Spiel macht, aber nicht das tiefe didaktische Wissen hat, dann macht man ein Spiel, das kein richtiges Wissen vermittelt. Die Mischung an Leuten, die wirklich beides können, das fehlte bisher. Ich bin kein Experte im Bereich Serious Games, vielleicht gibt es auch schon so etwas, aber ich habe es noch nicht gesehen. Ich wünsche mir aber, dass es noch mehr werden.

Nun noch etwas komplett anderes: Spielen Männer anders als Frauen?
Och, wieder so ein Klischee. Wenn ich hier bei uns die Game Designerinnen sehe, nein. Das ist wirklich typabhängig. Natürlich werden Spiele für verschiedene Zielgruppen gemacht. Die Zielgruppe eines „Silent Hunter Online" ist sicherlich mindestens zu 80 bis 85 % männlich. Frauen zu finden, die sich für ein U-Boot-Simulationsspiel interessieren, ist schon schwieriger als für „Die Siedler" oder „ANNO". Aber das ist dann das Interesse an einem Thema. Meiner Meinung nach ist es mehr typabhängig und nicht davon, ob man Mann oder Frau ist.

Dann kommen wir schon zu den Schlussfragen.
Gut, super Timing [lacht].

Wenn Sie zurückblicken auf Ihre Karriere, würden Sie irgendetwas anders machen?
Ich war am Anfang vielleicht ein bisschen zu ehrgeizig und habe deshalb den einen oder anderen Mitarbeiter vielleicht nicht gut genug behandelt, das würde ich ändern. Mit der Zeit kommt die Reife, mit der man dann ein bisschen mehr aufpasst, wie man mit den Leuten umgeht. Wenn man jung und ehrgeizig ist, dann muss man – ja – zunächst lernen, ein bisschen ruhiger mit den Leuten umzugehen. Ich muss ehrlich sagen, ich habe sehr viel Glück und bisher eine sehr schöne Arbeit gehabt. Ich wüsste nicht, was ich noch ändern sollte.

2.1 „Klassische" Spielebranche: Publisher und Entwickler

Wenn Sie in die Zukunft blicken: Wollen Sie auch weiterhin in der Gaming Branche bleiben?
Ja, auf jeden Fall. Aber ich habe keinen Fünf- oder Zehn-Jahres-Plan. Wir haben im Moment eine sehr schöne Aufgabe und das ist Blue Byte zum Wachsen zu bringen bzw. es noch mehr wachsen zu lassen. Und wenn mir das gelingt, dann werden wir weiter sehen. Erst einmal habe ich hier ausreichend damit zu tun, den Mobile-Bereich auszubauen und viele Onlinespiele auf den Markt zu bringen. Dann werden wir weiter sehen. Aber, wenn ich kann, würde ich gerne in der Spielebranche bleiben, ja.

Könnten Sie vielleicht den folgenden Satz für mich beenden, und zwar: Ich mag an meinem Beruf...
... mit so vielen begeisterten Leuten zu tun zu haben. Die Antwort war einfach [lacht].

Fallen Ihnen zum Abschluss noch Aspekte ein, die ich vergessen habe anzusprechen oder die Ihnen noch am Herzen liegen?
Zu Ihrem Thema Frauen in der Games-Branche: Also, wie gesagt, tue ich mich sehr, sehr schwer, so eine Trennung zu machen. Das ist eine Sache, die mir immer sehr wichtig ist. Wenn man die gleiche Qualifikation und Arbeitsqualität mitbringt, dann hat man genau die gleiche Chance. Ich stelle Männer und Frauen immer auf die gleiche Ebene. Und erwarte natürlich auch das Gleiche von einer Frau wie von einem Mann. In der letzten Konsequenz kann man dann auch fragen: „Gehen drei Jahre Babypause?" Natürlich ist das immer eine sehr persönliche Entscheidung, die jede Frau für sich selbst treffen muss. Aber es ist in der Regel natürlich so, dass Männer nicht drei Jahre von der Arbeit pausieren. Ich finde es vor dem Hintergrund schwierig, falls Frauen sich dann beklagen, dass man nicht die gleiche Chance nach der Elternzeit hat. Als gebürtige Französin habe ich da sicherlich einen anderen Hintergrund. Sechs Monate Pause sind da eher die Regel. Keine Frage, da kommt man wieder und hat den gleichen Job.

Und so ist es dann auch bei Ubisoft. Im Unternehmen sind viele Frauen in sehr hohen Positionen. Meine Chefin von allen Ubisoft-Entwicklungsstudios ist eine Frau. Sie hat zwei Kinder und meine Erfahrung bei Ubisoft ist, dass natürlich grundsätzlich erst mal Verständnis für meine familiäre Situation da ist – sowieso. Also, wenn ich sage: „Heute ist was mit den Kindern oder ich muss zum Elternsprechtag", dann hat dafür jeder Verständnis und keiner würde je etwas dagegen sagen. Aber ich leiste auch die Arbeit, die gefragt wird, genauso wie ein Mann. Oder wenn ich in Paris für eine Woche ein Meeting habe, dann kriege ich das organisiert, genauso wie alle anderen Frauen auch bei Ubisoft, die zwei, drei oder vier Kinder haben. Es ist immer ein bisschen dieses „Ach, die armen Frauen", was mich nervt. Ich glaube aber, so schlimm ist es gar nicht. Das hat mich ein bisschen überrascht. Auch die Diskussion über schlechte Positionen in der Gaming-Branche.

Das sehen Sie überhaupt nicht so?
Nein, gar nicht. Und ich glaube, ich habe lange genug in dieser Branche gearbeitet, um dies zu beurteilen: auf der Business-Seite, auf der Entwicklungsseite und ich war im Vorstand vom Verband vom BIU bei der Gründung. Ich hatte nur Männer als Kollegen und habe mich nie benachteiligt gefühlt.

Liebe Frau Limpach, ich bedanke mich herzlich für das spannende Gespräch mit Ihnen und für Ihre Zusammenarbeit. Können Sie noch kurz noch sagen, warum Sie an diesem Projekt teilgenommen haben?
Ich habe am Projekt teilgenommen, weil ich gerne Studierenden helfe und ihre Projektarbeiten unterstütze. Außerdem ist das Thema wichtig und spannend. Dem möchte ich mich gerne stellen.

Unter Mitarbeit von: Sonia Kampel und Lima Vafadar

Kurzvita
- In Frankreich absolvierte sie die Business School; MBA an der Indiana University of Pennsylvania in den USA
- 1996 Einstieg in die Ubisoft-Gruppe und damit in die Games-Branche. In der Deutschlandniederlassung startete sie zunächst als Produkt-Managerin, wurde Marketing-Leiterin und 2000 schließlich Managing Director. In dieser Position etablierte sie die Ubisoft GmbH als einen führenden Publisher am deutschen Markt
- 2007 Wechsel als Managing Director zum Ubisoft-Studio Blue Byte GmbH. Das deutsche Entwicklerstudio mit Sitz in Düsseldorf produziert u. a. die neuesten Episoden von Spieleklassikern wie „Die Siedler" und „ANNO". Unter ihrer Leitung erfährt Blue Byte ein enormes Wachstum, mit neuen Standorten in Mainz und Bukarest. Innerhalb der Ubisoft-Gruppe gilt Blue Byte heute als Kompetenzzentrum für die Entwicklung und den Betrieb von Onlinespielen.
- Ehrenamtliches Engagement im Bereich Ausbildungsförderung und Medienentwicklung
- Tätigkeit als Beraterin (CCEF) für die französische Agentur für Außenhandel

2.2 „Neue" Spielebranche: Online- und Browsergame-Anbieter

2.2.1 Interview mit Victoria Busse, Leiterin User Experience

„An eine richtige Karriere in der Games-Branche habe ich gar nicht gedacht."

Bigpoint – Hamburg, 01.02.2013

Foto: Privat

Liebe Frau Busse, zunächst einmal vielen Dank, dass Sie sich die Zeit für unser Interview nehmen. Sie arbeiten bei Bigpoint, erzählen Sie uns doch kurz, was Sie dort genau machen.
Ich arbeite jetzt seit fast drei Jahren bei Bigpoint und leite die User-Experience (UX)-Abteilung. In dem Bereich geht es darum, wie unsere bestehenden Spieler auf unsere Spiele reagieren, was ihnen an unseren Spielen gefällt, was ihnen missfällt, wo man zum Beispiel Verbesserungen einbringen kann und welche Erwartungen sie an neue Spiele haben. Mein Team ist mit sechs Kollegen zwar noch relativ klein, aber für die Onlinespielebranche hat es schon eine gute Größe. In der Zukunft werden wir hoffentlich noch wachsen, denn Bedarf ist durchaus vorhanden. Unsere Arbeit spaltet sich in zwei Teilbereiche: Da wäre zunächst die UX-Architektur. Dort arbeitet ein kleines Team aus UX-Architekten direkt mit den Spieleteams an der Entwicklung neuer Features oder neuer Spiele. Sie sind für die ganze Interaktionsarchitektur und den Aufbau diverser Features oder Screens zuständig. Der zweite Bereich ist der Research-Bereich. Da werden unter anderem Feldstudien, Laborstudien und Remote-Studien durchgeführt, ebenso Umfragen, um die Meinungen unserer Spieler oder auch potenzieller Spieler einzuholen und um diese Ergebnisse in die Entwicklung oder Optimierung unserer Spiele einfließen zu lassen.

Und wie sieht Ihr beruflicher Werdegang bis zu der aktuellen Station aus?
Angefangen habe ich mit einem Studium der Digitalen Medien an der Universität Bremen. Im Laufe des Studiums habe ich aus Interesse ein Praktikum bei einem kleinen lokalen TV-Sender gemacht, der hauptsächlich Brand-TV für große Einkaufszentren gemacht hat, und dort durfte ich in viele Medienbereiche hineinschnuppern. Zu dem Zeitpunkt hatte ich mich noch nicht auf einen bestimmten Bereich festgelegt. Mein Studium bestand zum Großteil aus dem Schwerpunkt Medieninformatik, allerdings musste ich einen Teil des Studiums an der Hochschule der Künste absolvieren, das war dann der Bereich Mediendesign. Im Laufe des Studiums bin ich auf das Thema User Experience, damals noch Usability oder Mensch-Computer-Interaktion genannt, gestoßen. In dem Bereich habe ich ein einjähriges Projekt absolviert, was mir ganz gut gefallen hat.

Die Psychologie der Interaktion zwischen Mensch und Computer fand ich sehr faszinierend, weshalb ich auch meine Bachelorarbeit in diesem Gebiet geschrieben habe. Dort ging es konkret um Usability im mobilen Bereich. Ich hab mich damals einer Gruppe von Doktoranden angeschlossen, die ein für damals neues Interaktionsverfahren entwickelt hatten. Ich muss dazu sagen, dass es zu der Zeit noch nicht wie heutzutage Accelerometer in mobilen Geräten gab; diese Bewegungskontrolle war also noch nicht gegeben. Während ich meine Arbeit geschrieben habe, kam das erste Handy von Nokia mit einem solchen Accelerometer auf den Markt. Wir hatten basierend auf den bekannten Murmel-Labyrinth-Spielen eine quasi auf Bewegung reagierende Interaktionsmöglichkeit für mobile Geräte geschaffen, Marble-Control haben wir das System genannt. In meiner Bachelorarbeit habe ich die User Experience für dieses System betrachtet. Ich habe Studien durchgeführt, Probanden eingeladen, Labortests durchgeführt und dann auf Basis dieser Erkenntnisse Optimierungsvorschläge entwickelt, die die Doktoranden anschließend verwendet haben.

Mein weiteres Studium in England habe ich direkt auf User Experience und Human Factors ausgelegt. Während dieser Zeit bin ich bereits von Bigpoint kontaktiert und rekrutiert worden. Ich hatte mich also nicht explizit in der Spielebranche beworben. Ein ehemaliger Kollege aus dem Tech-Bereich kam 2010 auf mich zu und fragte, ob ich nicht an einer UX-Position in einer Spielefirma Interesse hätte. Ich fand das damals ganz interessant, weil es zu der Zeit noch keine UX-Abteilung und keine gefestigte Position von UX bei Bigpoint gab. Die Möglichkeit etwas aufzubauen, ist etwas ganz anderes als in ein bestehendes Team reinzukommen und sich von dort aus hochzuarbeiten. Diese Gelegenheit habe ich dann auch ergriffen. Ich habe als User-Experience-Specialist angefangen und nach ungefähr acht Monaten wurde mir eine Lead-Position angeboten mit der Aufgabe den Bereich aufzubauen und ein eigenes Team zu gründen. Seit Februar 2012 sind wir eine eigenständige Abteilung und seit Anfang dieses Jahres bin ich ganz offiziell Abteilungsleiter.

Gratulation dazu. Gab es vielleicht auch bestimmte Personen oder Vorbilder, die Sie beeinflusst haben?
Mein Tutor während der Bachelorarbeit, er ist eigentlich der Grund, weshalb ich in diesen Bereich gestolpert bin. Ich hab mich früher schon sehr für Psychologie interessiert und hatte mich auch auf Psychologie-Studienplätze beworben, bei denen ich auch angenommen wurde. Letztendlich habe ich mich dann aber doch für Informatik entschieden, Psychologie machte mir aber trotzdem weiterhin Spaß, worüber ich mit meinem Tutor gesprochen habe. Er hat mir dann von einem Bereich in der Informatik erzählt, der mich interessieren könnte und zwar, sagte er, ginge es dort um solche Dinge wie kognitive Psychologie bei der Mensch-Computer-Interaktion und den Designentscheidungen, die dadurch beeinflusst werden. Zusätzlich hat er mir noch einige Bücher empfohlen, unter anderem eines der bekanntesten Bücher aus meinem Bereich „The design of everyday things" von Donald Norman. In dem Buch geht es um ganz alltägliche Dinge im Leben, zum Beispiel eine Tür, und wie deren Bedienbarkeit aussieht. Das ist ein großartiges Buch und ich hab das damals wirklich – es ist nicht besonders groß, man kann das so zwischendurch lesen – rasch durchgelesen. Danach stand für mich fest: Das ist eine Richtung, die ich gerne verfolgen möchte und so kam es dann auch. Eigentlich ist mein damaliger Tutor schuld daran, dass ich heute da bin, wo ich nun bin. Wobei ich gar nicht traurig drum bin! [Lacht].

Wer genau ist denn auf Sie aufmerksam geworden?
Das war ein damaliger Tech Lead. Damals wurde im Tech-Bereich jemand für die User Experience gesucht und dafür wurde ich zu einem Interview eingeladen. Allerdings war das dann doch etwas zu technisch, es hatte im Endeffekt mehr mit Front-End-Entwicklung zu tun, was nicht ganz meinen Vorstellungen entsprach. Ich hatte zwar hauptsächlich Medieninformatik studiert, wollte aber lieber die klassischere, wissenschaftlich orientierte und auch designorientierte UX machen und bin dann nochmal zu einem zweiten Interview gekommen. Da man damals nicht wusste, wo man UX einordnen sollte, hab ich das Vorstellungsgespräch mit der Qualitätssicherung geführt, was auch nicht so ganz abwegig ist. Mein dortiger Lead hatte sich auch mit Usability auseinandergesetzt und während des Interviews haben wir uns bereits sehr gut verstanden. Wir haben schon während des Gesprächs Pläne geschmiedet, ein Team zu gründen und UX wirklich einmal von null aufzubauen. Nachdem ich angefangen hatte, hat er die Firma leider nach einem Jahr verlassen. Er war wirklich ziemlich gut und ich hätte gerne weiter von ihm gelernt. Nachdem er weg war, bin ich dann in seine Fußstapfen getreten und habe das weitergeführt, was wir uns bei meiner Einstellung vorgenommen hatten.

Wie sieht ein typischer Tag im UX aus?
Da gibt es zwei Varianten: Heute war so ein typischer Meeting-Tag. Man trifft sich mit verschiedenen Teams, hat verschiedene Präsentationen, bespricht Strategien für die Zukunft von UX. Ich fühl mich nie besonders produktiv, wenn ich nur in Meetings sitze, auch wenn ich dann am Abend sehr k. o. bin. An anderen Tagen ist es dann oftmals praktischer orientiert. Vor allem arbeite ich an strategischen, organisatorischen und Management-Aufgaben, um die UX bei Bigpoint weiter voranzubringen. Hinzu kommt auch schon mal, dass ich kleinere Projekte in der Architektur beginne, bevor ich sie an mein Team delegiere oder den Researchern bei Studienobservationen oder Moderationen aushelfe. Prinzipiell wechselt es jeden Tag, einen typischen Tag gibt es eigentlich gar nicht bei mir.

Was gab es in 2012 für Highlights in Ihrem Beruf?
Letztes Jahr war das größte Highlight im Februar, als wir offiziell als Abteilung anerkannt wurden. Dafür hat mein gesamtes Team wirklich sehr hart gearbeitet und hat sich, trotz einiger kleinerer Stolpersteine, nicht unterkriegen lassen. Auch dass ich jetzt offiziell Abteilungsleiter bin, ist nicht nur für mich, sondern auch für das Team ein großer Schritt nach vorne. Das zeigt uns, dass wir es geschafft haben von null auf ein Level zu kommen, wo verstanden, geschätzt und akzeptiert wird, was wir tun. Dass die eigene Arbeit so bestätigt wird, ist ein absolutes Highlight und jetzt muss man natürlich zusehen, dass es so weiterläuft und man sich noch weiter steigert.

Gibt es eine spezielle Situation, die Sie besonders geärgert hat?
Besonders geärgert nicht, aber es kommt immer wieder vor, dass noch nicht jedem klar ist, was UX bedeutet oder was man in der UX macht, auch wenn man es schon gefühlte 100 Mal erklärt hat. Da muss ich immer ein wenig schmunzeln. Das mag natürlich daran liegen, dass man es vielleicht nicht gut erklärt hat, vor allem wenn jemand nach einer Erklärung immer noch meint, man sei ausschließlich für das User Interface (UI) zuständig, dann beißt man sich ein wenig auf die Zunge und denkt „Naja, nicht wirklich, aber es ist schon mal ein Anfang". Das sind so Kleinigkeiten mit denen jeder, der in einem neuen Bereich arbeitet, zu kämpfen hat.

Was begeistert Sie an Ihrem Job am meisten?
Zu sehen, wie die Abteilung, das Team, wirklich gewachsen ist. Ich finde das total faszinierend und bin stolz darauf, zu sehen, wie sich mein Team entwickelt hat. Das klingt vielleicht etwas komisch, da ich ja selber noch relativ jung bin und am Anfang meiner Karriere stehe, und meine Kollegen ungefähr im gleichen Alter sind wie ich, aber es ist wirklich unglaublich schön zu sehen, wie sich die einzelnen

Charaktere entwickelt haben und wie das Team geformt wurde und gewachsen ist. Weiter begeistert mich, dass man etwas erreichen kann, dass man es wirklich geschafft hat, Neues einzubringen und weiter zu entwickeln, neue Methoden zu entwickeln, etwas hier wirklich grundlegend neu aufzubauen. Das Ganze hört auch nicht auf, nachdem wir offiziell zu einer Abteilung geworden sind, sondern jetzt muss man zusehen, dass man seine Stelle festigt, dass man noch besser wird und das Ganze weiter ausbaut. Die Firma wächst auch, entwickelt mehr Spiele und da muss man natürlich mitwachsen. Man darf jetzt nicht auf der Stelle treten und das ist auch etwas, was mich begeistert. Zu gucken, wie es in Zukunft weitergeht, die strategische Planung. Bis hierhin hatte ich gewisse Vorstellungen, aber jetzt kommt der nächste Schritt, quasi eine neue Vision.

Was waren denn Ihre Vorstellungen von einer Karriere in der Games-Branche?
An eine richtige Karriere in der Games-Branche habe ich gar nicht gedacht. Meine Vorstellung war eher darauf bezogen, wie ein UX-Department aussehen könnte. Meine Karriere ist ehrlich gesagt um einiges schneller verlaufen, als ich es mir zuvor erträumt hätte. Als es dann an der Zeit war ein Team aufzubauen, hatte ich aber recht klare Vorstellungen. Ich habe mich sehr viel informiert, wie es in anderen Betrieben aussieht – nicht nur in der Spielebranche –, die schon UX-Abteilungen hatten. Ich habe geschaut, wie man sich aufstellen muss, was die wichtigsten Elemente sind, wie das Ganze strukturiert ist, welche Bereiche man abdecken muss, mit welchen anderen Fachbereichen man wie zusammenarbeiten muss. Es wäre aber auch nicht ganz so schlimm gewesen, wenn meine Karriere etwas langsamer verlaufen wäre.

Würden Sie sagen, dass es besser gelaufen ist als gedacht?
Ich glaube schon. Die Chance, eine Abteilung aufzubauen und wirklich das Vertrauen zu bekommen, ist eine große Bestätigung. Es ist natürlich super gelaufen und ich möchte es nicht missen, aber es wäre auch nicht schlecht gewesen, erst noch von jemand anderem zu lernen und das ganze langsamer anzugehen.

Ist UX generell ein eher neuer Bereich in der Games-Industrie?
Es kommt darauf an. Es gibt natürlich die großen Firmen, wie Microsoft und Sony, die kennen das natürlich aus anderen Bereichen und haben dementsprechend Laborkomplexe und -institute für diesen Bereich. Auch große Spielefirmen wie EA und Ubisoft haben in ihren größeren Firmen oder Firmenzweigen bereits UX-Teams und -Abteilungen, aber es ist im Allgemeinen ein doch sehr neuer Bereich, vor allem in der Spieleindustrie. Dort fängt es gerade an, nach und nach Fuß zu fassen.

Kleine und mittelgroße Unternehmen haben oft noch nichts von diesem Thema gehört oder kommen gerade erst damit in Berührung. Wir sind da bei Bigpoint jetzt sehr gut aufgestellt.

Sehen Sie als UX-Expertin in den letzten Jahren besondere Richtungen, in die sich die Games oder die Industrie entwickelt haben?
Es ist schon auffallend, dass der Anteil an UX-Kräften in der Spielebranche in den letzten Jahren sehr gestiegen ist. Ich weiß jetzt leider nicht, inwieweit die Zahl angestiegen ist, aber wenn ich alleine schon den Verlauf meiner eigenen Firma betrachte, schätze ich, dass sich das in den letzten Jahren ziemlich stark nach oben entwickelt hat. Die Spielebranche hat etwas später damit angefangen UX einzuführen und in ihre Arbeitsabläufe zu integrieren. Da das generell noch ein recht junges Thema ist und in vielen anderen Branchen auch noch nicht fest etabliert ist, wird die Anzahl von UX jetzt erst mal konstant steigen. Natürlich gab es vorher schon Konzepte wie HCI (Human Computer Interaction) oder Usability, aber die Idee, wirklich auf Emotion und Empfinden der Spieler einzugehen, ist jetzt auch erst einige Jahre alt.

Haben Sie sich schon früher in irgendeiner Form für die Games-Branche interessiert? Haben Sie vielleicht schon in der Schulzeit selbst gespielt?
Nicht erst in der Schulzeit, ich habe eigentlich von klein auf Videospiele gespielt. Meine Eltern besaßen schon immer alle Konsolen, die es auf dem Markt gab. Ich bin quasi mit Sega Mega Drive und NES aufgewachsen, die alten Konsolen habe ich sogar noch heute zu Hause herumliegen, zusammen mit den aktuellen Konsolen und drei Rechnern, die voller Spiele sind. Spiele waren also immer präsent. Allerdings hatte ich erst recht spät einen Computer, deswegen haben meine beste Freundin und ich jede freie Minute, die wir aufbringen konnten, vor ihrem Computer verbracht und „Monkey Island", „Lost Vikings" und dergleichen gespielt. Mit Spielen bin ich also schon sehr früh in Berührung gekommen. Aber darüber konkret nachgedacht, in der Spielebranche zu arbeiten, hatte ich nie, zumal ich auch nicht wusste, dass mein beruflicher Interessensbereich in der Spielebranche vertreten ist oder vertreten sein könnte.

Da Sie so viele Konsolen besaßen: Hatten Ihre Eltern einen Bezug zur Spielebranche?
Direkt verbunden waren meine Eltern mit der Spielebranche nicht. Sie haben sehr gerne in ihrer Freizeit gespielt. Als ich noch klein war, haben sie sich einen ersten Commodore 64 geholt, dem dann der NES und Sega Mega Drive folgten. Dadurch, dass meine Eltern schon gespielt haben, kam ich damit natürlich auch in Berüh-

rung. Als ich vier war, habe ich mich gerne dazugesetzt und ihnen beim Spielen zugeschaut oder mitgemacht. Mit der Spielebranche selbst hatten meine Eltern aber nichts zu tun, es war einfach ein Freizeitvertreib für sie. Sie waren damals in dem Alter, in dem wir jetzt sind, von daher waren sie die Zielgruppe.

Finden Sie in Ihrem Beruf denn noch Zeit zum Spielen?
Zeit zum Spielen, muss ich ganz ehrlich sagen, ist sehr knapp bemessen. Ich habe es jetzt doch mal wieder geschafft ein Spiel intensiver zu spielen, und zwar „Guild Wars 2", das erst vor kurzem herauskam. Da hab ich schon wirklich sehr viel Zeit investiert. Ich muss auch ehrlich gestehen, wenn ich von der Arbeit komme und dann Freizeit habe, gehe ich auch mal lieber raus als den restlichen Tag zusätzlich noch vor dem Computer zu sitzen. „Guild Wars" hat es mir aber, wie gesagt, ein bisschen angetan.

Sind MMORPGs generell Ihr Fall, z. B. „World of Warcraft"?
Das trifft es schon ganz gut, aber „World of Warcraft" habe ich lustigerweise nie gespielt. Das kam zu einer Zeit heraus, in der ich andere Sachen gemacht habe. Während meiner Studienzeit habe ich nicht so viel gespielt, da haben mich andere Sachen viel mehr gereizt. Dass ich wieder damit angefangen habe intensiv zu spielen, ist mit großer Wahrscheinlichkeit auch meinem Job geschuldet. Von „World of Warcraft" habe ich mich dann doch ferngehalten, weil ich Freunde hatte, die das einfach nicht mehr loslassen konnten und ich wusste, dass es mir auch so ergehen würde, wenn ich anfange. Dafür hat mich jetzt ein anderes Spiel gefangen, so kann es gehen.

Wo Sie das „Nicht-loslassen-Können" erwähnen: Glauben Sie, dass Spielsucht ein größeres Problem wird und mehr Aufmerksamkeit bedarf?
Ich kenne niemanden, der seine Familie oder seinen Beruf vernachlässigt, weil der Computerspiele spielt. Klar, spielt man mal längere Zeiten intensiver, gerade wenn man ein Spiel neu hat. Wenn das im Einzelfall zum Problem wird und sich jemand ganz aus der Öffentlichkeit zurückzieht, sich in seinem Zimmer einigelt und jeglichen sozialen Kontakt abbricht, ist das ein Thema auf das sein Umfeld unbedingt eingehen muss. Aber ich denke der Anteil derer, die sich so drastisch verhalten liegt insgesamt im Promillebereich.

Können Videospiele auch ein Potenzial bieten?
Auf jeden Fall, mit spielerischem Lernen oder Durch-Spielen-Lernen kann man heutzutage auch in Verbindung mit mobilen Geräten oder Touch-Geräten sehr viel erreichen. Eine Freundin hat kürzlich ihre Masterarbeit über dieses Thema ge-

schrieben. Sie hat zusammen mit Anderen Spiele für Parkinsonpatienten entwickelt, um deren Koordinations- und Orientierungsfähigkeit zu fördern. Mit Spielen kann man ein sehr breites Feld abdecken und wenn Lernen Spaß macht, fällt es natürlich auch immer leichter. In dem Bereich steckt großes Potenzial.

Wie sind Sie selbst zu Spielen eingestellt? Würden Sie sich als „Gamerin" bezeichnen?
[Lacht] Puh, ich probiere gerne vieles aus, aber ich bin nicht besonders gut. Ich lege mich nicht sonderlich fest, was das Genre betrifft. Nur Shooter-Spiele mag ich nicht, da bin ich wirklich grottenschlecht, wie ich gestern wieder feststellen durfte. Ich bin ein eher mittelprächtiger Spieler. Ich würde mich jedenfalls nicht als Pro-Gamer bezeichnen.

Sie haben eben „Guild Wars 2" erwähnt. Ist das Ihr Lieblingsspiel oder haben Sie zurzeit noch ein anderes?
Es ist mein aktuelles Lieblingsspiel, wobei „League of Legends" auch noch dazugehört. Das sind die beiden Spiele, die ich gerade hauptsächlich spiele.

Sie machen also keinen Unterschied zwischen Box Product und Free-to-Play beim Spielen?
Nein, da gibt es keine Unterschiede bei mir.

Die Games-Branche gilt hauptsächlich als Männerdomäne. Wie sehen Sie das?
Ja, das stimmt. Es ist allerdings besser geworden. Es ist zwar ein weiterhin von Männern dominierter Bereich, aber mittlerweile ist es doch recht ausgeglichen, was höhere Positionen angeht. Ich schätze, bei uns beträgt der Frauenanteil ungefähr 25 %, vielleicht aber auch ein bisschen weniger.

Haben Sie innerhalb Ihres Teams mehr männliche oder weibliche Kollegen?
50-50. Wenn ich mich mitzähle, sogar mehr Frauen.

Wie gehen Sie denn damit um, dass es sich um eine Männerdomäne handelt?
Als ich im Quality Management angefangen habe, war es tatsächlich so, dass wir – wenn überhaupt – nur eine Handvoll Mädels waren und der Rest waren Herren. Ich fand das eigentlich ganz lustig, aber ich hatte zu dem Zeitpunkt als Neue auch noch meinen Kükenstatus, deswegen war es generell recht angenehm. Ich hatte mit der Männerüberzahl jedoch nie Probleme. Bei Bigpoint sind alle sehr nett, man kommt sofort mit den Leuten klar, egal, ob es Mädels oder Jungs sind. Ich hatte keine besonderen Hindernisse oder Probleme und ich fühle mich als Frau auch nicht unterrepräsentiert.

Hat man als Frau denn Vorteile, wenn man in der Games-Industrie arbeitet?
Es wird einem immer die Tür aufgehalten, aber konkrete Vorteile wüsste ich jetzt keine. Keine Nachteile, keine Vorteile.

Hat sich die Rolle der Frau in der Spielebranche in den letzten Jahren verändert?
Auf jeden Fall, vor einigen Jahren war die Spielebranche eine viel größere Männerdomäne und wenn ich allein Bigpoint betrachte, dann fallen mir direkt eine Handvoll Frauen ein, die Managementpositionen innehaben und ganze Abteilungen leiten. Klar, man muss sich als Frau manchmal vielleicht ein bisschen mehr durchsetzen, aber es hat sich durchaus einiges getan. Bei mir im Team sind Frauen sogar in der Überzahl, aber auch in den anderen Teams ist es sehr ausgeglichen. Im Casual-Bereich der Online-Gaming-Branche sind Frauen auch oft eine Hauptzielgruppe, die es früher nicht besonders häufig gab. Der hohe Frauenanteil zeigt sich dann auch in der Produktion der Spiele. Es gibt hier jedenfalls etliche Frauen, die im IT-Bereich oder direkt an den Spielen als Programmiererinnen arbeiten oder diverse Bereiche leiten.

Entwickeln Frauen andere Spiele als Männer und werden sie darum auch vermehrt eingestellt?
Ich würde nicht sagen, dass Frauen andere Spiele entwickeln als Männer. Da man als Frau genauso Core-Spieler, Pro-Gamer oder Entwickler sein kann wie ein Mann und auch die gleichen Spiele mögen kann, würde man dementsprechend wahrscheinlich auch die gleichen Spiele entwickeln wollen wie ein Mann. Es ist aber ein bisschen vielfältiger geworden durch den Frauenzuwachs. Ich meine damit keine bestimmte Richtung, sondern, dass man einfach noch andere Meinungen und Ansichten hinzuzieht.

Bevorzugen Männer und Frauen unterschiedliche Spiele?
Sicherlich. Es gibt eine kleinere Menge an Frauen, die in die Core-Richtung gehen. Das kann man auch an den Zielgruppen sehen, die wir u. a. verfolgen. Bei Core-Spielen sind Männer die Hauptzielgruppe. Da gibt es dann schon Unterschiede. Männer interessieren sich eher für Spiele mit Strategie, Kampf und Action. Bei Casual Games zum Beispiel haben Frauen oftmals den viel größeren Anteil. Man nehme einfach die ganzen Facebook-Spiele, die mittlerweile kursieren. Oder seien es Spiele wie unser „Farmerama" oder „Farmville" von Zynga, bei denen ist der Frauenanteil größer als der Männeranteil.

Würden Sie Frauen allgemein den Beruf in der Games-Industrie empfehlen?
Ja, klar! Das ist für jeden etwas, der Spaß an Spielen hat und etwas machen will, um Menschen zu entertainen.

Haben Sie vielleicht konkrete Tipps und Ratschläge für Leute, die in der Spieleindustrie arbeiten wollen?
Spielen, viel spielen. Man sollte versuchen über Entwicklungen auf dem Laufenden zu bleiben, man muss sich wirklich interessieren. Jemand, der kein wirkliches Interesse an Spielen hat, wird nicht besonders gut aufgehoben sein. Es gibt natürlich auch Bereiche, in denen man überhaupt nicht direkt mit der Spieleentwicklung in Berührung kommt, beispielsweise die Personalabteilung oder ähnliches. Wenn man in die Entwicklung will, muss man Spaß an Spielen mitbringen, sich für das Feld interessieren und noch den Kontakt zu seinem inneren Kind haben.

Welche Qualifikationen muss man für die Spielebranche mitbringen?
Die Qualifikationen ergeben sich meist aus der Position, die man bekleiden möchte. Wir wollen zum Beispiel Programmierer haben, die die gleichen Qualifikationen aufweisen, wie jemand, der in der Mobilbranche oder in der Softwareentwicklung tätig ist. Die Anforderungen sind die gleichen, nur das Endprodukt unterscheidet sich. Natürlich ist eine Zusatzfrage immer, ob man selbst spielt, sich für Spiele interessiert und welche Spiele man spielt. Wenn man sich zum Beispiel vorstellen kann in einem Casual-Team zu arbeiten, dann sollte man vielleicht nicht sagen, dass man Casual Games hasst. Man sollte schon hin und wieder mal Unterschiedliches spielen und auch offen für Neues sein. Wie gesagt, ob wir Concept Artists einstellen, PHP-Entwickler oder auch für die Marketingabteilung: Die Standardanforderungen sind immer die gleichen.

Man hört häufig, dass Vitamin B gerade in der Medienbranche von enormem Vorteil ist. Haben Sie das auch beobachten können?
Unsere Firma wirbt sogar unter den Mitarbeitern mit „Recruit a friend"-Aktionen. Rekrutiert man seine Freunde und wird daraus eine feste Anstellung, so erhält der Werbende einen Bonus. Das ist eine, wie ich sagen würde, andere Form von Vitamin B. Persönliche Kontakte spielen also schon eine Rolle bei uns. Und es ist für alle Beteiligten von Vorteil, die Firma erhält gute Mitarbeiter. Eine Jobempfehlung eines Freunds oder einer Freundin, woraus gegebenenfalls eine Festanstellung wird, ist doch super, und der werbende Freund erhält einen Bonus und hat einen Freund oder eine Freundin als Kollegen – eine dreifache Win-Situation, würde ich sagen.

Wie sind Ihre Arbeitszeiten geregelt?
Die sind schon ganz gut geregelt. Wir haben Gleitzeiten, also muss ich nicht um acht, neun Uhr auf der Matte stehen. Ich kann auch erst um elf Uhr kommen. Wobei ich dann zahlen müsste, weil wir im Team zehn Uhr als Deadline festgelegt ha-

2.2 „Neue" Spielebranche: Online- und Browsergame-Anbieter

ben und ich nicht gegen meine eigenen Regeln verstoßen sollte. Es wird auch nicht penibel darauf geachtet, dass man in einer Woche mal nur 38 statt 40 h arbeitet. Das ist insgesamt sehr moderat und nett geregelt. Bei Ausnahmen kann man auch mal zu Hause arbeiten und Home Office machen oder sogar spontan Urlaub nehmen, obwohl man den besser zwei Wochen im Voraus ankündigen sollte. Die Firma geht da sehr gut auf uns ein.

Bleibt in Ihrem Beruf denn insgesamt noch viel Freizeit? Wie sieht es mit der Work-Life-Balance aus?
Ich gehöre eher zu den Workaholics, demnach ist es bei mir vielleicht etwas anders als bei anderen. In den Spieleteams kommen natürlich Crunch-Phasen vor, wo auch mal Überstunden gemacht werden. Das ist in anderen IT- oder Software-Unternehmen vielleicht anders. Abgesehen von solchen Ausnahmen arbeitet man aber die normale 40 Stunden-Woche. Somit hat man schon eine gute Work-Life-Balance. So etwas hängt natürlich auch von einem selber ab. Ich bin dafür vielleicht nicht das beste Beispiel. Ich krieg auch regelmäßig von meinem Team Ärger, weil ich zu viel arbeite.

Wie wirkt sich Ihr Beruf auf Ihr Privatleben aus?
Wie eben schon erwähnt, habe ich wieder angefangen mehr zu spielen, daran kann man schon einen gewissen Einfluss erkennen. User Experience ist allerdings ein Gebiet, das mir auch privat viel Spaß macht, deswegen engagiere ich mich dann auch gerne in meiner Freizeit für diesen Bereich und besuche hier in Hamburg eine UX-Gemeinschaft, die einmal im Monat Präsentationen und Vorträge hält. Ich nehme auch an Workshops oder Konferenzen teil, und ich würde ebenfalls gern selber einen Vortrag oder Workshop ausrichten. Bisher haben wir im Team nur teilgenommen und zugeschaut, weil wir ein noch sehr junges Team sind, aber dieses Jahr werden mein Team und ich das in Angriff nehmen. Das könnte zum Beispiel so aussehen, dass wir Leute in die Firma einladen und vor Ort zeigen, wie unsere UX-Abteilung funktioniert und dazu Vorträge halten. Da die Spielebranche im UX-Bereich noch nicht so gut vertreten ist, hatten wir auch überlegt auf Konferenzen zu sprechen und das ein bisschen einzuleiten. UX ist also nicht nur mein Beruf, sondern auch ein bisschen Freizeitbeschäftigung für mich.

Ich fotografiere, reise und erkunde aber auch sehr gerne. Und ich mache so Standardsachen, die man hier in Hamburg natürlich auch sehr schön machen kann: Mit Freunden treffen, ins Kino gehen, ausgehen, zum Beispiel auf den Kiez, vielleicht auch mal ein bisschen ins Grüne fahren. Sport macht mir auch sehr viel Spaß, sollte ich allerdings auch mehr machen [lacht]. Außerdem habe ich letztes Jahr begonnen meine Doktorarbeit zu schreiben und dafür geht natürlich auch ein bisschen Freizeit drauf.

In Ihrem Werdegang haben wir entdeckt, dass Sie Karate trainiert haben?
Ja! Ich habe das zu Schulzeiten begonnen und habe das bis 2010 gut fünf, sechs Jahre gemacht. Aber seit ich in Hamburg bin, habe ich leider nicht mehr weitergemacht. Ich bin gerade auf der Suche nach neuen sportlichen Aktivitäten, wahrscheinlich auch wieder Kampfsport, das hat mir schon sehr Spaß gemacht.

Beschäftigen Sie sich in Ihrer Doktorarbeit auch mit UX?
Die handelt natürlich von User Experience, aber Spiele werden eventuell nur eine etwas untergeordnete Rolle spielen. Ich habe mich für ein Thema entschieden, das nicht direkt auf die Spielebranche bezogen ist. Die Arbeit bewegt sich eher in Richtung Remote-User-Testing. Ich entwickle ein Remote-Testing Framework für mobile Applikationen, wie es ähnlich bereits für das Web verfügbar ist. Natürlich hat dies auch ein bisschen damit zu tun, dass wir in der Firma in den Bereich Mobile hineingeschnuppert haben, diesen aber momentan nicht weiter verfolgen. Für Mobile habe ich mich schon immer interessiert, ich hab ja bereits meine Bachelor- und meine Masterarbeit in Richtung Mobile und UX geschrieben und irgendwie bin ich daran hängengeblieben.

Was sagen Ihre Bekannten und Verwandten zu Ihrem Job?
Da kommt es immer darauf an, ob einer gegenüber der Spielebranche positiv oder negativ eingestellt ist. Bezüglich des Verlaufs meiner bisherigen Karriere freuen sich grundsätzlich alle für mich und unterstützen mich auch. Wenn mich Freunde besuchen, zeige ich ihnen auch gerne mal unser UX-Labor oder führe sie durch die Firma. Alle fanden das Klima hier und auch das Gebäude immer sehr schön und haben sich hier wohlgefühlt. Die meisten sind also doch ganz positiv eingestellt. Und die, die nicht ganz so positiv eingestellt sind, necken mich dann ganz gerne mit Sprüchen, wie „Spielt ihr da den ganzen Tag eigentlich nur?", was manchmal ja auch stimmt. Insgesamt finden die meisten es aber toll, weil sie wissen, dass ich in meinem Wunschbereich (UX) tätig und glücklich mit meinem Job bin.

Spielen Sie auch gemeinsam mit Ihrer Familie und Ihren Freunden?
Das ist recht gemischt bei mir. Die jüngeren Generationen meiner Familie spielen teilweise natürlich auch, die haben auch die gleichen Konsolen wie ich. Mein Freundeskreis besteht teilweise nicht unbedingt aus aktiven Spielern. Es gibt da aber auch Freunde – ich hatte ja vorhin schon meine beste Freundin angesprochen – oder Kollegen, bzw. Kollegen, die zu Freunden wurden, mit denen ich gerne mal was spiele und mit denen ich mich online auch konkret zum Spielen verabrede. Dann spielen wir zum Beispiel „Guild Wars" zusammen.

2.2 „Neue" Spielebranche: Online- und Browsergame-Anbieter

Was wünschen Sie sich für Ihre Zukunft?
Ihr habt bestimmt mitbekommen, dass letztes Jahr nicht unbedingt das schönste Jahr für Bigpoint war, deswegen habe ich keine großartigen Wünsche. Es soll hier erst mal wieder stabil werden, erst mal wieder positiv weitergehen und dann kommen auch wieder die Wünsche dran. Jetzt heißt es das Schiff auf Kurs zu halten und aktuelle Projekte zum Erfolg zu bringen.

Erzählen Sie uns bitte kurz, was unschön bei Bigpoint war?
Im Herbst 2012 wurden 40 Mitarbeiter in unserem Hamburger Büro entlassen. Da muss man sich natürlich auch erst mal wieder fangen, aber ich glaube, dass wir jetzt auf einem guten Weg sind und ich bin sehr zuversichtlich, dass es jetzt wieder in die richtige Richtung geht.

Ist so etwas gängig in der Games-Industrie?
Letztes Jahr und der Anfang dieses Jahres standen ja gewissermaßen im Zeichen von Entlassungen. Die Spielebranche im Allgemeinen und die Onlinespielebranche im Speziellen hatten letztes Jahr ein bisschen zu knabbern, Zynga zum Beispiel hatte ebenfalls eine große Entlassungswelle. Und Anfang dieses Jahres hat THQ Insolvenz angemeldet. Das ist aber etwas, das nicht nur in der Spielebranche passiert, das passiert überall. Schwierige Zeiten macht jede Branche mindestens einmal mit, aber mit gutem Management und einer guten Strategie sind wir jetzt sehr gut aufgestellt.

Wenn Sie heute auf Ihre Berufsbiografie zurückblicken, würden Sie dann etwas anders machen?
Puh, schwer zu sagen. Ich fühle mich momentan sehr wohl da, wo ich bin, also würde ich erst einmal grundsätzlich nichts anders machen. Ehrlich, die Antwort ist „Nein". Ich habe schon gesagt, dass es ruhig etwas langsamer hätte laufen können, es hätte nicht zwingend die schnellen Sprünge geben müssen. Das hätte ich nicht schlimm gefunden. Ich habe aber nach wie vor sehr viel Spaß an meiner Arbeit und bin gespannt was als nächstes auf mich zukommt, von daher passt das schon so. Für einen Berufseinsteiger ist mein Umfeld einfach toll gewesen, da ich wirklich sehr viel Spaß bei der Arbeit hatte und auch noch habe. Wenn ich was ändern wollte, würde ich eher bei meinem Studium ansetzen, aber das ist eher eine Grundsatzfrage.

Der Begriff Spiel weckt an sich mehrere Assoziationen. Was fällt Ihnen spontan zu dem Begriff ein?
Spontan denke ich jetzt nicht unbedingt an das Computerspiel, sondern vielmehr an das klassische Spielen, das wir in unserer Kindheit draußen gemacht haben, zum

Beispiel das klassische Fangen oder Verstecken. Das Spiel ist für mich eine Tätigkeit, die man in Gesellschaft ausübt und die Spaß und Spannung bringt.

Spannend wird es hoffentlich auch jetzt. Wie würden Sie sich charakterisieren?
Das ist die bisher fieseste Frage [lacht]. Laut Feedback bin ich ein offener und lieber Mensch, der sehr gut zuhören kann und auf seine Leute achtgibt. Ich bin aber auch sehr perfektionistisch und zielorientiert, mein Maßstab liegt immer so hoch, dass mein Team springen muss, um ihn zu erreichen – zumindest wurde mir dies mal lachend gesagt. In manchen Bereichen bin ich organisiert, in anderen der absolute Chaot.

Sie sind also perfektionistisch, kümmern sich neben Ihrer Arbeit noch um Ihre Doktorarbeit und besuchen und präparieren Vorträge und Konferenzen in Ihrer Freizeit. Waren Sie vor Bigpoint auch schon so ehrgeizig oder kam das erst mit der eigenen Abteilung?
Das war schon immer so. Ich habe bereits während meiner Schulzeit und meines Studiums immer sehr viel gelernt, da ich auch eigentlich immer meine klaren Ziele hatte. Ich wusste zwar nie so genau, in welche Richtung es mich letztendlich drängen wird, aber wenn ich mir etwas vorgenommen hab, dann hab ich das auch durchgezogen. Im Beruf war das dann ähnlich. Ich habe die Chance bekommen, hier etwas aufbauen und mir vorgenommen das in zwei Jahren zu schaffen. Das war vielleicht etwas blauäugig, aber ich zieh das dann auch durch. Letztendlich habe ich es in zwei Jahren und zwei Monaten geschafft. Ich war schon ein kleiner Streber, kann man so sagen.

Was planen Sie für Ihre weitere Zukunft? Sehen Sie Ihren Job weiterhin in der Games-Branche?
Erst mal bleibe ich hier für ein paar Jahre, wer weiß, was danach kommt. Momentan ist Mobile eines meiner Hobbys, da bleibe ich auch auf jeden Fall auf dem Laufenden. Als die ersten tollen Smartphones herauskamen mit den ganzen neuen Möglichkeiten, wie Touch-Interaktion, war ich davon total fasziniert. Vielleicht werde ich das irgendwann mal zu meinem Beruf machen, aber momentan sind es die Spiele und es bleiben auch erst mal die Spiele.

Was wird sich Ihrer Meinung nach in fünf Jahren maßgeblich in der Industrie verändert haben?
Wenn wir mit einer rasanten Entwicklung voranschreiten, dann werden wir hoffentlich ganz viele neue Interaktionsmöglichkeiten haben, wahrscheinlich noch mehr mit Touch-Funktionen und das nicht nur auf kleinen Geräten, sondern auch

auf großen Bildschirmen und dergleichen. Die Richtung, die Wii und Kinect einschlagen, wird noch viel weiter ausgebaut werden, da werden sich auch ganz neue Möglichkeiten eröffnen. Spiele werden grafisch und inhaltlich anspruchsvoller, zumindest wünsche ich mir das. Ich könnte mir dann auch vorstellen, dass es so in zehn, zwanzig Jahren mal konkret in die Richtung virtueller Welten geht. Das sind aber alles Wunschgedanken.

Worauf freuen Sie sich am meisten bei der Technologie, die auf uns zukommt?
Also, die Touchscreens aus Minority Report wären schon eine ziemlich coole Interaktionsmöglichkeit. Ich hoffe, dass die Interaktion generell noch immersiver wird, sodass man ein ganz anderes Erlebnis in einer virtuellen Welt hat, das auch viel mehr direkte Interaktion zwischen Mensch und Computer erfordert. Es soll noch aktiver werden, weg vom klassischen Mouse-Keyboard-Setup, das fände ich am spannendsten.

Darauf sind wir auch sehr gespannt. Vielen Dank für das nette Interview.
Unter Mitarbeit von: Sonia Kampel und David Windrich

> **Kurzvita**
> - Geboren 1984, wohnhaft in Hamburg
> - 2005 bis 2009 Studium Digitale Medien an der Universität Bremen (Bachelor)
> - 2009 bis 2010 Masterstudium an der University of Nottingham in dem Bereich Interactive Systems Design
> - 2010 bis 2012 Mitarbeiterin in der User Experience bei Bigpoint
> - Seit 2013 Leiterin der User Experience Abteilung bei Bigpoint
> - Seit 2012 Dissertationsprojekt zum Thema „Remote User Testing for Mobile Applications"

2.2.2 Interview mit Wiebe Fölster, Business Analyst
„Ich will praxisnah arbeiten."

InnoGames – Hamburg, 28.11.2012

Foto: Privat

Liebe Frau Fölster, können Sie uns zu Beginn des Interviews kurz die Stationen Ihres beruflichen Werdegangs schildern?
Nach dem Abitur 2000 habe ich zunächst Verlagskauffrau in einem Zeitschriften- und Zeitungsverlag hier in Hamburg, dem Axel Springer Verlag, gelernt. Während meiner Ausbildung habe ich mich entschlossen, ein Studium anzuhängen. Ich habe dann noch ein halbes Jahr nach der Ausbildung im Zeitschriftenvertrieb gearbeitet. Für ein Studium habe ich mich entschieden, weil ich schon vor der Ausbildung darüber nachgedacht hatte und die Ausbildung mich darin bestärkt hat. Ich hatte das Gefühl, nur mit einer Ausbildung keine spannenden Aufgaben erhalten zu können und nicht so viel erreichen zu können. Außerdem wollte ich mich weiterentwickeln, noch mehr lernen und vielleicht auch irgendwann in eine Position mit mehr Verantwortung kommen. Deshalb habe ich anschließend angefangen, in Jena Medienwissenschaft mit den Nebenfächern Wirtschaftswissenschaften und Germanistik zu studieren. Im Studium habe ich Vorlesungen und Seminare zum Thema Computerspiele besucht und fand das sehr interessant. Nach meinem Abschluss war ich zunächst ein Jahr an der Universität Paderborn als wissenschaftliche Mitarbeiterin beschäftigt. Während dieser Zeit habe ich an einem Projekt über die Computerspieleindustrie mitgearbeitet. Nach diesem Jahr habe ich 2010 bei In-

noGames in Hamburg angefangen, zunächst als Licensing Managerin und jetzt bin ich in der Business-Analyse.

Wie kam es, dass Sie sich für Jena als Studienort entschieden haben?
Ich hatte mir mehrere Orte angeguckt, an denen man Medienwissenschaft studieren kann, und in Jena hat mir sowohl das Studienangebot als auch die Stadt sehr gut gefallen. Ich habe mich bei mehreren Universitäten beworben und hatte auch mehrere Plätze zur Auswahl, aber in Jena kam als erstes die Zusage. Bei der Wahl der Universität war mir wichtig, dass das Studium nicht zu kulturwissenschaftlich ist, also mehr einen sozialwissenschaftlichen Charakter hat, und das war in Jena der Fall. Außerdem war mir wichtig, dass ich Wirtschaftswissenschaften als Nebenfach wählen konnte.

War es ein lang gehegter Wunsch von Ihnen, in die Spieleindustrie zu gehen?
Nein, der Wunsch ist in der Zeit des Studiums aufgekommen. Ich komme ja aus dem Print-Bereich und habe eigentlich auch lange den Wunsch gehegt, dort weiterzuarbeiten. Doch ich würde sagen, dass die Print-Branche als „altes Medium" nicht mehr so interessant ist.

Inwiefern hat die wirtschaftswissenschaftliche Ausrichtung Ihres Studiums dazu beigetragen?
Die wirtschaftliche Ausrichtung hat mir geholfen, um z. B. Business-Modelle zu verstehen und einen Business-Plan für ein Projekt schreiben zu können. Außerdem, um strategisch zu denken. Viel hat mir auch mein sozialwissenschaftliches Studium geholfen, einfach um Statistiken lesen zu können und Spielereinstellungen verstehen zu können. Das Spezielle an den Medien ist ja, dass sie keine Industrieprodukte sind, sondern dass es um Inhalte geht. Und um diesen Spagat zwischen Inhalt und betriebswirtschaftlicher Seite zu verstehen, da hat mir mein medienwissenschaftlicher Blick am meisten geholfen. Manchmal ist es ein Gegensatz; denn man möchte natürlich ein inhaltlich gutes Produkt haben, auf der anderen Seite muss es sich auch rechnen, und das arbeitet manchmal gegeneinander. Ich glaube, reine Betriebswirtschaftler verstehen das nicht, weil sie die Inhalte nicht verstehen. Und Leute, die nur mit der Entwicklung der Inhalte zu tun haben, tun sich manchmal schwer, die Business-Seite zu verstehen.

Gab es besondere Momente oder Vorbilder, die dazu geführt haben, dass Sie jetzt in der Games-Branche gelandet sind?
Ja, zu den Schlüsselmomenten gehörten die schon genannten Vorlesungen zur Computerspielindustrie, die ich bei Prof. Dr. Müller-Lietzkow in Jena hatte. Bei

ihm habe ich dann später in Paderborn auch gearbeitet. Das war mein Eintritt in die Computerspielindustrie. Vorbilder hatte ich aber eigentlich nicht. Ich kannte vorher niemanden, der in der Computerspielindustrie gearbeitet hat. Es war mehr eigenes Interesse und Prof. Dr. Jörg Müller-Lietzkow, der das ganze Seminar bestärkt hat und betont hat, dass das ein interessanter Markt sei.

Sie haben an der Uni Jena als Game Designerin am „Edu-Shooter" gearbeitet, einem Lernspiel auf Basis eines Ego-Shooters. Welchen Einfluss hatte dieses Projekt auf Ihren weiteren Berufsweg?
Es hatte insofern Einfluss, als dass es mich darin bestärkt hat, dass es sehr interessant ist, mit Spielen zu arbeiten. Das Interesse an der Branche war aber schon vor diesem Projekt da, denn sonst hätte ich nicht teilgenommen. Das Projekt war insofern hilfreich, um einen Einblick in die Arbeit eines Entwicklungsteams zu bekommen und wie so ein Projekt für die Spieleproduktion funktioniert. Aber es war jetzt nicht das Ausschlaggebende für meinen weiteren Berufsweg.

Hat es Sie darin bestärkt, dass die Spielebranche auch als Arbeitgeber eine Perspektive bietet?
Vielleicht, da es ein spannendes Projekt war, wobei ich nie vorhatte beruflich in Richtung Produktion zu gehen. Ich hätte mich nicht als Game Designer beworben, auch wenn die Aufgabe im Projekt sehr interessant war. Ich war schon zu dem Zeitpunkt eher an der betriebswirtschaftlichen oder organisatorischen Seite der Spielentwicklung interessiert. Zudem war es ein Studentenprojekt; es hatte mit der Wirklichkeit in einem Entwicklungsunternehmen nicht so viel zu tun. Aber es hat auf jeden Fall mein Verständnis für den Produktionsprozess verbessert.

Weiter ging es nach der Station an der Uni Paderborn als Project Manager Licensing bei InnoGames. Wie kam es, dass Sie jetzt hier sind?
Während meiner Arbeit an dem Projekt über die digitale Spielebranche an der Universität wurde mir klar, dass ich eher praxisnah arbeiten will. Der Hochschulbetrieb war mir zu theoretisch und eine Doktorarbeit hatte ich auch für mich ausgeschlossen. Es war dann auch der richtige Entschluss in die Industrie zu wechseln und so bin ich dann bei InnoGames gelandet.

Was haben Sie sich von einem Beruf in der Spielebranche versprochen?
Ich hatte gehofft, dass die Arbeit abwechslungsreich ist, weil die Branche so dynamisch ist und sich sehr schnell verändert, und das hat sich auch bestätigt. Viel wusste ich vorher nicht über den Umgang in der Branche, aber ich hatte gehofft, dass es interessant wird. Es geht locker zu, weil es eine relativ junge Branche ist. Es macht schon Spaß in der Medienbranche bzw. Computerspielbranche zu arbeiten.

2.2 „Neue" Spielebranche: Online- und Browsergame-Anbieter

Gab es von Ihrer Seite irgendwelche Bedenken, in die Branche zu gehen?
Am Anfang hatte ich Bedenken, ob ich einen Einstieg finde, weil ich noch keine Branchenerfahrung im Sinne von Praktika hatte. Außerdem ist man als Nicht-Entwickler und Nicht-Online Marketing Manager natürlich ein bisschen eingeschränkt, was die Berufsaussichten angeht, jedenfalls, wenn man sich nur Stellenanzeigen anschaut. Da fragt man sich natürlich schon, wie die weiteren Aufstiegsmöglichkeiten sind, aber das wird sich sicherlich finden. Durch die Onlinespiele gibt es ja auch einige relativ neue Berufsfelder, z. B. im Bereich der Analyse.

Was war konkret Ihr Aufgabenbereich als Project Manager Licensing bei InnoGames?
Meine Aufgabe war, für InnoGames interessante Onlinespiele zu finden. Meine Kollegen und ich haben Onlinespiele und Entwicklungsstudios gescreent, vor allem aus dem asiatischen Markt, die wir für den europäischen Markt lizensieren wollten. InnoGames entwickelt selber Spiele, kann aber auch Spiele von anderen veröffentlichen. Wir haben viele Anfragen bekommen, sowohl von Konzepten als auch von fertigen Spielen. Diese haben wir dann bewertet und zum Teil gespielt. Ich bin auch sehr viel auf Messen gegangen und habe mir dort die Spiele angeguckt, die für uns interessant sein könnten. Der Arbeitsalltag bestand daraus, mit Entwicklern in Kontakt zu bleiben, zu prüfen, ob sich ein Spielprojekt für uns lohnen würde, und auch aus dem Aushandeln von Verträgen. Ich hatte viel Kontakt mit asiatischen Entwicklern; meine Alltagssprache war daher Englisch.

Seit März 2012 sind Sie Business Analyst bei InnoGames. Wie kam es zu dem Wechsel?
Das entstand aus einem persönlichen Gefühl heraus auf der Stelle zu treten. Das Licensing-Geschäft hat Spaß gemacht, aber es gab einen Punkt, wo ich dachte, ich lerne nicht mehr, ich komme nicht mehr weiter. Dann habe ich mich umgeguckt und der analytische Aspekt beim Licensing hat mir schon immer am meisten Spaß gemacht, etwa die Wettbewerbs- und Zielgruppenanalysen, den Medienmarkt verfolgen und schauen, was die Trends sind. Als schließlich bei InnoGames die Business-Analyse neu aufgebaut wurde, habe ich den Wunsch geäußert, dass ich wechseln möchte und es hat geklappt.

Was hat Sie an der neuen Position gereizt?
Im ersten Moment war es allein schon interessant, dass es etwas Neues war und dass es versprach sehr abwechslungsreich zu werden. Ich schaue mir projektweise die Entwicklungen im Online- und Mobile-Spiele-Markt an oder wie die Wettbewerbssituation für InnoGames aussieht. Es ist spannend, die strategischen Entscheidungen vorzubereiten, indem man analysiert, was InnoGames jetzt macht und was das Unternehmen in Zukunft machen könnte.

Wie sieht Ihr Aufgabenbereich in der aktuellen Position als Business Analyst aus?
Wie schon gesagt, betreibe ich viel Marktrecherche. Typische Fragen sind die nach dem Marktpotenzial von Computer- und Mobile-Spielen oder zu schauen, wie sich einzelne internationale Märkte entwickeln. Neben der Recherche bereite ich Präsentationen für das Management oder andere Stakeholder im Unternehmen vor und zeige verschiedenen Handlungsoptionen auf. Auf die Art bereite ich strategische Entscheidungen für InnoGames' Zukunft vor. Dafür beobachte ich alle relevanten Entwicklungen außerhalb von InnoGames und wie wir uns in diesem Umfeld bewegen.

Schauen Sie sich nur solche Spiele an, die potenziell für InnoGames interessant sind, oder analysieren Sie auch die vom Unternehmen entwickelten Spiele hinsichtlich ihrer Potenziale?
Für den mikroperspektivischen Blick auf ein einzelnes Spiel nutzen wir die Game-Analyse. Mein Blick ist eher zukunftsgerichtet und nach außen. Ich beschäftige mich zurzeit mit Fragen, inwiefern InnoGames Optimierungspotenziale nutzen kann, um unsere Marktposition zu verbessern.

Wie sieht ein typischer Arbeitstag von Ihnen aus?
Das ist ganz unterschiedlich, aber meistens lese ich erst einmal verschiedene Newsletter und Newsseiten, um zu wissen was in der Branche passiert. Dann recherchiere ich zu einem bestimmten Thema, auf das wir uns gerade fokussieren, etwa Mobile. Außerdem werte ich Studien und Daten aus, bereite Präsentationen vor und halte Meetings mit anderen Bereichen ab, die von mir Informationen wollen. Das Spannende ist, dass der Fokus immer auf anderen Themen liegt und ich mich ständig mit neuen Informationen beschäftige.

Wenn Sie das letzte Jahr Revue passieren lassen, was waren für Sie die Höhepunkte in Ihrem Job?
Zum einen ist die gamescom immer ein Höhepunkt, weil man dort viele Leute persönlich trifft, die man sonst nicht sieht. Messen bedeuten immer viel Stress, aber auch sehr viel Spaß. Tagsüber hat man die Termine, aber abends betreibt man dann viel Networking und Socializing. Vor allen Dingen sieht man andere Leute, spricht miteinander und erfährt viele Neuigkeiten. Ansonsten ist es ein Höhepunkt meiner Arbeit, wenn man ein Projekt erfolgreich abgeschlossen hat und wieder mit etwas Neuem anfangen kann. Diese kleinen Erfolgserlebnisse. Daneben war der Wechsel meines Aufgabenbereiches zur Business-Analyse ein Höhepunkt: einmal, da ich mich persönlich weiterentwickeln kann und zum zweiten, da mir meine Vorgesetzen gezeigt haben, dass sie Vertrauen in meine Arbeit haben.

2.2 „Neue" Spielebranche: Online- und Browsergame-Anbieter

Können Sie uns von Ihrem schönsten Erlebnis in Ihrem Job erzählen?
Eines der schönsten Erlebnisse war sicherlich das erste Mal nach Korea zu fliegen und dort an einer Messe teilzunehmen. Das war für mich eine ganz neue, spannende Erfahrung und auch eines der schönsten Erlebnisse. Überhaupt die Erfahrung Kontakte mit Entwicklern auf der ganzen Welt zu knüpfen, hat mir gerade zu Anfang meiner Tätigkeit im Licensing sehr gefallen.

Was begeistert Sie an Ihrem Job am meisten?
Wie schon gesagt, ist die Abwechslung in meiner Tätigkeit hinsichtlich der Themen motivierend und dass immer neue Aufgaben dazu kommen. Zum anderen ist die Lockerheit der Branche sehr angenehm, z. B. dass man keinen Anzug trägt und dass sich meistens geduzt wird. Das Klima am Arbeitsplatz ist entspannt, da viele junge Leute bei InnoGames arbeiten. Auch die Dynamik der Branche ist toll, da sich viel sehr schnell ändern kann.

Gibt es etwas in der Branche, dass man nur mit Humor ertragen kann?
Ja, solche Dinge gibt es wohl überall. Eine Sache, die mich manchmal nervt, ist das Frauenbild der Branche, vor allem wenn es um die Darstellung weiblicher Charaktere im Spiel oder z. B. bei Werbemaßnahmen geht. Auf den Messen gibt es an den Spieleständen die „Messe-Babes" und blöde Sprüche und das muss man schon ignorieren oder mit Humor tragen. Wobei ich glaube, je mehr Frauen in die Spielebranche kommen, desto mehr harmonisiert sich das auch.

Gibt es vielleicht auch etwas, dass Ihnen nicht so gut gefällt?
Ja, es gibt im Arbeitsalltag immer Momente, in denen einem etwas nicht so gut gefällt. Aber ich glaube das ist nichts Branchenspezifisches. Natürlich gibt es stressige Momente, wenn zum Beispiel ein Managermeeting ansteht, aber das gehört auch mal dazu.

Wie empfinden Sie Ihre Work-Life-Balance?
Da kann ich nicht meckern, das funktioniert ganz gut. In meiner Abteilung ist es nicht so, dass man bis zehn Uhr abends im Büro sitzt, sondern man hat schon vernünftige Arbeitszeiten. Natürlich hat der Beruf auch Auswirkungen auf das Privatleben, insofern, dass man auch privat darüber redet, mit Freunden oder mit dem Partner, aber das ist wie bei jedem anderen Beruf auch.

Was sagt Ihr Umfeld zu Ihrem Job in der Spielebranche?
Ich glaube, viele verstehen nicht so richtig, was ich bei InnoGames eigentlich mache oder sogar was InnoGames überhaupt macht – weil ihnen das Konzept der Onlinespiele noch fremd ist und sie selber keinen Zugang zu digitalen Spielen haben.

Da muss man natürlich mit den Vorurteilen kämpfen, dass wir hier den ganzen Tag nur Games spielen und Spaß haben. Das war vor allem so, als ich noch im Licensing war und viele Spiele testen musste. Aber zum größten Teil ist meine Arbeit als normaler Beruf akzeptiert.

Spielt auch Ihre Familie oder Ihr Freundeskreis?
Ich habe früher viel mit meinem Bruder gespielt, mittlerweile nicht mehr. Mein Freund kommt auch aus der Branche, da ist das natürlich ein Thema; aber sonst im Bekanntenkreis eigentlich gar nicht.

Spielen Sie selbst?
Ja, ich spiele vor allem PC- und Onlinespiele, wobei ich mich jetzt nicht als Hardcore-Spieler bezeichnen würde, eher als Gelegenheitsspieler. Wenn man in der Spielebranche arbeitet, hilft es immens, auch zu spielen, weil man die Materie dann einfach viel besser versteht.

Haben Sie als Kind oder Jugendliche auch schon Computer- oder Videospiele gespielt?
Ja, ich habe schon immer gespielt. Meine ersten Spiele waren „Moon Patrol" auf dem C64 und „Summer Games", die habe ich in meinem Kinderzimmer mit einem sehr alten Joystick, der nicht immer gemacht hat, was er sollte, gespielt. Den C64 haben meine Eltern angeschafft, damit wir lernen, damit umzugehen. Auch später auf den nachfolgenden PCs habe ich immer wieder neue Spiele entdeckt. Ich bin ein reiner PC-Spieler, kein Konsolenspieler.

Was hat Ihnen an Ihren ersten Spielen gefallen?
An „Summer Games" hat mir gefallen, dass es verschiedene Sportarten gab und dass man es auch im Multiplayer spielen konnte. „Moon Patrol" war spannend, weil man immer versucht hat, möglichst noch ein Stück weiter zu kommen. Im Spiel steuert man einen Panzer und muss über Berge und Kuhlen springen und wird dabei von Außerirdischen angegriffen.

Spielen Sie heute anders als in Ihrer Jugend?
Ja und nein. Zum einen spiele ich immer noch gerne Aufbauspiele und Adventures. Zum anderen versucht man aus professioneller Sicht, hinter die Spiele zu gucken. Ich spiele natürlich auch vieles nicht aus Spaß, sondern um ein Verständnis für die Spiele zu bekommen und um zu schauen, was Wettbewerber gerade auf den Markt bringen und vorhaben. Da achtet man mehr auf die Spielmechanik und die Monetarisierung. Privat spiele ich schon eher Casual Games und Adventures, weil für mehr dann auch die Zeit fehlt.

Haben Sie ein Lieblingsspiel?
Als Lieblingsspiele würde ich die ersten beiden „Baphomets Fluch"-Teile bezeichnen. Mir gefällt besonders die Mischung aus Geschichte, Witz und den Rätseln. Ich habe vor kurzem erst wieder die neue Mobile-App-Version der Spiele gespielt.

Wenn Sie an den Begriff „Spiel" denken, was fällt Ihnen dazu spontan ein?
Spaß, Freizeit, Vergnügen und Zeitvertreib. Dass man sich auf eine angenehme Art und Weise beschäftigen kann.

Computer- und Videospiele hatten lange Zeit eher ein negatives Image, etwa, dass sie nur etwas für Kinder sind. Was halten Sie von solchen Aussagen?
Viele Spiele sind sicherlich nichts für Kinder, da sie sehr komplex, anspruchsvoll und auch vom Inhalt her nicht entsprechend ausgelegt sind. Aber die meisten Spiele verdienen auch nicht das negative Image der „Killerspiele", weil es nur ein Bruchteil ist, der wirklich gewalthaltig und moralisch fragwürdig ist. Diesem Teil wird aber sowohl in der Werbung als auch in der Presse ein besonderes Augenmerk geschenkt.

Würden Sie sagen, dass sich das Image der Spiele verändert hat?
Ja, vielleicht ein bisschen. Vor allem dadurch, dass es jetzt Facebook-Spiele und andere Onlinespiele gibt, die ein relativ einfaches Spielprinzip verfolgen. Dadurch, dass diese Spiele immer mehr Leute spielen, ist es normaler geworden sich mit digitalen Spielen zu beschäftigen. Der Trend wird sich durch Mobile Gaming sicherlich fortsetzen.

Welche Potenziale haben digitale Spiele, kann man mit ihnen zum Beispiel etwas lernen?
Ja, ich glaube die Motivation, etwas zu lernen, kann durch Videospiele angeregt werden. Man kann lernen, Muster zu erkennen und bei manchen Spielen kann man sein Reaktionsvermögen trainieren. Gerade bei Adventures lernt man in Zusammenhängen zu denken und sich auch auszuprobieren und kreativ zu denken. Ob Spiele geeignet sind in der Schule Lernstoff zu vermitteln, hängt dagegen sehr von der Machart des Spiels ab. Bei einem Spiel muss der Spielspaß im Vordergrund stehen, sonst mögen Kinder das nicht und lernen auch nichts dabei.

In Studien findet man häufig die Aussage, dass Frauen und Männer unterschiedliche Spiele bevorzugen. Wie erklären Sie sich das?
Da gibt es sicherlich eine Vielzahl von Erklärungen. Eine Erklärung wäre die Sozialisation, also dass Jungen und Mädchen immer noch anders erzogen werden und deshalb verschiedene Dinge und Aktivitäten mögen. Ich möchte jetzt nicht

zu sehr auf die Frage eingehen, denn ich glaube, man generalisiert da zu viel. Es gibt Frauen, die spielen genauso wie Männer. Wenn man in Foren guckt, sind diese Frauen immer sehr wütend, wenn man ein Spiel als Frauenspiel bezeichnet, weil sie solche Spiele selber nicht spielen würden. Aber es ist schon so, dass viele Frauen anders spielen als Männer. Es ist Fakt, dass Frauen eher Casual-Spiele oder friedlichere Spiele im Allgemeinen bevorzugen, dass sie es eher als Zeitvertreib sehen und Männer dagegen eher kompetitivere Spiele spielen. Warum das so ist, das ist wiederum eine ganz andere Frage.

Derzeit wird eine Frauenquote in Unternehmen diskutiert. Was meinen Sie dazu?
Eine Frauenquote hat Vor- und Nachteile. Ob das handhabbar ist, weiß ich nicht. Klar ist der Anteil der Frauen in der Spieleindustrie noch sehr gering, das müsste sich ändern. Flexible Arbeitszeiten sind natürlich immer toll, gerade wenn man Kinder hat und das sollte man auch unterstützen, aber nicht nur in der Spieleindustrie, sondern insgesamt. Und ich glaube, in der Spieleindustrie ist es in einigen Bereichen auch sehr gut machbar.

Haben Sie mehr männliche als weibliche Kollegen?
Also bei uns im Analytics-Team ist es ausgeglichen, wir bestehen aus vier Personen. Aber insgesamt, gerade im Entwicklungsbereich, sind Frauen sehr unterrepräsentiert. Ich würde sagen insgesamt kommen wir auf eine Quote von zehn bis 20 % Frauen.

Haben Sie den Eindruck, dass Sie als Frau besondere Hürden überwinden mussten?
Ich persönlich glaube nicht, dass ich besondere Hürden nehmen musste. Ich glaube, Entwicklerinnen und Game Designerinnen könnten es schwerer haben als ihre männlichen Kollegen, weil diese Bereiche eher männlich dominiert sind als zum Beispiel administrative Bereiche. Auf Messen passiert es schon mal, dass man als Frau als Standpersonal oder Assistentin abgestempelt wird, da muss man sehr selbstbewusst auftreten.

Wird man als Frau eher als Exotin wahrgenommen?
Definitiv. Aus meiner Erfahrung heraus werden die paar Frauen, die es im Entwicklungsbereich gibt, dann auch immer wieder als positives Beispiel genommen wie fortschrittlich das Unternehmen ist. Ich persönlich kenne jetzt auch sowohl bei InnoGames als auch in der Branche nicht viele Frauen, die tatsächlich Entwickler oder Game Designer sind. Im administrativen Bereich, wie Marketing oder auch bei uns in der Analyse, ist es schon ein wenig anders, da gibt es anteilig mehr Frauen und es sind diese Abteilungen, die als eher frauenaffin wahrgenommen werden.

2.2 „Neue" Spielebranche: Online- und Browsergame-Anbieter

Was meinen Sie, entwickeln Frauen andere Spiele als Männer?
Das weiß ich nicht. Ich könnte mir vorstellen, dass Frauen teilweise einen anderen Blick auf Spiele haben. Tendenziell würde ich vermuten, dass es bei den Frauen nicht ganz so gewalttätig wird, wobei es auch Frauen gibt, die Ego-Shooter mögen.

Würden Sie Frauen einen Beruf in der Spieleindustrie empfehlen?
Ja, denn es handelt sich um eine junge, dynamische Branche, man hat viele Möglichkeiten und die Leute sind nett. Wenn man in die Branche gehen will, sollte man sich nicht davon abhalten lassen, dass sie von Männern dominiert wird.

Meinen Sie, die Rolle von Frauen in der Spieleindustrie wird sich in den nächsten Jahren noch verändern?
Das kann ich mir gut vorstellen. Es kommt immer darauf an, wie sich die MINT-Fächer insgesamt entwickeln, also wie viele Frauen tatsächlich Informatik studieren und Interesse daran haben. Ich glaube, dass es einen positiven Effekt haben wird, wenn mehr Frauen in die Spieleindustrie kommen.

Sie sind ja schon eine Weile in der Branche tätig. Gibt es bestimmte Trends, die Sie in dieser Zeit beobachtet haben?
Ich glaube, dass sich die Branche immer mehr professionalisiert. Wir sind in den letzten Jahren immens gewachsen und so geht es anderen Startups auch. Es werden mehr Leute auf einem qualifizierteren Level gesucht, deshalb ist der Einstieg nicht mehr ganz so einfach.

Haben Sie einen Tipp für junge Leute, die ihr Glück in der Spielebranche suchen wollen?
Wenn man in die Spielebranche will, sollte man spielen und versuchen, ein Spiel zu verstehen, also hinter das Spiel gucken, und so früh wie möglich versuchen, Kontakte aufzubauen. Praktika sind immer noch der Klassiker, aber man sollte sich da nicht ausbeuten lassen. Ich glaube, das ist ein guter Einstieg, um für sich herauszufinden, was man eigentlich möchte.

Wenn Sie sich Ihre eigene Berufsbiografie noch einmal vor Augen führen, gibt es da etwas, das Sie heute anders machen würden?
Nicht unbedingt. Man hätte sich noch früher für ein Praktikum entscheiden können, aber ich würde jetzt nichts grundlegend anders machen.

Was planen Sie für Ihre eigene berufliche Zukunft?
Konkret kann ich da im Moment nichts zu sagen, mein Aufgabenbereich hat sich ja gerade erst verändert. Aber ich plane schon, in der Branche zu bleiben, weil es spannend ist. Ich warte jetzt erst mal ab, wie es sich weiterentwickelt.

Wir hätten auch noch eine persönliche Frage an Sie: Wie würden Sie sich charakterisieren?
Ich würde mich als jemanden beschreiben, der neugierig ist und gerne über alle relevanten Themen Bescheid weiß. Ich behalte gerne den Überblick.

Bitte vervollständigen Sie zum Schluss kurz folgende Sätze für uns: Ich mag an meinem Beruf ...
... dass er so abwechslungsreich ist.

Für die Zukunft der Branche wünsche ich mir ...
... dass es so positiv weiterläuft wie bisher.

Frau sein in der Gaming-Branche bedeutet für mich ...
... einer Minderheit anzugehören [lacht].

Ich habe an dem Interview teilgenommen, weil ...
... ich das Projekt unterstützen wollte.

Unter Mitarbeit von: Felix Helm

Kurzvita
- Geboren 1981, wohnhaft in Hamburg
- 2000 bis 2003 Ausbildung zur Verlagskauffrau in Hamburg beim Axel Springer Verlag und anschließende Tätigkeit als Disponentin beim Axel Springer Verlag
- 2003 bis 2008 Studium der Medienwissenschaft mit den Nebenfächern Wirtschaftswissenschaften und Germanistik an der Universität Jena. Thema der Abschlussarbeit „Webnutzung 2.0: Zum Zusammenhang zwischen Nutzungsmotivation und Auswahlverhalten im World Wide Web"
- 2009 bis 2010 wissenschaftliche Mitarbeiterin an der Universität Paderborn
- 2010 bis 2012 Project Manager Licensing bei InnoGames in Hamburg
- Seit 2012 Business Analyst bei InnoGames in Hamburg

2.2.3 Interview mit Gitta Blatt, Head of Human Resources
„Show me someone with passion!"

Wooga – Berlin, 23.11.2012

Foto: Privat

Sehr geehrte Frau Blatt, können Sie uns zunächst die verschiedenen Stationen Ihrer Berufsbiografie darlegen und erzählen, wie Sie letztendlich zur Games-Branche gekommen sind?

Ich bin schon während der letzten 18 Jahre in der Web- und Entertainment-Branche unterwegs. Begonnen habe ich mit dem privaten Pay-TV-Sender Premiere. Dort war ich unter anderem für die Mitarbeiterauswahl in der TV-Sport-Produktion zuständig. Der Fokus des Senders lag auf Live-Übertragungen von u. a. Bundesliga, Champions League und Wimbledon. 1998 habe ich von Premiere zu AOL gewechselt. AOL war Gesellschafter von Premiere, so kam der Kontakt. Dort ging es zunächst darum, AOL als Internetplattform für Deutschland aufzubauen. Durch Content-Angebote von Sport über Musik-Downloads bis hin zu Games, wuchs AOL nicht nur als Mail-Dienst, sondern auch als Content-Provider schnell von 60 Mitarbeitern auf gut 600 in circa 15 Monaten. Am Ende habe ich AOL zwölf Jahre begleitet, die letzten Jahre dann als Personalleiterin. Der Wechsel zu Bigpoint war für mich dann der Schritt in den Gaming-Bereich. Eigentlich zufällig, da der CFO aus gemeinsamer Zeit bei AOL mich anrief. Es ging wieder um eine stark wachsende Branche, die den Trend online zu spielen mit prägen möchte.

Um unseren Wooga Geschäftsführer und Gründer Jens Begemann zu zitieren, sind wir fest davon überzeugt, dass Spielen in jeder Altersphase ein menschliches

Grundbedürfnis ist. Wir spielen als Kinder genauso wie als ältere Menschen. Die Art zu spielen unterscheidet sich, aber der Bereich der Onlinespiele gerade auf mobilen Devices oder in Social Communities (Facebook) wächst stark. Vor knapp vier Jahren habe ich die Personalleitung bei Bigpoint übernommen. Zu dem Zeitpunkt hatte Bigpoint 170 Mitarbeiter. Innerhalb von zwei Jahren haben wir Bigpoint dann auf knapp 1.000 Mitarbeiter entwickelt. Bigpoint war zu dem Zeitpunkt größter Browsergames-Hersteller der Welt. Das Thema „schnelles Wachstum" bringt aber viele Nachteile mit sich. Aspekte wie gutes Teamplay, Kommunikation und verantwortungsvolles Miteinander verkraften nur ein bestimmtes Tempo an „Change" und Veränderungen im Wachstum. Die Balance ist schwer zu finden. Heute glaube ich, dass eine junge Organisation, die sich starker internationaler Konkurrenz stellen muss, nicht mehr als eine Verdopplung pro Jahr verträgt – vorausgesetzt, man möchte langfristigen Erfolg erzielen. Im Dezember 2011 zog es mich dann nach Berlin zu Wooga. Letztes Jahr habe ich das Team auf 18 Personal Manager und Recruiter ausgebaut. Wooga sind Innovationen wichtig, auch im Personalbereich. Das Miteinander und die Talentauswahl stehen für Jens Begemann und Philipp Möser, die zwei Founder, im Fokus. Wichtig ist uns, mit Wooga weiterhin internationale Talente auf allen Kontinenten zu finden, die zueinander passen und sich gerne umeinander kümmern. Wooga hat heute 40 Nationen an Bord und sie machen mehr als 55 % der Belegschaft aus.

Gab es auch bestimmte Personen, die Sie ermutigt haben? Vorbilder?
Ja, auf jeden Fall. Ich habe in meiner Zeit bei AOL immer noch die Worte von Philipp Schindler im Ohr: „Think Big." Es gehört Mut dazu, an den Erfolg einer Idee zu glauben. Das Ziel ist nur im eigenen Kopf sichtbar. Und mein Freund, Tim Weickert, selbst gerne in Start-Ups tätig, bestärkt mich in Entscheidungen ebenfalls oft mit der Ermahnung: „Tausche nie Träume gegen Sicherheit ein." Heißt: Es ist ein größeres Risiko einen Traum von klein auf aufzubauen, als eine existierende Welt zu verwalten. Dahinter stehen ganz andere Aufgaben.

Was waren Ihre Erwartungen an Ihre Karriere in der Games-Branche? Und haben sich diese auch erfüllt?
Zusammengefasst ja. Aber erst heute. Es war schon eine Achterbahn der Gefühle, mit guten und schwierigen Erlebnissen, die viel Zeit und Energie brauchten, eine Achterbahn, die zu Lasten anderer Dinge im Leben geht und nicht zwangsläufig zum Erfolg führt. Es bleibt immer die Abwägung, wie viel „ich" man in dieser Lebensphase in die Karriere stecken möchte. Und was heißt Karriere? Berühmt? Zufrieden? Unabhängig? Heute passen der Einfluss, den ich auf Veränderungen und Gestaltungen nehmen kann, und auch die Erwartung an Innovation mit der ich hier konfrontiert werde, in einen Lebensplan, der mich glücklich macht. Auch außerhalb von Wooga kann ich Themen angehen, wie „Frauen in modernen Kar-

2.2 „Neue" Spielebranche: Online- und Browsergame-Anbieter

rieren fördern", „für die Zukunft passende, ganz neue Rollenprofile entwerfen" oder „über die Zukunft der international skalierbaren Organisation" nachdenken. Das ist sehr spannend und ich habe noch viele Ideen.

So wie schon bei Bigpoint, sind Sie auch bei Wooga für die Personalleitung verantwortlich. Gibt es Unterschiede in der Arbeitsweise?
Ja, die gibt es. Bigpoint hat versucht, viel zu regeln und ein hierarchisches Denken war bei einigen Führungskräften sehr ausgeprägt. Das spielt hier keine Rolle. Die Teams sind klein und organisieren sich eigenverantwortlich. Sie müssen Verantwortung übernehmen für Erfolg oder auch Misserfolg. Sie entscheiden autark, in welcher Programmiersprache sie ihre Spieleidee umsetzen oder durch welches Projektmanagement sie sich organisieren. Das braucht großes Vertrauen in die eigenen Experten vom Management und eine Kultur echten Austausches, also Feedback und Mut zum Risiko. Kommunikation und Wissensmanagement stehen im Mittelpunkt und es ist im Management wöchentlich Diskussionsthema, wie das unterstützt und skaliert werden kann. Im Recruiting nehmen sich alle Involvierten sehr viel Zeit für intensive Gespräche, aber auch schriftliche Tests. Kandidaten laden wir ein, eine Zeit mit uns zu verbringen und für ein oder zwei Übernachtungen inklusive Berlin zu erkunden und das Wooga-Studio wirklich kennen zu lernen. Kollegen suchen Kollegen aus und nicht der Manager allein entscheidet.

Jetzt würde uns interessieren, wie Ihr typischer Arbeitstag aussieht. Gibt es überhaupt so etwas wie den „typischen Arbeitstag"?
Es gibt keinen typischen Arbeitstag. Es gibt typische Anker in einer Arbeitswoche. Ich kann aber keinen Tag wirklich „berechnen". Zuhören gehört zu den wichtigen Aufgaben, um zu verstehen, was „Woogas" brauchen, kritisieren oder anregen. Es sind viele Überraschungen dabei und durch circa zwei neue Mitarbeiter bekommt jede Woche auch immer wieder neue Facetten, die es wert sind, überlegt und einbezogen zu werden. Wenn der Mensch im Mittelpunkt steht, gibt es zum Glück wenig Routine. Der Bereich Human Resources ist kein Selbstzweck, sondern Service. Der enge Austausch mit meinem Team stellt einen Anker dar. Ich habe zum Beispiel kein Einzelbüro – niemand bei Wooga hat so etwas. Wir sitzen alle mit unseren Teams zusammen, sind jederzeit ansprechbar und haben keine Türen. Auch Team-Meetings gestalten sich nicht als Monolog, Vortrag oder Briefing, sondern bedeuten vielmehr ein Verstehen, was meine Mitarbeiter bewegt.

Können Sie vielleicht von Ihrem beruflichen Highlight des letzten Jahres berichten?
Es handelt sich da weniger um ein einziges Ereignis, als vielmehr um den Mix an spannenden Menschen, mit denen ich mich auseinandersetzen darf. Die Internationalität in allen Teams, die ich in diesem Ausmaß in einer Organisation noch

nicht erlebt habe, macht mir viel Spaß. Auch, dass mein eigenes Team aus sechs Nationen besteht, ist für mich wichtig und ich lerne viel.

Gibt es auf der anderen Seite Situationen oder Facetten der Games-Branche, die Sie ärgern?
Die Games-Branche ist heute sehr vielfältig und divers. Sie wird aber häufig noch als recht männlich und browsergame-lastig angesehen, wenn man mit Nicht-Gamern spricht. Das ist schade und ärgert mich auch manchmal.

Das Image der Games-Industrie ist nicht immer besonders positiv, wie Sie gerade angedeutet haben. Wie steht Ihr persönliches Umfeld dazu, dass Sie in dieser Branche tätig sind?
Sehr positiv, obwohl ich alles andere als nur Gamer in meinem Freundeskreis habe. Es macht Spaß, wenn Vorurteile durch Ausprobieren und Spielen abgebaut werden. Die meisten meiner Freunde sind der Meinung, dass Spielen kein Job ist und ich es sehr gut habe.

Wie steht es um Ihre Work-Life-Balance?
Ich mag meinen Job und gehöre sicherlich eher zu den Workaholics und es gibt schon intensive Tage, aber es macht Spaß. Insgesamt achten wir darauf, dass es für alle eine gesunde Balance gibt und auf eine Sprintphase eben auch mal wieder eine ruhigere Zeit folgt. Es gilt hier nicht als „chic", regelmäßig gestresst zu sein. Vielleicht ist auch Work-Life-Integration die bessere Formulierung als „Balance". Mein Ventil gegen Belastung ist Sport, ich laufe und tauche gerne. Meine Sportschuhe sind morgens quasi mein Psychotherapeut – abends sind es dann Treffen mit Freunden bei einem Glas Rotwein.

Würden Sie sich wünschen, dass sich daran etwas ändert?
Offen gestanden muss ich sagen, dass es im Moment vielleicht das schönste Jahr ist. Wie das Leben manchmal spielt, ist mein Lebenspartner in derselben Branche tätig. Wir haben also das gleiche Verständnis und viele gleiche Themen, über die wir uns austauschen können. Meine Wurzeln in Hamburg und der Lieblingsjob in Berlin war am Anfang keine leichte Kombination, aber inzwischen möchte ich nicht missen, wie es heute ist. Aber vielleicht können Sie meinen Freund noch nach Berlin holen [lacht].

Spielen Sie selbst? Wenn ja, welche Genres fesseln Sie am meisten?
Ich spiele gerne. Nicht gut, aber gerne. Allerdings haben mich keine Spiele über Jahrzehnte hinweg auf einer Konsole wie Xbox oder Wii begleitet. Zum Online-Spielen bin ich tatsächlich erst vor vier Jahren gekommen, als ich bei Bigpoint ange-

fangen habe. Im Freundeskreis spielen wir auch gerne offline. Die meisten „Spiele des Jahres" kenne ich.

Was war Ihr erstes Spiel? Was hat Ihnen daran besonders gefallen?
Als erstes Onlinegame habe ich „Seafight" gespielt. Herrlich, mal Pirat sein und in der Community mit dem Team Schlachten gewinnen – zumindest manchmal [lacht]. Das hat mir gefallen und mir ist zum ersten Mal klar geworden, dass diese Schlachtfelder rund um die Uhr auf allen Kontinenten bespielt werden.

Haben Sie auch ein Lieblingsspiel? Wenn ja, welches und warum?
Bei Wooga ist es schon seit einiger Zeit „Pearls Peril", ein Hidden-Object-Game, mit einer abenteuerlustigen Pilotin in der Hauptrolle. Das spiele ich täglich. Man braucht gutes Erinnerungsvermögen, es braucht Tempo und man folgt einer Geschichte rund um die Welt – ein gelebter Krimi quasi. Das Storyboard ist auch von einem Hollywood-Autor geschrieben. Probieren Sie es, man kommt schnell rein und spielt es virtuell auch mit Freunden, hilft sich gegenseitig oder spielt vierhändig auf dem iPad.

Um den Bogen nochmal in Richtung Frauen in der Games-Branche zu schlagen: Wird man als Frau in der Branche als Exotin wahrgenommen?
Ja, in der Core-Gaming-Branche sind es weniger Frauen, noch weniger dann in der Führungsetage. Hier bei Wooga trifft das Wort „Exotin" nach meinem Empfinden nicht zu. Wir sind über ein Drittel Wooga-Ladies. Das ist auch wichtig, denn unsere Spiele werden zu 70 % von Frauen gespielt. Und natürlich wünsche ich mir eine noch ausgeglichenere Quote. Wir versuchen auf die guten Karrieremöglichkeiten im Gaming aufmerksam zu machen. Wir unterstützen die „Geekettes" und „Women in Digital Media" sowie andere Netzwerke, die tolle junge Frauen in den Vordergrund stellen. Wir versuchen generell familienfreundlich zu sein, haben einen Babysitter-Notdienst und eine Kita-Kooperation. Schön ist, dass die Wooga-Familien offenbar modern sind und genauso viele Väter wie Mütter die Elternzeit nutzen. Aber am wichtigsten für Frauen, jedenfalls auch für mich, sind das Arbeitsumfeld und die Atmosphäre.

Derzeit wird stark diskutiert, ob man eine Frauenquote in Unternehmen einführen soll. Was halten Sie davon?
Gar nichts. Eine Quote hat nie mit Qualität zu tun und als Frau eine staatlich festgelegte Quote zu erfüllen, ist wohl die größte Beleidigung, die man jemandem antun kann. Ich glaube, durch die Entwicklungen auf dem Arbeitsmarkt kommen wir automatisch zu mehr Einfluss von Frauen. Erstens weil Unternehmen mit Frauen im Management nachweislich erfolgreicher sind und zweitens, weil ohne vernünftige Frauen-Integration nach Familienzeiten viel zu wertvolles Wissenspotenzial

verschenkt wird, um das sich in ein paar Jahren alle prügeln. Und Unternehmen mit Frauen im Management sind nicht besser, weil Frauen besser sind, sondern weil es eben gerade auf die Mischung der Ansichten und Stärken ankommt.

Gibt es Situationen, in denen es von Vorteil ist, als Frau in der Branche zu sein oder ist das eher nicht der Fall?
Unsere Spiele haben viel mit der Kommunikation mit dem Spieler zu tun. Liebevolle Gestaltung, Blick für Details, Geduld, Ausdauer – das kommt Frauen entgegen. Und ein Vorteil ist, dass sich wirklich alle freuen, gemischte Teams zu haben und dass Ladies verwöhnt werden. Es gibt nicht nur Bier im Kühlschrank, sondern eben auch den Piccolo.

Haben Sie den Eindruck, dass man als Frau besondere Hindernisse oder Hürden in der Branche überwinden muss?
Ja. Wir sind noch eine Minderheit. Erst recht die Frauen, die ein erfolgreiches Spiel leiten und darüber entscheiden. Jeder Anfang ist schwer, bis man sich daran gewöhnt hat und es völlig normal ist. Dazu kommt, dass viele Hersteller üppige Busen und knappe Tangas bei ihren Hauptcharakteren bevorzugen. Das muss man schon mögen, an so einem Frauenbild als Frau mitzuarbeiten [lacht]. Aber Glücks- und Sexspiele spielen bei Wooga keine Rolle.

Und können Sie jungen Frauen, die ihr Glück in der Branche suchen, Tipps geben?
Es ist wichtig, Spaß und Leidenschaft rüberzubringen. Es geht nicht darum, jahrelange Erfahrung nachzuweisen, sondern deutlich zu machen, dass man das Talent und die Smartness mitbringt. Potenzial und Überzeugung sind wichtig. Versucht es einfach und probiert Euch aus, es gibt viele neue Job-Profile, die im Entstehen sind und geprägt werden können. Ich halte es für wichtig sich auszuprobieren, seine Träume zu verfolgen und diese zu testen. Man sollte auf jeden Fall engagiert sein und immer bedenken, dass man nur das wirklich gut machen kann, was einem auch Spaß macht. Eine gute Ausbildung und ein gutes Diplom sind ebenfalls wichtig. Die Qualifikationen sind stark von der angestrebten Rolle abhängig. Generell braucht man Ausdauer, Flexibilität, Kreativität, Passion und eine Art von Perfektionismus, der einen antreibt nach immer neuen Wegen und Verbesserungen zu suchen. Man sollte sich gut vernetzen und möglichst viel Erfahrung sammeln. Mein Motto: „Show me someone with passion!"

Glauben Sie, dass Frauen andere Spiele als Männer entwickeln?
Ich glaube nicht. Manchmal produziert man ein Spiel für eine bestimmte Zielgruppe. Dann sind verschiedene Parameter an das Spiel geknüpft. Die haben aber nichts damit zu tun, ob das Spiel von einer Frau oder einem Mann entwickelt wird. Oder man macht ein Spiel aus persönlicher Präferenz. Das kann auch durchaus gegen

den vermeintlich typischen Ansatz „Frauen machen süße Spiele und Männer machen Kampfspiele" gehen.

Was meinen Sie? Wohin geht die zukünftige Entwicklung?
Ich sehe die Zukunft vor allem im Smartphone-Bereich – also Spielen überall, unkompliziert, ohne Maus und Tastatur, sondern per Touchscreen. Im Bereich Social Games wird es wichtig sein, Cross-Plattform spielen zu können, sodass man morgens auf dem Laptop startet, in der Tram auf dem iPhone weiterspielt und in der Mittagspause vielleicht nur das Handy in der Nähe hat, während man auf den Burger wartet. Hohe Qualität wird wichtig sein. Wenn man berücksichtigt, dass jede Woche 4.000 neue Smartphone-Spiele weltweit auf den Markt kommen, wird sich nur Qualität und wirkliche Innovation durchsetzen.

Wenn Sie heute auf Ihre Berufsbiografie zurückblicken, würden Sie etwas anders angehen?
Rückblickend würde ich einige Entscheidungen zu Veränderungen zum Teil mutiger und radikaler treffen und die Neugier bei Themen, die mir Spaß machen, noch intensiver nachgehen. Aber Vieles war richtig, wie es war, und im Rückblick ist Einiges leicht gesagt. Aber wichtig ist ja das Lernen daraus und schön ist, wenn man im Rückblick lacht und nichts bereut.

Was planen Sie für Ihre berufliche Zukunft?
In den kommenden Jahren möchte ich meinen Teil dazu beitragen Wooga richtig erfolgreich und zu einem international erfolgreichen und langfristig relevanten Player zu machen. Das will ich zusammen mit Menschen machen, die Spaß haben und mit ihrer Arbeit und dem Erfolg glücklich sind.

Käme für Sie auch ein Job außerhalb der Games-Branche infrage?
Grundsätzlich ja, ich bin kein Game-Designer und die Human-Resources-Erfahrungen sind auch in anderen Branchen einsetzbar und übertragbar. Im Moment kann ich es mir aber nicht vorstellen.

Würden Sie Ihr Aufgabenfeld verlagern, um dadurch in der Games-Branche bleiben zu können?
Die Schwerpunkte meines Aufgabenfeldes haben viel mit der Phase der Organisation zu tun. Nicht unbedingt mit der Branche. Daher eher nein.

Wie würden Sie sich charakterisieren?
Verspielt, konsequent. Ich lerne gerne, bin Milka-Schokoladen-Fan, brauche Diskussionen und Menschen um mich herum, um inspiriert zu werden. Ich baue gern Neues auf und bewege mich gern an der Front neuer Entwicklungen.

Würden Sie bitte folgenden Satz für uns beenden: Ich unterstütze dieses Projekt, weil ...
... ich denke, dass in der Gaming-Branche noch sehr viel Potenzial steckt und wir gerade erst am Anfang sind. Außerdem möchte ich mich für weibliche Karrieren einsetzen. Das heißt, Aufmerksamkeit auf die Themen lenken, die uns und mir wichtig sind, und Überzeugungsarbeit leisten, um somit die Neugier zu wecken. Das ist mir wichtig.

Und zum Abschluss: Ich arbeite in der Games-Branche, weil ...
... nach den Trendbranchen Film und Musik die Zukunft mit Überraschungen und neuen Entwicklungen den Gamern gehören wird. Film und Musik sind im Vergleich alte Industrien, die sich schon in alle Richtungen hinreichend entwickelt haben. Das ist beim Spielen nicht so. Wir sind im Vergleich im Schwarz-weiß-Stadium des Fernsehzeitalters. Sicher unvorstellbar, wie viel allein in den kommenden fünf Jahren passieren wird.
    Unter Mitarbeit von: Chris Max Effenberger

Kurzvita
- Geboren 1964 in Hamburg,
- Wohnhaft in Berlin
- Erfahrungen unter anderem beim TV-Sender Premiere, dem Internetdienstleister AOL sowie dem Browsergame-Giganten Bigpoint
- Seit über 15 Jahren im Web- und Entertainment-Bereich tätig
- Seit vier Jahren in der Gaming Branche tätig
- Seit Ende 2011 Head of Human Resources beim Berliner Unternehmen Wooga: Leitung eines ein Teams aus HR-Experten, bestehend aus Recruitern und spezialisierten Managern. Im Fokus stehen Wachstum, Internationalität, Kampf um Spezialisten und Talente aus verschiedenen Ländern, ebenso wie ein hoher Anspruch an die kulturelle Vielfalt des Unternehmens; denn Wooga beschäftigt Mitarbeiter aus vierzig Nationen. Gegenseitiger Respekt, Ownership und Verantwortung, aber auch Kollaboration und Wissensmanagement im Austausch werden im Unternehmen groß geschrieben

2.2.4 Interview mit Catherina Herminghaus, Product Director[2]
„Everything happens for a reason."
Travian Games – München, 28.11.2012

Foto: Privat

Sehr geehrte Frau Herminghaus, da Sie in der Games-Branche arbeiten, würde uns als erstes interessieren, ob Sie privat auch Videospiele spielen. ...
Ja, das tue ich. In der Tat! Aktuell, vielleicht fangen wir damit einfach mal an, spiele ich relativ viel auf dem iPad und auf dem iPhone, also auf Mobilgeräten. Ich habe auch eine Wii zu Hause, aber im Moment spiele ich sehr gerne Tower-Defense-Spiele wie zum Beispiel „Kingdom Rush", das mag ich total gerne. Zum Leidwesen meines Freundes nehme ich mein iPad abends auch öfters gerne mal mit ins Bett und sage dann: „Schatz, ich muss hier erst einmal noch eine Runde ›Kingdom Rush‹ spielen." Ich liebe auch das Spiel „World of Goo", das mag ich sehr gerne. Ansonsten spiele ich noch kurzweilige Spiele für zwischendurch wie zum Beispiel „Cut the Rope", „Happy Hills", oder „Royal Revolt!", welches ich jetzt einmal angespielt habe. Ansonsten spiele ich noch sehr gerne „Miramagia". Bei mir ist es so, dass ich nie zwei Stunden oder noch länger vor einem Spiel sitze. Ich spiele stattdessen eher zwischendurch, wenn ich mal abschalten will.

Haben Sie aktuell auch ein Lieblingsspiel? ...
Aktuell – und das ist es jetzt bestimmt schon seit Monaten oder vielleicht sogar noch länger – ist wirklich „Kingdom Rush" mein Lieblingsspiel.

---

[2] Seit 2013 selbstständig im Modebusiness.

Würden Sie sich selbst als „Gamerin" bezeichnen? ...
Ja, es kommt immer auf die Definition an. Ich bin mit Sicherheit keine Hardcore-Gamerin, die alle möglichen Konsolen-Games komplett von vorne bis hinten durchspielt – so eine bin ich nicht. Ich bin eher so eine „Casual Gamerin", wenn man jetzt eine Einordnung vornimmt. Spielen ist für mich privat zur Entspannung und für zwischendurch interessant. Beruflich hingegen beschäftige ich mich mit all den Prozessen und mit all den Spielen, um die ich mich in meinem Job kümmern muss. Da sind dann auch Spiele dabei, die ich privat nicht unbedingt spielen würde. Aber das ist mein Job und gehört nun einmal dazu.

Könnte man also sagen, dass Ihre Vorliebe für Spiele Sie dazu inspiriert hat, in die Computer- und Videospielbranche zu gehen? ...
Nein, ganz so würde ich das nicht sagen. Das war noch ein bisschen anders. Aber ich habe mich früher, also bevor ich anfing in der Games-Branche zu arbeiten, mit Games beschäftigt und gespielt, das stimmt. So hatte ich zum Beispiel früher einen Commodore 64– die „Summer Games" fand ich ganz toll. Dann waren da natürlich auf dem Gameboy „Pacman", „Tetris" und „Super Mario", was ja viele andere auch gespielt haben. Von daher hatte ich da schon einige Berührungspunkte. Es war aber nie mein Traum oder innigster Wunsch, später einmal in der Games-Industrie zu arbeiten. Ich weiß nicht, ob ich diese Entwicklung einen Zufall nennen möchte. Aber ich habe sie zumindest nicht ganz bewusst vorangetrieben. In meinem Studium ergab sich dann erstmals eine Überschneidung. Danach fand ich es aber so faszinierend, dass ich mir eigentlich keine andere Branche mehr vorstellen konnte, in der ich gerne hätte arbeiten wollen.

Sie sprachen gerade die Überschneidungspunkte im Studium an. Sie haben an der Universität Bochum Rechtswissenschaften studiert. Danach haben Sie ein Referendariat am Oberlandesgericht Düsseldorf abgeschlossen. Wie kommt man vom Berufsfeld der Juristerei in das der Spieleindustrie? ...
Das ist ein bisschen exotisch, das stimmt. Ich habe zunächst Jura studiert und dann fing es eigentlich im Referendariat an. Man durchläuft im Referendariat verschiedene Stationen. Ich habe im Gericht und in verschiedenen Kanzleien gearbeitet und wollte dann ganz gerne in einem größeren Unternehmen in die Rechtsabteilung. Eine sehr gute Freundin von mir hat damals bei Electronic Arts in Köln gearbeitet. Sie hat für mich den Kontakt mit dem damaligen Justiziar hergestellt. Mit dem habe ich mich getroffen, weil ich mir das sehr gut vorstellen konnte, dort zu arbeiten und dadurch ein anderes Berufsfeld als die trockene Juristerei kennenzulernen. Das hat ganz gut gepasst und dann habe ich über ein halbes Jahr bei EA gearbeitet. In der Zeit habe ich einen Einblick in eine spannende Branche bekommen,

die so anders war als die mitunter trockene Rechtswissenschaft und dachte mir: „Dort würde ich gern arbeiten." Danach kam eines zum anderen. Ich habe bei Electronic Arts viele Kontakte geknüpft und habe darüber unter anderem Olaf Wolters kennengelernt, den damaligen Geschäftsführer vom Bundesverband interaktiver Unterhaltungssoftware (BIU). Über zwei Umwege bin ich dann beim BIU gelandet und habe in der folgenden Zeit quasi für die komplette Branche gearbeitet. Gewisse Bezugs- und Berührungspunkte zur Juristerei waren dabei ebenfalls gegeben, weil ich mich dort sehr viel mit dem Thema Jugendschutz auseinandergesetzt habe. Ich war auch zeitweilig bei der USK Interimsgeschäftsführerin und habe dann irgendwann gesagt, dass ich komplett in einem Games-Unternehmen arbeiten möchte. Das war die Brücke, als ich dann vor fast vier Jahren zu Seven One Intermedia Games, heute Pro7/Sat.1 digital, gegangen bin. Dort habe ich mich zunächst um die internationale Vermarktung und Distribution von Spielen auf physischen Datenträgern gekümmert, später dann auch um Produkte, die ausschließlich online gespielt werden. In diesem Kontext habe ich dann eine ganze Zeit lang gearbeitet. Seit September letzten Jahres – seit etwas mehr als einem Jahr also – bin ich jetzt bei Travian Games und mache nur noch Browser Games. Das war jetzt der kurze Überblick über meinen Werdegang.

Sie sind bei Travian Games als Product Director angestellt. Was macht man als Product Director genau? ...
Als Product Director bei Travian Games habe ich verschiedene Aufgaben. Ich habe zum einen ein Team. Das besteht aus drei Produktmanagern, die sich jeweils um drei bzw. vier Browser Games kümmern. Zwei der Spiele sind schon live, die gibt es also schon auf dem Markt, und zwei andere befinden sich gerade in der Entwicklung bzw. in Betastadien. Ich habe dort die Teamverantwortung und berate über die Produkte, zum Beispiel wie wir sie noch erfolgreicher platzieren können. Darüber hinaus betreue ich noch ein eigenes Produkt. Dort bin ich eine ganz normale Produktmanagerin. Das Produkt habe ich übernommen, als es noch in der Entwicklung war und inzwischen haben wir dort gerade die Closed-Beta laufen. Ich schaue mit vielen anderen Verantwortlichen hier innerhalb der Company, wie wir das Produkt vermarkten und wie wir es noch verbessern können. Wir überlegen uns auch die nächsten Schritte, was geplant werden muss und was umgesetzt werden soll. Wir arbeiten dabei mit externen Entwicklern zusammen, es ist also keine „In-House-Produktion". Mit dem externen Entwicklungsstudio kommuniziere ich viel und bin dort auch häufig vor Ort. Wir schauen auch, dass dort die einzelnen Meilensteine so umgesetzt werden, wie es vereinbart war. Wir hoffen, dass wir dann bald im Januar das Produkt wirklich in die Open-Beta starten lassen können und natürlich dann auch am Markt erfolgreich platzieren werden.

Gibt es bei diesen vielen verschiedenen Aufgaben überhaupt einen typischen Arbeitsalltag? ...
Nein, also mein Arbeitstag geht eigentlich nie „nine to five", es gibt nicht immer denselben Ablauf. Aber natürlich lassen sich bestimmte Regelmäßigkeiten festhalten: Das erste, was ich stets mache, wenn ich morgens ins Büro komme, ist, in unser Data Warehouse zu schauen: Welche Umsätze sind gemacht worden, wie viele neue User sind im Spiel, wird Feature XY gut angenommen etc.? Als nächstes habe ich immer eine Reihe von Meetings, also zum Beispiel mit meinem Team, den drei Produktmanagern, für die ich die Personalverantwortung habe. Dann habe ich regelmäßig Meetings mit der Marketingabteilung, mit der PR, mit meinem Community Management, mit dem Producing und mit allen möglichen anderen Stakeholdern, die an so einer Spieleproduktion oder Spieleentwicklung beteiligt sind. So verfliegt die Zeit und es ist sehr interessant, weil es immer verschiedene Leute sind, mit denen man spricht und es immer andere Themen sind, die besprochen werden. Es ist immer sehr abwechslungsreich.

Bleibt Ihnen denn nach all dieser Arbeit auch etwas Freizeit? ...
Ja, es ist mir wirklich sehr wichtig, eine richtige Work-Life-Balance zu finden. Alles andere macht einen Menschen unzufrieden. Mir ist mein Privatleben sehr wichtig. Klar arbeite ich nicht jeden Tag „nur" acht Stunden, das ist dann schon immer mal ein bisschen mehr. Mir bleibt jedoch trotzdem genug Zeit und die Wochenenden sind mir in dieser Hinsicht heilig. Nur in ganz großen Ausnahmesituationen wird da gearbeitet. Ansonsten versuche ich immer, auch wirklich Freizeit zu haben und den Akku wieder aufzuladen.

Und was machen Sie in Ihrer Freizeit? ...
Wie schon gesagt, spiele ich natürlich gerne Spiele [lacht]. Ich treibe aber auch gerne Sport. Ich mache leidenschaftlich gerne Yoga, weil mir das hilft runterzukommen und den Job ein Stück weit zu vergessen, einfach mal abzuschalten. Ansonsten gehe ich im Sommer gerne wandern, was sich anbietet, wenn man in München lebt. Und im Winter fahre ich sehr gerne Ski. Neben dem Sport treffe ich natürlich gerne Freunde, koche, lese gerne und verreise so oft wie möglich.

Sie haben uns gerade schon sehr viel von Ihrem Beruf erzählt. Was begeistert Sie denn an Ihrem Job? ...
An meinem Job begeistert mich dieses Medium. Ich liebe Games, ich finde Games großartig und zwar in vielerlei Hinsicht. Ich habe dafür einfach eine Passion und ich arbeite gerne mit Leuten zusammen, die dieselbe Passion haben wie ich und die gemeinsam etwas auf die Beine stellen wollen. Ich finde es faszinierend, einmal die ganze Entwicklung von einem Spiel zu sehen. Sehr spannend ist es auch, wenn man dann ein Spiel auf dem Markt hat und man anhand von Auswertungen sieht,

wie die User ein bestimmtes Event oder Feature annehmen. Daraus kann man dann ableiten, was gut war und was man weiter verbessern kann. Das ist sehr spannend. Anders war es in der Juristerei, in der ich ja auch einige Zeit gearbeitet habe. Das ganze Studium und die zwei Examina, die ich gemacht habe, waren mir zu trocken und zu theoretisch. Ich brauche eben auch die Auseinandersetzung und Kommunikation mit verschiedenen Menschen, wo man durchaus auch mal unterschiedlicher Auffassung ist oder es leichte Konfrontationen gibt. Dadurch bringt man gewisse Dinge einfach weiter nach vorne. Den Austausch mit anderen im täglichen Business finde ich sehr wichtig und das habe ich in meiner juristischen Laufbahn nicht so gehabt. Ich weiß aber durchaus zu schätzen, was ich für eine Ausbildung gemacht habe und ich glaube, dass alles gut gelaufen ist, wie es sich entwickelt hat und dass mir die juristische Ausbildung auch in vielen Dingen hilft.

Gibt es denn an Ihrem Beruf auch etwas, das Ihnen nicht so gut gefällt? ...
Ich glaube, da gibt es immer irgendetwas. Ich finde die Bürokratie zum Beispiel manchmal nervig. Die hat man auch in meinem Job. Je größer eine Company ist, umso schwieriger ist es an der einen oder anderen Stelle, weil es gewisse Dinge gibt, die in einer bestimmten Form umgesetzt werden müssen. Manchmal wird so die Kreativität leider ein bisschen ausgebremst. Das sind so Dinge, die ich manchmal etwas schade finde. Meine Arbeit im Konzern zum Beispiel, dort habe ich gerne gearbeitet und unfassbar viel gelernt, sie war aber oftmals sehr politisch. Diese Arbeit kannte ich natürlich vom BIU. Diese war ebenfalls eine ganz wichtige Erfahrung, die ich nicht missen möchte. Aber mir wurde das dann irgendwann zu viel Politik, zu viel Diplomatie an allen Ecken und Enden und zu wenig ergebnisorientierte Arbeit. Deswegen mag ich den Job, den ich jetzt habe, auch sehr gerne. Ich bekomme ein ziemlich direktes Feedback, ob etwas gut und erfolgreich war oder auch nicht. Daraus kann man dann wieder lernen.

Wenn Sie das letzte Jahr Revue passieren lassen, was waren da Ihre persönlichen Höhepunkte in Ihrem Beruf? ...
Was ich wirklich sehr gerne mag, habe ich schon ausführlich erläutert: Ich arbeite gerne mit Menschen, ich arbeite gerne mit meinem Team. Ich mag es, Führungskraft zu sein und ich finde es toll, wenn ich sehen kann, wie durch mein Coaching an einer bestimmten Stelle oder durch meinen Input, sich jemand positiv weiterentwickelt. Ich finde es gut, mit meinem Team gemeinsam etwas zu erarbeiten und Denkanstöße zu geben. Auch wenn nicht immer alles umgesetzt wird, freue ich mich umso mehr, wenn bei einigen Punkten am Ende des Tages messbare Erfolge zu sehen sind. Von diesen sehr schönen Situationen hatte ich zum Glück ein paar im letzten Jahr und darüber bin ich sehr glücklich. Wenn wir beispielsweise ein besonderes Event oder Feature bei einem unserer Produkte haben und sehen, dass es

monetär erfolgreich ist und wir dann besonders viel Umsatz damit machen, ist das natürlich auch immer ein sehr schöner Moment.

Welche Erwartungen hatten Sie vor dem Antritt Ihres aktuellen Jobs an Ihre Karriere in der Games-Industrie? ...
Also vorgefertigte Erwartungen hatte ich damals nicht. Es war eher meine Einstellung. Ich finde es bemerkenswert und sehr faszinierend, dass das Medium Games sich in den fast sieben Jahren, in denen ich jetzt dabei bin, so rasant entwickelt hat. Es ist spannend und toll zu sehen, wie es von einem Nischenprodukt in die Mitte der Gesellschaft gerückt ist und da auch wirklich angenommen worden ist. Die Art und Weise, wie es sich so etabliert hat, besitzt eine ungemeine Dynamik, die mich fasziniert.

Gab es eventuell auch Bedenken, in die Games-Branche zu gehen? ...
Nein. Ich bin grundsätzlich ein Mensch, der an alles positiv herangeht. Ein Mensch, der versucht, alles so zu nehmen, wie es kommt. Wenn ich merke, ich finde mich dort dann doch nicht zurecht oder die Erwartungen, die ich hatte, haben sich dann doch nicht so erfüllt, dann weiß ich, dass es in einer anderen Branche oder in anderen Unternehmen immer auch eine andere Möglichkeiten für mich gibt. Everything happens for a reason.

Apropos Möglichkeiten. Derzeit wird diskutiert, ob in Unternehmen eine Frauenquote eingeführt werden sollte. In der Kritik steht in diesem Zusammenhang unter anderem, dass die Arbeitszeiten in Unternehmen zum Beispiel für Frauen mit Familie häufig unangemessen seien und flexibler sein sollten. Wie empfinden Sie das? ...
Ich kann größtenteils nur schauen, wie das bei uns geregelt ist. Ich selbst habe ja noch keine Familie und bin daher nicht in der konkreten Situation. Ich weiß aber, dass es hier bei uns Kolleginnen gibt, die in der Situation sind. Zum Glück ist Travian Games ein Arbeitgeber, der sehr flexibel aufgestellt ist und einem wirklich alle Möglichkeiten offeriert. Ob man nun die komplette Zeit als Elternzeit nehmen will oder nur einen Teil oder ob man in Teilzeit zurückkommen möchte: Vieles ist möglich. Man ist hier sehr fortschrittlich, das Unternehmen ist sehr positiv aufgestellt. Von daher glaube ich, dass man bei Travian Games beide Dinge gut unter einen Hut bringen kann.

Die Games-Branche wird häufig als ein männerdominiertes Arbeitsfeld beschrieben. Sehen Sie das auch so? ...
Ich glaube, dass es nach wie vor immer noch so ist, dass viel mehr Männer in der Branche arbeiten. Es rücken allerdings auch immer mehr gut qualifizierte Frauen

nach, die ihren Weg in die Branche finden und sich dort positionieren können. Das nehme ich so wahr. Wenn man beispielsweise auf Messen geht, waren Frauen dort vor sechs Jahren noch weniger anzutreffen, als es heutzutage der Fall ist.

Haben Sie mehr weibliche oder männliche Kollegen? ...
Wenn ich mir jetzt nur meine Produktmanager bei uns anschaue, dann sind wir insgesamt ca. zwölf und davon sind zwei Frauen. Das ist schon wenig, ja! Man merkt immer noch, dass Frauen in der Games-Branche in – sagen wir – eher „klassisch" weiblichen Bereichen arbeiten: Das Marketing ist bei uns sehr stark weiblich vertreten und die komplette Personalabteilung ist ebenfalls weiblich. Das sind mehr oder weniger typische Bereiche, in denen hauptsächlich Frauen arbeiten und das ist bei Travian auch so. Im Community-Bereich gibt es auch noch ein paar Frauen. Ich kenne viele Entwickler und darunter sind nur eine Hand voll Frauen. Dieser Bereich ist immer noch stark männerdominiert.

Es gilt also immer noch in Teilen das Rollenklischee, dass Männer eher die Programmierer sind? ...
Ja, das ist immer noch ein bisschen so. Aber ich glaube, da hat sich in letzter Zeit auch einiges getan und in der Zukunft wird es sicherlich immer mehr weibliche Entwickler geben.

Haben Sie den Eindruck, dass man als Frau irgendwelche besonderen Hindernisse oder Hürden überwinden muss? ...
Ich kann jetzt hauptsächlich von mir selbst sprechen. Ich hatte keine Hindernisse, ich bin meinen Weg gegangen. Ich weiß nicht, wie es gewesen wäre, wenn ich ein Mann wäre, ob da irgendetwas an einer bestimmten Stelle einfacher gewesen wäre. Ich finde die Diskussion auch immer ein bisschen schwierig, da die Qualifikation und das Know-How und nicht das Geschlecht wichtig sind. Ich freue mich über jede neue Kollegin, die bei uns anfängt. Wenn ich Bewerbungsgespräche führe und dann ein männlicher Bewerber vor mir sitzt, der besser qualifiziert ist, dann entscheide ich mich für den und zwar nicht aufgrund des Geschlechts, sondern aufgrund der Qualifikation.

Haben Sie vielleicht schon den einen oder anderen Spruch seitens männlicher Kollegen einstecken müssen? ...
Nein, zum Glück nicht. Wenn es solche Situationen gab, dann glaube ich, habe ich da drüber gestanden. Ich war und bin mir meines Know-Hows und meiner Kompetenz bewusst und bin nicht darauf eingegangen. Ich habe mich nie hinten angestellt gefühlt. Und wenn mir doch mal ein Spruch oder eine Handlung nicht gefällt, dann spreche ich den Kollegen darauf an. Das gilt natürlich auch bei Kolleginnen.

Was würden Sie Frauen empfehlen, die in der Games-Branche arbeiten wollen? ...
Sie sollten beharrlich sein und dem Traum folgen, den sie haben. Wenn es der Traum ist, in der Games-Branche zu arbeiten, dann gibt es da auf jeden Fall in ganz vielen Bereichen Möglichkeiten. Wenn man Lust hat, als Entwickler oder Programmierer zu arbeiten, dann stehen Frauen auch da die Türen offen. Sie sollten sich nicht entmutigen lassen und sich, wenn es der Traumjob ist, auf jeden Fall bewerben, beharrlich sein und sie werden den Job am Ende des Tages bekommen.

Welche Qualifikationen muss man für die Arbeit in der Spielebranche Ihrer Meinung nach mitbringen? ...
Das kommt natürlich immer darauf an, in welchem Bereich man arbeiten möchte. Das ist mit Sicherheit ganz unterschiedlich. Wenn ich beim Bereich des Produktmanagers, also meiner Tätigkeit, bleibe: Man braucht ganz sicher eine große Zahlenaffinität, also ein Verständnis für Zahlen und für Analysen, da der Bereich schon stark durch verschiedene Kennzahlen geprägt ist. Mit Spielen wird Umsatz gemacht und der Produktmanager trägt in der Regel die Hauptverantwortung dafür. Ansonsten ist eine gewisse Games-Affinität Grundvoraussetzung. Man muss schon Spiele bzw. Spielerlebnisse gehabt haben. Und ich glaube, wer nicht selber spielt, der hat sich, zumindest im Produktmanagementbereich, wenn nicht sogar in der kompletten Games-Branche – nicht richtig positioniert. Das bedeutet nicht, dass man nächtelang „World of Warcraft" durchspielt oder ähnliches. Es können ja unterschiedliche Genres und Spiele sein. Aber man sollte schon eine Affinität und Lust dazu haben, Spiele zu spielen. Und man sollte wissen, um was für eine Art von Medium es sich bei Spielen handelt. Ansonsten sollten Produktmanager kommunikativ sein und mit vielen verschiedenen Leuten umgehen können. Man muss alle möglichen Leute an einen Tisch holen und kontrovers diskutieren können. Für mich sind die vier wichtigsten Dinge, die ein Produktmanager haben sollte: Kommunikationsstärke, Durchsetzungsvermögen, Zahlenaffinität und eine klare Games-Affinität.

Entwickeln Frauen Ihrer Meinung nach andere Spiele als Männer? ...
Das würde ich so pauschal nicht sagen. Es gibt Frauen, die, wenn man jetzt mit bekannten Stereotypen spielt, durchaus auch Shooter oder in anderen eher männlich behafteten Genres Spiele entwickelt haben oder das Game Design dort gemacht haben. Es mag mit Sicherheit Frauen geben, die eher Spiele entwickeln aus Genres, die sie lieber spielen und die da Prioritäten setzen. Es gibt aber auch genug andere Beispiele.

2.2 „Neue" Spielebranche: Online- und Browsergame-Anbieter

Spielen denn Frauen und Männer bevorzugt verschiedene Spieltypen? ...
Auch nicht unbedingt. Ich kenne auch Frauen, die spielen Shooter oder ähnliche Spiele, bei denen man erst mal denken würde: „Das ist doch was für Männer". Ich spiele auch gerne „Tower-Defense"-Spiele. Da wüsste ich jetzt zum Beispiel gar nicht, ob „Tower-Defense"-Spiele typisch weiblich oder typisch männlich sind. Tendenziell hätte ich gesagt, wenn man es so einteilen will, vielleicht eher typisch männlich. Aber ich spiele es ja auch gern. Man kann es nicht so verallgemeinern.

Welche Potenziale haben digitale Spiele in Ihren Augen? Können diese z. B. hilfreich sein, weil man mit ihnen lernen kann? ...
Sie meinen zum Beispiel „Serious Games"? Ja, in jedem Fall. Es gibt da viele Beispiele. Ich glaube durchaus, dass es ganz viele Spiele gibt, die sinnvoll sind, um Wissen zu transferieren oder auch Simulationen, um Dinge zu lernen. Das würde ich auf jeden Fall so unterschreiben. Da gibt es verschiedene Möglichkeiten. Aber ich würde jetzt nicht sagen, dass das ausschließlich nur über Games geht. Ich habe auch für jeden Verständnis, der sagt: „Games, das ist so gar nicht meins"! Ich habe auch in meinem Freundeskreis Leute, die teilweise überhaupt nichts mit dem anfangen können, was ich jetzt beruflich mache. Aber das ist für mich okay. Es gibt auch viele Bereiche, mit denen ich jetzt nicht unbedingt etwas anfangen kann.

Digitale Spiele hatten lange Zeit ein negatives Image, z. B. im Hinblick auf die Gewaltdiskussion. Hat sich dieses Image in letzter Zeit etwas gewandelt? ...
Nun, dieses Image gibt es natürlich immer noch. Der Diskurs und die gesellschaftliche Diskussion wandeln sich allerdings schon ein bisschen. Das Wort „Killerspiele" mag ich übrigens nicht und die Diskussion darum mag ich ebenfalls wenig. Ich finde diese Diskussion sehr schwierig, aber ich glaube, dass wir da schon weiter sind, als wir das vielleicht noch vor sechs Jahren waren. Natürlich gibt es immer noch Menschen, die meinen, Spiele seien nur etwas für Kinder oder für Jugendliche. Ich glaube aber, dass sich das gesellschaftliche Bild auch hier in den letzten Jahren ein bisschen verändert hat. Es gibt durchaus immer mehr Erwachsene und auch ältere Menschen, die Videospiele spielen. Meine Generation ist zum Beispiel teilweise schon mit dem Medium Videospiel groß geworden. Die Generationen, die jetzt nachrücken, werden erst recht damit groß und dadurch ändert sich auch der Umgang mit dem Medium. Er wird viel direkter, als er es noch vor 40 oder 50 Jahren war. Es findet in jedem Fall eine positive Veränderung statt.

Kommen wir nun abschließend noch einmal auf Ihre Berufsbiografie zurück. Gab es bestimmte Personen, die Sie ermutigt haben? Hatten Sie spezielle Vorbilder? ...
Ich habe in meinen beruflichen Situationen immer Leute getroffen, die Vorbilder für mich waren. Seien es bestimmte Geschäftsführer, mit denen ich zusammen-

gearbeitet habe, oder Chefs, die schon eine größere Erfahrung hatten und schon länger in der Branche waren. Von all denen habe ich immer viel lernen können und lerne jetzt immer noch viel von ihnen. Es gab allerdings keine berühmten Persönlichkeiten im Games-Bereich, keinen prominenten Entwickler oder keine bekannte Gamedesignerin, von denen ich dachte: „Wow, das ist mein Vorbild, so will ich mal sein!" Mich haben viele Personen, die ich getroffen habe, gestärkt, gefördert und auch unterstützt, weiter den Weg zu gehen, den ich beschritten habe.

Hat Ihr Umfeld Sie ebenfalls so unterstützt? ...
Auf jeden Fall. Meine Eltern sind jetzt nicht unbedingt Games-affin. Mein Bruder ist es vielleicht eher, meine Schwester vielleicht eher weniger. Es hat aber nie einer von ihnen gesagt: „Oh Gott, was machst du denn jetzt mit Spielen?!" Es war immer die wichtigste Priorität: „Mach das, worauf du Lust hast, denn nur dann kannst du auch gut sein!" Als ich mich dann entschieden hatte und gesagt habe „Die klassische Juristerei mache ich nicht mehr, ich arbeite jetzt mit Games!", da hat keiner gesagt: „Um Gottes Willen, was machst du da?!" Ich habe und bekomme nach wie vor sehr viel Unterstützung aus meinem Umfeld.

Achten Sie in Ihrem persönlichen Umfeld auch darauf, welche Spiele gespielt werden? ...
Was mir bei Games sehr wichtig ist und was noch aus meiner Zeit beim BIU, als ich mich um den Jugendschutz gekümmert habe, herrührt, ist, dass es eben spezielle Spiele gibt, die reine Erwachsenenunterhaltung sind und die dann eben auch nur von Erwachsenen gespielt werden sollten. Ich habe jetzt selbst noch keine Kinder, aber es ist mir trotzdem sehr wichtig. Kinder sollen die Produkte spielen, die für sie geeignet und relevant sind und nicht irgendwelche Spiele, die gewalttätige Elemente enthalten, die eine Beeinträchtigung in ihrer Entwicklung darstellen könnten. Spiele ohne Altersfreigaben sind für Erwachsene und das trenne ich auch gern. Ich selbst spiele nicht so gerne Shooter, weil es mir keinen Spaß macht.

Können Sie selbst noch Spiele spielen, ohne diese direkt zu bewerten und zu analysieren? ...
Das ist eine gute Frage. Ich glaube, ich kann es nicht mehr. In solchen Situationen fällt es mir schwer, die Produktmanagerin außen vor zu lassen. Wenn ich ein neues Spiel spiele, schaue ich mir zum Beispiel an: „Wie ist denn das Tutorial aufgebaut?" oder „Wie funktioniert denn hier die Monetarisierung?", „Das ist aber gut" oder „Ach, das ist aber gar nicht gut gelungen!" und „Hier kann ich noch etwas für mein eigenes Produkt lernen." Nein, ich glaube, ich habe die Analysebrille immer automatisch auf, das kann ich nicht abstellen.

Man sucht also jederzeit nach Aspekten, die gelungen sind und mit denen man seine eigenen Projekte noch verbessern kann? ...
Es ist nicht so, dass ich gezielt darauf achte und mir vornehme: „Jetzt spiele ich ein gewisses Spiel und analysiere es." Bei „Royal Revolt" habe ich mir zum Beispiel nicht überlegt: „Was hat Flare Games denn hier richtig gemacht?" Es ist eher so, dass ich spiele und mir dann nebenbei auffällt, was gut ist und was nicht.

Zum Ende unseres Interviews würden wir Sie noch bitten: Blicken Sie einmal auf Ihre Berufsbiografie zurück. Wenn Sie etwas daran ändern könnten: Würden Sie vielleicht etwas anders angehen? ...
Ich würde es genauso nochmal machen. Ja, ich würde auch nochmal Jura studieren, weil ich da schon viel mitgenommen habe. Ich habe dadurch eine sehr fundierte Ausbildung. Deswegen fällt es mir nicht schwer, mich in neue Sachen hineinzudenken. Ich bereue nicht einen Schritt, den ich gegangen bin. Jeder Schritt hat mich zu einem anderen Schritt geführt. „Everything happens for a reason!" Das ist ein Lebensmotto von mir und das ist mir sehr wichtig. Es hat sich bei mir auch alles so bewahrheitet. Wenn ich jetzt sagen würde: „Das würde ich an der Stelle jetzt anders machen", dann würde es ja auch bedeuten, dass ich es bereue irgendeine Entscheidung getroffen zu haben. Das tue ich aber nicht, denn ich finde, es ist alles so richtig, wie es gelaufen ist und auch negative oder unangenehme Erfahrungen haben immer auch etwas Positives und bringen einen im Leben weiter.

Was planen Sie für Ihre weitere berufliche Zukunft? ...
Ich bin hier sehr glücklich bei Travian Games. Mir macht die Arbeit sehr viel Spaß! Ich bin gespannt, wie sich mein Produkt entwickeln wird und ob es besonders gut wird. Ich frage mich auch, ob ich das noch lange weitermachen werde oder ob es ein neues Produkt geben wird. Ich möchte mich einfach weiterentwickeln. Ich möchte mir noch mehr Wissen über Produkte, verschiedene Entwicklungen und über spezielle Bereiche in Produkten aneignen und mein vorhandenes Wissen weiter vertiefen und ausbauen. Ich glaube, dass ich hier bei Travian Games weiterhin eine Menge lernen kann! Das Gelernte möchte ich dann natürlich auch an das Team und an neue Teammitglieder weitergeben.

Zum Abschluss des Interviews haben wir hier drei Sätze vorbereitet und würden Sie bitten, diese jeweils für uns zu beenden. Der erste Satz lautet: Ich mag an meinem Beruf, dass ......
... ich mit so vielen unterschiedlichen Leuten jeden Tag zusammenarbeiten darf.

Ich habe an diesem Interview teilgenommen, weil ......
... ich die Idee total spannend finde und hoffe und mir wünsche, dass es noch mehr Anreize für Frauen gibt, den Weg in die Branche zu finden.

Dritter Satz: Für die Zukunft der Branche wünsche ich mir, dass ......
... sie sich weiter so erfolgreich etabliert, immer wieder innovativ ist und neue Wege geht.

Unter Mitarbeit von: *Daniel Timo Nolte und Ali Abdalla*

Kurzvita
- Geboren 1975
- Wohnhaft in München
- 1996 bis 2001 Studium der Rechtswissenschaften an der Ruhr-Universität Bochum
- 2001 bis 2004 Referendariat u. a. in Südafrika und zweite juristische Staatsprüfung
- 2005 bis 2006 Rechtsanwältin in der Kanzlei Hoppenstedt & Wolters in Frankfurt am Main
- 2006 bis 2009 Referentin Recht und Jugendschutz beim BIU in Berlin. Außerdem Geschäftsführerin der Freiwilligen Selbstkontrolle Unterhaltungssoftware (USK) von 2008 bis 2009
- Anschließend von 2009 bis 2011 zunächst Territory Manager Games, dann Head of Publishing & Producing Games und schließlich Head of Product Management & Producing Games bei SevenOne Intermedia in Unterföhring
- 2011 bis 2013 bei Travian Games in München, zunächst als Lead Product Management und jetzt als Product Director
- Projekte: Deutscher Computerspielpreis 2009, „Germany's Next Topmodel" 2011 für Nintendo DS, Nintendo Wii, PC und Sony PS3 (Pro7Sat1 Games), „K11- Kommissare im Einsatz" für Nintendo DS, Nintendo Wii und PC (Pro7Sat1 Games), „TV Total Events" für Nintendo Wii (Pro7Sat1 Games), „Miramagia" (Travian Games GmbH); „Battlemons" (Travian Games GmbH)
- Seit 2013 selbstständig im Modebusiness

2.2.5 Interview mit Kathleen Kunze, Game Designerin
„Ich habe nie etwas anderes gemacht, außer Games."

InnoGames – Hamburg, 20.12.2012

Foto: Privat

Liebe Frau Kunze, seit nunmehr zehn Jahren sind Sie in der Spielebranche tätig. Wie sind Sie zu Ihrem aktuellen Beruf gekommen?
Ich habe Medieninformatik an einer Fachhochschule im Schwarzwald studiert. Zu der Zeit war das deutschlandweit der erste Medieninformatik-Studiengang. Zudem wurde ein Schwerpunkt im Bereich der Spiele gelegt. Das heißt, es gab im Studium immer wieder Projekte, die mit Spielen zusammenhingen, z. B. wurden Grafiken entworfen oder kleine Intro-Filme erstellt. So habe ich meine Liebe für diesen Bereich entdeckt. Meine Studienkollegen waren sehr offen; natürlich haben wir uns auch oft zum Spielen getroffen. Irgendwann habe ich dann mitbekommen, dass auch hierzulande – und nicht nur in den USA – Computerspiele entwickelt werden. Zu dieser Zeit habe ich mit einem Praktikum als Grafiker bei einer Spielefirma angefangen und meine Diplomarbeit sowie ein Buch zum Thema Game Design geschrieben. Danach war ich recht enttäuscht, dass ich nicht gleich als Game Designer anfangen konnte. Das hat sich mittlerweile immer noch nicht geändert. Jemand, der frisch von der Hochschule oder aus der Ausbildung kommt, wird meist nicht direkt als Game Designer angestellt.

Woran liegt das Ihrer Meinung nach?
Das ist ganz einfach: Der Game Designer hat eine enorme Verantwortung. Das, was er sich ausdenkt, setzt ein Team von fünf bis zehn Leuten um und ist damit mehrere

Monate, im besten Fall mehr als ein Jahr lang, beschäftigt. Man kann sich vorstellen, dass damit hohe Kosten verbunden sind. Ein Absolvent, der frisch von der Uni kommt, hat in den meisten Fällen wenig bis keinerlei Erfahrung, wie ein Spiel ökonomisch gewinnbringend auf den Markt gebracht wird. Das heißt nicht dass diese Leute keine guten Spiele produzieren können. Das Risiko ist jedoch enorm hoch und es gibt selten Firmen, die dieses Risiko eingehen, wenn sie Alternativen haben. Für mich hieß das, ich musste erst den Umweg gehen und als Grafikerin arbeiten. In der Firma sollte dann eine Stelle als Game Designer bzw. Producer für Kinderspiele neu besetzt werden. Da habe ich mich angeboten und so meinen Einstieg in diesen Bereich gefunden. Ich habe relativ schnell festgestellt, dass mir sowohl Game Design als auch Producing liegt, aber mir machte das Game Design einfach mehr Spaß, und so wollte ich nur noch in diesem Feld arbeiten. Daraufhin habe ich noch einmal die Firma gewechselt und bin Vollzeit-Game-Designerin geworden.

Gab es ein einschlägiges Erlebnis, was dazu geführt hat, dass Sie sich für diese Richtung entschieden haben?
Ein besonderes Erlebnis gab es in dem Sinne nicht. Ich war schon immer kreativ und habe mir Sachen ausgedacht. Ich habe geschrieben, mir aber auch tatsächlich Spiele überlegt. Es ist eher so, dass ich genau das gefunden habe, was ich schon immer machen wollte.

Gab es Vorbilder oder bestimmte Personen, die Sie dazu ermutigt haben, in diese Branche einzusteigen?
Vorbilder habe ich nicht gehabt, auch nicht in anderen Bereichen. Es gibt Leute, die ich interessant finde, deren Essays ich gelesen oder mit deren Theorien ich mich beschäftigt habe. Als Vorbild oder als Wegbereiter würde ich sie jedoch nicht bezeichnen. Gestärkt hat mich immer nur der Erfolg. Ich habe Spiele entwickelt und habe dann gemerkt, dass es das Richtige ist, ich mich damit wohl fühle und mit Freude zur Arbeit gehe. Ich beschäftige mich gerne mit neuen Dingen und bin gerne auf Knopfdruck kreativ. Das waren eher die Bestätigungsfaktoren.

Ihr Studium ist wahrscheinlich sehr technisch gewesen. Müssen Sie das Handwerkliche noch oft anwenden?
Es war ein Medieninformatikstudium, d. h. wir hatten zu den Informatik-Standardfächern, wie Programmieren und Mathe usw., auch noch die Medienfächer, also 3D-Grafik, Marketing, Audio- und Videotechnik, Typografie und Zeichnen, aber auch BWL. Dieses ganze Spektrum wurde in dem Studiengang abgedeckt. Zusätzlich waren zwei Praxissemester Pflicht und es gab ein sehr ausgeprägtes Projektstudium. Wir haben während des Studiums schon unglaublich viel praktisch gearbeitet. Wir hatten natürlich auch einen theoretischen Teil, aber es wurde alles

eigentlich immer angewendet. Durch diesen Schritt konnte man sich selbst noch die Dinge beibringen, die man wirklich gebraucht hat.

Was waren Ihre Karriereerwartungen in der Games-Branche?
Ich hatte mir vorgestellt, dass ich kreativ sein kann und Dinge entwerfe. Ich habe erwartet, dass ich Welten erschaffe und das ist auch eingetreten. Jetzt im Nachhinein vermisse ich ein bisschen das grafische Arbeiten, aber ich weiß, dass ich Game Designer bin. Ich habe mich dafür entschieden und ich wusste, was die Inhalte davon sind. Bedenken hatte ich nicht. Die Erwartungen haben sich voll erfüllt.

Warum gerade Browser-Games? Warum nicht Retail-Spiele?
Ich bin mit Retail-Spielen groß geworden, damit habe ich angefangen. Es gibt zwei ganz plausible Gründe, warum ich umgestiegen bin: Zum einen die größere finanzielle Sicherheit, weil man nicht nur einmal ein Game herausgibt und dafür einmalig Geld bekommt. Wenn man für einen Publisher arbeitet, bekommt man dann seinen Lohn und wenn man gut verkauft, kriegt man vielleicht noch Royalties, aber darauf sollte man nicht spekulieren. Im Regelfall hat man eine Einmalzahlung und dann ist das Projekt zu Ende. Im Gegensatz dazu ist es bei Browser Games so, dass man einen dauerhaften Bezug hat, dass also Spieler täglich ihr Geld im Spiel ausgeben. Damit ist das Einkommen viel sicherer. Zum anderen empfinde ich es vorteilhaft, dass die Spielergemeinschaft nicht „stöhnt", wenn Patches nach der Veröffentlichung des Spiels nachgeliefert werden. Vielmehr ist das Prinzip bei Browser Games so, dass die Patches neue Inhalte bringen und Dinge verbessern, sodass sich die Spieler zumeist darüber freuen. Zudem wird viel näher an der Community gearbeitet. Das bedeutet wir können die Dinge umsetzen, die die Spieler haben möchten. Man kann auf die Spieler hören und auf das eingehen, was sie sich wünschen. So wird eine Spielidee weiterentwickelt und sie ist nicht in dem Moment der Live-Schaltung des Spiels, wie beim Retail-Handel, zu Ende. Es gibt auch nicht so riesige „Feature-Monster", wie das in den letzten Jahren bei den Retail-Spielen der Fall gewesen ist. Aus diesen beiden Gründen habe ich mich für die Entwicklung von Browser Games entschieden.

Sie bekommen also Feedback von den Nutzern. Wie funktioniert das konkret? Werden User-Meinungen für Sie ausgewertet oder schauen Sie auch mal selbst in die Foren?
Sowohl als auch. Wir haben ein Analysesystem, mit dem entsprechende Spielerprofile ausgewertet werden können. Man kann sich beispielsweise das durchschnittliche Spieler-Level ausgeben lassen, die Level-Verteilung, die Schnelligkeit der Progression, wie viele Ressourcen geerntet werden, welche Gebäude gebaut werden,

welche Quests abgeschlossen werden und noch vieles mehr. Solche Informationen bereiten die Game-Analytiker auf und zusätzlich kann man sich natürlich auch direkt im Forum informieren.

Wir haben nun erfahren, wie Sie zu den Browser-Games gefunden haben. Wie sind Sie jetzt konkret zu InnoGames gekommen?
Als mein vorheriger Arbeitgeber Funatics zur Zeit der Wirtschaftskrise anfing Stellen abzubauen, habe ich mich nach etwas Neuem umgesehen. Ich habe vor allem nach freien Stellen im Browser-Games-Bereich gesucht und InnoGames suchte gerade ebenfalls einen Game Designer, der ein „Frauenspiel" – ein Spiel für Frauen – designen kann. Für diesen Job war ich natürlich ziemlich prädestiniert. Sie wollten ihre Zielgruppen ausweiten, ihr Portfolio ausbauen.

Wenn Sie so das letzte Jahr Revue passieren lassen: Was waren da für Sie die Höhepunkte bzw. die schönsten Erlebnisse in Ihrem aktuellen Job?
Im letzten Jahr war mein größtes Highlight, dass ich mein erstes Browser Game „Lagoonia" publiziert habe. Ich habe mit meinem Team über ein Jahr daran gearbeitet. Ich hatte dabei kaum Vorgaben, deswegen hing mein Herz daran. Es ist aus meiner Feder entstanden und als es live geschaltet wurde, war das schon ein erhebender Moment. Wenn man dann in den Foren oder auf der Facebook-Seite Meinungen verfolgt und sieht, dass Leute es gerne mögen oder es „liken" und entsprechende Kommentare schreiben oder Fan-Art basteln, dann ist das sehr schön.

In Ihrer Position als Game Designerin, was machen Sie da genau?
Wenn wir den Projektablauf als Grundlage nehmen, dann fange ich damit an, das Konzept zu schreiben und mir Konzeptideen zu überlegen. Im weiteren Verlauf denke ich mir die Features zu dem Spiel aus und das entsprechende Regelwerk. Es ist meine Aufgabe, diese Regeln so niederzuschreiben, dass die Programmierer wissen, was sie umsetzen müssen oder wie diese Regeln zu funktionieren haben. Und wenn das Regelwerk umgesetzt ist und das Spiel einen Rahmen hat, fange ich an, dieses Spiel mit Zahlen zu füttern. Das nennt man allgemein „Balancing". Ich erstelle mir meine Excel-Tabellen und diese geben mir dann Zahlen aus, welche ich in das Spiel integriere. Damit kann auch das Scripten von Quests oder Abläufen verbunden sein oder das Schreiben von Texten, unter anderem In-Game-Texte, also die Story für das Spiel oder Aufgaben, die der Spieler bewältigen muss. Hier bei InnoGames bin ich außerdem für Personalangelegenheiten verantwortlich. Das bedeutet, wenn wir neue Game Designer einstellen, dann führe ich Telefoninterviews oder Bewerbungsgespräche mit den Kandidaten. Wenn ich nicht gerade an einem eigenen Projekt arbeite, dann bin ich Consultant für andere Projekte. Wenn

2.2 „Neue" Spielebranche: Online- und Browsergame-Anbieter

wir beispielsweise mit einem externen Studio zusammenarbeiten und die einen Game-Design-Bereich haben, dann spreche ich mit den Game Designern über die Features und analysiere, wo eventuell noch etwas nachgearbeitet werden muss – je nachdem, was für Richtlinien wir haben. Ich habe in meinem Team einen Produktmanager bzw. Producer, der sich vorrangig um die Koordinierung kümmert. Natürlich muss ich mit den Grafikern und den Programmierern sprechen und muss ihnen auch mitteilen können, was ich genau haben will, aber um die genaue Koordinierung kümmert sich der Producer.

Wir würden gerne wissen, wie ein typischer Arbeitstag bei Ihnen aussieht, wenn es das überhaupt gibt?
Einen typischen Arbeitstag gibt es eigentlich nicht. Es kommt immer sehr darauf an, in welcher Phase des Projektes man sich befindet. Wenn man gerade ein neues Projekt kreiert oder Konzepte schreibt, dann „hängt man viel ab", lümmelt sich in irgendein Sofa und macht ganz viele Notizen und Ideen und Scribbles. In der Hochphase der Entwicklung sitzt man hinter dem Schreibtisch und füllt Excel-Tabellen mit Formeln und Zahlen. Es ist ganz verschieden, je nachdem, in welcher Projektphase man sich befindet. Generell kann ich sagen, dass ich Frühaufsteher und somit schon vor acht Uhr im Büro bin. Ich checke meine Mails, gehe online und spiele meine Browser Games, um mich up-to-date zu halten. Das mache ich über den Tag verteilt weiter. Und dann wartet das Tagesgeschäft: also entweder kreativ sein, Texte schreiben, Excel-Tabellen bestücken oder was auch immer anfällt. Tja, und dann nach der Mittagspause und acht Stunden Arbeit gehe ich nach Hause. Aber damit hört es meistens nicht auf, sondern die besten Ideen kommen mir, wenn ich im Auto sitze, an der Ampel stehe und warten muss. Das kann auch manchmal abends in der Werbepause vor dem Fernseher sein. Es kommt zwar nicht oft vor, dass ich fernsehe, aber wenn, dann wandern meine Gedanken wieder zurück zur Arbeit. Im Prinzip ist mein Kopf immer „am Rattern".

Gibt es innerhalb einer Phase doch so etwas wie Routine?
Ja, es kann Routine geben, aber meistens passieren solche Sachen wie: Ich stelle mich darauf ein, dass ich heute Balancing machen möchte, und kurz vor knapp kommt dann der Producer zu mir und sagt: „Uns ist gestern Abend noch ein Fehler aufgefallen, das und das funktioniert nicht so, wie wir uns das gedacht haben, weil die Technik das nicht bieten kann. Wie auch immer, wir müssen das jetzt anders machen. Kannst du dir etwas anderes dafür ausdenken?" Dann stelle ich mein Balancing erst einmal hinten an und mache ein Brainstorming, entwickele ein neues Feature und schreibe es nieder, formuliere es in die entsprechenden Aufgabenbereiche der Programmierer oder Grafiker und dann sieht der Arbeitsablauf schon

wieder ganz anders aus. Es können immer spontan irgendwelche Dinge anders sein. Wenn du im Live-Betrieb bist und gerade dabei bist, dein Spiel zu spielen und merkst: Oh, hier ist aber ein Fehler, es läuft nicht so, wie es sein soll, dann musst du auf einmal mit den Leuten reden, die dafür verantwortlich sind und es so organisieren, dass das Problem behoben wird. Es gibt eigentlich nicht wirklich Routinen.

Kommt es denn auch, je nach Phase, vor, dass Sie im Home Office sind?
Home Office ist möglich. Wir haben alle Notebooks, die man auch mit nach Hause nehmen kann. Ich habe auch manchmal schon gedacht, dass es mir im Büro zu laut und turbulent ist, dann brauche ich Ruhe zum Schreiben. Es kann vorkommen, dass ich dann mal die nächsten drei Tage zu Hause bin. Das passiert jetzt aber in meinem speziellen Fall nicht allzu häufig.

Da Sie in der Games-Branche arbeiten, bleibt die folgende Frage natürlich nicht aus: Spielen Sie selbst digitale Spiele?
Ja klar, ich muss selbst spielen, sonst wüsste ich nicht, was so los ist. Das muss man sich allerdings anders vorstellen, als jetzt jemand, der zu Hause zockt, weil er Spaß daran hat. Ich spiele ganz viele Sachen einfach nur an, um zu gucken, wie die Mechaniken sind, oder wie der Spieleinstieg ist. Ich spiele vor allem Browser Games, um den Markt zu kennen. Für mich selbst spiele ich natürlich auch gerne, aber dafür bleibt oft nicht viel Zeit. Wenn ich allerdings die Zeit habe, dann spiele ich gerne Konsolenspiele, z. B. Adventures, Rollenspiele oder Strategiespiele, davon gibt es auf der Konsole nicht so viele; aber auch Rennspiele spiele ich gerne.

Können Sie sich noch an das erste Spiel erinnern, das Sie gespielt haben?
Ja, das war „Prince of Persia". Das war auf dem Computer und es war das allererste der Reihe, das sah noch sehr pixelig aus. Besonders gefallen hat mir die Herausforderung und die Story, also das Thema Prinz und Prinzessin im Orient. Das war mal kein Weltraum-Thema und Aliens mochte ich damals schon nicht. Es war sehr fantasymäßig vom Background her, das hat mir Spaß gemacht. Ich meine, ich war damals quasi ein kleines Kind. Besonders aufgrund der Story habe ich es gerne gespielt.

Haben Ihre Eltern Sie eher ermutigt digitale Spiele zu spielen oder ausgebremst?
Nein, ausgebremst haben sie mich nicht. Als ich Kind war, haben sie immer ein Auge darauf gehabt, dass ich nicht zu viel vor dem Computer oder an der Konsole hocke, aber das hat sich auch von alleine ergeben, weil ich das selbst nicht wollte. Später habe ich dann natürlich nicht sofort gesagt: „Ich werde Spieleentwickler", sondern erst mal habe ich gesagt, dass ich Medieninformatik studiere. Zu der

damaligen Zeit war das sehr hipp und total cool und die Berufsaussichten waren perfekt, deswegen haben mich meine Eltern auch sehr darin unterstützt. Dann war es ein schleichender Prozess bis ich gesagt habe, dass ich Computerspiel-Grafiken bzw. später Game Design machen möchte. Meine Eltern haben mir eigentlich immer vertraut, dass ich mir das Richtige für mich selbst aussuche. Sie kannten mich schließlich, sie wussten, dass ich kreativ bin, aber auch einen technischen Hintergrund habe und beides passt gut zusammen. Allerdings hat mein Vater mich jedes Jahr, wenn wir uns an Weihnachten gesehen haben, gefragt: „Wie lang willst du denn jetzt noch Computerspiele machen, wie lang kann man denn diesen Job machen?". Ich habe versucht zu erklären, dass ich kein Supermodel bin, das mit 25 schon zu alt für den Job ist und auch kein Profifußballer, dem das genauso geht. Ich bin Computerspielentwicklerin, und das kann man machen, bis man 60 Jahre alt ist. Das habe ich ihm Jahr für Jahr immer wieder erzählt. Und als dann vor einiger Zeit mein Browser Game veröffentlicht wurde, kam mein Vater natürlich nicht umhin, dieses Spiel zu spielen. Das hat er dann auch gerne getan. Und seitdem fragt er mich nicht mehr, wie lange ich diesen Job noch machen will.

Spielen Ihre Eltern auch Computerspiele?
Wie gesagt, mein Vater hat mein Spiel gespielt. Er hat nicht viel Zeit, aber er spielt hin und wieder auch mal.

Spielen Sie auch gemeinsam?
Das eher weniger – auch weil ich vor allem eher Singleplayer-Spiele spiele. Im Freundeskreis sind natürlich ziemlich viele Freunde am Zocken. Hin und wieder spielen wir dann auch mal online im Multi-Player-Modus zusammen. Die meisten Freunde sind aber entweder in der Familie oder im Beruf sehr fest eingebunden, sodass wir nicht häufig zusammen kommen. Und wenn, dann würden wir uns lieber auf ein Bierchen und zum Reden treffen als zum Zocken. Was wir tatsächlich machen, ist, uns über Spiele auszutauschen: „Wer hat was gespielt und was war cool und würde man empfehlen?". So haben mir Freunde auch schon Verbesserungsvorschläge und Feedback zu meinen Arbeiten gegeben.

Vorhin haben wir uns über Ihr erstes Spiel unterhalten. Haben Sie auch ein aktuelles Lieblingsspiel?
Das ist ganz schwer. Was ich allerdings kürzlich mal wieder gespielt habe, ist „Heavy Rain" und davon bin ich immer noch sehr angetan. Das gefällt mir sehr gut.

Was genau gefällt Ihnen daran?
Was mir sehr gut gefällt, ist die Story und die tatsächliche Konsequenz, die das Spielverhalten mit sich bringt. Was mich auch sehr beeindruckt, ist die Qualität

oder die Tiefe, mit der Dinge umgesetzt worden sind. Wenn sich beispielsweise eine der Hauptfiguren prügelt und dabei verletzt wird und dann anfängt, zu hinken in dem Kampf, dann ist es nach dem Kampf nicht vorbei mit dem Hinken, sondern in den nächsten zwei Szenen humpelt die Figur auch noch. Das ist ein unglaublicher Aufwand, den die Entwickler bei der Produktion betrieben haben, der mich als Entwickler unglaublich fasziniert. Auch die Texte finde ich sehr ansprechend. Einfach die Art der Umsetzung, es ist nicht zu schwer, es ist nicht zu leicht, es ist sehr schön gebalanced, das gefällt mir sehr gut.

Derzeit wird stark diskutiert, ob man eine Frauenquote in Unternehmen einführen soll. In der Kritik steht zudem, dass die Arbeitszeiten für Frauen mit Familie häufig unangemessen seien und flexibler sein sollten. Wie ist das bei Ihnen mit der Work-Life-Balance?
Da kann ich überhaupt nicht meckern. Bei InnoGames wird sehr darauf geachtet, dass man nicht zu viele Überstunden macht. Klar kann es je nach Projektphase immer mal sein, dass man ein bisschen länger bleiben muss. Wenn man regelmäßig ca. zehn Stunden am Tag arbeitet, dann kommt beizeiten der Producer und schickt einen nach Hause. Ansonsten haben wir eine Kernarbeitszeit, die fängt um 11 Uhr an und endet um 16 Uhr. Ich kann mir absolut gut einteilen, ob ich Frühaufsteher bin und zeitig anfange oder ob ich lieber ausschlafe. Das ist auch sehr frei. Ich kann mich nicht beschweren, was die Arbeitszeiten angeht. Ich weiß, dass wir hier auch viele Eltern haben und die werden auch sehr unterstützt. Ich sehe nicht das Problem, hier zumindest in der Firma, dass man das nicht unter einen Hut bekommen könnte.

Was meinen Sie, wie sich Ihr Beruf auf Ihr Privatleben auswirkt? Sie haben angedeutet, dass Sie selbst zuhause noch mit dem Kopf oft bei der Arbeit sind.
Ja, sagen wir mal das Unterbewusstsein ist noch bei der Arbeit, es kommt aber drauf an, woran ich gerade arbeite und wie sehr ich mich in das Thema verbissen habe. Ich glaube das ist auch normal. Ich bin noch in der glücklichen Lage, dass ich sehr gut trennen kann zwischen der Arbeit und dem Privatleben. Es gibt sicherlich andere Berufe, in denen die Trennung nicht so leicht ist. Wenn ich mir vorstelle, ich bin Arzt oder Psychologe und ich sehe dann täglich irgendwelche Kranken ein- und ausgehen. Ich glaube das nimmt einen mental viel stärker mit. Von daher geht es mir mit Games und Stories eigentlich ganz gut. Ich würde nicht sagen, dass es mich zu sehr beeinflusst. Wenn ich gefragt werde, was ich arbeite, und ich sage, dass ich Computerspielentwickler bin, ist die erste Reaktion meist: Oh cool, was ist denn das? Was musst du denn da machen? Mir wird eigentlich immer mit Interesse begegnet. Ich habe noch nie jemanden erlebt, der irgendwie abfällig reagiert hätte.

Vielleicht sind die Nachfragen mal kritischer als in anderen Fällen. Von daher ist das eigentlich eine sehr angenehme Auswirkung auf mein Privatleben.

Häufig wird die Game-Industrie vornehmlich als eine Männerdomäne wahrgenommen. Wie sehen Sie das?
Wenn wir jetzt zehn Jahre zurückgehen, würde ich Ihnen Recht geben. Heutzutage hat sich das, meiner Meinung nach, schon etwas gewandelt. Gerade durch die Wii- und Browser Games, wie „Farmville", hat es sich sehr dahin gewandelt, dass auch Frauen spielen. Klar, dass „Counterstrike" nicht unbedingt von 18-Jährigen mit lackierten Fingernägeln geschmückten Mädchen gespielt wird. Das was verfügbar ist, und es wird auch immer mehr Content für Frauen angeboten, wird auch von Spielerinnen genutzt. Ich glaube, dass die Anzahl der Spielerinnen stetig steigt. Zudem werden Computerspieler nicht mehr als „Nerds" und die „Gewaltbereiten" betitelt, das hat sich in den letzten Jahren gewandelt. Natürlich gibt es immer noch die Fraktionen, die mit dem Zeigefinger proklamieren, dass die Computerspieler alle böse sind, aber die Allgemeinheit sieht das nicht mehr so. Ich kann natürlich nur für mein Umfeld sprechen und dort werden Computerspiele entsprechend positiv wahrgenommen. Aber ich denke, dass sich das Image der Spiele schon in der ganzen Gesellschaft gewandelt hat und auch noch weiter wandeln wird.

Was meinen Sie denn, wie es auf der Entwicklerseite aussieht?
Auf Entwicklerseite haben wir natürlich immer noch einen deutlichen Männerüberschuss, das ist gar keine Frage. Es ist auch nicht alltäglich, dass im Game Design Frauen arbeiten – besonders nicht aktiv in dem Beruf stehende Frauen. Allerdings muss ich sagen, ich bekomme, wenn auch nicht gerade zur Hälfte, so doch bestimmt 20 bis 30 % Bewerbungen von Frauen für den Game Design Bereich. Im Grafikbereich ist es ähnlich, sodass es in dem Bereich relativ ausgeglichen ist – mit einem leichten Überschuss bei den Männern. Vielleicht ist der Grund dafür einfach, dass es um Spiele geht, aber wie gesagt, das wandelt sich auch. Bei der Programmierung, was dann schon noch technisch orientierter ist, gibt es weniger Frauen, obwohl wir auch schon bei uns im Team Programmiererinnen haben. Insgesamt liegt der Frauenanteil bei uns in der Firma bei etwa 15 bis 20 %.

Wären Sie für eine Frauenquote?
Um Gottes Willen. Ich bin jemand, der solche Dinge nicht gern reglementieren möchte. Ehrlich gesagt: Ich komme gut klar damit, mit Männern zusammen zu arbeiten, weil sie tatsächlich manchmal ein bisschen pragmatischer sind und auch offener. Wenn irgendetwas schlecht läuft, dann sagt „Mann" sich das direkt, ohne dass das jetzt jemand persönlich nimmt, und dann wird das geklärt. Bei Frauen

habe ich manchmal das Problem, dass so etwas in einen „Zickenterror" ausartet und das möchte ich gerne vermeiden. Wobei das auch nicht für alle Frauen gilt. Kurz: Ich bin nicht für eine Quote.

Meinen Sie, dass man als Frau in dieser Branche besondere Hindernisse oder Hürden hat?
Ja, jein. Man muss natürlich erstmal schon den entsprechenden technischen Background mitbringen, damit man da gut vorbereitet ist. Aber dann würde ich sagen, oder zumindest ist es meine Erfahrung, muss man sich als Frau genauso technisch und fachlich beweisen, wie das ein Mann tun würde. Ich kann zwar nur aus meiner Erfahrung sprechen, aber ich habe in meiner Bewerbung, glaube ich, einen Frauenbonus bekommen. Aber ich habe auch immer fachlich gewusst, was ich gesagt habe und damit habe ich überzeugt. Dass es einen Frauenbonus gibt, das ist gar keine Frage. Auch da kann ich eine kleine Anekdote erzählen: Wir sind in der Entwicklung und der Chef kommt herein und sagt „Leute ich habe eine tolle Idee!". Er geht zum Programmierer, erklärt ihm das und sagt „Kannst du das nicht einbauen?" und der Programmierer sagt: „Oh das ist aber schwierig, weiß ich nicht, kann länger dauern". Es vergehen ein paar Stunden und es kommt, wie es kommen muss. Im Gespräch kommen wir drauf, dass die Idee von dem Chef gar nicht so schlecht ist. Das stellte sich da aber nicht so offensichtlich heraus, sondern ich sagte dann zu dem Programmierer: „Es wäre doch gar nicht schlecht, wenn wir das und das machen würden." Und er antwortet: „Ja, tatsächlich. Lass uns mal überlegen, lass uns mal was machen." Und eine halbe Stunde später kommt er zu mir und es war fertig. Ich glaube das war so ein bisschen Frauenbonus. Aber das alleinige Entscheidungskriterium wär das natürlich nicht.

Werden Sie als Exotin wahrgenommen?
Ja, gewissermaßen schon. Auch gerade weil die Kombination Frau und Game Design nicht so oft vorkommt. Deshalb „vermarktet" mich die PR-Abteilung auch relativ häufig, wenn Journalisten im Hause sind. Es ist auch nicht umsonst so, dass ich auf der InnoGames-Webseite in jedem zweiten Video zu sehen bin oder in irgendwelchen Pressemitteilungen oder bei Presse-Interviews zitiert werde. Also klar, das verkauft sich schon, gar keine Frage.

Würden Sie aus Ihrer Erfahrung heraus sagen, dass Frauen andere Spiele entwickeln als Männer?
Ja, das glaube ich schon. Einfach von den Inhalten her oder auch von der Herangehensweise. Nichtsdestotrotz hat man sein Handwerkszeug, so nenne ich es immer gerne. Wenn mir jemand sagt, entwickle einen Dritte-Weltkrieg-Shooter, dann ist das zwar nicht das Spiel, was ich selbst super gerne spielen würde, aber mit dem

entsprechenden Handwerkszeug würde ich das auch entwickeln können. Die Herangehensweise mag eine andere sein. So könnte ich nicht sagen, ob es das gleiche wäre, wie das was ein Mann entwickelt hätte, aber ich würde wesentlich pragmatischer an die Sache herangehen.

Entwickeln Sie in Ihrer Firma auch geschlechterspezifische Spiele?
Immer. Jedes Spiel wird entsprechend einer vorgeschriebenen Zielgruppe definiert. Und dazu gehört auch, dass man festlegt, wie die Genderverteilung in jedem Spiel ist.

Meinen Sie, dass Sie als Frau dann eher an solchen Spielen arbeiten, die für Frauen sind?
Nein, das nicht. Als ich angefangen habe, war das tatsächlich der Fall, da das Portfolio erweitert werden wollte. Aber ich bin jetzt nicht für immer und ewig auf „Frauenspiele" festgelegt.

Sie würden aber, wenn es nach Ihnen ginge, lieber nicht an gewalthaltigen Spielen oder ähnlichen Sachen arbeiten?
Genau, natürlich will jeder Game Designer die Sachen designen, die er selbst gerne spielt, das ist ganz klar. Das heißt nicht dass man immer diesen Luxus hat. Bei InnoGames ist der große Vorteil, dass darauf gehört wird oder dass man es sich leisten kann, darauf zu hören, was die Game Designer gerne machen. Das ist ein großer Vorteil. Ich habe in Firmen gearbeitet, da musste ich das umsetzen, was auf den Tisch kam. Sonst hatte ich nach dem Arbeiten nichts zu essen auf dem Tisch. Da muss man ganz pragmatisch an die Sache herangehen.

Würden Sie generell Frauen den Beruf in dieser Branche empfehlen?
Ja, und ich würde nicht nur den Game-Designer-Beruf empfehlen. Ich würde generell die Spielentwicklung, also Grafik und Programmierung ganz klar an vorderster Front sehen, aber ich würde Frauen auch das Producing empfehlen. Ich glaube, Frauen haben ein gutes Händchen dafür, Teams zu führen. Das findet noch viel zu selten statt. Unsere Producer sind alle männlich; ich weiß nicht, warum. Ich meine, es gibt ja noch viel, viel mehr in der Spielefirma als nur die Sachen, die ich genannt habe. Man kann ja auch genauso gut PR oder Marketing oder andere Sachen machen. Einen Job in der Games-Branche empfehle ich auf jeden Fall weiter.

Hätten Sie Ratschläge, die Sie Frauen mit auf den Weg geben würden, die in die Branche einsteigen wollen?
Man muss sich immer darüber klar sein, ob man das will und wenn man sich entschieden hat, dann sollte man es auch durchziehen und einfach machen. Man sollte

sich nicht ins Bockshorn jagen lassen, nur weil vielleicht die Eltern oder Freunde sagen, das ist nichts für dich. Das allerwichtigste ist, gerade wenn man frisch einsteigt, dass man sich Referenzen schafft, z. B. durch Arbeitsbeispiele. Gute Noten sind die eine Sache – ich weiß, dass Mädchen manchmal mehr darauf achten als Jungs. Ich schaue auch, wenn ich einen Game Designer einstelle, dass er keine Vier in Deutsch oder in Englisch hat, damit er gut schreiben kann. Wenn er eine Vier in Mathe hat, dann ist das eher schlecht für das Balancing. Darauf achte ich schon, aber wichtig ist, wenn mir derjenige Beispiele geben kann, z. B. hat er schon ein Spiel zusammen mit Freunden entwickelt und ich kann es anspielen und es ist gut. Dann ist die reale Referenz viel, viel mehr wert als Schulnoten. Durch Praktika und durch praktische Arbeiten Erfahrungen zu sammeln, das ist das Allerwichtigste.

Wenn Sie so zurückblicken auf Ihre Berufsbiografie, würden Sie da irgendetwas anders angehen?
Nein, würde ich nicht. Ich finde immer noch den Weg, den ich mit dem Studium gewählt habe, sehr gut. Ich bin auch froh, dass ich diesen technischen Background habe. Ich bin sehr dankbar dafür, dass ich damals dieses Glück hatte, von der Grafikerstelle auf die Game-Designer-Stelle zu rutschen. Ich bin sehr froh, dass ich mich entschieden habe, das Producing aufzugeben und Vollzeit-Game-Designer zu werden. Ich bin auch glücklich um die Entscheidung, weg von Retail hin zu Browser. Nein, ich könnte nicht sagen, dass ich etwas anders machen wollen würde.

Haben Sie Pläne für die berufliche Zukunft?
Ich möchte gerne ein Spiel machen, das bekannt wird. Also wo man mit irgendjemandem spricht oder jemanden neu kennenlernt und man sagt: „Ich hab xy gemacht" und derjenige antwortet: „Wow, cool, das kenne ich". Das wäre mein großer Traum. Ansonsten sehen meine Pläne für die Zukunft relativ überschaubar aus. Spaß an der Arbeit ist das Allerhöchste und Wichtigste für mich.

Können Sie sich vorstellen, in eine andere Position zu wechseln?
Da gibt es nicht so viele Möglichkeiten. Die Hierarchien in der Spielentwicklung sind generell relativ flach. Und gerade im Bereich Game Design gibt es Junior Game Designer, Game Designer, Senior Game Designer und vielleicht noch einen Head of Game Design und dann kommt auch schon das Management. Dadurch, dass ich Senior Game Designer bin, könnte ich, wenn ich wollen würde, nur noch aufsteigen und dann hätte ich eher eine Supervisor-Funktion und würde nicht mehr so viel selbst machen. Ich würde nur noch koordinieren und das ist eigentlich nichts für mich. Das, was ich mache, ist eigentlich schon von der Position her, das, was ich erreichen kann. Damit bin ich aber auch zufrieden.

Wäre es für Sie denkbar, in einer ganz anderen Branche zu arbeiten?
Ich stelle mir das schwierig vor. Ich könnte vielleicht so etwas wie Interface Design machen, aber ansonsten ist mein Wissen doch relativ speziell. Deshalb kann ich mir schlecht vorstellen, irgendwo anders einzusteigen, weil ich dann tatsächlich von null anfangen müsste. Ich habe nie etwas anderes gemacht, außer Games. Und wenn ich irgendwo anders arbeiten müsste, dann würde ich wahrscheinlich etwas komplett anderes machen. Etwas, das nicht hinter dem Schreibtisch ist.

Würden Sie bitte folgende Sätze für uns beenden: Ich mag an meiner Arbeit, dass ...
... sie kreativ und abwechslungsreich ist.

Ich nehme an diesem Projekt teil, weil ...
... ich darum gebeten wurde. Mir ist es sehr wichtig, wenn Studenten mich um irgendwas bitten und sagen: „Hier, guck dir mal das Projekt an, ich hab das xy geschrieben." Oder „Hast du einen Rat für mich, ich möchte gerne in die Games-Branche". Ich habe tatsächlich schon E-Mails bekommen von Leuten, die ich nicht kannte, und ich habe mir eine halbe Stunde Zeit genommen und habe denen ausführlich geantwortet, weil ich es ganz wichtig finde, dass man eben genau diese Erfahrung weitergibt.
Unter Mitarbeit von: Isabell Rosenblatt und Sergej Laas

Kurzvita
- Wohnhaft in Hamburg; 34 Jahre alt und ledig, keine Kinder
- Studium der Medieninformatik in Furtwangen. Diplomarbeit zum Thema Game Design
- Anschließend Tätigkeit als Grafikerin
- Nach zwei bis drei Jahren Wechsel ins Game Design
- Seit 2010 bei InnoGames GmbH in Hamburg

2.3 „Mitwirkende" Spielebranche: Organisationen, Beratung, Presse

2.3.1 Interview mit Katharina Dankert, Testerin

„Es ist ja nicht nur mein Job."

USK – Berlin, 11.01.2013

Foto: Privat

Liebe Frau Dankert, als erstes wären wir gespannt, etwas über Ihre Biografie zu erfahren: Was waren die Stationen Ihres beruflichen Werdegangs?
Mein beruflicher Werdegang ist in diesem Sinne noch nicht abgeschlossen. Ich habe mein Abitur im Jahr 2000 gemacht, dann war ich eine Zeit lang im Ausland unterwegs und habe in Frankreich gearbeitet, ein Vierteljahr in Russland verbracht und dort die Sprache gelernt. Danach habe ich angefangen, Philosophie, Politikwissenschaften und germanistische Linguistik zu studieren und mein Graecum abzulegen. Nach einiger Zeit habe ich dann aber mein Studium durch zu wenig Kontakt mit Menschen infrage gestellt. Da ich mir selbst nicht mehr bewusst war, wo ich mit meinem Studium hinwollte, habe ich es aufgegeben und stattdessen eine Ausbildung zur Rettungssanitäterin gemacht und ein Medizinstudium begonnen. Das Studium verlief dann auch lange Zeit erfolgreich; ich war mit dem Erasmus-Programm zwischendurch in Frankreich und habe schließlich meine Doktorarbeit begonnen. Dann kam eine Zeit, in der ich viele Sachen in meinem Leben überdenken musste. Gaming war dabei die ganze Zeit immer das, was mich begleitet

hat. Schließlich habe ich in der Gamestar eine Annonce gefunden, in der die USK [Unterhaltungssoftware Selbstkontrolle] Spieletester gesucht hat. Dort habe ich mich beworben und die Stelle bekommen.

War das im Rahmen des großen Berichts zur USK, den die Gamestar vor einiger Zeit veröffentlicht hat?
Ich habe das Gefühl, die Gamestar bringt ohnehin alle Jahre wieder einen „So funktioniert Jugendschutz in Deutschland"-Bericht. Einer von diesen Artikeln war das und da war ein kleiner Text dabei nach dem Motto „Wir suchen gerade Leute". Es ist praktisch, dass ich in Berlin wohne, da man nur vor Ort spielen kann. Als ich die Anzeige gesehen habe, wusste ich gleich: „Das ist es". Neben meiner Arbeit bei der USK überlege ich noch, ob ich mein Medizinstudium beenden werde oder von der Ausbildung her noch mehr in die Gaming-Branche gehe und ein Studium in diese Richtung beginne. Aber das habe ich noch nicht ganz entschieden.[3]

War das also der konkrete Moment, in dem Sie wussten, dass Sie in die Games-Branche gehen wollen?
Ich habe nicht als abstraktes Konzept darüber nachgedacht, dass ich in diese Branche will, sondern den Text gelesen und mich sofort angesprochen gefühlt, weil ich, seit ich denken kann, mit Videospielen zu tun habe. Ich habe mich einfach sofort darin wieder erkannt und gedacht: „Wow, das will ich machen, das klingt cool." Es hat mich angesprochen, den ganzen Tag Videospiele zu spielen und dafür bezahlt zu werden.

Ein Traum, der wahr geworden ist?
Ganz genau.

Gab es bestimmte Personen, die Sie unterstützt haben? Oder Vorbilder, die Sie begleitet haben?
Nicht direkt. Ich habe nicht einer Person nachgeeifert. Natürlich gab es Unterstützung von Freunden, die gesagt haben „Das klingt ja interessant!" oder „Das ist ja cool!" – dieses alltägliche Feedback, was einen ja auch unterstützt. Ich wurde sehr gut eingearbeitet in der USK, aber es gab kein Role Model – weder bei der USK selbst noch im Großen und Ganzen betrachtet.

---

[3] Wie Katharina Dankert uns einige Wochen nach dem Interview mitteilte, hat sie sich entschieden. Sie ist mittlerweile exmatrikuliert und seit September 2013 fest bei der USK angestellt.

Was fasziniert Sie an Ihrem Job besonders?
Tatsächlich die Möglichkeit zu bekommen, alle Arten von Spielen zu spielen und zu sehen. Was mich heute noch fasziniert, ist die Vielfalt der Arbeit. Es ist extrem abwechslungsreich. Wir sehen alle Spiele, die auf dem deutschen Markt eingereicht werden und da ist alles dabei: Jedes Genre, gute Spiele, schlechte Spiele, die kleinen Indie-Spiele, die nicht sofort in ein Genre passen, dann natürlich die Nachfolger von Spieleserien, die man persönlich großartig findet. Obwohl sich die Genres zum Teil gleichen, ist es natürlich immer wieder eine Herausforderung und man findet immer wieder kleine Schätze auf diesem großen Markt, der natürlich auch extrem viel „Ramsch" enthält.

Ist es denn tatsächlich so, dass jede Testerin und jeder Tester das gesamte Spektrum an Spielen zu sehen bekommt?
Wir müssen auf jeden Fall das ganze Spektrum abdecken. Jeder hat natürlich seine Vorlieben, aber man muss, um den Job zu bekommen, schon in allen Bereichen Erfahrung mitbringen. Man muss ein weites Genrespektrum gespielt haben und sich dafür interessieren. Anders kann man meiner Meinung nach den Job auch nicht machen. Niemand soll zum Fachidioten werden. So würde es auch nicht funktionieren, da das Titelaufkommen nicht so vorhersehbar ist. Man muss in allen Bereichen kompetent sein und Strukturen von Genres internalisiert haben. Wenn man das nicht kann oder nicht gerne macht, dann ist man sehr schnell frustriert und hat auch keinen Spaß bei der Arbeit.

Und wie leiten Sie Ihre Einschätzungen zum jeweiligen Spiel weiter?
Wir dürfen als Tester keine Einschätzung abgeben. Wir müssen wirklich versuchen, das Spiel so objektiv wie möglich zu präsentieren. Dazu haben natürlich unsere Regeln und unsere „Sichterbibel". Und es gibt Strukturen, nach denen geschaut werden muss. Die Einschätzungen selbst übernehmen dann die Sachverständigen und die ständigen Vertreter.

Könnten Sie Bespiele von Regeln aus der Sichterbibel nennen, auf die man achten muss?
Der Text zum Beispiel, den wir schreiben müssen, hat eine klare Struktur: Zuerst eine Einführung, dann wird die Story, sofern vorhanden, beschrieben, danach wird das Game Play erklärt, oft aufgeteilt nach Single- und Multi-Player, falls es beides gibt. Es gibt einen Abschnitt, bei dem nur auf Grafik und Sound eingegangen wird und schließlich gibt es einen Abschnitt für den Jugendschutz. Alles ausführlich beschrieben werden. Und beim Jugendschutz wird zum Beispiel darauf geachtet, ob interaktive Gewalt vorhanden ist, wie die Visualisierung von Treffern, und wie sich

diese äußert, gegen wen die Gewalt ausgeführt wird, wie die Gegner dargestellt sind. Ist das Spiel hektisch? Wie ist die Atmosphäre des Spiels? Ist sie eher düster oder freundlich? Bei Sportspielen stellt sich zudem die Frage, ob sie den im echten Leben etablierten Regeln folgen.

Sie haben bereits einige Anforderungen Ihres Jobs genannt. Abgesehen von einem Interesse für alle Genres: Welche Kompetenzen sollte man als Spieletester noch mitbringen?
Man muss fließend Englisch sprechen und schreiben können, weil wir viele Versionen noch auf Englisch zugeschickt bekommen. Bei einigen Titeln ist zum Teil nur die englische Sprachausgabe implementiert und die deutschen Texte werden als Textdateien beigefügt, damit wir sehen können, wie die Inhalte ins Deutsche übertragen werden. Man muss sicher präsentieren und sich gut ausdrücken können. Da die Texte sozusagen in Prosa verfasst werden, muss man in der Lage sein, einen lesbaren und gut verständlichen Text zu formulieren. Das sind die wesentlichen Kompetenzen.

Wer bekommt den Text, den Sie formuliert haben, zu lesen und wie geht es dann weiter mit der Präsentation Ihres Berichts?
Es läuft so ab: Es gibt zwei Präsentationstage pro Woche, an denen die Jugendschutzsachverständigen aus ganz Deutschland nach Berlin zu uns in die USK kommen. Wir präsentieren die Spiele, die wir bis dahin vorbereitet haben. In der Präsentation lesen die Jugendschutzsachverständigen und die ständigen VertreterInnen erst einmal unsere Texte und können direkt erste Fragen stellen. Anschließend präsentieren wir das Spiel oder die Spiele. In der Präsentation müssen wir das vermitteln, was auch im Text vermittelt werden soll, nämlich die Gänze des Spielerlebnisses. Wir arbeiten die Story noch einmal heraus, machen klar, wie das Game Play funktioniert und was der Fokus des Spieles ist und zeigen alle jugendschutzrelevanten Inhalte. Das kann unterschiedlich viel Zeit kosten – von einer halben Stunde bis hin zu drei Stunden. Dies hängt davon ab, was das Spiel an Story bietet, was alles gezeigt werden muss. Die längste Präsentation, die ich gehalten habe, dauerte ungefähr dreieinhalb Stunden und die längste Sichtung eines meiner Titel hat ungefähr 60 h gekostet.

Wie lange sind Sie jetzt bei der USK tätig?
Ich bin seit fast drei Jahren bei der USK, im Frühjahr 2010 habe ich dort angefangen.

Gibt es so etwas wie Routine für Sie?
Es herrscht auf jeden Fall Routine, zum Großteil auch eine positive Routine. Gerade bei Aufgaben wie dem Schreiben von Texten erarbeitet man sich irgendwann eine gute Struktur. Das ist insofern hilfreich, als dass ich das Gefühl habe, Einzelheiten nicht mehr zu vergessen und nicht mehr überprüfen zu müssen: „Habe ich das schon gesagt?"

Wie sieht ein normaler Arbeitstag für Sie aus?
Im Moment bin ich als Testerin nicht fest angestellt und im Prinzip kann ich mir meine Zeit selbst einteilen. Es ist einfacher zu sagen, wie eine Arbeitswoche aussieht. Wir bekommen normalerweise donnerstags oder freitags unsere Spiele und dann sind mittwochs und donnerstags Präsentationstage. In der Zwischenzeit müssen wir die Spiele durchspielen und den Text schreiben. Es gibt auch Titel, für die man zwei Wochen Zeit hat, um sie durchzuspielen. Meistens läuft das aber innerhalb von etwa fünf Tagen ab. Dann muss ich dafür sorgen, dass ich in die USK gehe, mein Spiel spiele, die entsprechenden Speicherstände anlege, mir Notizen mache, damit ich nichts vergesse, und meinen Text schreibe.

Wie viele Spiele testen Sie in der Woche?
Man nimmt so viele Spiele, wie man zu schaffen glaubt. Im Moment wähle ich ein bis zwei Spiele pro Woche, weil ich noch ein paar andere Sachen nebenbei mache. Es gab auch eine Zeit, da habe ich ca. 50 h in der Woche bei der USK gearbeitet und entsprechend viele Spiele konnte ich testen. In der gamescom-Zeit ist es zum Teil wirklich so, dass man sich in der Woche bis zu sieben Spiele vornimmt. Ich glaube, neun Spiele war die höchste Zahl für mich, wobei das nicht Spiele im Sinne von Vollpreistiteln waren, sondern auch etliche Demos für die gamescom. Für die muss man dann aber trotzdem Texte schreiben, das läppert sich.

Handelt es sich dabei größtenteils um Arbeit, die Sie alleine durchführen, oder gibt es auch Momente, in denen man im Team arbeitet?
Ich arbeite an sich alleine. Es gibt natürlich Spiele, die wir auch zusammen spielen. Gerade im Bereich der Multi-Player spricht man sich mit einem Kollegen oder einer Kollegin ab. Jeder hat mal technische Fragen, wenn es gerade nicht so funktioniert, wie man sich das vorstellt. Aber prinzipiell ist jeder für sein eigenes Spiel verantwortlich. Es kann auch ganz nett sein, wenn man an irgendeiner Stelle nicht weiterkommt, nochmal jemand anderes darauf gucken zu lassen, weil man manchmal innerhalb eines Spieles tatsächlich betriebsblind wird.

2.3 „Mitwirkende" Spielebranche: Organisationen, Beratung, Presse

Wenn Sie die letzten Jahre Revue passieren lassen, was war für Sie das Highlight in Ihrem Job?
Es gab natürlich Spiele, die Highlights dargestellt haben, als ich sie getestet habe und an denen ich mich sehr erfreut habe. Highlights für mich sind oft kontroverse Diskussionen und gerade auch Berufungen mache ich sehr gerne. Sowohl die Anbieter von Spielen als auch der Staat in Form seiner Vertreter haben die Möglichkeit in Berufung zu gehen, wenn sie mit dem Urteil des Regelausschusses nicht zufrieden sind. Das finde ich meist sehr spannend. Ich bin dann nur insofern involviert, als dass ich das Spiel noch einmal präsentiere. Aber wir dürfen auch bei den Diskussionen anwesend sein, um technische Aspekte zu klären oder um Verständnisfragen zu beantworten und das macht mir extrem viel Spaß.

Weil es in den Diskussionen hoch hergeht?
Ja, es macht einfach auch Spaß zu sehen, wie die verschiedenen Diskussionsstränge, die verschiedenen Meinungen sich entfalten. Ob es nun wirklich hoch hergeht? Es wird natürlich zum Teil sehr kontrovers diskutiert.

Gibt es auch Aspekte, die Ihnen an Ihrem Job nicht so gut gefallen?
Ich bekomme zu wenig Geld dafür. [Lacht] Ich würde gerne davon leben können; das ist leider nicht möglich. Da gibt es eine Diskrepanz zwischen Leistung und materieller Wertschätzung; das ist schade. Klar, den Großteil des Jobs macht man mit Herzblut. Das sei dahingestellt; aber manchmal wäre ein bisschen mehr finanzielle Anerkennung für das, was wir da tun, ganz positiv.

Als Sie in den Job eingestiegen sind, was waren Ihre Erwartungen?
Ich war hauptsächlich neugierig darauf, die Leute kennenzulernen. Meine Erwartung war eigentlich damals schon noch eher, viele coole Spiele zu spielen. Mir war nicht klar, dass es so viele schlechte Spiele gibt. Das war zwar nicht direkt eine Enttäuschung, aber eine Desillusionierung. Im Rückblick hätte ich das so nicht erwartet. Ansonsten war meine Hoffnung, mich halbwegs produktiv mit dem Thema Videospiele zu beschäftigen und Spaß zu haben. Also vom Spaß her wurden meine Erwartungen übertroffen.

Hatten Sie auch Bedenken, als Sie die Stelle angenommen haben?
Nicht im Besonderen. Wenn man sich auf eine Stelle bewirbt, gibt es immer das Element des Herzklopfens. Aber ob ich die Stelle jetzt bekommen hätte oder nicht, hätte mich nicht als Person infrage gestellt. Ich habe mir keine besonderen Sorgen gemacht.

Spielen Sie jetzt neben der Arbeit auch privat noch digitale Spiele? Und was sind Ihre Lieblingsgenres?
Ich spiele trotz Arbeit immer noch sehr viel. Rein zeitlich ist es natürlich weniger geworden, gerade wenn ich viel arbeite. Aber es ist selten so, dass ich nach Hause komme und beschließe, dass ich keinen Controller mehr in die Hand nehme. Manchmal habe ich tatsächlich nicht genug Zeit. Ein Favoriten-Genre habe ich nicht, da es in jedem Bereich „Knaller"-Spiele gibt. Am ehesten zählen Action-Rollenspiele, Shooter und Action Adventures zu meinen Lieblingsgenres. Ich bin ein riesiger „Fallout"-Fan: „Fallout 3", „Fallout New Vegas", „Bulletstorm"... Ich fand die neuen „Batman"-Spiele ziemlich gut, spiele aber auch gern „Minecraft". Ich hatte so eine Zeit, da habe ich extrem viel „Minecraft" gespielt. „Spelunky HD", „Limbo", „Dishonored". Das waren alles Titel, die ich in letzter Zeit viel gespielt habe.

Spielen Sie auch gemeinsam mit Ihren Freunden?
Ich spiele auch mit meinen Freunden, zum Teil Videospiele, zum Teil Pen-and-Paper-Rollenspiele.

Wird es irgendwann schwer, die Spiele einfach nur zum Spaß zu spielen? Kann man den USK-Blick noch ausschalten?
[Lacht] Ja, kann man. Aber man geht wesentlich anspruchsvoller an die Sachen, die man zu Hause spielt. Dann kommt es immer darauf an, ob man ein Spiel schon gespielt hat, weil man es testen musste. Wobei es schon vorgekommen ist, dass ich Spiele noch einmal mit nach Hause genommen habe, um sie ohne den USK-Aspekt zu spielen und genau diesen Blick ausschalten zu können, damit man sich für das Spiel Zeit nehmen kann. Aber es kommt auch vor, dass ich mich selbst beim Freizeitspielen erwische, wie ich denke: „Hm, könnte ich Person x jetzt erschießen?" Man kommt auf Ideen, mit dem Spiel zu interagieren, die einem sonst nicht einfallen würden. Man muss auch eine gewisse Fantasie für absurde Morbidität haben, um den Job umfassend ausführen zu können.

Was war Ihr erstes Computer- oder Videospiel?
Mein allererstes Spiel auf meinem eigenen PC war „Lemmings". Daran kann ich mich erinnern, weil das damals wahnsinnig viel Geld gekostet hat, fast 90 Mark. Eines meiner ersten Konsolenspiele muss auf jeden Fall „Mario" oder „Zelda" gewesen sein, ich kann mich nicht mehr genau erinnern. Eine Freundin von uns hatte eine Konsole, mit der wir auch gespielt haben, und diese Freundin hatte auf jeden Fall beides. Wir haben viele verschiedene Sachen gespielt, deswegen bin ich mir nicht mehr ganz sicher, was ich zuerst gesehen habe.

2.3 „Mitwirkende" Spielebranche: Organisationen, Beratung, Presse 171

Können Sie sich noch an die Situation erinnern, als Sie zum ersten Mal ein Videospiel gespielt haben?
Ja, an die Atmosphäre, aber nicht mehr an eine prägnante Situation. Ich war ohnehin schon relativ viel mit dem Medium in Berührung gekommen und das verschwimmt alles ein bisschen in den Kindheitserinnerungen. Aber bei meinem ersten Rechner, das war ein 2-86er mit MS-DOS, musste man noch relativ viel mit der Kommandozeile arbeiten. Ich war damals ungefähr elf Jahre alt und es gab wirklich niemanden, der mir helfen konnte. Meine Eltern hatten keinen blassen Schimmer. Sich da durchzufuchsen, bis das Spiel installiert war, ist eigentlich das, woran ich mich erinnere. Und dann gab es auch noch viele düstere Stunden mit den „Lemmings"; denn die späteren Level werden zum Teil ganz schön düster mit dem Höllenschlund. Außerdem weiß ich noch, dass man damals die ganzen Speichercodes auf einem Zettel notiert hatte, um direkt zu dem Level springen zu können, bei dem man gerade war.

Sie haben das Spielen am PC für sich alleine entdeckt? Es war niemand da, der Sie darauf gebracht hat?
Genau, ich habe das über meine Freundin und sonst für mich alleine entdeckt. Dass ich meine Aktivitäten am PC weitergeführt habe, hat zu gleichen Teilen die Lust am Spielen und das Interesse an der Technologie mitbestimmt. Ich fand es cool, meinen eigenen Computer zu haben und damit etwas zu machen. Spiele spielen war eins der großartigsten Dinge, die damit möglich waren.

In unserem Projekt stehen die Berufswege von Frauen in der Games-Industrie im Mittelpunkt. Über Ihren Beruf haben wir schon viel erfahren. Jetzt würde uns auch interessieren, wie Sie die Rolle der Frau einschätzen, z. B. wird derzeit diskutiert, ob man in Unternehmen eine Frauenquote einführen sollte. Was meinen Sie?
Das ist eine schwierige Frage. Man kann für beide Seiten sehr prägnant argumentieren und ich habe selbst lange geschwankt. Ich bin mittlerweile für mich persönlich zu dem Schluss gekommen, dass ich eine Quote befürworten würde, weil ich denke, dass es ein Level von struktureller Diskriminierung gibt, bei dem die Quote ein mögliches Mittel zur Symptombekämpfung wäre. Ich meine, es gibt strukturelle Diskriminierung von Frauen auf jeden Fall – was die Anerkennung von Leistung angeht, gerade auch im Bereich von IT, Technik und Naturwissenschaft. Es bestehen noch sehr viele Vorurteile, es gibt sehr viel strukturelle Diskriminierung, die schwer sichtbar zu machen ist. Und dann besteht natürlich noch die Frage, ob es Interesse von den verschiedenen Seiten gibt, sich mit dem Thema zu beschäftigen. Um die Probleme, die sich aus dieser Ungleichbehandlung ergeben, noch stärker auf den Punkt zu bringen und eine erste Veränderung von innen heraus zu erwir-

ken, kommt man um die Quote nicht herum. Aus diesen Gründen würde ich sie befürworten.

Die Kritik an der Arbeitswelt bezieht sich häufig auf die Arbeitszeiten, die für Frauen, die Familie haben, schwierig sind.
Da muss ich sagen, dass die Arbeitszeiten für alle unangemessen sind. Da schon wieder von den Frauen zu sprechen ... Für die Männer, die sich um ihre Familie kümmern wollen, ist das genauso unangemessen und insgesamt müssen die Zeiten flexibler gestaltet werden im ganzen Arbeitsbereich, für alle Geschlechter. Dann kann man auch einen ganz anderen Ausgleich schaffen.

Wie ist es bei Ihnen? Sind die Arbeitszeiten flexibel genug?
Bei mir ist es extrem flexibel. Der ganze Job ist darauf angelegt, dass ich meine Arbeit gewissenhaft erledige. Wann ich das tue, ob ich nachts um vier zur USK gehe, weil ich Lust darauf habe, oder morgens um 7 Uhr, weil ich früh frei machen möchte, das interessiert niemanden.

Wie empfinden Sie die Balance zwischen Arbeit und Privatleben?
Ich versuche das ausgewogen zu halten. Ich habe die Erfahrung gemacht, was es für mich bedeuten kann, wenn ich mich selbst vernachlässige und versuche darauf zu achten, mir genug Zeit für mich selbst zu nehmen. Ich denke, ich schaffe das im Moment sehr gut.

Wenn Sie Zeit für sich haben, was machen Sie dann gerne?
Videospiele spielen? [Lacht] Tatsächlich viel spielen, lesen, mich mit Freunden treffen. Ansonsten gehe ich ziemlich gerne Klettern, mache das aber auch nicht auf einem hohen Leistungslevel. Ich koche extrem gerne. Ich male auch, aber das alles geschieht eher hobbymäßig nebenbei.

Was sagt denn Ihr Umfeld zu Ihrem Job in der Games-Branche?
Meine Familie kann es vom Interessengebiet her nicht so ganz nachvollziehen und muss natürlich auch mit dem Umstand umgehen, dass ich mein Medizinstudium erst einmal auf Eis gelegt habe für einen Job. Ansonsten sind sie aber froh, dass es mir gut geht und meine Freunde finden es alle eigentlich ziemlich cool.

Die Games-Industrie wird vornehmlich als Männerdomäne wahrgenommen. Wie sehen Sie das?
Wenn wir uns reine Zahlen anschauen, dann ist es natürlich noch immer eine Männerdomäne. Aber es gibt etliche Frauen, die in der Games-Industrie arbeiten und dort zufrieden sind aufgrund der Strukturen, die dort herrschen. Es ist meiner

Meinung nach aber nicht deshalb eine Männerdomäne, weil irgendetwas in dem Geschlecht an sich dazu prädisponiert, sich für Games und Technik zu interessieren, abgesehen von der immer wieder reproduzierten Sozialisation, der wir alle unterliegen und die sich in solchen Zahlen niederschlägt. Ich weiß selbst, wie es sich anfühlt, im Alltag und in der Games-Branche anders behandelt zu werden als meine Kollegen. Das ist einfach eine Zusatzbelastung, der man immer wieder ausgesetzt ist, mit der man immer wieder umgehen muss. Ich kann von daher auch verstehen, wenn man irgendwann sagt: „Das muss ich mir nicht weiter geben." Aber das sind natürlich strukturelle Probleme, die jetzt nicht gerade dafür sorgen, dass mehr Frauen in die Branche kommen.

Was ist denn in der Branche nur mit Humor zu ertragen?
Also Humor ist leider eine der Sachen, die man relativ schnell verliert, je nachdem, wie tief man da einsteigt und das nicht nur in der Branche, sondern auch in der Gaming-Szene. Es ist ja nicht nur mein Job. Jeder, der sich für Videospiele interessiert, weiß, wie das ist: Man spielt, man hat die Foren, es gibt die Blogs, und man liest – wenn man gerade etwas „masochistisch" drauf ist – die Kommentare in den Blogs. Ich interessiere mich natürlich ohnehin für die Frage von Gender und Gaming, gerade weil ich mich selbst auch davon betroffen fühle. Der Ton, der gerade in den Kommentaren herrscht und auch die Dinge, die allein 2012 öffentlich mit Anita Sarkeesian und dem Eklat auf dem Namco-Bandai-„Street Fighter"-Turnier vorgefallen sind ... Gerade, wenn man sich zu so einer Berichterstattung die Kommentare durchliest, da ist es bei mir mit Humor irgendwann vorbei, da kann und will ich über bestimmte Sachen nicht mehr lachen.

Was müsste Ihrer Meinung nach geschehen, damit sich etwas ändert?
Ich denke, das Ganze sichtbar zu machen und zu versuchen, einen respektvollen Diskurs zu führen wird die einzige Möglichkeit sein. Ich hoffe auch immer noch, dass tatsächlich solche aufgesetzten Regularien, wie zum Beispiel eine Quote, von außen Dinge normalisieren, die sich von innen heraus schwierig oder nur langsamer regulieren lassen. Wenn wir mehr Frauen durch eine Vorschrift in die Gaming-Branche aufnehmen, würde deren Anwesenheit auch normaler werden und bestimmte Sprüche und Einschätzungen können dann nicht mehr aufrechterhalten werden. Das wäre die Hoffnung. Ansonsten bewundere ich alle, die sich wesentlich aktiver als ich dafür einsetzen, dass das Thema nicht verschwiegen wird.

Sie sagten, dass sie hoffen, dass in Zukunft mehr Frauen in der Games-Branche arbeiten. Gibt es momentan Hürden für Frauen in die Branche zu kommen?
Ja, es gibt Hürden in die Branche zu kommen. Diese ergeben sich unter anderem auch aus der Zuschreibung, wofür sich Männer und Frauen primär zu interessieren

haben. Es gibt eine Meinung, die in Filmen und Medien reproduziert wird. Das allein ist ausschlaggebend für das, was wir sehen und was sich zum Teil auch in den Studienanfängerzahlen in den Naturwissenschaften oder auch in der IT- und Gaming-Branche niederschlägt. Das sind subtile Mechanismen, die nur durch gesellschaftlichen Wandel verändert werden können. Ich vermag nicht zu sagen, ob wir jemals in der Lage sein werden, diese Wandlung durchzuführen. Da bin ich manchmal positiver, manchmal negativer eingestellt, aber es wäre auf jeden Fall ein Wunsch von mir, dass sich das ändert. Was mir gar nicht gefällt, sind Argumentationen nach dem Motto: „Es gibt keine Frauen in der IT-Branche, weil sie sich nicht dafür interessieren" oder „Frauen interessieren sich nicht für die IT-Branche, weil dort nicht viele Frauen arbeiten." Man sieht den Ist-Zustand und nimmt ihn als Grund für sich selbst – das finde ich extrem bizarr und es ist mir schon ganz oft als Argumentationsstruktur begegnet. Anstatt sich differenziert zu fragen, wie es dazu gekommen ist, dass dieser Zustand vorherrscht. Das sind meiner Meinung nach die strukturellen Hürden innerhalb unserer Gesellschaft, um in die Gaming- und die IT-Branche zu kommen.

Wenn man in der Gaming-Branche arbeiten möchte, muss man sich damit auseinandersetzen, dass man anders behandelt wird. Das fängt dort an, wo ich mich mit Menschen über Technik unterhalte und, wenn die Gesprächspartner männlich sind, sich diese ab einem bestimmen Punkt, wenn ich nicht immer wieder aktiv in das Gespräch hineingehe, die Gesichter nur noch gegenseitig zuwenden. Das kann extrem anstrengend sein, weil man sich ganz schnell ausgeschlossen fühlt. Das sind Kleinigkeiten, die natürlich für sich nicht sehr prägnant sind und mit denen man umgehen kann, aber es addiert sich und es passiert ganz häufig. Und es hört auf mit Situationen auf großen Messen, wie der gamescom, wo man oft nicht für jemanden gehalten wird, die dort ist, weil sie in der Branche arbeitet und Gamerin ist. Es gibt ganz viele kleine Einstellungen, die auch gesellschaftlich begründet sind, die es aber nicht leichter machen, sich dem immer wieder auszusetzen. Da kann ich persönliche Entscheidungen verstehen, nicht in diese Industrie einzusteigen.

Was sind denn andere kleine oder große Dinge, die Ihnen noch aufgefallen sind?
Das, was einem prinzipiell an Technikwissen zugetraut wird. Das ist eine der wenigen Sachen, die ich auch noch aus meiner Jugend kenne. Wenn ich versucht habe, mich in meiner Klasse über meinen neuen Rechner zu unterhalten und was ich mir für eine Grafikkarte kaufen möchte, dann gab es ein konsterniertes Schweigen und die Gruppe der Jungs, die sich über genau dasselbe Thema vorher unterhalten hatte, wandte sich kollektiv von mir ab. Die meinten es nicht böse, aber es war offensichtlich nicht vorgesehen, dass ich als Frau mitrede und unter Umständen auch noch mehr weiß. Die Reaktionen auf der nonverbalen Ebene waren einfach sehr bezeichnend. Die Sache ist natürlich, sobald man dafür sensibilisiert ist, wird

auch die Wahrnehmung anders und dementsprechend häuft sich auch die Wahrscheinlichkeit, dass einem so etwas auffällt. Eine andere Kleinigkeit ist der Grad, zu dem mir zugetraut wird, technische Probleme zu lösen. Zum Beispiel denken Menschen, dass ich es großartig fände, wenn mir jemand Hilfe anbietet. Implizit wird schon unterstellt, ich könnte gewisse technische Probleme nicht allein lösen.

Würden sie Frauen trotzdem empfehlen, in der Branche zu arbeiten?
Auf jeden Fall. Es wird auch nicht besser, wenn Frauen dort nicht arbeiten. Wie gesagt, wenn jemand die persönliche Konsequenz zieht und sagt: „Ich kann mich zu diesem Zeitpunkt meines Lebens nicht mit diesem Stress auseinandersetzen", beziehungsweise „Ich habe etwas erlebt, was meine persönliche Grenze einfach sprengt", kann ich das verstehen. Aber ansonsten macht es extrem viel Spaß, es gibt so viele spannende Sachen.

Gibt es denn Tipps, die Sie Frauen mit auf den Weg geben würden?
Vernetzt euch! Ihr seid nicht alleine!

Was sind denn Anlaufstellen, die Sie dafür empfehlen würden?
Es gibt einige ziemlich gute Blogs und Foren im Netz, geekgirls.com zum Beispiel. Und auch auf Twitter findet man viele Sachen. Femgeeks gibt es in Deutschland, Geekgirls ist eher international. Man findet eigentlich viel.

Gibt es Frauen in der Branche, die Sie allgemein als Vorbilder sehen?
Da gibt es auf jeden Fall etliche. Ich finde zum Beispiel das, was Anita Sarkeesian macht, extrem bewundernswert. Da frage ich mich auch, wie sie überhaupt in der Lage war, damit umzugehen. Ich meine, sie hat natürlich viel Unterstützung bekommen, aber was auf sie herab geregnet ist an Unmenschlichkeit ... Dass sie noch dabei ist, finde ich atemberaubend. Das war jetzt eine sehr öffentliche Sache, aber in diesem Sinne begegnen mir immer wieder Menschen, zum Beispiel Bloggerinnen, die einfach nicht schweigen, sondern weiterschreiben und sich zum Teil wirklich mit abscheulichen Kommentaren auseinandersetzen müssen. Es gibt eine ganz großartige Seite von einer Frau namens notinthekitchenanymore.com, die immer über ihre Xbox-Live-Erfahrungen schreibt. Ich kenne die Menschen nicht direkt, aber ihr Mut sich immer wieder den zum Teil schrecklichen Kommentaren zu stellen ist bewundernswert.

Abgesehen von den sozialen Faktoren, ganz unabhängig vom Gender-Aspekt, was würden Sie allgemein denen mit auf den Weg geben, die gern Ihren Weg in die Spielebranche finden möchten?
„Bleibt euch selbst treu!" ist das, was ich jedem mit auf den Weg geben wollen würde. Die Spielebranche ist in vielerlei Hinsicht eine sehr hippe Branche und viele

Leute wollen dort arbeiten. Die Branche hat wie alle Branchen, in denen viel Geld verdient wird, natürlich auch die entsprechenden Probleme. Es gibt noch viel zu arbeiten an der Art und Weise, wie Menschen dort behandelt werden. Es gibt natürlich positive Beispiele, etwa bei skandinavischen Entwicklern, genauso wie gruselige Geschichten, in denen Leute wirklich verbraucht werden. Von daher würde ich sagen, dass man sich selbst treu bleiben sollte, weil ich glaube, dass jeder in der Lage ist zu sehen, wenn irgendetwas ganz gewaltig schiefgeht. Dann muss man auch den Mut haben und sagen: „Das gefällt mir nicht, so kann das nicht weitergehen." Das heißt aber für mich in letzter Konsequenz nicht, dass ich die Branche verlasse, sondern dass ich versuche, etwas zu verändern.

Was sind Ihrer Meinung nach allgemeine Qualifikationen, die in der Branche nützlich sind?
Geduld und Teamfähigkeit. Ich habe in der Branche viele positive Beispiele erlebt, was die Offenheit zu träumen und zu brainstormen angeht, es einfach zuzulassen, jede schräge Idee erst einmal in den Raum zu stellen. Das ist eine Sache, die die Branche unterstützt. Man sollte auch in der Lage sein, so etwas mit anderen zu teilen. Wenn ich mich in der Games-Branche alleine an meine eigene Idee klammere, dann wird das mit der Umsetzung eher nichts.

Wenn Sie in die Zukunft blicken, was steht da für Sie auf dem Radar?
Die Zukunft ist für mich noch ein bisschen in der Schwebe. Ich glaube, das muss ich noch offen lassen. Schauen wir mal, hoffentlich weiterhin viel Zufriedenheit.

Könnten Sie zum Schluss noch folgende Sätze für uns beenden? Ich mag an meinem Beruf ...
... dass ich für das Spielen spielen bezahlt werde.

Ich habe an dem Projekt teilgenommen ...
... weil ich die Möglichkeit prima fand, Erfahrungen von Frauen in der Gaming- und IT-Branche sichtbar zu machen. Ich bin schon sehr gespannt auf die verschiedenen Eindrücke und Perspektiven. Denn das ist z. B. auch eine Sache, die ich wichtig finde: in der „Öffentlichkeit" oder in Diskussionen in den Medien werden oft individuelle Perspektiven generalisiert wiedergegeben. Das ärgert mich häufig, schließlich gehört zu der Wertschätzung eines Menschen auch dessen Meinung ernst zu nehmen, selbst wenn ich damit nicht übereinstimme.

Unter Mitarbeit von: Antonio Balcazar

Kurzvita
- Geboren 1980 in Halle/Saale, wohnhaft in Berlin
- 2001 bis 2003 Studium der Philosophie, Politikwissenschaften und germanistischen Linguistik an der Humboldt-Universität in Berlin
- 2003 bis 2013 Studium der Humanmedizin an der HU Berlin
- Seit 2010 als ehrenamtliche Videospiel-Sichterin bei der Unterhaltungssoftware Selbstkontrolle in Berlin
- Zwischenzeitlich Mitarbeit als technische Assistenz im Testbereich
- Seit 2013 fest angestellt als Mitarbeiterin des Testbereiches der USK

2.3.2 Interview mit Sandra Urban, Senior Consultant

„Von außen wird man als Exotin wahrgenommen."

Unternehmensberatung – Hamburg[4] 28.11.2012[5]

Foto: Privat

Liebe Frau Urban, können Sie uns zu Beginn des Interviews kurz die Stationen Ihres beruflichen Werdegangs schildern?
Ich habe 1999 das Abitur gemacht, danach bin ich als Au-Pair ein Jahr ins Ausland gegangen, nach Großbritannien. Im September 2000 habe ich angefangen an der Friedrich-Schiller-Universität in Jena die Fächer Medienwissenschaft, interkulturelle Wirtschaftskommunikation und Wirtschaftswissenschaften zu studieren. Während meines Studiums bin ich ein Jahr nach Dublin gegangen und habe dort einen Bachelor in International Business and Languages abgeschlossen. Außerdem habe ich während meines Studiums diverse Praktika gemacht, unter anderem bei Interculture, einer Unternehmensberatung im interkulturellen Kontext, sowie für sechs Monate bei BMW Motorsport in München im Bereich Sponsorship und Business Relations. Für drei Monate war ich in Rumänien im Bereich Marketing und Business Development tätig. Dort habe ich die Marketing-Abteilung mit aufgebaut. Ich habe dann während meiner Studienzeit im Rahmen meines letzten Seminars einen Professor kennengelernt, bei dem ich meine Abschlussarbeit schreiben wollte. Gemeinsam haben wir zunächst ein Thema für den Bereich Sport-Marketing in Kooperation mit BMW gefunden. Das wurde jedoch von BMW ausgeschlossen,

---

[4] Aufenthaltsort während des Interviews.
[5] Während des Interviews war Frau Urban bei einer Unternehmensberatung im Spielebereich tätig. Sie hat im April 2013 ihren Job gewechselt.

2.3 "Mitwirkende" Spielebranche: Organisationen, Beratung, Presse

weil der Betreuungsaufwand für sie zu groß gewesen wäre. Dann bin ich noch einmal auf den Professor zugegangen und habe ihn gefragt, ob er mir ein Thema geben könne. Der Professor hat zu der Zeit – und tut er auch immer noch – im Bereich Computer- und Videospiele geforscht und wir haben ein für mich sehr interessantes und marketingrelevantes Thema gefunden. Dies war dann quasi mein Ticket in die Games-Branche. Mein Studium habe ich im November 2006 abgeschlossen und anschließend in Hamburg angefangen zu arbeiten.

War es eher Zufall, dass Sie jetzt einen Beruf in der Games-Industrie haben?
Genau, eher Zufall. Natürlich habe ich die Videospielindustrie am Rande als Konsument wahrgenommen, aber ich war kein exzessiver Spieler. Ich habe mich während meines Studiums eher mit anderen Aufgaben beschäftigt als mit Spielen. Dadurch konnte ich mir eine professionelle Tätigkeit in der Computer- und Videospielindustrie zunächst eigentlich nicht vorstellen. Doch durch die Auseinandersetzung damit im Rahmen meiner Magister-Arbeit empfand ich diese Branche als extrem spannend, und dementsprechend habe ich mich in diesem Bereich erfolgreich beworben. Im April 2007 habe ich als Marketing Manager bei der Firma Flashpoint begonnen. Dort habe ich diverse Spiele verschiedener Publisher positioniert und vermarktet. Letztendlich waren es viele Aufgaben in den Bereichen Positionierung, Entwicklung von Marketing- und Kommunikationsstrategien. Dies habe ich zwei Jahre lang gemacht und bin dann zu einem Browser Games Publisher gewechselt. Ich wollte zum einen in den Online-Bereich, weil ich damals gesehen habe, dass die reine Retail-Distribution kein Zukunftsweg ist. Die Retail-Distribution wird es immer geben, aber Online ist für mich das Wachstumsfeld. Zum anderen reizte es mich auch, ein Startup mit aufzubauen. Meine Position dort war im Online Marketing und Business Development. Ich habe Online Games vermarktet, Medienpartnerschaften aufgebaut, Lizenzen gesucht, integriert und zur Vermarktung gebracht. Ebenfalls habe ich die Firma im Corporate-Bereich weiterentwickelt. WWG habe ich dann nach weniger als zwei Jahren verlassen, weil es diverse Unstimmigkeiten in der strategischen Ausrichtung des Portfolios gab. Danach bin ich bei einer Unternehmensberatung mit Fokus auf Games und Entertainment tätig gewesen, wo ich auch derzeit noch arbeite. Wir sind zwischen Investoren, Entwicklern und Publishern angesiedelt. Wir beraten zum einen Investoren, die in Games-Unternehmen investieren wollen. Zum anderen haben wir auch eine strategische Komponente, denn wir können Publisher strategisch beraten.

Warum haben Sie sich für eine Unternehmensberatung entschieden?
Die Vielseitigkeit – ich habe auch durch die diversen Positionen, die ich vorher begleitet habe, gemerkt, dass ich ein sehr vielseitiges Arbeitsumfeld brauche. Für

mich ist eine Position, die zum Beispiel rein auf den Sales-Bereich zugeschnitten ist, unattraktiv, weil sie mich nach einer gewissen Zeit langweilen würde. Als Beraterin habe ich die Aufgabenbereiche Business Development, Strategieentwicklung und Projektmanagement. Ich arbeite sehr eigenständig, frei und kann gleichzeitig viel Verantwortung tragen.

Wie sieht ein typischer Arbeitstag bei Ihnen aus?
Normalerweise habe ich meine eigenen Ziele, die ich mir setze oder die ich in Abstimmung mit meinem Chef und den Kollegen projektabhängig definiere. Wir arbeiten häufig virtuell, sind also nicht permanent im Büro physisch verfügbar. Wir telefonieren meistens gegen zehn Uhr und besprechen dann tägliche To-Dos. Dieser Conference Call geht dann meistens eine halbe Stunde, manchmal auch eine Stunde, wenn wir bestimmte Themen intensiver besprechen. Das heißt aber auch, dass ich mir jede Woche Gedanken mache, was ich erreichen möchte, an welchen Projekten ich arbeite und wann ich etwas erledige. Damit bestimme ich meine Tagesbasis, welche ich dann abarbeite, z. B. im Bereich Business Development: Partner anrufen, mit diesen verhandeln oder auch einfach mal einen Business-Plan lesen und mir die Produkte anschauen. Dann analysiere ich den Finanzplan hinsichtlich Sinnhaftigkeit und notiere mir offene Fragen, die ich mit meinem Chef oder dem Team abstimme. Es gibt oft ein- oder zweimal in der Woche Meetings, wo wir auch mit externen Partnern zu einem mehrstündigen Gespräch zusammentreffen. Das ist immer sehr unterschiedlich, kein Tag ist der gleiche.

Wenn Sie das letzte Jahr Revue passieren lassen, was waren Ihre beruflichen und persönlichen Highlights?
Die Highlights waren, dass ich diverse Projekte steuern durfte. Diese hatten jeweils ein Investitionsvolumen von zwei bis fünf Millionen Euro. Das war sehr, sehr spannend, weil da unglaublich viele Sachverhalte aufgetreten sind. Meine Aufgabe war es, diese frühzeitig zu erkennen und zu lösen. Ich habe in dieser Zeit eine extreme Lernkurve durchlaufen. Außerdem konnte ich ein eigenes Mandat mit einem koreanischen Publisher akquirieren, den ich auch selbst betreue und in strategischen sowie operativen Angelegenheiten unterstützt habe. Zum Beispiel reden wir darüber, ob und wie wir die Mobile-Sparte des Unternehmens aufbauen können. Dann fand ich es auch sehr interessant bei einer Unternehmensbewertung eines Publishers mitwirken zu können. Marktanalyse und IP-Bewertung waren dabei ebenfalls sehr spannende Aufgaben.

Gibt es auch etwas, das Ihnen nicht so gut gefällt? Gibt es Situationen, in denen Sie sich ärgern?
Ja, natürlich gibt es die. Das liegt wahrscheinlich auch an der Unternehmensstruktur, weil wir so ein kleines Team sind. Ich kann selber nichts delegieren und muss

2.3 „Mitwirkende" Spielebranche: Organisationen, Beratung, Presse

deshalb auch einige Basisaufgaben übernehmen. Das ist immer ein bisschen langweilig. Wenn man viel virtuell arbeitet, wie wir es tun, dann ist auch die Kommunikation nicht immer ganz einfach.

Wenn Sie jetzt die positiven Momente und auch die Momente, in denen Sie sich ärgern, miteinander abwägen, wie zufrieden sind Sie dann in Ihrem jetzigen Beruf?
Die Zufriedenheit oder die Nicht-Zufriedenheit ist bei mir verbunden mit der Frage, ob ich mich ausgelastet fühle und damit, ob ich Entwicklungsmöglichkeiten sehe. Ausgelastet bin ich momentan nicht immer. Hinsichtlich der Entwicklungsmöglichkeiten mache ich mir darüber Gedanken, wie sich das Unternehmen in den nächsten Jahren entwickeln wird, da die Games-Branche eine sehr flexible Industrie ist. Ich könnte mir schon vorstellen irgendwann noch einmal meinen Job zu wechseln. Das Problem ist allerdings, dass die Jobs, die ich interessant finde, nicht auf der Straße liegen, wie zum Beispiel bei Entwicklern. Ich bin hinsichtlich des Karrierelevels schon relativ hoch angesiedelt. Daher ist es nicht einfach für mich, das passende Unternehmen zu finden, das mir ein passendes Angebot unterbreitet.

Was waren Ihre Erwartungen an die Games-Branche vor Ihrem Berufseinstieg?
Im ersten Job nach der Uni hatte ich zunächst inhaltlich ambitionierte Ziele. Mir ist meine Karriere sehr wichtig. Meine Ziele habe ich erfüllt – also bin ich schon durchaus sehr zufrieden mit dem, was ich bisher erreicht habe. Was meine Ziele generell angeht, bin ich jedoch relativ flexibel, da ich immer sehr stark inhaltlich getrieben bin. Mir ist wichtig, wie der Job aussieht, nicht der Titel oder die finanzielle Komponente. Ich würde in diesen Bereichen kleinere Abstriche machen, um inhaltlich bessere Entwicklungsmöglichkeiten zu haben.

Würden Sie auch wieder in eine andere Branche wechseln?
Ich würde einen Wechsel hinaus aus der Games-Branche durchaus in Betracht ziehen. Die Gründe dafür sind vielfältig. Zum einen weil die Games-Branche eine Hire-and-Fire-Mentalität besitzt. Zum anderen, weil ich speziell in meinem Bereich schlechter bezahlt werde als in anderen Branchen. Zudem ist die Games-Branche in manchen Gebieten sehr unprofessionell. Das liegt daran, dass sehr viele junge Leute hier arbeiten und manche Unternehmen von Leuten geführt werden, die nicht die richtige Ausbildung oder Erfahrung haben. Die Branche ist von den Strukturen und den Mechanismen her zwar sehr spannend, aber dennoch sind diese auch immer wieder ähnlich. Der Reiz lässt für mich daher langsam nach. Viele Unternehmen machen immer wieder die gleichen Fehler und dann fragen sie sich, wie das nur passieren kann.

Hängt das mit dem Alter der Branche oder mit dem Alter der Menschen, die dort arbeiten, zusammen?
Ich würde nicht sagen, dass das Alter der Branche ausschlaggebend ist. Eher das Alter der Leute. Ich kenne beispielsweise sehr wenige Leute, die älter als 40 sind. Und ich muss ehrlich sagen, ich kann mir ein Arbeiten in der Games-Branche mit über 40 für mich selbst nicht vorstellen. Ich kann zwar jetzt nicht in die Zukunft schauen und wissen, ob ich noch zehn oder zwanzig Jahre in der Games-Industrie beschäftigt bin, aber ich überlege schon, im nächsten Job aus der Branche herauszugehen, um mich etwas breiter aufstellen zu können, damit ich nicht zu sehr auf das Games-Thema festgelegt bin. In anderen Bereichen gibt es auch spannende Unternehmen, wo es sich wirklich lohnt zu arbeiten.

Wie steht es um Ihre eigene Einstellung zum Spielen: Spielen Sie auch privat digitale Spiele?
Ich habe als Kind oft Videospiele gespielt. Meinen ersten Kontakt zu digitalen Spielen hatte ich bei meinem Cousin. Das war ein Flugzeug-Spiel, in dem man Sachen ausweichen und Panzer abschießen musste. Natürlich gab es auch einen gewissen Rahmen, wobei meine Eltern Videospiele nicht wesentlich unterstützt haben. Mit 16 hatte ich dann einen PC und habe darauf auch diverse Spiele gespielt. Im Studium hat es dann nachgelassen. Grundsätzlich ist bei mir ein großes Interesse an Spielen vorhanden, wobei ich inzwischen sehr stark differenziere, was genau ich spiele. Ich habe spezielle Segmente, deren Spiele ich toll finde und die ich dann auch spiele. Ich besitze diverse Konsolen. Ansonsten spiele ich Onlinespiele, wie zum Beispiel Browser Games, die ich mir auch speziell anschaue, weil ich das Unternehmen vielleicht gerade analysiere oder weil ein Unternehmen besonders viel Erfolg mit einem Spiel hat. Dann interessiert es mich natürlich auch zu wissen, wie das Spiel funktioniert. Daher sind es oft auch berufliche Hintergründe. Ich habe eine PS3 zu Hause. Außerdem habe ich ein iPad und ein iPhone, auf denen ich mobile Spiele nutze. Einen PC habe ich mittlerweile nicht mehr – da gibt es auf anderen Plattformen genügend Angebote.

Würden Sie sich selbst als Gamerin bezeichnen?
Ja, das würde ich.

Haben Sie zurzeit ein Lieblingsspiel?
Ich habe auf dem iPad mehrere Spiele wie „Machinarium" oder „Osmosis", die mich sehr fesseln, die im Casual-Bereich angesiedelt sind, aber auch immer strategisches Denken voraussetzen und mich damit fordern. Es gibt ein bis zwei Onlinespiele, die ich zum Zeitvertreib spiele und dann gibt es da noch „Wet" oder „Red Dead

Redemtion" und „Dishonored" auf der Playstation 3, das mehr in den Action-Bereich geht, die ich ganz gut finde. Im Endeffekt gucke ich mir vieles an, spiele dann ein bis zwei Spiele, aber nicht mehr komplett durch. Das schaffe ich nicht mehr, die Zeit ist mir für andere Sachen wichtiger.

Wie empfinden Sie Ihre Work-Life-Balance?
Die finde ich derzeit ausgeglichen. Es ist sicherlich so, dass ich in Stresszeiten, in denen ich viel arbeite, auch an Wochenenden arbeiten muss. Aber bis jetzt hatte ich immer die Möglichkeit, das flexibel auszugleichen. Natürlich habe ich Stress auch schon mit nach Hause genommen und das hat mich belastet. Momentan ist das aber nicht der Fall. Einige Sachen lassen mich zwar nicht los. Aber es ist nicht so, dass ich schlaflose Nächte aufgrund der Arbeit habe. Ich versuche an den Wochenenden den Rechner nicht anzumachen und auch nicht mit dem iPad rumzuspielen, also wirklich „offline" zu sein. Die Erreichbarkeit ist natürlich immer da. Das wäre in anderen Berufen auch so. Vieles dreht sich natürlich auch im privaten Kreis um das Thema Games. Einige Leute aus der Games-Branche sind private Freunde geworden.

Was machen Sie gerne in Ihrer Freizeit, um abzuschalten?
Ich mache viel Sport: Ich gehe laufen und mache Kraftsport. Im Urlaub gehe ich Kitesurfen. Ansonsten treffe ich gerne Freunde. Ein Hobby ist auch das Reisen. Ich schaue mir sehr gern andere Länder an.

Was sagt Ihr Umfeld zu Ihrem Job in der Spielebranche? Sie haben bereits gesagt, dass Kollegen aus der Branche auch private Freunde geworden sind. Spielen sie beispielsweise zusammen?
Gemeinsam spielen wir ab und zu mal. Das kommt aber eher selten vor. Denn wenn ich mich mit Branchenkollegen treffe, dann eher zum Austausch und weniger zum Spielen. Zumal diese sich auch mit den gleichen Themen beschäftigen wie ich. Wenn man den ganzen Tag mit Spielen zu tun hat, spielt man privat auch weniger. Ich würde es dennoch nicht komplett ausschließen. Ich habe manchmal auch Tage, an denen ich ein, zwei Spiele auf der Arbeit durchspiele, weil ich mir dazu eine Meinung bilden möchte.

Sind Personen in Ihrer Familie oder Ihrem näheren Umfeld auch skeptisch Ihrem Job gegenüber?
Skeptisch nicht. Meine Eltern können sich darunter nichts vorstellen. Weder unter dem Aufgabenbereich noch unter der Spielebranche an sich – was es da für Aufgabenfelder oder Positionen überhaupt gibt. Das Einzige, worüber sie sich ein paar

Gedanken machen, ist meine berufliche und finanzielle Sicherheit. Ich arbeite in einer Branche, die sehr flexibel und sehr unstet ist – wir sprechen teilweise von Jobwechseln innerhalb von zwei Jahren, sei es aus Gründen der Rezession, Umstrukturierung oder dergleichen. Ich glaube, meine Eltern machen sich aus diesem Grund ihre Gedanken. Aber ich sehe es so, dass die IT-Branche generell eine sehr flexible ist. Ich denke, dass diese Hire-and-Fire-Mentalität – sofern man nicht in Großkonzernen arbeitet – in der IT-Branche sehr gängig ist. Anders gesagt: befristete Arbeitsverträge sind in der Games-Branche eher üblich. Skeptisch ist mein Umfeld dennoch nicht. Meine Freunde finden das, was ich mache, eher cool und spannend. Andere Personen, die ich kennenlerne und denen ich erzähle, was ich beruflich mache, sind – überwältigt möchte ich nicht sagen – aber erstaunt, weil sie das nicht von mir erwartet hätten.

Momentan werden eine mögliche Frauenquote und flexible Arbeitszeiten besonders in den Medien viel diskutiert. Was denken Sie darüber?
Um das vorwegzunehmen: meine Arbeitszeiten sind momentan sehr gut geregelt, denn sie sind sehr flexibel. Durch das virtuelle Arbeiten und der Home-Office-Tätigkeit, kann ich Beruf und Privates sehr gut miteinander vereinbaren. Ich würde mir für meinen nächsten Job wünschen, dass dann auch Home Office möglich ist, weil es viele Dinge erleichtert. Es ist eine unglaubliche Zeitersparnis, weil der Weg zur Arbeit wegfällt. Das Thema Frauenquote ist sehr viel diskutiert. Viele sagen, dass man diese Frauenquote nicht einführen sollte, da Frauen sich auch so durchsetzen können. Andere befürworten natürlich die Frauenquote. Ich für meinen Teil kann es nicht konkret sagen. Ich als Frau habe mich durchgesetzt und an meinem Beispiel sehe ich, dass Unternehmen die Frauenquote nicht brauchen. Dennoch bin ich der Meinung, dass man eine Frauenquote einführen sollte, nicht weil Frauen dann bevorteilt werden, sondern weil einige Unternehmen zu stark männerdominiert sind und das auch bleiben wollen. Durch eine Frauenquote schafft man die Möglichkeit, Frauen auch dort zu positionieren. Ich habe keine Zweifel daran, dass die Frauen in diesen Positionen sich gegenüber dem Leistungsniveau der Männer durchsetzen können. Ich habe schon sehr viele Männer gesehen, die mit wenig Wasser kochen. Da können Frauen genauso mithalten.

Frauen bräuchten also zunächst erst einmal nur die Chance sich zu beweisen?
Die Chance muss da sein, dass man unterstützt wird. Meine Karriere wäre sicherlich nicht möglich gewesen, wenn ich nicht ein bis zwei Unterstützer in der Branche hätte. Das hat nicht unbedingt etwas mit dem Geschlecht zu tun, sondern grundsätzlich braucht man jemanden, der einen unterstützt. Dennoch gibt es in vielen Unternehmen und in männerdominierten Branchen gewisse Barrieren. Das heißt,

ja – man muss den Frauen die Chance geben, dass sie auf eine gewisse Positionen gehoben werden, und ja – sie werden kein Problem haben, sich dann zu beweisen.

Die Games-Branche gilt als „Männerdomäne". Wie sehen Sie das und wie gehen Sie damit um? Haben sie beispielsweise mehr männliche als weibliche Kollegen?
Aktuell – in der kleinen Firma – bin ich die einzige Frau. In den Firmen davor war es ähnlich. Ich habe es statistisch nicht ausgerechnet, aber gefühlt würde ich sagen, dass die Frauenquote bei Games-Unternehmen bei zehn Prozent liegt. Das variiert natürlich von Unternehmen zu Unternehmen, je nachdem wie groß diese sind und was sie für Job Roles haben. Ich denke, dass im Game Design Frauen eher Zugang haben. Das gilt sicherlich auch für den Analysebereich und das Business Development. In den anderen Bereichen wie Projektmanagement, Development etc., gibt es relativ wenige Frauen. Auf den Management- oder Executive-Positionen sind Frauen eher dünn angesiedelt. Wir sprechen an dieser Stelle nicht von einem Marketingmanager, sondern von Senior-Bereichen oder Positionen mit leitender Funktion.

Haben Sie den Eindruck, dass man als Frau besondere Hindernisse und Hürden in der Games-Industrie überwinden muss?
Zum einen sehe ich schon, dass gewisse Positionen eher durch Männer besetzt werden. Ich bin jedoch der Meinung, dass einige Männer, die in diesen Positionen eingestellt werden, im Vergleich zu den Frauen, denen sie vorgezogen wurden, keinen Mehrwert an Leistung bieten. Sie werden damit zum Teil unberechtigt in diese Positionen erhoben. Gewisse Frauen hätten es in manchen Fällen eher verdient, in höhere Positionen aufzusteigen. Es gibt eine inhaltliche und eine geschlechtsspezifische Komponente. Natürlich wurde mir in meiner beruflichen Anfangsphase zugeschrieben – und diese Vorurteile gibt es nach wie vor – dass, wenn Frauen beispielsweise nicht acht Stunden am Tag Computerspiele spielen, sie sich dann überhaupt nicht auskennen. Das habe ich in meinem ersten Job erlebt. Inzwischen hat sich das gelegt, weil ich mir diverse Kompetenzen in spezifischen Segmenten angeeignet habe. Ein Gamer, der nur Shooter spielt, wird nie ein Casual Game verstehen und die Mechaniken, die dahinter stecken. Letzten Endes ist es also meist die Zuschreibung, dass man eine Unfähigkeit mit sich bringt.

Wie wird man als Frau in der Branche wahrgenommen?
Von außen wird man als Exotin wahrgenommen. In der Branche sind auf dem unteren Management-Level Frauen durchaus gewollt und es wird als relevant angesehen auch Frauen in Teams zu haben. Es wird nicht unbedingt negativ angesehen. Um als Frau im höheren Management zu arbeiten, darf man jedoch nicht als Exotin

wahrgenommen werden, sondern man muss durch Karrierewillen und Leistung bestechen und sich inhaltlich durch Wissen und Management-Fähigkeiten durchsetzen.

Hat es auch Vorteile, wenn man als Frau in der Games-Branche arbeitet?
Ja, hat es. Ich arbeite unglaublich gerne mit Männern zusammen. Ich würde inzwischen nicht mehr in einem reinen Frauenteam oder einem stark dominanten Frauenteam arbeiten wollen. Die Vorteile in der Zusammenarbeit mit Männern sind für mich, dass sie mir sehr viel mehr Verantwortung und Freiheit bei Aufgabenstellungen übergeben und ich dadurch bei Problemlösungen sehr kreativ sein kann. Frauen denken kontrollierter. Männer gehen zudem sehr viel offener mit Kritik um. Zunächst wird kritisiert, was falsch gelaufen ist. Dann ist es aber auch gut und vergessen. Ich mag diese Attitüde sehr. Ich glaube, dass sich meine Persönlichkeit, durch das Arbeiten in der Games-Branche oder in einer von Männern dominierten Branche, stark in Richtung einer sehr selbstständigen, selbstbewussten, frei denkenden Person entwickelt hat. Ich glaube, dass es mein Verhalten im positiven Sinne unterstützt hat. Natürlich gibt es auch introvertiertere Frauen, für die ein solches Arbeitsumfeld sicherlich nichts ist. Ich persönlich finde es sehr angenehm mit Männern zu arbeiten. Hat man also Vorteile als Frau? In gewissen Bereichen gibt es schon einen „Frauenbonus". Im Business Development beispielsweise bringt es mir sehr viel, weil ich als Frau hervorstechen kann. Auch habe ich den Eindruck, dass die Männer sehr gerne mit mir, oder Frauen generell, reden möchten. Um geschäftliche Partnerschaften aufzubauen, ist dies manchmal von Vorteil. Auch schätzt mein Chef mein strategisches Denken, was natürlich feminin geprägt ist, intern sehr wert.

Werden Spiele von Frauen anders entwickelt als von Männern?
Ja, klar. Das zeigt sich sicherlich im Konzept. Ich glaube nicht, dass Frauen, wenn sie Spiele entwickeln, diese in erster Linie nur für Männer entwickeln. Sondern sie würden entweder etwas nur für eine ... Ja gut, es gibt sicherlich genauso viele Beispiele, dass Frauen auch an der Entwicklung von Spielen beteiligt sind, die dann von sehr vielen Männern gespielt werden. Eigentlich kann ich die Frage nicht wirklich beantworten, weil ich zum einen nicht im Game Design tätig bin. Zum anderen, weil ich im Producing noch nie auf ein reines Frauenteam oder ein sehr stark von Frauen dominiertes Team getroffen bin. Also ich kenne wenige Entwicklerinnen, ein paar Grafikdesignerinnen und auch ein, zwei Geschäftsführerinnen in der Games-Branche, aber mehr kenne ich eigentlich nicht.

Wie sehen Sie die Rolle der Frau in den nächsten Jahren in der Games-Branche?
Das ist eine gute Frage. Der Einfluss der Frauen wird schon stärker. Wenn ich sehe, wie viele Frauen in der Branche waren, als ich angefangen habe, und wie viele ich

jetzt kenne, dann hat sich das schon nach oben korrigiert. Obwohl der Einfluss stärker werden wird, wird dieses Wachstum eher marginal sein. Wir sprechen jetzt nicht von einem Verhältnis von 70 zu 30 oder 60 zu 40 in zehn oder zwanzig Jahren. Ich denke, der Frauenanteil wird eher so bei 15 oder 20 % liegen. Wenn Unternehmen größer werden, gibt es mehr Aufgabengebiete, die dann auch von Frauen abgedeckt werden können.

Würden Sie Frauen den Beruf in der Games-Industrie empfehlen?
Ja, aus dem Grund, dass die Games-Branche meine Entwicklung auch positiv beeinflusst hat. Das heißt: man kann seine Persönlichkeit sehr gut entwickeln, kann Probleme lösen, hat viele Freiheiten auch Aufgabenstellungen umzusetzen, etc. Zudem ist aus meiner Sicht für jeden, der sich mit den Produkten identifizieren kann, dann eine emotional starke Bindung da. Die Entwicklungen innerhalb der Branche selbst sind super spannend; das heißt, das Entstehen neuer Unternehmen, Konsolidierungen, neuer Plattformen oder neuer Hypes. Das ist schon alles sehr, sehr spannend und aus diesem Grund ist es auch eine herausfordernde Branche.

Und was würden Sie Frauen, die einen Beruf in der Branche in Betracht ziehen, an Tipps mit auf den Weg geben?
Generell würde ich mich nach einem größeren Unternehmen umschauen, das einen guten Ruf hat. Ich würde also zum Einstieg nicht unbedingt bei einem kleinen Startup anfangen, wo man viel „on the Job" lernt. Das ist gleichzeitig auch das zentrale Problem, weil es nicht so viele große, reputative Unternehmen in der Branche gibt. Ich würde mir zumindest ein solides Unternehmen aussuchen, wie Ubisoft, Crytek oder Nintendo, wo man nachhaltig lernt oder vielleicht später auch in andere Bereiche wechseln kann. Das ist nicht einfach zu finden, weil es viel mehr kleine und mittlere Unternehmen gibt.

Was würden Sie als Expertin sagen, welche Qualifikationen man braucht, um in der Branche Fuß fassen zu können?
Erstens wahrscheinlich einen guten Studienabschluss. Das war früher nicht so. Es gibt immer noch Quereinsteiger, aber man muss fachlich auch fokussiert sein, sei es im Development, Marketing oder Design. Zweitens muss man davon überzeugt sein, dass man in der Branche arbeiten möchte.

Wenn Sie heute auf Ihre Berufsbiografie zurückblicken, würden Sie Sachen anders angehen?
Ich bin sehr zufrieden mit dem, was ich erreicht habe. Das darf man nicht vergessen. Hätte ich Entscheidungen anders getroffen? Sicherlich die eine oder andere, aber ich glaube selbst in einer anderen Branche hätte ich heute den gleichen Stand in meiner Karriere erreicht.

Und was planen Sie für Ihre weitere berufliche Zukunft?
Kurz bis mittelfristig möchte ich meinen Standpunkt im Unternehmen weiter festigen. Und langfristig, das heißt in ein bis zwei Jahren, möchte ich meine Erfahrung als Führungspersönlichkeit vertiefen und Personalverantwortung tragen. Das ist jetzt nicht der Fall, jedoch gibt es besonders im virtuellen Arbeiten mit Teams Komponenten, die diesbezüglich wichtig sind. Gerade, wenn man ein Projekt leitet, muss man Leute anführen und Leadership ergreifen. Aufgrund meiner Projektleitungserfahrungen werde ich das auch gut umsetzen können. In den Führungsbereich zu gehen, mit Leuten, die unter mir angeordnet sind und die mir weisungsbefugt sind, das ist mein Ziel.

Wenn Sie sich selbst beschreiben würden, wie würden Sie sich charakterisieren?
Sehr neugierig. Ich habe viele Interessen, bin werteorientiert, ein guter Zuhörer. Ich überlege, was ich sage.

Und könnten sie folgende Sätze für mich beenden? Ich mag an meinem Beruf ...
... dass er so spannend und vielseitig ist.

Ich nehme an diesem Projekt teil, weil ...
... ich es wichtig finde, dass Frauen mehr Präsenz zeigen.
Unter Mitarbeit von: Sven Wichmann und Hakan Chousain

Kurzvita
- Geboren 1980, wohnhaft in Berlin
- 2000 bis 2006 Studium der Medienwissenschaften, interkulturelle Wirtschaftskommunikation und Wirtschaftswissenschaften an der Friedrich-Schiller-Universität in Jena. In diesem Rahmen ebenfalls Abschluss des Bachelors in International Business and Languages in Dublin
- 2007 bis 2009 Marketing Manager bei der Firma Flashpoint AG
- 2009 bis 2010 Business Development Manager bei wwg worldwidegames GmbH
- 2010 bis April 2013 Senior Consultant bei einer Unternehmensberatung
- Seit April 2013 als Geschäftsführerin der Online Games Unit „1337 Games" bei der RNTS Media Deutschland GmbH in Berlin

2.3.3 Interview mit Ruth Lemmen, Projektmanagerin und Referentin für Medienkompetenz

„Ich bin davon überzeugt, dass die Zusammenarbeit von Männern und Frauen in gemischten Teams sehr förderlich für die Games-Branche ist."

BIU – Berlin, 03.12.2012[6]

Foto: Privat

Sehr geehrte Frau Lemmen, als erstes würden wir gerne etwas über Ihre Berufsbiografie erfahren. Können Sie uns dazu Ihren beruflichen Werdegang schildern?
Ich habe mein Abitur in Mönchengladbach absolviert und bin dann 1988 zum Studium nach Berlin gekommen und habe angefangen, Romanistik zu studieren mit Französisch als Hauptfach. Lateinamerikanistik, Theater- und Filmwissenschaften waren meine beiden Nebenfächer. Ich habe mein Studium in Berlin, in Mexiko-Stadt und in Paris absolviert und habe auch einen französischen Hochschulabschluss (Licence Franco-Allemande) an der Sorbonne in Paris abgeschlossen, als ich dort mit einem Stipendium des Deutschen Akademischen Austauschdienstes (DAAD) ein Auslandsjahr verbracht habe. Nach Mexiko-Stadt bin ich 1994 gegangen und habe dort ein halbes Jahr gelebt. Dieses Auslandsstudium erfolgte eher im Hinblick auf meine Abschlussarbeit. Meine Magisterarbeit habe ich auf Fran-

---

[6] Seit Oktober 2013 selbstständig als Projekt- & Eventmanagerin und Beraterin.

zösisch geschrieben, und zwar über eine literarische Zeitschrift, die während des Zweiten Weltkrieges auf Martinique, in der Karibik, erschienen ist. Um Material für diese Magisterarbeit zu sammeln, bin ich für ein halbes Jahr nach Mexiko-Stadt gezogen, weil die Bibliotheken dort entsprechend ausgestattet waren, sodass man auch zur Karibik Informationsmaterial finden konnte. 1996 habe ich mein Studium hier in Berlin im Magisterstudiengang erfolgreich beendet.

Zum Ende meines Studiums hatte ich die Möglichkeit, parallel als freie Mitarbeiterin beim High Tech Center Babelsberg in der Filmstadt Babelsberg zu arbeiten. Dort wurde ein Festival organisiert, die „interAktiva", bei dem es um interaktive Medien ging. Seinerzeit waren das noch Anwendungen für das virtuelle Studio, CD-ROM-Entwicklungen, etc. Ich war als freie Mitarbeiterin für ein halbes Jahr mit diesem Projekt betraut und musste unter anderem die Speaker und die Projekte akquirieren und habe dieses Festival – ich würde aus heutiger Sicht sagen – als Projektmanagerin mit einem Kollegen gemeinsam betreut. Als das Festival zu Ende war, das muss dann gegen Ende 1996 gewesen sein, hat mir dieses High Tech Center Babelsberg eine Festanstellung angeboten und ich war dann dort für die Bereiche Eventmanagement und Eventmarketing zuständig. Dieses Zentrum war in der Entwicklung von Animationen und Visual Effects für Film und Kino tätig. Angesiedelt war das Ganze in der Filmstadt Babelsberg und es ging dort um die Entwicklung von Animationen, Computer Generated Imagery und Visual Effects für Kino und TV. Meine Aufgabe war die Entwicklung von Events. Unter anderem habe ich dieses Festival, die „interAktiva", weiter betreut. Darüber hinaus gab es aber auch noch unterschiedliche andere Aktivitäten, wie beispielsweise Messeauftritte, die ich zu planen und koordinieren hatte. Das High Tech Center war außerdem beteiligt an einem europäischen Weiterbildungsprojekt, auch im Bereich Visual-Effects-Management und -Produktion, für das europäische Förderanträge gestellt und Workshops organisiert werden mussten. Mit dieser Tätigkeit gestaltete sich für mich der Einstieg in das Berufsleben.

Ich habe damals sehr viel Glück gehabt. 1996 war meine akademische Ausbildung sicherlich kein typischer Einstieg in die Medienbranche. Vom Studium her war ich nicht prädestiniert für die Arbeit in diesem Metier, aber ich bin ganz unbedarft da herangegangen. Ich hatte zwar Theater- und Filmwissenschaften studiert, aber das war ja nicht der Schwerpunkt meines Studiums. Es haben sich viele Sachen ineinander gefügt, sodass ich über die freie Mitarbeit an diesem Festival dann tatsächlich auch eine dauerhafte Anstellung angeboten bekam. Das High Tech Center entwickelte sich dann weiter und auf dem Studiogelände wurde ein neues Gebäude gebaut, das es dort immer noch gibt und das mittlerweile „fx.Center Babelsberg" heißt, welches dann vom High Tech Center betrieben wurde. Der Bereich Postproduktion und Visual Effects wurde noch einmal sehr stark ausgebaut. Es wurde an den ersten Kinofilmen mit diesen Effekten gearbeitet und auch viel im Bereich

2.3 „Mitwirkende" Spielebranche: Organisationen, Beratung, Presse

Werbung produziert. Wir haben dort Animationen für Film- und Fernsehproduktionen erstellt und dabei wurde natürlich mit diversen Softwareprogrammen gearbeitet, aber auch mit unterschiedlicher Hardware. Das „fx.center", wie es später hieß, war entsprechend ausgerichtet und aufgestellt und mit der modernsten Technik ausgestattet. Dort gab es riesige Studios, die alle miteinander über Kabel vernetzt und verdrahtet waren, sodass die Produzenten sich tatsächlich quasi in real time die Ergebnisse von dem anschauen konnten, was unten in den Produktionshallen gerade gedreht wurde. Das war damals wirklich State of the Art. Ich war weiterhin zuständig für Marketingaktivitäten, für die europäischen Weiterbildungsworkshops und für Events aller Art und habe auch zwischenzeitlich Pressearbeit gemacht.

Das Ganze lief bis 1999. Dann sind die Gesellschafter aus dem Unternehmen ausgestiegen und die Administration wurde, wie das meistens so ist, gleich danach entlassen. Also alle, die eher im administrativen Bereich tätig waren, wurden erst einmal „auf die Straße" gesetzt, was für mich der Auslöser war, selbstständig tätig zu werden. Ich habe zunächst noch weitere Trainingsprojekte im Rahmen von diesem europäischem Weiterbildungsprogramm betreut und habe durch meine Verbindungen, die ich innerhalb von Berlin und Potsdam-Babelsberg mittlerweile geknüpft hatte, als freie Mitarbeiterin im Bereich Marketing und Sales für die Firma TERRATOOLS zu arbeiten begonnen. Das war ein damals noch existierendes und sehr renommiertes Entwicklungsstudio von Computer- und Videospielen, das ebenfalls in Potsdam-Babelsberg ansässig war. TERRATOOLS hatte 1996 „Urban Assault", das erste 3D-Echtzeitstrategiespiel, herausgebracht. Dieses Spiel wurde über Microsoft gepublished, was damals ein sehr großer Deal war. „Urban Assault" hat sich auch weltweit ganz gut verkauft.

TERRATOOLS war seinerzeit bereits sehr erfolgreich als Spieleentwickler. Das war für mich der erste Einstieg in die Computerspielbranche. Ich hatte aber dadurch, dass ich vorher in dem Bereich „Film, Visual Effects, Animationen" tätig war, sehr viel Erfahrung mit den Programmen und Technologien, mit denen dort gearbeitet wurde. Das hat mir sehr geholfen bei der Arbeit bei TERRATOOLS, weil ich den grundsätzlichen Produktionsablauf und die einzelnen Schritte schon aus meiner Tätigkeit im „fx.Center" kannte. Auch damals wurde ein Großteil der Software in beiden Bereichen eingesetzt: Es gibt sehr viele Berührungspunkte zwischen der Spieleentwicklung und der Entwicklung von Visual Effects bzw. Animationen. Diese Tätigkeit habe ich dann mehrere Jahre gemacht und dabei viel über die Games-Industrie gelernt. Ich war dort, obwohl nur als freie Mitarbeiterin tätig, schon in einer relativ verantwortlichen Position.

Damals hatte ich auch erste Kontakte mit dem seinerzeit noch existierenden Verband Unterhaltungssoftware Deutschland, dem VUD, weil TERRATOOLS in diesem Verband organisiert war. Auf den Mitgliederversammlungen durfte ich manchmal den Geschäftsführer von TERRATOOLS, Prof. Ulrich Weinberg, vertreten. Zu dieser Zeit setzte ich mich sehr intensiv mit der Entwicklung der Branche auseinander, weil Businesspläne oder Präsentationen erstellt werden mussten, um aufzuzeigen, was es in diesem Markt für Möglichkeiten gibt. TERRATOOLS war damals führend im Bereich 3D-Entwicklung. Es gab erste Entwürfe von 3D-Online-Shops, die letztendlich nicht final zur Realisierung kamen, oder wofür keine Partner gefunden wurden, mit denen man das gemeinsam hätte umsetzen können. Ich habe damals also in einem Unternehmen gearbeitet, das sehr weit vorausgedacht hat und bezüglich Kreativität und Innovationskraft am Puls der Zeit war. Entwicklungen, die wir heute als selbstverständlich erachten, waren natürlich damals, ich rede jetzt von 1999 bis 2001, überhaupt noch nicht am Markt. TERRATOOLS war da sehr weit vorne und diese Tätigkeit hat mir ganz genau aufgezeigt, was es in diesem Bereich noch für Entwicklungsmöglichkeiten gibt, was noch alles in den nächsten Jahren kommen wird. Das Unternehmen TERRATOOLS ging dann leider auch insolvent. Das war die zweite Insolvenz, an der ich zwar nicht aktiv beteiligt war, aber die auch mich betraf. Mein Vertrag wurde sofort gekündigt, weil man sich eben sehr stark auf sein Kerngeschäft reduzieren musste. TERRATOOLS gibt es mittlerweile nicht mehr. Ich habe dort bis 2001 gearbeitet.

Das war meine erste freiberufliche Aktivität, danach habe ich mich sehr stark als Freiberuflerin auf den Bereich Medienkompetenz und Medienkompetenzvermittlung fokussiert. Das kam daher, dass ich im Jahr 2002 von der European Film Academy einen Auftrag für ein größeres Projekt bekommen habe. Es sollte nämlich zur Verleihung der European Film Awards eine Konferenz zu dem Thema „Film Education at European Schools" durchgeführt werden. An deren inhaltlicher Entwicklung war ich maßgeblich beteiligt. Dafür habe ich viel recherchiert, die Referenten angesprochen und eingeladen und mich das erste Mal intensiv mit dem Thema Filmerziehung bzw. Medienerziehung an Schulen, aber auch generell Medienkompetenz in der Gesellschaft, auseinander gesetzt. Das lief nur wenige Monate, dann fand die Konferenz am Rande der Verleihung der European Film Awards in Rom statt und damit war dann auch dieses Projekt für mich beendet. Ich bekam dadurch aber glücklicherweise zahlreiche Folgeaufträge. Zum Beispiel hatte ich dann vom Swedish Film Institute den Auftrag, Recherchen zur Medienkompetenzvermittlung an Schulen in ganz Europa anzustellen. Das muss man auch vor dem Hintergrund sehen, dass das Thema Medienkompetenzvermittlung in Deutschland damals ein Thema war, mit dem sich nur sehr wenige Leute befasst haben. Es gab auch kaum Studiengänge in Richtung Medienpädagogik und Ausbildungsmöglichkeiten in diesem Feld wurden gar nicht erst angeboten. Es war also ein Thema, das zu dieser Zeit noch nicht so stark in der Öffentlichkeit verankert war, wie es heute der Fall ist. Das British Film Institute hat mich 2004 ebenfalls mit der Organisation einer

2.3 „Mitwirkende" Spielebranche: Organisationen, Beratung, Presse 193

Konferenz in Belfast beauftragt, dabei ging es um das Thema „Medienerziehung in Europa". Ich habe zu dieser Zeit auch selbst Vorträge in ganz Europa gehalten, war sehr viel unterwegs und habe mich damit beschäftigt, was es für Möglichkeiten gibt, die neuen Medien zu nutzen, um Schüler oder Jugendliche, aber auch die Gesellschaft an sich, „medienkompetenter" zu machen.

Das Thema Medienkompetenz und Medienkompetenzvermittlung war eigentlich das Fokusthema in meiner Selbstständigkeit. Daraus haben sich viele andere Dinge ergeben. Ich habe mir damals immer die Frage gestellt, warum es eigentlich automatisch so ist, dass, wenn man über Medienkompetenzvermittlung spricht, zunächst einmal an den Film gedacht wird und eben nicht an Computer- und Videospiele. Mit Computer- und Videospielen lässt sich Medienkompetenz viel besser vermitteln, weil die Interaktivität natürlich vielfältige zusätzliche Möglichkeiten bietet. Die Situation in Deutschland war dann die, dass es 2002 zu dem Amoklauf in Erfurt kam und das Thema Computer- und Videospiele und die Nutzung des Mediums bei Jugendlichen vor allem in der Politik sehr stark umstritten war. Diese Diskussion ist ja jedem noch im Bewusstsein. Ich fand es immer schade, dass vor diesem Hintergrund ein Medium derart in der falschen Ecke gelandet ist, weil man diese Technologien auch sehr gut nutzen kann, um Wissen zu vermitteln und Medienkompetenz zu schulen. Es gab dann auf meinem Weg in die Games-Industrie noch einen kleinen Umweg. Ich war im Jahr 2003/2004 am Ibero-Amerikanischen Institut in Berlin angestellt und habe für ein Jahr eine Städtepartnerschaft zwischen Berlin und Buenos Aires betreut. Diese Tätigkeit passte dann schon eher zu meinem akademischen Hintergrund. Parallel liefen aber auch noch meine freiberuflichen Tätigkeiten weiter, auf die ich nicht verzichten wollte und die für mich damals ein zusätzliches Standbein darstellten.

Als ich dann im Jahr 2005 Kenntnis darüber bekommen habe, dass der VUD – Verband Unterhaltungssoftware Deutschland aufgelöst werden sollte und sich in der Folge daraus der Bundesverband Interaktive Unterhaltungssoftware e. V. (BIU) und der G.A.M.E. – Bundesverband der Computerspielindustrie neu entwickelten, bin ich bei den damaligen Vorständen des BIU vorstellig geworden und habe mich dort ins Gespräch gebracht. Ich hatte einerseits die Erfahrung aus der Arbeit bei TERRATOOLS, wusste also, wie Spieleentwicklung abläuft und kannte den Markt. Andererseits hatte ich eben die Kenntnis darüber, wie Medienkompetenzvermittlung, auch mit Computerspielen, funktioniert. Das war insofern entscheidend, weil der BIU schon in den ersten Meldungen, die über seine Neugründung in der Presse bekannt wurden, klargemacht hatte, dass Medienkompetenz ein Thema sei, welches im Verband verankert werden sollte. Ich bin mit dem Vorstand in Kontakt geblieben und bin dann relativ zeitnah – wir reden jetzt vom Jahr 2006– auf den damaligen Geschäftsführer des BIU zugegangen und habe meine Mitarbeit angeboten. Das wurde aufgegriffen und ich war zunächst als freie Mitarbeiterin beim BIU zuständig für ein Projekt, das wir für die Games Convention 2006 in Leipzig organisiert haben. Dort sollte ein BIU-Forum stattfinden, auf dem unterschiedliche Themen diskutiert und somit der Öffentlichkeit näher gebracht werden sollten. Wir hatten dort keinen Stand, wie man sich das so herkömmlich vorstellt, sondern eben dieses Forum mit Bühne. Da gab es unterschiedliche Themenfelder, von Marketing bis Medienkompetenz, auch E-Sport spielte eine Rolle, die in Diskussionsrunden, aber auch in Gewinnspielen oder in Interviews an die Öffentlichkeit adressiert wurden.

Ja, ich erinnere mich.
Okay [lacht]. Also, das war mein Projekt, für das ich als freie Mitarbeiterin sechs Monate zuständig war. Danach kam dann die Anfrage, beim BIU einerseits als Referentin für das Thema Medienkompetenz einzusteigen, aber andererseits auch als Projektmanagerin für alle Themen, die dieser neugegründete Verband auf der Agenda hatte. Das war mein Einstieg in die Tätigkeit beim BIU. Wenn man sich die Schiene Projektmanagement anschaut, war das größte Projekt von Anbeginn an eigentlich die Weiterentwicklung der Branchenmesse, die der BIU in der Trägerschaft hat. Das war bis zum Jahr 2008 noch die Games Convention in Leipzig und dann ab 2009 die gamescom in Köln. Das heißt konkret, dass ich in alle Belange um die Messe involviert und in den diversen Gremien tätig bin. Der BIU ist als Träger der gamescom natürlich an allen Themen, die die Messe betreffen, mit beteiligt. Die gamescom ist auch nach wie vor mein größtes Projekt. Es kamen allerdings auch andere Bereiche dazu. Der BIU hat zum Beispiel gemeinsam mit der nordmedia die Serious Games Conference in Hannover aus der Taufe gehoben. Diese Konferenz haben wir seit 2007 fünf Jahre lang organisiert. In 2012 hat die Konferenz ein Jahr ausgesetzt, aber 2013 hat die Serious Games Conference wieder stattgefunden. Das Thema Serious Games hat der BIU deshalb sehr stark betrieben, weil wir immer das Verständnis hatten, dass es viele Anwendungen in anderen Bereichen gibt, die die Technologien der Computer- und Videospielindustrie einsetzen, die wiederum dann in diesen Bereichen sehr gut und effizient genutzt werden können. Dann kam schließlich der Deutsche Computerspielpreis noch als ein weiteres Projekt hinzu.

Was so mein Daily Business betrifft, besteht meine Aufgabe hauptsächlich in der Weiterentwicklung und gegebenenfalls auch Neuentwicklung von Projekten des BIU, aber eben tatsächlich auch maßgeblich in der Arbeit für die Branchenmesse gamescom in sämtlichen Gremien und als zentraler Ansprechpartner auf Verbandsseite, neben dem Geschäftsführer natürlich.

2.3 „Mitwirkende" Spielebranche: Organisationen, Beratung, Presse

Sie haben erwähnt, dass Sie damals bei TERRATOOLS als Selbstständige gearbeitet haben. Jetzt sind Sie seit 2006 beim BIU fest angestellt. Wie würden Sie die Unterschiede in der Arbeit als Freiberufliche für ein Unternehmen und als Festangestellte im Verband beschreiben?
Das ist schon ein großer Unterschied. Klar, man hat in einer Festanstellung erst mal mehr Sicherheit. Darüber hinaus ist man sicherlich auch stärker in den ganzen Themen verankert, weil man einfach mehr Präsenz am Arbeitsplatz hat und stärker eingebunden wird. Es ist – glaube ich – bei der Verbandsarbeit auch gar nicht anders möglich. Natürlich arbeiten wir als BIU auch mit Freien oder mit Praktikanten zusammen, aber es ist so, dass man in den entscheidenden Positionen natürlich eine gewisse Kontinuität schaffen möchte. Als Festangestellter ist es für einen persönlich einfach ein Gefühl der größeren Sicherheit und man ist nicht permanent mit der Akquise von neuen Projekten oder Aufgaben betraut, was natürlich bei der Freiberuflichkeit eher der Fokus ist, weil man immer über das aktuelle Projekt hinaus denken muss: „Was passiert dann? Was mache ich dann?" Und man ist in einer Festanstellung sicherlich deutlich stärker in die täglichen Prozesse eingebunden, als wenn man „nur" als freier Mitarbeiter arbeitet. Das ist schon noch einmal ein Unterschied.

Darüber hinaus glaube ich aber, dass, wenn man irgendwo fest angestellt ist, man mit der Zeit so eine Art distanzierten Außenblick verliert. Als Selbstständiger ist man eher etwas mehr außen, man hat vielleicht auch eher die kritische Brille, was Prozesse und Themen angeht. Manchmal würde ich mir diesen Blick von außen für mich bei meiner Arbeit beim BIU stärker wünschen.

Wenn sie jetzt auf das letzte Jahr zurückblicken, was waren Ihre beruflichen Höhepunkte, die Sie erlebt haben?
Oh, schwierig. Also ein Highlight ist natürlich in jedem Jahr die gamescom. Das ist mein größtes Projekt und es immer wieder toll, die gamescom zu erleben. Es ist die gesamte Branche, die da für eine Woche in Köln eine riesige Messe mit einer Business- und einer Entertainment-Area, einer Entwicklerkonferenz, verbunden mit einem Festival in der Stadt Köln, ausrichtet und man freut sich einfach darauf, weil man die Kollegen alle wieder sieht, die man das Jahr über auch nicht so häufig trifft. Und die gamescom war auch in 2012 wieder sehr erfolgreich. Wir können mit den Ergebnissen sehr zufrieden sein. Das ist sicherlich immer ein Highlight in meinem Kalender, das ist ganz klar. Dadurch, dass ich in diesen ganzen Gremien der gamescom mitarbeite, wir als BIU als Träger der gamescom in alle Bereiche integriert sind, bekommt man sehr viel mit. Das beginnt bei der Eröffnungsfeier, bezieht sich auf den gamescom-Kongress, auch auf die strategische Weiterentwicklung der Messe, den gamescom-Award und wir haben natürlich auch unseren eigenen Stand. Ich

arbeite jetzt schon an der gamescom 2013, das ist ganz klar. Aber ab März, April ist das dann so, dass ich eigentlich fast gar nichts anderes mehr machen kann. Dann wird es stressig und ich muss mich sehr stark darauf fokussieren. Das nimmt dann in Richtung August sukzessive zu und ist dann schon sehr allumfassend.

Wie würden Sie denn die Balance zwischen Ihrem Privatleben und Ihrer Arbeit beschreiben? Wie empfinden Sie das?
Es ist sehr unterschiedlich. Das kommt immer auf die Projekte an, die gerade anstehen. Es gibt sicherlich Phasen, in denen das Privatleben deutlich zurücksteht und das Berufsleben im Fokus ist. Das sind natürlich gerade die intensiven Phasen kurz vor und auch während der gamescom. Dann gibt es aber auch wieder Phasen, in denen es ein bisschen ruhiger ist. Man ist natürlich auch viel unterwegs. Es gibt unterschiedliche Gremiensitzungen, die man wahrnimmt, irgendwelche Konferenzen und Tagungen, zu denen man hinfahren muss und an denen man gerne teilnehmen möchte. Das ist sicherlich ein wichtiger Aspekt. Insgesamt ist es unterm Jahr eher ausgewogen und verteilt sich – würde ich sagen. Aber natürlich: Es gibt immer wieder Zeiten, in denen das Privatleben deutlich aufgrund anstehender wichtiger Projekte ins Hintertreffen gerät.

Sie sind sicherlich mit gewissen Erwartungen, auch im Hinblick auf die Medienkompetenzvermittlung und -förderung, zum BIU gewechselt. Inwiefern haben sich diese Erwartungen erfüllt?
Ich mache beim BIU viele Sachen, von denen ich anfangs eigentlich nicht unbedingt erwartet hatte, dass sie auf mich zukommen würden. Beispielsweise war mir bezüglich der Branchenmesse im Vorfeld nicht klar, dass ich dort sehr stark in die Koordination involviert sein würde. Was das Thema Medienkompetenz betrifft, muss ich sagen, haben sich meine Erwartungen eigentlich übererfüllt. Wir haben ab 2007 regelmäßig die Serious Games Conference auf der Cebit zusammen mit der nordmedia organisiert. Und bei dem Thema Serious Games geht es auch ganz viel um Medienkompetenzvermittlung. Darüber hinaus geht es aber ebenso um den Einsatz von Technologien unserer Industrie in anderen Branchen. Das Thema hat der BIU nachhaltig in Deutschland gefördert. Das war schon eine spannende Entwicklung und die Arbeit zu den Themen Serious Games und neuerdings auch Gamification macht mir viel Spaß. Meine Erwartung ist in diesem Feld ebenfalls eher übererfüllt worden. So konnte ich im Austausch mit dem damaligen Geschäftsführer unterschiedliche Formate, Konferenzen und Podien entwickeln. Eines davon ist die Serious Games Conference. Insgesamt haben wir mit dem BIU viele sehr erfolgreiche Projekte umgesetzt und man freut sich natürlich, wenn man sieht, dass das Thema in der Öffentlichkeit mehr und mehr platziert wird. 2005 sprach noch kei-

ner in Deutschland von Serious Games. Das war ein Thema, das vor allem in den USA und im angelsächsischen Raum verankert war, aber nicht bei uns. Dabei geht und ging es um Medienkompetenz und um die Fokussierung auf den Bildungsbereich. Meine Erwartungen waren bei der Einstellung beim BIU nicht besonders konkret, wie das jetzt wirklich in der täglichen Arbeit aussehen könnte. Aber in der Rückschau muss ich sagen, in beiden Bereichen, sowohl beim Projektmanagement als auch bei der Medienkompetenzthematik, haben sich meine Erwartungen mehr als erfüllt.

Sie waren von 2006 bis 2010 Mitglied der Media Literacy Expert Group der Europäischen Kommission. Können Sie ein bisschen ausführen, wie es dazu gekommen ist und was Ihre Aufgabe war?
Das war eine Tätigkeit, die von meiner Selbstständigkeit herrührte, weil ich zu dem Thema Medienkompetenz sehr viel im europäischen Kontext gearbeitet habe. Ich habe Konferenzen organisiert, selbst Vorträge gehalten und viele Recherchen angestellt. Man wird dann in diese Gremien von der Europäischen Kommission einberufen. Diese Expertengremien sind eigentlich dazu aufgesetzt, dass sie die Europäische Kommission beim politischen Agenda-Setting unterstützen. Ich bekam dann die Anfrage, ob ich dem Expertengremium Media Literacy beitreten möchte, als deutsche Vertreterin. Das war schon vor meiner Zeit beim BIU. Als dann feststand, dass der BIU mich fest anstellen möchte, war klar, dass ich regelmäßig, ein-, zweimal im Jahr, nach Brüssel reisen muss, um an diesen Treffen der Expertenkommission teilzunehmen. Diese Kommission nimmt sich eines konkreten Themas an, in dem Fall Medienkompetenz und Medienkompetenzvermittlung, und hat sich zum Ziel gesetzt, mit der Europäischen Kommission gemeinsam einen Konsultationsprozess aufzulegen, der an alle EU-Mitgliedsländer ging. Da geht es dann beispielsweise um folgende Fragen: Welche politische Unterstützungen existieren in den einzelnen Mitgliedsländern für das Thema? Wie wird das Ganze finanziert? Ist Medienkompetenz ein Thema an Schulen, in den Lehrplänen festgeschrieben oder nur außerschulisch verankert? Dann gab es diesen Konsultationsprozess, das ist eigentlich gang und gäbe auf europäischer Ebene. Dort werden regelmäßig Konsultationsprozesse zu unterschiedlichen Themen durchgeführt, um einfach ein Stimmungsbild oder eine Übersicht zu bekommen, wie das Thema in einzelnen Mitgliedsländern verankert ist. Es war schon sehr interessant zu sehen, wie die Gruppe gearbeitet hat.

Letztendlich hat unsere Arbeit dazu geführt, dass aus diesen ganzen Studien und dem Konsultationsprozess heraus die Europäische Kommission eine Empfehlung an die Mitgliedsländer ausgesprochen hat, sich doch stärker in diesem Bereich zu engagieren. Dies hatte unterschiedliche Auswirkungen in den einzelnen Mitgliedsstaaten. Wenn die Europäische Kommission eine solche Empfehlung ausspricht, dann wird so ein Thema in Deutschland auch eher auf die nationale politische Agenda gehoben. Das war zwar ein langwieriger Prozess, der über mehrere Jahre lief, aber es war schon sehr interessant zu sehen, wie tatsächlich auf europäischer Ebene die politischen Prozesse funktionieren. Ich war für diese Tätigkeit dann immer freigestellt vom BIU, wenn ich Termine in Brüssel hatte. Und für mich war es dort natürlich besonders im Zuge des Dialogs über Medienkompetenz und Medienkompetenzvermittlung wichtig, auch das Thema Computer- und Videospiele immer wieder in die Diskussion zu bringen. So zielte das Gremium schon sehr stark auf traditionelle Medien ab, sprich Film und Hörfunk, Fernsehen etc. Aber ich habe mich dann natürlich bemüht, tatsächlich auch die Computer- und Videospiele immer wieder mit ins Feld zu führen. Computer- und Videospiele fördern viele Kompetenzen: Sie sind beispielsweise für die Medienkompetenzvermittlung sehr geeignet, vor allem aufgrund der Interaktion, die durch sie ermöglicht wird.

Jetzt kommt natürlich eine Frage, die nicht ausbleiben darf: Spielen Sie auch privat digitale Spiele?
Also, ich spiele schon. Allerdings dann eher auf Konsolen, wie z. B. auf der Wii. Wie man so schön sagt, bevorzuge ich eher die typisch weiblichen Spiele. Das mache ich schon sehr gerne. Ich spiele aber auch viel auf dem Tablet oder auf dem Handheld, gerade weil ich viel unterwegs bin. In meiner Jugend hatte ich insgesamt eigentlich wenig Kontakt zu Computer- und Videospielen. Ich habe mit meiner Cousine früher immer „Pong" gespielt. Da erinnere ich mich noch an sehr witzige Sessions. Aber dann kam eher so eine Zeit, in der ich wenig Kontakt mit Computerspielen hatte. Das änderte sich durch meinen Neffen wieder, der begeisterter Spieler war und ist. Das war dann auch ein sehr intensiver Austausch – sowohl über die Spiele, als auch indem man gemeinsam gespielt hat.

Sind Sie bezüglich digitaler Spiele die Medienkompetenzbeauftragte in Ihrer Familie?
Als ich anfangs beim BIU gearbeitet habe, waren meine Familie oder auch der Freundeskreis schon eher skeptisch. Das hat sich aber durch den Einzug von Wii, DS Lite, usw. in die Haushalte massiv verändert. Mittlerweile ist es so, dass mich Freundinnen und Bekannte anrufen und sagen: „Mein Mann wird 40, was schenke ich ihm? Ist es die Playstation Portable oder ist es der DS Lite, was würdest Du mir empfehlen?" Oder man wird nach einzelnen Spielen gefragt, das ist auch oft der Fall. Das hat sich mit den Jahren wirklich grundsätzlich verändert. Inzwischen stellt man schon fest, dass das Medium eine ganz andere Verankerung in der Gesellschaft hat: Die Vorbehalte oder die Skepsis haben sich, was meinen Job angeht, somit auch

gelegt. Es ist nun eher so, dass die Familie und der Freundeskreis total begeistert sind von meinem Job – das finden alle cool. Sie finden ihn toll, weil sie selbst gerne spielen und mir dann immer Fragen zu Spielen, zum Jugendmedienschutz etc. stellen können und man auch gemeinsam spielen kann. Das kommt immer gut an!

Müssen Sie denn auch beruflich digitale Spiele spielen? Ist das Spielen auch Teil Ihrer Arbeit?
Jein. Also klar: Bei Projekten, wie z. B. der Serious Games Conference, bei der auch der Serious Games Award verliehen wird, spielt man natürlich auch selbst die eingereichten Spiele, probiert sie aus und tauscht sich dann darüber aus. Ich war dort nicht in der Jury, aber habe auch Spiele für die Jury aufbereitet. Ähnliches gilt natürlich für den Deutschen Computerspielpreis. Da schaut man sich die Einreichungen schon an, wenn es die Zeit erlaubt. Es ist also durchaus Teil der Arbeit, aber es ist nicht so, dass ich jetzt hier den ganzen Tag sitze und spiele. [lacht] Da fehlt einem einfach die Zeit. Konkret bedeutet dies, dass ich im Hinblick auf die einzelnen Projekte spiele, dass man Sachen ausprobiert und sich anschaut. Teilweise machen wir das auch im Team. Aber das Spielen ist dann schon sehr gezielt auf gewisse Themen hin ausgerichtet.

Sie haben vorhin Veränderungen in der Wahrnehmung von digitalen Spielen in unserer Gesellschaft angesprochen. Da die Computerspielbranche häufig auch als Männerdomäne bezeichnet wird, würde uns interessieren, ob Sie auch dort Veränderungen sehen?
Ja, das muss man schon ganz klar sagen. Es hat sich in den letzten Jahren viel verändert. Das ist sicherlich noch nicht zufriedenstellend und ich glaube, da ist noch viel Luft nach oben, was die Arbeit von Frauen in der Branche angeht. Aber man findet deutlich mehr Frauen in unserer Industrie als noch im Jahr 2006 oder Anfang der 2000er. Die sind dann häufig auch eher in administrativen Jobs tätig, so wie es ja auch bei mir eigentlich der Fall ist. Aber mittlerweile gibt es schon auch deutlich mehr Frauen als noch vor sechs, sieben Jahren im Entwicklungsbereich. Das heißt aber nicht, dass dort nicht noch sehr viel Potenzial nach oben ist. Es wird ja jetzt das Thema Diversity in der Öffentlichkeit sehr stark diskutiert. Ich glaube, dass die Zusammenarbeit von Männern und Frauen in gemischten Teams – egal ob das jetzt im administrativen Bereich ist, in der Entwicklung oder eben im Grafikdesign, wie auch immer – sehr förderlich für die Branche ist. Frauen haben letztendlich einen ganz anderen Blick auf die Produkte und wissen, was die weiblichen Nutzer ansprechen könnte, eine Zielgruppe, die auch für die Branche immer wichtiger wird.

Würden Sie also sagen, dass Frauen einen anderen Blick oder ein anderes Vorgehen bei der Entwicklung von Spielen haben?
Ohne da wirklich den konkreten Einblick in die Entwicklungsthemen zu haben – da bin ich jetzt schon länger raus – bin ich davon überzeugt, dass es so ist. Ich glaube, dass zum Teil einfach ein ganz anderer Ansatz verfolgt wird und dass Frauen eher in der Lage sind, Produkte zu entwickeln, die dann auch Frauen begeistern können. Das ist ein entscheidendes Kriterium. Da sind die Offenheit und auch die Nähe einfach viel größer.

Wenn jetzt vermehrt Frauen als Spielerinnen in den Blickpunkt geraten, wird sich dadurch auch die Rolle oder der Einfluss von Frauen in der Games-Industrie verändern?
Ja, davon ist auszugehen. Der Fachkräftemangel treibt unsere Branche um. Derzeit wird viel Energie aufgebracht, den jungen Mädchen die Ausbildungsmöglichkeiten aufzuzeigen, die diese Branche zur Verfügung stellt und die jeweiligen Jobprofile transparenter zu machen. Wir engagieren uns sehr stark in diesem Bereich – Stichwort Girls' Day. Und: der Markt hat sich seit 2006 sehr stark weiterentwickelt, vor allem bezüglich der Produkte, wie z. B. im Bereich der Online-Browserspiele und den ganzen Social Games, die jetzt eine große Rolle spielen und die Games-Branche für die weibliche Zielgruppe sehr interessant machen. Diese Entwicklung spricht verstärkt innovative und kreative Frauen bzw. Mädchen oder Studentinnen an, um vielleicht dann auch in dieser Branche zu arbeiten. Dies impliziert einen spannenden Innovations- und Entwicklungsbereich. Ich gehe davon aus und ich wünsche mir, dass das mehr und mehr auch bei den jungen Frauen ankommt.

Haben Sie denn trotzdem den Eindruck, dass Frauen besondere Hindernisse oder Hürden überwinden müssen, um in die Branche einzusteigen?
Puh, das ist schwer zu sagen. Also ich denke, das kommt darauf an, wie der Kontakt zur Branche zustande kommt. Da müsste man, glaube ich, eine Frau fragen, die jetzt tatsächlich kürzlich in die Branche eingestiegen ist. Was man feststellt, ist, dass bei den ganzen Ausbildungsinstitutionen der Frauenanteil sukzessive wächst, was erst einmal sehr positiv ist. Wenn in den Unternehmen mehr gemischte Teams entstehen, die ich befürworte, macht dies dann auch den Arbeitseinstieg für die Frauen leichter. Ich habe nicht den Eindruck, dass Frauen besonders gefördert werden, noch glaube ich, dass sie größere Hürden haben als Männer in dieser Industrie. Was letztendlich zählt sind die Fachkompetenz und das Engagement. Was manchmal für Frauen und junge Mädchen abschreckend wirken kann, ist die Tatsache, dass die Branche dann doch eben noch eher männerdominiert ist. Es sollte noch stärker darauf hingewirkt werden, dass in den Unternehmen eine Unternehmens-

kultur geschaffen wird, in der Frauen sich wohlfühlen. Da gibt es noch Einiges zu tun, wie mir schon häufiger berichtet wurde.

Was würden Sie aus Ihrem heutigen Blick jungen Leuten empfehlen, die in diese Branche einsteigen wollen?
Also, ich bin ja wirklich eine Quereinsteigerin, das muss man schon so sagen. Für Frauen, die jetzt in der Games-Branche arbeiten wollen und dort tatsächlich Fuß fassen wollen, ist erst einmal entscheidend, dass sie ein Studium oder eine Ausbildung absolviert haben, die in diese Richtung geht. Das Studium sollte schon in gewisser Weise Anknüpfungspunkte bieten. Wenn man eher Presse- oder Öffentlichkeitsarbeit machen möchte, dann sollte man sicherlich ein entsprechendes Studium auch absolviert haben und sich für Games interessieren. Es gibt natürlich unterschiedliche, auch administrative Tätigkeiten, die da eine Rolle spielen können. Wenn man im Marketing arbeiten will, dann sollte man eine entsprechende Ausbildung haben und dann kann man das eben verknüpfen mit Bewerbungen, die man eher an die Spieleindustrie richtet. Aber eine Ausbildung in dem entsprechenden Bereich zu haben, ist sicherlich hilfreich. Auch für eine Arbeit in den künstlerisch-technischen Berufen unserer Branche ist eine entsprechende Ausbildung von essentieller Bedeutung. Gute bis sehr gute Englischkenntnisse sind außerdem generell sehr wichtig für unsere Arbeit, egal in welcher Position. Grundvoraussetzung für die Arbeit in unserer Branche ist das Interesse an Games, die Leidenschaft zum Spielen und die Begeisterung für das Medium.

Wenn Sie auf Ihre Berufsbiografie zurückblicken: Würden Sie dann aus heutiger Sicht irgendetwas anders angehen – auch was Ihre jetzige Position betrifft?
Huh, das ist schwer zu sagen. Um in meine jetzige Position zu kommen, wäre es sicherlich von Vorteil gewesen, wenn ich ein betriebswirtschaftliches Studium absolviert hätte. Möglicherweise wäre auch die Wahl eines juristischen Studiums vorteilhaft, weil das auch immer Verbandsthemen sind, mit denen man am Rande befasst ist. Das würde ich vielleicht im Rückblick ändern. Aber wie gesagt, meine Studienerfahrung ist mir auch täglich hier in der Verbandsarbeit dienlich. Es bieten sich schon noch zahlreiche Gelegenheiten, tatsächlich die Fremdsprachen zu nutzen. Und es gibt auch viele Dinge, die man im Studium lernt, die einem einfach ermöglichen, strukturiert an Probleme heranzutreten und Dinge zu bearbeiten. Ich glaube, das waren letztendlich Sachen, die hilfreich waren. Prädestiniert ist man natürlich mit meinem Studium nicht für diese Position. Mittlerweile gibt es sicherlich auch Studiengänge, die einen auf das Projektmanagement ganz anders vorbereiten, als ich das damals war. Ich habe mir das während meiner Berufslaufbahn zusätzlich angeeignet.

Was sicherlich für mich hilfreich war, war die Zeit als Selbstständige. Zu dieser Zeit habe ich gelernt, viel selbst zu koordinieren, Abläufe und Strukturen zu verinnerlichen und sich damit stark auseinanderzusetzen. Projektmanagement ist einfach sehr komplex. Da hat man mit ganz vielen unterschiedlichen Bereichen zu tun. Einerseits betrifft dies die strategische Weiterentwicklung von Projekten, aber auch die inhaltliche Betreuung. Es hat aber auch viel mit Budgets, mit Controlling, mit Meilensteinen, mit strukturierter Planung zu tun. Das sind natürlich Dinge, die lernt man nur am Rande in dem Studium, das ich absolviert habe. Da gibt es sicherlich mittlerweile bessere Ausbildungsmöglichkeiten, die einen eher für diesen Job prädestinieren.

Können Sie sich auch vorstellen, noch einmal etwas anderes zu machen, auch außerhalb der Computerspielbranche?
Ja, vorstellbar ist es, glaube ich, immer. Aber mir würde jetzt konkret kein Bereich oder keine Industrie einfallen, die so interessant, so dynamisch, so spannend ist, wie im Moment unsere Games-Branche. Da passiert wirklich viel. Es ist eine sehr innovative und eine sehr zukunftsorientiere Branche, das macht schon sehr viel Spaß. Klar, generell ist es vorstellbar, dass ich mich auch wieder mit anderen Branchen befassen muss. Es wäre ja auch schlimm, wenn man jetzt so festgelegt wäre, dass man sagen würde, man kann sich gar nichts anderes mehr vorstellen. Da muss jeder heutzutage flexibel und in Bewegung bleiben. Es kann immer mal sein, dass man in die Situation versetzt wird, sich einen anderen Job suchen zu müssen. Es ist eine sehr kreative und innovative Branche, die viele Facetten hat, die unzählige Möglichkeiten bietet und ein dynamisches Arbeitsumfeld darstellt.

Würden Sie bitte folgende Sätze für uns beenden: Ich mag an meiner Arbeit, dass ...
... sie so vielseitig ist und dass ich in einer jungen, kreativen und dynamischen Branche arbeiten darf, die sich stetig weiterentwickelt und immer wieder neue Innovationen hervorbringt. Für die Technologien und die Produkte unserer Branche kann ich mich begeistern.

Ich nehme an diesem Projekt teil, weil ...
... ich mich freuen würde, wenn zukünftig noch mehr Frauen in unserer Branche arbeiten und weil ich gerne aufzeigen würde, wie vielfältig die Berufsperspektiven in der Games-Branche sind und welche großartigen Entwicklungsmöglichkeiten jedem Einzelnen in dieser Industrie geboten werden. Es gibt kein kreativeres, dynamischeres, innovativeres und spannenderes Arbeitsumfeld.

Unter Mitarbeit von: Christian Schmidt und Jan Jesko Mantey

Kurzvita
- 1988 bis 1996 Studium der Romanistik in Berlin und Paris. Hauptfach: Französisch; Nebenfächer: Lateinamerikanistik, Theater- und Filmwissenschaften. 1990 bis 1991 Studienjahr in Paris an der Université Sorbonne Nouvelle Paris III mit dem Abschluss „Licence Franco-Allemande" mit einem Stipendium des Deutschen Akademischen Austauschdienstes; 1994 Auslandssemester in Mexiko-Stadt
- 1996 bis 1999 Leitung der PR- und Marketingabteilung des High Tech Center Babelsberg
- 1999 bis 2001 freie Mitarbeiterin im Bereich PR, Marketing und Sales bei TERRATOOLS
- 2001 bis 2006 freiberufliche Tätigkeit als Projektmanagerin und Beraterin im Bereich Medienkompetenz und Medienkompetenzvermittlung, u. a. für die European Film Academy, das Swedish Film Institute und das British Film Institute
- 2003 bis 2004 Betreuung der Städtepartnerschaft zwischen Berlin und Buenos Aires am Ibero-Amerikanischen Institut in Berlin
- 2006 bis 2010 Mitglied der Media Literacy Expert Group der Europäischen Kommission
- 2006 bis 2013 Projektmanagerin und Referentin für Medienkompetenz und Serious Games beim BIU
- Seit Oktober 2013 selbstständig als Projekt- & Eventmanagerin und Beraterin

2.3.4 Interview mit Petra Fröhlich, Chefredakteurin

„Die Problematik im Spielebereich ist, dass man nicht wirklich abgrenzen kann, wo die Freizeit beginnt und der Beruf aufhört."

Computec/PC Games – Fürth, 27.11.2012

Foto: Privat

Liebe Frau Fröhlich, wie sieht Ihr Tätigkeitsfeld als Chefredakteurin bei PC Games genau aus?
Mein Tätigkeitsfeld hat sich in den letzten Jahren massiv verändert. Ich war viele Jahre lang als gewöhnliche Redakteurin bei PC Games tätig und bin erst vor ungefähr zwölf Jahren in die Chefredaktion gewechselt. Dort gab es dann zeitweise Doppelspitzen. Aktuell verantworte ich den Printbereich der PC Games. Das heißt dass wir uns um all die Dinge kümmern, die in die Monatsausgaben der PC Games kommen. Wir kümmern uns aber auch darum, was in unseren Playstation-, Nintendo- und „World Of Warcraft"-Magazinen veröffentlicht wird. So haben wir inzwischen ein breites Feld an Magazinen. Und da geht es für mich in erster Linie darum, dass wir uns mit bestimmten Inhalten und Themen auseinandersetzen. Unser Bereich umfasst den Kontakt zu den Publishern, aber auch die internen Redaktionskonferenzen mit den Kollegen. Ich kümmere mich hierbei hauptsächlich um das Administrative: um Promotions, Messen und Events, also weniger um die Artikel selber.

2.3 „Mitwirkende" Spielebranche: Organisationen, Beratung, Presse

Vermissen Sie das denn?
Ja, das vermisst man ein bisschen, weil es eine sehr angenehme Tätigkeit ist. Ab und zu nehme ich mir auch noch einen Test mit. Ich erinnere mich da an durchzockte Nächte und Wochenenden, die man hier im Verlag mit Kollegen verbracht hat [lacht].

Welche Stationen haben Sie denn besucht, bevor Sie dort angekommen sind?
Ich habe als Teenager schon für verschiedene Fachzeitschriften Artikel verfasst. Das waren keine Spieletests im klassischen Sinne, sondern Artikel über Grafikkarten und über Tabellenkalkulationen. Das habe ich schon während meiner Schulzeit gemacht, weil mich das Thema interessiert hat. Später kamen auch Buchprojekte dazu, wie Einkaufsführer für Spiele, Tipps und Tricks für „Sim City 2000" etc. Das war auch nur eine Phase, die damals eine Zeit lang sehr gut funktioniert hat. Nach dem Abitur hatte ich die Möglichkeit, direkt hier bei Computec einzusteigen. Der Verlag hat damals über das Radio freie Mitarbeiter gesucht. Ich habe mich dann beworben und man hat mir eine Chance gegeben. Ich habe einige Probeartikel formuliert und abgegeben, das hat ganz gut geklappt. Während meiner kaufmännischen Berufsausbildung habe ich zwei Jahre lang Artikel geschrieben. Danach wollte ich ursprünglich ein Studium beginnen, das habe ich dann aber sein gelassen, weil das Angebot da war, hier direkt als Redakteurin einzusteigen. Das habe ich wahrgenommen. Eigentlich hatte ich vor, etwas in Richtung Germanistik oder Journalismus zu studieren, eventuell in Kombination mit BWL. 1995 bin ich dann fest bei Computec gelandet und war viele Jahre lang Redakteurin bei PC Games. Ich habe aber auch Artikel für andere Magazine geschrieben, wie zum Beispiel für Konsolenzeitschriften im Nintendo- und Playstation-Bereich. Anfang der 2000er bin ich dann in die Chefredaktion der PC Games gewechselt. 2005/2006 gab es einen Wechsel beim Eigentümer von Computec: wir wurden von Marquard Media, einem Schweizer Verlagsunternehmen, übernommen. Daraufhin hat sich auch die Struktur etwas verändert. Seit dieser Zeit haben wir eine wirtschaftliche Verantwortung für die Zeitschriften. Diese war vorher rein inhaltlich.

Es waren also alles Türen, die für Sie aufgegangen sind?
Genau. Das war sehr zufallsgetrieben. Es gibt zwar keine echten Zufälle, aber es war tatsächlich eine Mischung aus Glück und „zur richtigen Zeit am richtigen Ort" zu sein. Da ist vieles zusammengekommen. Unter anderem, dass Computec direkt hier in Nürnberg vor Ort war. Das hatte für mich den großen Vorteil, dass ich neben der Schule und der Berufsausbildung auch regelmäßig beim Verlag selbst vorbeischauen konnte. Dort konnte ich mich mit den Chefredakteuren austauschen und die Testmuster mitnehmen. Wäre der Verlag in München oder Frankfurt gewesen, wäre das in dieser Form nicht möglich gewesen – zumal es solche Dinge wie das

Internet damals nur in den Anfängen gab. Da kamen einfach viele Dinge zusammen. Das war wirklich schicksalshaft.

Sie hatten also Interesse an beiden Dingen: Sie wollten Journalismus studieren aber gleichzeitig haben Sie sich auch schon für digitale Spiele interessiert. Sind Sie eher aus dem einen oder dem anderen Grund bei PC Games gelandet?
Ich glaube, es war die Kombination. Man konnte das Journalistische mit dem Computer und den Computerspielen kombinieren. Ich hätte in einem Verlag, der sich rein um Anbindungen kümmert oder der klassisch Drucker und Hardware getestet hätte, auch Spaß gehabt. Aber im Spielebereich war es einfach so, dass es damals eine Gründerphase gab, in der sehr viele Zeitschriften in diesem Bereich entstanden sind. Es gab damals nur die PowerPlay, die einzigen, die damals richtig groß waren. In diese Phase hinein hat dann Computec mehrere Hefte produziert und der Verlag ist dadurch sehr schnell gewachsen. Dies resultierte dann auch in einem Börsengang. Ich hatte das Glück, zum richtigen Zeitpunkt da zu sein. Ich hätte auch bei jedem anderen Verlag landen können; ich war nicht so fixiert auf Computerspiele.

Wenn Sie zurückblicken: Was waren die Höhepunkte in Ihrem Beruf im letzten Jahr?
Da muss ich gerade erst einmal überlegen, was es an großen Ereignissen gab. So richtige ultimative Geschichten gab es nicht. Das hat sich auch gewandelt, weil sich die ganze Struktur bei den Publishern in den letzten Jahren geändert hat. Ich habe erst vor kurzem alte Spesen- und Reisekostenabrechnungen aus den 90ern durch den Schredder gejagt. Da habe ich erst gemerkt, wie oft wir hier im Verlag von Entwicklern und Produzenten in den letzten Jahren Besuch hatten, die uns ihre neuen Spiele mitgebracht haben. Da ist man dann abends weggegangen und hat bis spät in die Nacht gequatscht. Das passiert nicht mehr, weil sich die gesamte Branche professionalisiert hat. Wir haben jetzt im Spielebereich Strukturen, die denen im Film- oder Musikbereich sehr ähnlich sind. Da wird vor allem im Bereich Marketing geguckt, dass kein Screenshot und keine Information zu früh den Weg in die Öffentlichkeit finden. Das war vor zehn oder 15 Jahren noch anders. Wir haben im Bereich der Spiele jetzt Gatekeeper, die sich darauf spezialisiert haben, möglichst viele Informationen vor Spielern geheim zu halten. Deswegen gibt es die ganz tollen Ereignisse mit den Entwicklern und Produzenten nicht mehr. Das ist jetzt alles durchgeplant, jedes Event und jeder Studiobesuch auf die Minute genau. Die klassischen Geschichten mit Exklusiv-Storys, die auf persönlichen Kontakt basierten, das gibt es in der Form kaum noch. Auch diesen persönlichen Kontakt mit den Entwicklern gibt es nicht mehr, was sehr schade ist. Das ist einfach der Tat-

sache geschuldet, dass es bei den Spieleentwicklungen um sehr viel Geld geht. Und meistens stehen Aktiengesellschaften dahinter, wie im Fall von Electronic Arts oder Activision. Früher war das „Wilder Westen" und heute ist es ein großes Geschäft, da hat sich die Medienlandschaft mitentwickelt. So ganz große, herausstechende Ereignisse bleiben heute aus.

Das gehört also zu den Sachen, die Ihnen nicht so gut gefallen?
Am Ende des Tages ist das eine völlig logische Entwicklung. Es war viele Jahre absehbar, dass sich die Branche in Richtung Musik- oder Film-Business entwickelt. Auch da wird jeder O-Ton, jeder Ausschnitt und jeder Trailer genau getimed. Im Spielebereich, zumindest bei den ganz großen Produktionen, ist das auch ein Plan, der sich über mehrere Monate erstreckt. Da haben die Anbieter sicherlich von anderen Industrien massiv gelernt und sich abgeschaut, wie man das Ganze inszeniert. Dadurch hat sich die Branche professionalisiert und es ist schwieriger geworden, mit exklusiven Geschichten oder Enthüllungen zu punkten, die nicht in irgendeiner Art und Weise mit dem Publisher abgestimmt sind. Das war vor 15 Jahren sicherlich noch anders.

Wenn Sie heute auf Ihren Berufsweg zurückblicken: Würden Sie da etwas anders machen?
Ich glaube rückblickend, würde ich tatsächlich viele Dinge genauso machen. Ich würde einige Experimente nicht mehr machen, die nicht gut gegangen sind. Zum jeweiligen Zeitpunkt waren Heftprojekte oder Webportale gut, weil man immer etwas daraus lernen konnte. Es gibt in vielen Bereichen keine vollkommene Wahrheit. Man liest zwar immer die Einschätzungen von Experten und überlegt sich dann, wie viel Wahrheit da dran ist. Zumal sich im Medienbereich auch extrem viel tut. Aber man muss einfach in ganz vielen Punkten seine eigenen Erfahrungen machen, weil es in vielen Bereichen keine Erfahrungswerte gibt. Zurzeit beschäftigen wir uns mit dem Thema Zeitschriften-Apps und mit der Frage, ob in und welchem Umfang unsere Zielgruppe bereit ist, dafür zu bezahlen. Das sind Angebote, die man einfach ausprobieren muss. Man muss ein iPad-Magazin produzieren und auf den Markt bringen und dann gucken, wie die Resonanz ist und ob es die richtige Entscheidung war. Das kann man aber nicht im Voraus sagen. Ich glaube, ich könnte nicht sagen, irgendetwas falsch gemacht zu haben. Ich bin mit der Entwicklung, die Computec und die Magazine hier gemacht haben, sehr zufrieden. Die Kunst liegt darin, den traditionellen Printbereich nicht zu vernachlässigen, aber gleichzeitig das Digitale – also Online, Video, Social Media – mit voller Kraft voranzutreiben. Dieser Spagat ist nicht immer einfach. Das ist aber ein Umbruch, der im

Moment bei vielen Verlagen stattfindet, da sind wir in keiner exklusiven Situation. Damit muss man eben umgehen.

Hat Ihr Beruf Ihren Blick auf Spiele verändert?
Das würde ich schon sagen. Es hat vor allem dafür gesorgt, ein gewisses Verständnis für manche Dinge zu entwickeln. Man hat zum Beispiel in den letzten Jahren immer wieder mitbekommen, dass Spiele überhastet auf den Markt gebracht wurden und einfach noch nicht ausgereift waren. Das ist für den Endkonsumenten, der bis zu 60 Euro für ein Spiel ausgibt, sehr ärgerlich. Wenn man das Ganze aber aus der Sicht der Entwickler sieht, kann man einige Entscheidungen schon besser verstehen. Das hat mir in gewissen Situationen geholfen, ein gewisses Verständnis aufzubringen und nachzuvollziehen, warum die Dinge so laufen, wie sie laufen. Auch wenn das manchmal nicht logisch ist. Es hat wirklich geholfen, dass man den Blick hinter die Kulissen hat.

Was planen Sie für Ihre weitere berufliche Zukunft?
Ich habe mir vorgenommen, da nicht in allzu großen Zeitzyklen zu planen. Dafür ist das Geschäft einfach zu kurzlebig. Momentan steht das Thema Tablets ganz oben, also wie wir unsere Inhalte auf die Plattformen bekommen und inwieweit eine Zahlungsbereitschaft vorhanden ist. Es ist auch klar, dass es im Printbereich nie wieder so sein wird wie vor zehn Jahren. Die ganz goldenen Zeiten sind sicherlich vorbei, nicht nur bei Spielemagazinen, sondern auch bei Tageszeitungen. Man muss sich Gedanken machen, wie man sich in der Redaktion und angebotstechnisch aufstellt, um möglichst attraktiv zu sein. Das ist auch das, was mich momentan im Tagesgeschäft am meisten beschäftigt. Es gibt da mehrere Modelle, die man sich angucken und ausprobieren muss. Die klassische Zeitschriftenproduktion wie vor zehn Jahren gibt es sicherlich nicht mehr. Es passiert nach wie vor sehr viel und die Spieleindustrie ist immer noch im Umbruch. Wir stehen jetzt zum Beispiel am Beginn einer neuen Konsolengeneration – Sony bringt die Playstation 4, Microsoft die Xbox One. Das wird dann auch eine Phase sein, in der es nicht nur Spielefortsetzungen gibt, sondern auch ein paar neue Marken. Ich bin sehr gespannt, was uns erwartet.

Würden Sie sich selber als Gamer bezeichnen?
Das schon, allerdings würde ich das Wort „Gamer" eher auf Leute beziehen, die es als Hobby begreifen. Ich habe sehr viele Bekannte und Verwandte, die viel auf dem iPhone und iPad spielen, das aber so nebenbei machen. Man würde es nicht als Hobby betrachten, das ist eher wie Fernsehen gucken. Das macht man halt zum Zeitvertreib. Es ist also nicht das Gleiche, als wenn man sich regelmäßig informiert

oder sich Fachzeitschriften kauft. Ich würde jemanden eher als Gamer charakterisieren, wenn die Person das wirklich als Hobby begreift. Wer nicht regelmäßig auf den Webseiten unterwegs ist und sich informiert, den würde ich nicht als klassischen Gamer bezeichnen.

Haben Sie sich schon als Kind oder Jugendliche für Computerspiele interessiert?
Das hat ungefähr mit zwölf oder 13 Jahren angefangen. Meine Familie hat sich damals einen PC zu Weihnachten nach Hause bestellt. Vorher waren wir in Kaufhäusern und Elektronikmärkten unterwegs und haben uns schlau gemacht, was da wohl das Beste wäre: Macintosh, Amiga oder PC. Wir haben uns dann zu Weihnachten einen Familien-PC angeschafft und waren zunächst frustriert, weil er nicht funktioniert hat. Da war unter anderem die Tastaturbelegung vertauscht. Wir haben wirklich die Feiertage damit verbracht, herauszufinden, woran das denn liegen könnte. An den Feiertagen kann man ja auch niemanden anrufen, der einem dabei hilft. Ich habe damals die Feiertage damit verbracht, mich damit zu beschäftigen. Es hat wirklich Spaß gemacht und ich habe Blut geleckt. Dazu kommt, dass mein Vater ein Unternehmen hat, das sich mit Bürotechnik befasst. Ich bin also relativ einfach an neue Spiele herangekommen und habe diese auch in meiner Freizeit gespielt. Das war natürlich auch mehr, als mir gut tat [lacht]. Aber am Ende des Tages hat sich das alles einfach so ergeben. Es hätte auch jedes andere Hobby sein können, aber ich habe an diesen Geschichten einfach einen Narren gefressen. Sonst war ich auf der technischen Seite nicht so unterwegs, aber was den PC anbelangt, das hat mich wirklich massiv fasziniert.

Haben Sie sich dadurch auch von Ihren Altersgenossen unterschieden?
Weniger. In meiner Schulklasse besaßen viele einen Amiga oder PC zu Hause, haben damit gespielt oder daran herumgebastelt. In den Pausen hatte man deswegen auch immer ein Gesprächsthema. Das war gar nicht so exotisch. Es war damals die Phase, als die PC-Ära anfing – also Ende der 80er Jahre, als die Nachfrage nach Amiga und Macintosh zurückging und der PC seinen Durchmarsch hatte. Das hielt so bis Ende der 90er an. Zu dieser Zeit explodierten dann auch die Auflagen der Zeitschriften. Ich habe das aber nie als Abgrenzung gegenüber meinen Mitschülerinnen oder Mitschülern empfunden. Das war einfach ein Hobby, ich habe mich nicht bewusst abgegrenzt.

Erinnern Sie sich noch an das erste Spiel, das Sie gespielt haben?
Ja, mein erstes PC-Spiel war „Leisure Suit Larry", ein klassisches Grafik-Adventure, wie auch die „Monkey Island"-Spiele. Das war auch eher Zufall. Ich habe das damals in einer Zeitschrift gesehen und es dann hier bei Kaufhof erworben. Das war damals die Zeit, als sich mehrere Firmen die Schlacht um das schönste Grafik-Ad-

venture geliefert haben. Ich habe auch fast alles gespielt, das in dem Bereich auf den Markt kam. Der PC hatte damals den Nachteil, dass er im Bereich der Grafik und des Sounds jetzt nicht wirklich auf der Höhe der Zeit war. Der Amiga 500 und der Amiga 2000 waren die Geräte, die deutlich besseren Sound und bessere Grafik zu bieten hatten. So musste man auch immer gucken, ob das Spiel auch auf dem heimischen PC läuft. Bis die ersten Grafik- und Soundkarten auf dem Markt kamen, hat es auch noch ein wenig gedauert.

Ist es immer noch so, dass Sie gerne spielen?
Nach wie vor sehr viel. Es hat sich aber alles ein bisschen verlagert. Ich spiele nur noch die ganz großen Titel wirklich durch. Die letzten Spiele waren zum Beispiel „Call of Duty: Black Ops 2" oder „Diablo 3" oder „Max Payne 3" oder „The Last of Us". Die großen Blockbuster spiele ich auf jeden Fall an, einfach um auf dem Laufenden zu bleiben und weil es mich doch sehr interessiert. Was ich festgestellt habe, ist, dass sich mein Spielverhalten sehr geändert hat. Früher habe ich aufgrund von PC Games viel am PC gespielt, nun spiele ich aber auch auf der Playstation und viel auf dem iPad. Es gibt nicht viele iPad-Spiele, die ich nicht zumindest einmal anteste und ausprobiere. Daran habe ich einen ganz großen Narren gefressen. Dort gibt es im Wochentakt neue kreative Spielideen, die man so bislang noch nicht gesehen hat. Die meiste Zeit verbringe ich also momentan mit iPad-Spielen. Wenn PC-Spiele, dann die Blockbuster.

Haben Sie momentan ein Lieblingsspiel?
Ich spiele im Moment sehr viele Ego-Shooter. Dies liegt auch daran, weil momentan sehr viel in diesem Bereich veröffentlicht wird. Im letzten Jahr waren es die drei Titel „Call of Duty: Black Ops 2", „Far Cry 3" oder „Max Payne", die mich wirklich begeistert haben. Im Moment bin ich eher auf der Action-Schiene unterwegs und gerade sind es vor allem die Shooter und Action-Adventures, etwa „Grand Theft Auto 5" oder „The Last of Us". Das hat sich aber im Lauf der Jahre geändert. Ich habe mich lange mit Aufbau- und Strategiespielen auseinandergesetzt und auch da die Entwicklungen mit den deutschen Entwicklern mitgemacht. „ANNO" und die „Siedler" waren damals mein Steckenpferd. Das Schöne an Action-Spielen: Man kann diese Spiele auch einfach mal zu Ende spielen. Ein „Call of Duty" hat man in maximal zehn Stunden durch. Das sind ein paar Abende, und dann ist auch gut. Ich habe Kollegen, die spielen beruflich und privat viele Onlinerollenspiele. Mit so etwas dürfte ich nicht anfangen, da würde ich verloren gehen. Ich würde wochen- oder monatelang spielen, was zeitlich gar nicht mehr zu managen ist. Ich mag Spiele, die eine Story von Anfang bis Ende erzählen. Bei Ego-Shootern hat man nach acht bis zehn Stunden Solokampagne alles gesehen und erlebt. Das ist mir lieber als Multi-Player-Modi oder Onlinerollenspiele ohne richtiges Ende.

Können Sie genau beschreiben, warum Sie sich so auf Konsolen und iPads verlagert haben?
Ich glaube, das liegt daran, dass man auf dem iPad sehr gut nebenbei spielen kann. Man kann Fernsehen gucken oder gemütlich auf dem Sofa liegen und Musik hören und gleichzeitig ein Spiel spielen. Bei diesen Spielen muss ich mich auch nicht großartig vorbereiten. Wenn ich ein Spiel auf der Playstation oder dem PC spielen will, dauert es wirklich lange, bis es losgeht. Bis der PC hochgefahren ist, bis „Steam" gestartet ist, bis er geladen hat, bis das Intro vorbei ist, da vergehen locker zehn Minuten, bis man zum ersten Mal eingreifen kann. Das gleich gilt für die Playstation. Das ist beim iPad etwas anderes. Das schalte ich an und kann sofort loslegen. Dadurch kann ich mehr und häufiger spielen. Es ist einfach schön, weil es bequem ist und man relativ schnell darauf zugreifen kann. Man kann jederzeit einfach aufhören, wenn man das Ding zuklappt, und trotzdem kann man zehn Minuten später weiterspielen. Auf PC und Konsole ist es eher so, dass man sich am Abend vornehmen muss, zwei oder drei Missionen bei „Call of Duty" zu spielen und sich wirklich Zeit dafür nimmt. Das ist dann eine Beschäftigung, die man gezielt einplant. Beim iPad geht das eher nebenher. Da lösche ich die Spiele auch teilweise nach fünf Minuten wieder, wenn ich merke, dass es nichts Besonderes ist oder ich das Prinzip schon tausend Mal gesehen habe. Ich gucke mir wirklich nur die interessanten Sachen an. Dafür kommen im Tagesrhythmus neue Titel heraus, die sehr spannend sind.

Zum Thema „Parallelnutzung von Medien": Ist das eine Entwicklung, die Sie überall beobachten?
Den Eindruck habe ich schon. Ich merke es an mir selbst, sehe es aber auch an anderen Phänomenen. Zum Beispiel wird während großer Ereignisse, wie Fußballspielen oder Shows, extrem viel auf Facebook oder Twitter geschrieben. Das heißt die Menschen sitzen da mit dem Smartphone oder dem Laptop vor dem TV und verfolgen das Live-Event. Dann geben sie über soziale Netzwerke ihren Senf dazu. Die Leute machen nebenbei das, was früher in der Familie passiert ist. Wo man mit fünf oder sechs Leuten vor dem Fernseher saß und „Wetten Dass …?" geguckt hat. Heute sitzen sie allein oder zu zweit vor dem Fernseher und kommentieren das. Sie ziehen einen Gewinn daraus, indem sie das mit anderen teilen – sowohl Höhepunkte als auch Tiefpunkte. Das ist sicherlich ein Phänomen: Viele von den Dingen, auf die man sich früher konzentriert hat, sei es Fernsehen oder Musik, passieren jetzt nebenbei. Es lässt sich auch während des Fernsehguckens noch bequem etwas spielen. Meistens ist es dann eher das Spiel, auf das man sich wirklich konzentriert. Das Fernsehen ist dann mehr ein Hintergrundrauschen.

Beobachten Sie auch in der Industrie, dass immer mehr auf Tablets gespielt wird und dass dieses Feld immer mehr an Bedeutung gewinnt?
Natürlich fällt es auf, dass die Studios viel in diese Richtung produzieren, gerade auch in Deutschland. Momentan ist es noch vergleichsweise einfach, ein iPad- oder iPhone-Spiel auf den Markt zu bringen. Die Anforderungen sind noch nicht so hoch. Aber auch das hat sich in den letzten Jahren gewaltig geändert. Wenn man zum Beispiel Rennspiele von vor zwei Jahren mit heutigen Rennspielen vergleicht, sieht man, was die für einen gewaltigen Sprung gemacht haben. Die Prozessoren werden immer leistungsfähiger und erlauben eine bessere Grafikdarstellung. Deswegen glaube ich, dass sich da jetzt relativ zügig die Spreu vom Weizen trennen wird. Es steigen zunehmend große Entwickler ein und bringen grandiose Titel auf den Markt. Das sind z. B. die großen Marken wie „Fifa", „Need for Speed" oder „Assassin's Creed", die jetzt auch für das Tablet herauskommen. Da merkt man, dass das ganze Business erwachsen geworden ist. Für ein kleines Studio ist es heutzutage bei den ganzen Neuerscheinungen nicht leicht, herauszustechen und sich einen Namen zu machen. Erfolgsstorys wie „Angry Birds" sind angesichts der riesigen Konkurrenz sehr schwierig geworden. Es gibt eine unfassbare Flut an Spielen, was vermutlich damit zusammenhängt, dass die Entwicklungskosten sich noch im Rahmen halten. Wenn ich hingegen auf dem PC einen großen Titel herausbringen möchte und halbwegs eine Chance haben will, den Großen Konkurrenz zu machen, bin ich sehr schnell im zweistelligen Millionenbereich. Im Bereich der Tablet-Spiele herrscht noch so eine Goldgräberstimmung. Das wird sich aber relativ schnell aufsplitten. Denn im App-Store sind jetzt auch die großen Publisher vertreten. Das war vor ein, zwei Jahren sicherlich noch anders.

Haben Sie über die Jahre noch andere Trends beobachten können?
Vor allem die Browserspiele und Onlinerollenspiele waren ein ganz großer Trend. Die deutsche Szene hat da ja jahrelang den Anschluss an das internationale Niveau gesucht. Viele kleine und größere Studios sind Pleite gegangen, weil sie sich einfach übernommen haben. Jetzt in den letzten Jahren haben Browser Games und Free-to-Play-Spiele einen Boom erlebt. Da sind auch viele deutsche Studios entstanden, wie zum Beispiel Bigpoint oder Travian. Die sind mit einer guten Idee durch die Decke gegangen und extrem gewachsen. In den letzten Monaten hat sich eine Konsolidierung abgezeichnet, die Spreu trennt sich vom Weizen und es gab viele Entlassungen. Die Studios schrumpfen sich gesund. Der ganz große Boom im Bereich der Browser Games scheint jetzt auch vorbei zu sein und viele gehen in Richtung Tablet-Entwicklung. Noch vor zwei bis drei Jahren kamen viele Onlinerollenspiele auf den Markt, die „World of Warcraft" Paroli bieten wollten. Das hat in den meisten Fällen nicht geklappt. Selbst mit größeren Namen wie „Star

Wars: The Old Republic" oder „Herr der Ringe online" hat das nicht funktioniert. Die meisten Anbieter haben auf andere Modelle umgestellt oder kochen jetzt auf ganz kleiner Flamme. Auch da ist die Goldgräberstimmung vorbei. Ich wüsste aktuell von keinem großen Rollenspiel, das in der Produktion ist und den Effekt von „World of Warcraft" haben könnte. Es scheint offenbar so zu sein, dass sich in neuen Bereichen ein großer Anbieter den größten Batzen schnappt und alle anderen müssen sich mit den Krümeln zufrieden geben. Von der Sorte hat es in den letzten Jahren viele gegeben. Ich glaube, dass es im Onlinebereich schwierig ist, mit einem neuen Rollenspiel große Erfolge zu feiern. Genauso verhält es sich mit den Browser Games. Es gibt einfach zu viele, als dass man da noch einmal so einen Durchmarsch haben könnte.

Und Ähnliches wird sicherlich auch auf dem iPad passieren. Auch im Bereich der klassischen Spiele bricht der gesamte Mittelbau zusammen. Es gibt eine ganze Reihe traditionsreicher Studios und Publisher, die in den letzten Jahren entweder vom Markt verschwunden sind oder aufgekauft wurden. Zwischen den ganz billigen Produktionen und den Triple A Titeln ist einfach wenig Platz. Es gibt in manchen Genres nur noch einen oder zwei Vertreter, wie zum Beispiel „FIFA" im Bereich der Fußballspiele. Diese Vielfalt und Bandbreite wie vor 15 Jahren ist nicht mehr vorhanden. Die ein bis zwei großen Namen in jedem Bereich lassen den anderen wenige Chancen. Im Ego-Shooter-Bereich gibt es „Battlefield" und „Call of Duty", die fast niemanden neben sich dulden. Die teilen sich den Markt und der Rest muss gucken, wo er bleibt. Egal, was sich in der nächsten Zeit als Trend herausstellt, es wird sich immer nur der Erste und Schnellste das größte Stück schnappen. Die anderen müssen sehen, dass sie kleinere Brötchen backen.

Wir interessieren uns für Frauen in der Games-Branche. Haben Sie den Eindruck, dass die Branche männerdominiert ist?
Das ist sicherlich nach wie vor so. Es gibt einige Bereiche, wo sich das ein bisschen geändert hat. Das sind dann aber meistens ziemliche Exoten. Es gibt einige Studios, die von Frauen geleitet werden. Unter anderem Maxis, die sich um die „Sims"-Reihe kümmern, oder Jade Raymond von Ubisoft, die ein sehr großes Studio beaufsichtigt. Aber das sind Ausnahmen, das ist sehr, sehr selten. Ich glaube auch nicht, dass sich das in absehbarer Zeit ändert. Das ist ein sehr technischer Beruf. Wenn, dann sind Frauen im Bereich Marketing oder PR unterwegs und nicht als Entwickler. Ich kann mich auch an keine Situation erinnern, in der das anders gewesen sein könnte. Es gab ab und zu Ausnahmen mit einer Designerin, die ein Adventure produziert hat. Aber das kann man wirklich an einer Hand abzählen. Das wird auch so bleiben, denn die ganz großen Produktionen wie „Call of Duty", „Medal of Honor" oder „FIFA" richten sich an ein männliches Publikum. Das sieht man auch

auf den Spielemessen, z. B. auf der gamescom. Das Hobby hat an und für sich eine sehr männliche Zielgruppe, das ist bei unseren Zeitschriften ja genauso. Wir haben bei der PC Games 90 % Männeranteil. Bei den Magazinen für Onlinerollenspiele ist es etwas anders, eher 50/50. Aber am Ende ist es natürlich eher ein „männliches" Hobby, klar.

Entwickeln Ihrer Meinung nach Frauen andere Spiele als Männer?
Ich fürchte, dass es da gar nicht so den Riesenbedarf gibt. Eine Zeit lang haben die Studios und Publisher Spiele für Frauen und Mädchen angeboten. Das ist sehr schnell ins Klischeehafte abgedriftet und war nur einige Monate lang ein Trend. Wir sind damals der Vorstellung erlegen, dass viele Frauen auf dem Nintendo DS oder auf dem Smartphone spielen. Dass es aber bei einem Spielemagazin speziell für Frauen eine Zielgruppe gibt, hat sich schnell als Trugschluss erwiesen. Die meisten Gelegenheitsspieler haben keinen Informationsbedarf. Die nutzen die vorinstallierten Spiele auf den Smartphones, oder das, was ihnen empfohlen wird. So richtiger Informationsbedarf ist in dem Bereich nicht vorhanden. Auch das aktuelle Sortiment und das, was im nächsten Jahr erscheint, kommt eher aus dem Bereich der Ego-Shooter, Action Adventures und Rollenspiele. Und die richten sich eher an ein männliches Publikum.

Glauben Sie, dass sich das mit der Entwicklung der Spiele für Frauen ändern wird?
Ich kann mir nicht vorstellen, dass man Spiele für Frauen explizit planen und produzieren kann. Das stelle ich mir sehr anspruchsvoll vor. Wenn ein Spiel richtig gut ist, zum Beispiel im Casual Bereich, funktioniert es durch alle demografischen Gruppen hindurch, bei Männern und Frauen gleich. Ein „Angry Birds" wurde nicht für die Zielgruppe von Jugendlichen von zwölf bis 17 Jahren entwickelt, sondern da wurde eine coole Idee gut umgesetzt. Das wurde auf das Volk losgelassen und dann findet das schon eine Zielgruppe.

Müssen Ihrer Meinung nach Frauen in der Games-Branche eher Hindernisse oder Hürden überwinden als Männer?
Keine, die ich festgestellt hätte. Ich glaube schon, dass sich da die Qualifikationen im Einzelfall durchsetzen. Da hat zum Beispiel damals Jade Raymond mit „Assassins Creed" ein fantastisches Spiel vorgelegt. Sie hat dafür einfach ein Talent und hat innerhalb von Ubisoft ein entsprechendes Standing, um auch in Zukunft gute Spiele machen zu können. Sie hat auch die Ressourcen und Budgets, um weiter zu machen. Ich denke, dass momentan die Chancen für Frauen hervorragend sind, weil einfach der Bedarf sehr groß ist. Auch wenn es in den letzten Monaten ver-

2.3 „Mitwirkende" Spielebranche: Organisationen, Beratung, Presse 215

einzelt Krisen bei deutschen Studios gegeben hat, ist es nach wie vor so, dass in Hamburg oder Berlin die Studios nach Personal suchen: egal, ob im Bereich der Programmierung oder im Bereich der Grafik – egal, ob für Tablets, Smartphones oder Browser Games. Da wird ja weiterhin gesucht und eingestellt. Die Chancen sind in diesen Zeiten wesentlich besser als vor fünf Jahren. Da steckte die Branche in einer Katastrophe. Der Markt hat sich aber doch schon erholt, was vor allem auf Browser-, Online-, Smartphone- und Tabletspiele zurückzuführen ist, weniger auf PC-Spiele. Da wurde in Deutschland zwar vor zehn Jahren noch viel entwickelt, aber die meisten Studios gibt es nicht mehr. Es gibt auch nur noch zwei oder drei relevante Studios in Deutschland, die wirklich große PC- und Konsolenspiele entwickeln und international mithalten können. Die meisten anderen konzentrieren sich auf den Onlinebereich.

Welche Tipps können Sie jungen Frauen geben, die sich in der Branche engagieren wollen und dort ihr Glück suchen?
In den letzten Jahren hat sich herauskristallisiert, dass die großen Städte wie Berlin und Hamburg mit entsprechenden Studios Programme für die Ausbildung aufgelegt haben. Die sind nach wie vor auf der Suche nach neuem Personal und Nachwuchskräften. Da kann man durch ein Praktikum oder eine Ausbildung einen Fuß in die Tür kriegen. Wenn man sich da schlau machen möchte, sollte man sich am besten direkt an die großen Studios wenden. Die können dann auch mit Tipps weiterhelfen. Messen sind ebenfalls gute Anlaufstellen, auch die kleineren Messen und Kongresse neben der gamescom. Zum Beispiel der deutsche Entwicklerpreis, der in Düsseldorf stattfindet, sowie die Quo Vadis im Frühling. Das sind Messen, auf denen die Entwickler ausstellen und direkt für Fragen zur Verfügung stehen. Da kann man sich auch live ein Bild von dem Unternehmen machen. Ansonsten gibt es Initiativen, die Informationsmaterial zur Verfügung stellen und entsprechende Kontakte herstellen können – und zwar für alle größeren Städte und Regionen. Der Grund liegt darin, dass die Standorte um die Studios buhlen. Selbst Bayern fängt jetzt auch langsam an, in dem Bereich aktiv zu werden und zu fördern. Die Medienboards haben sich entsprechend weiterentwickelt; die waren sonst nur für Film oder Kultur zuständig, wollen jetzt aber auch im Bereich Games aktiv werden.

Wir hätten noch Fragen zu Ihrer Freizeit und Familie. Ist es schwierig, Freizeit, Familie und Beruf miteinander zu vereinbaren?
Das kann ich nicht behaupten. Ich versuche schon, mir die Freiräume zu schaffen. Ich nehme mir vor, am Wochenende etwas ganz anderes zu machen, als zu spielen. Natürlich bleibt es in dem Beruf nicht aus, dass man ständig auf das iPhone schielt und guckt, ob neue und wichtige E-Mails da sind, das ist klar. Aber ansonsten ist

es sehr wichtig, dass man einen Ausgleich hat. Natürlich haben wir hier viele junge Kollegen, die Anfang 20 sind, keine Familie haben und nicht auf die Uhr gucken, wenn es um ein wichtiges Testmuster geht. Dann sind die Kollegen sehr lange am Abend oder am Wochenende aktiv. Das ist aber eine Phase, die auch irgendwann mal endet. Wir haben hier einige Kollegen, die sind erst vor kurzer Zeit Familienväter geworden. Dadurch ändert sich auch das komplette berufliche Umfeld.

Ich habe mir als Kontrast ein anderes Hobby gesucht. Ich bin ein riesiger Gartenfan. Ich liebe es, am Wochenende in meinem Garten zu werkeln. Das ist etwas anderes als das Digitale. Ich habe mich da auch schon oft gefragt, woran das liegt. Ich denke, es liegt daran, dass das Arbeiten im Garten eher etwas Haptisches ist – mit den eigenen Händen etwas zu schaffen und zu kreieren, anstatt am PC zu sitzen, was eher eine abstrakte Geschichte ist. Ich hätte auch genauso gut anfangen können, zu töpfern, zu häkeln oder zu kochen [lacht] – also irgendetwas Haptisches, bei dem man tatsächlich handwerklich aktiv ist. Es ist schon wichtig, dass man sich einen Ausgleich schafft, in welcher Form auch immer.

Finden Sie, dass das Unternehmen einem genug Zeit lässt, so etwas zu tun?
Die Problematik im Spielebereich ist, dass man nicht wirklich abgrenzen kann, wo die Freizeit beginnt und der Beruf aufhört. Wenn ich mir anschaue, dass es Onlinerollenspiele gibt, in denen man gezwungen ist, sich in den späten Abendstunden mit anderen für einen Raid zu verabreden, dann ergibt sich das faktisch, dass man da nicht auf die Uhr guckt. Das geht auch gar nicht anders. Man kann nicht sagen, es wird nur während des Tages gespielt. Es bleibt nicht aus, dass man sich am Wochenende oder nach Feierabend nochmal etwas anguckt. Das ist aber sicherlich eine Eigenheit der Spielemagazine. Wenn wir jetzt ein Filmemagazin wären, würde man sich einen Film angucken. Nach zwei Stunden DVD oder Kino hat man die Arbeit getan und kann seinen Artikel schreiben. Das ist im Spielebereich anders, da ist meist nach zwei Stunden noch nicht viel passiert. Unser Nachteil ist wirklich, dass es ein sehr zeitintensives Hobby ist; man muss wirklich viel Zeit investieren. Das ist aber keine Vorgabe, die auf irgendeinem Blatt Papier steht, sondern die ergibt sich einfach automatisch. Wer in der Branche anfängt, der ist sich auch darüber bewusst, dass es sich um einen zeitintensiven Beruf handelt.

Was sagt denn Ihr Umfeld zu Ihrem Beruf?
Die sind sehr interessiert und nehmen das auch wahr. Aber nur die Wenigsten können wirklich etwas mit dem Thema anfangen. Aber das ist keine Abneigung gegenüber dem Thema Spiele, die haben einfach andere Hobbys. Ich habe einige Verwandte, die in dem Bereich sehr aktiv sind, da tauscht man sich dann über einzelne Neuheiten aus. Aber das spielt ansonsten keine wirklich große Rolle. Die sehen das

so, dass ich im Bereich Redaktion unterwegs bin, aber ich könnte genauso gut bei einer Tageszeitung oder bei Spiegel Online sein. Es ist weniger der Inhalt, als die Tätigkeit an sich. Ich muss gestehen, dass ich mich mit Verwandten häufiger über die Medienbranche an sich unterhalte, als über Spiele. Das sind eher Fachsimpeleien, wenn es um Weihnachtsgeschenke oder Neuheiten geht. So sehr ins Detail geht das nicht.

Spielen Sie denn auch gemeinsam mit Ihrer Familie?
Eher selten oder gar nicht. Wenn ich zu Hause spiele, dann eher allein am PC oder an der Konsole. Ich trage da nicht so den Wettbewerbsgedanken vor mir her. Ich bin auch kein großer Brett- oder Kartenspieler. Ich spiele nicht gerne gegen andere am Tisch oder im Multi-Player-Modus. Ich sehe es als Hobby: „Ich gegen den PC", aber nicht gegen andere Menschen. Ich bin kein großer Multi-Player-Fan.

Der Spielbegriff hat viele Facetten und weckt die unterschiedlichsten Assoziationen. Woran denken Sie dabei spontan?
Ich denke daran, dass Spielen in erster Linie ein Zeitvertreib ist. Speziell im Bereich der Computerspiele liegt die größte Faszination darin, dass es sich immer weiterentwickelt. Die Entwicklung ist sehr spannend zu beobachten. Im Bereich der Spiele ist es wirklich so, dass man von Jahr zu Jahr eine Weiterentwicklung sieht. Noch vor ein paar Jahren gab es noch keine iPad-Spiele, heute sind sie ein riesiges Thema für uns. Kein Mensch weiß, was in zwei Jahren ist. Das ist in der Tat das Faszinierende in dem Bereich. Bei Spielen denke ich zuerst an Computerspiele: Für mich heißt „Spiel" wirklich Computer- oder Videospiel.

Glauben Sie, dass digitale Spiele ein gewisses Potenzial haben, etwas in der Gesellschaft zu verändern?
Ich glaube schon. Normalerweise sind es Spiele, die den Zugang zur Technik erleichtern oder erst ermöglichen. Natürlich schaffen sich viele Leute ein Tablet oder ein Smartphone an, um es beruflich zu nutzen oder um darauf zu lesen und zu surfen. Aber durch die Spiele erlernt man schnell den Zugang zum Gerät und entdeckt die Möglichkeiten, die darin stecken. Für mich ist es einfach ein grandioser Zeitvertreib.

Glauben Sie, dass es möglich ist, durch digitale Spiele zu lernen?
Das glaube ich schon. Allerdings habe ich den Eindruck, dass viele dieser Serious Games sehr, sehr „serious" sind und wenig Spiel darin steckt. Sie werden normalerweise benutzt, um als verkappte Lehrbücher herzuhalten. Da wird dann noch irgendein „Tetris" oder „Bejeweled" darübergelegt, damit ein Serious Game dabei

herauskommt und das Ganze noch einen spielerischen Gedanken hat. Das ist sehr schade. Ich glaube schon, dass man mit anderen Konzepten deutlich mehr erreichen könnte. Das steckt allerdings alles noch in den Kinderschuhen und ich habe da in den letzten Jahren ganz wenige richtig gute Anwendungen gesehen. Da ist man nicht mit dem Ziel herangegangen, den Kindern oder Jugendlichen etwas beizubringen. Meistens sind es dann Spiele, die nebenbei einen erzieherischen Effekt oder einen Bildungsauftrag haben. Zum Beispiel „Scribblenauts", wo man sich Begriffe ausdenkt, die dann tatsächlich auf dem Bildschirm visualisiert werden. Das sind Dinge, die gar nicht so in den Bereich der Serious Games oder des Edutainments fallen, die aber tatsächlich den Kindern etwas beibringen und die Kreativität anregen und dabei auch noch gleichzeitig das Alphabet, Worte und Buchstaben vermitteln. Das Potenzial ist da, aber ich glaube, das muss dann eher von der Spieleseite als von der Seite der Bildung und des Lernens kommen; denn dann geht es schief.

Wir kommen nun zu den letzten Fragen des Interviews. Könnten Sie folgenden Satz für uns beenden: Ich mag an meinem Beruf ...
... dass es nie wirklich langweilig wird. Es ist tatsächlich so: Man weiß nie, was der Tag bringt. Es passieren täglich Dinge, die man am Morgen nicht für möglich gehalten hätte. Das ist generell im Bereich des Journalismus so, aber wir haben noch den zusätzlichen Twist, dass da eine irre Dynamik drin ist. Manchmal passieren von Tag zu Tag Dinge, auf die man reagieren muss; Dinge, die vor zwei Jahren noch relevant waren, sind es heute nicht mehr. Das ist sehr spannend und faszinierend zu beobachten.

Könnten Sie uns noch etwas über sich persönlich erzählen?
Ich bin 39 Jahre alt und seit zehn Jahren verheiratet. Ich habe keine eigenen Kinder, aber fantastische Neffen und Nichten. Jenseits meines Berufes habe ich ein sehr spießiges Dasein, mit Buchsbaumhecke vor der Tür und einem Gartenzwerg im Garten. Ich bin seit exakt 20 Jahren bei PC Games und seit der zweiten Ausgabe dabei, zu der wir auch letztens unser 20-jähriges Jubiläum gefeiert haben. Mein Haustier ist eine Katze, mein Lieblingsverein ist Borussia Dortmund. Ich war letztens zum ersten Mal im Signal Iduna Park und habe mir das Spiel Dortmund gegen Bayern angeguckt. Seitdem bin ich großer Dortmund-Fan, weil mich die Stimmung dort einfach weggehauen hat. Ich war schon häufig in Stadien, aber Dortmund war wirklich grandios. Ja, und seitdem bin ich großer Dortmund Fan, wogegen mein Mann seit frühester Kindheit für Bayern München mitfiebert. Insofern ist da samstags bei der Bundesligakonferenz sehr viel Freude angesagt [lacht].

2.3 „Mitwirkende" Spielebranche: Organisationen, Beratung, Presse

Liebe Frau Fröhlich, vielen Dank für das spannende Gespräch und dass Sie sich Zeit für uns genommen haben. Würden Sie uns noch kurz verraten, warum Sie an unserem Projekt teilgenommen haben?

Zum einen bin ich irrsinnig gespannt, wie sich andere Branchenvertreterinnen selbst sehen und erleben. Zum anderen trägt so ein Interview dazu bei, die vergangenen Jahre und Jahrzehnte selbstkritisch zu reflektieren. Vieles von dem, was täglich so um einen herum passiert, nimmt man als viel zu „normal" und selbstverständlich wahr. Dabei ist es ein großes Glück, gerade in dieser Branche arbeiten und gestalten zu dürfen und an vorderster Front die Entwicklung zu verfolgen. Das ist mir während des Gesprächs wieder bewusst geworden – danke dafür.

Unter Mitarbeit von: Sonia Kampel und Julian Bornemeier

Kurzvita

- Geboren 1974
- veröffentlichte bereits als Teenager erfolgreich Fachbücher (u. a. für Data Becker, bhv Verlag, COMPUTEC), die z. T. auch als Übersetzung in Frankreich erschienen; durch Beiträge in IT-Fachzeitschriften (u. a. DOS, PC Praxis) frühzeitige Spezialisierung auf den Games-Sektor
- seit 1992 für COMPUTEC MEDIA tätig – zunächst als freie Autorin für PC Games, seit 1995 als Redakteurin
- 1998 Berufung zur Stellvertretenden Chefredakteurin von PC Games
- seit 2000 Chefredakteurin von PC Games seit der Übernahme von COMPUTEC MEDIA durch Marquard Media im Jahr 2005 als Chefredakteurin zuständig für diverse Zeitschriften sowie für die Marke PC Games, inklusive der Line-Extensions PC Games MMORE u. a.
- zusammen mit Chefredakteur Florian Stangl verantwortlich für pcgames.de

Frauen in der Games-Branche – eine vergleichende Analyse der Interviews 3

Etwas Gescheiteres kann einer doch nicht treiben in dieser schönen Welt, als zu spielen.
Henrik Ibsen: Klein Eyolf, 1894

Nach der Vorstellung der einzelnen Expertinnengespräche möchten wir nun die Interviews gemeinsam betrachten. Die synoptische Darstellung der Analyse gliedert sich in fünf Unterkapitel. Erstens beleuchten wir die private und berufliche Spielenutzung der Expertinnen. Zweitens gehen wir den einzelnen Berufswegen der Interviewten nach und zeigen deren Positionen und Arbeitsfelder auf. Das dritte Unterkapitel widmet sich vornehmlich den möglichen Ursachen aus Expertinnensicht, warum vergleichsweise wenige Frauen ihren Weg in die Industrie finden. Darauf folgt den Arbeitsalltag der Expertinnen darzustellen und aufzuzeigen, was sie an ihrer Arbeit motiviert. Schließlich möchten wir dann die Tipps aufzeigen, die unsere Expertinnen dem interessierten Nachwuchs geben.

3.1 Digitale Spiele – Private und berufliche Leidenschaft?

Zu Beginn der Analyse möchten wir der Frage nachgehen, welche Bedeutung digitale Spiele im Leben der Expertinnen haben. War vielleicht eine intensive Spielleidenschaft ausschlaggebend für ihre Berufswahl? So legen Wimmer und Sitnikova (2012, S. 165) in ihrer Studie dar, dass die Leidenschaft zu digitalen Spielen eine treibende Kraft für die Arbeit in der Games-Industrie zu sein scheint (vgl. auch Teipen 2008, S. 323). Consalvo (2008, S. 186) weist dieser Passion für Spiele sogar eine herausragende Arbeitsmotivation zu, denn so könnten bestimmte Arbeitsbedingungen – etwa lange Arbeitszeiten oder Crunch Time – besser überstanden werden. Gleichzeitig fanden Prescott und Bogg (2011a) heraus, dass sich die persönliche Spielenutzung unter Umständen bei Frauen auch negativ auf Karriereambitionen auswirken kann: Ein größeres Karriereinteresse hatten nämlich diejenigen Frauen, die nicht in der Freizeit spielen – also ihr Hobby *nicht* zum Beruf gemacht haben. Die Leidenschaft für ihren Beruf ist wichtiger, schlussfolgerten sie daher (Prescott und Bogg 2011a, S. 19). Wie stehen folglich unsere Expertinnen zu digitalen Spielen – und hängt eine gewisse Spielleidenschaft mit dem beruflichem Werdegang zusammen? Haben die Interviewten bereits in ihrer Kindheit gespielt? Und: Spielen sie auch heute digitale Spiele in ihrer Freizeit?

„*Ja, das tue ich. In der Tat!*" bekräftigt Catherina Herminghaus. So wie sie spielen alle befragten Expertinnen digitale Spiele, und zwar in der ganzen Brandbreite. In den Gesprächen ist durchaus eine gewisse Leidenschaft („*Da bin ich total gehooked und merke nicht, wie die Zeit vergeht*" – Silja Gülicher; „*Herrlich, mal Pirat sein und in der Community mit dem Team Schlachten gewinnen – zumindest manchmal [lacht]*" – Gitta Blatt) und ein „*großes Interesse an Spielen*" (Sandra Urban) deutlich geworden, auch wenn, wie bei Renate Grof, die Zeit dafür meist zu knapp ist: „*Ja, ich spiele immer noch. Eigentlich würde ich gerne mehr spielen, aber das lässt meine Zeit leider nicht zu*".

Interessanterweise würden sich einige der Expertinnen trotzdem nicht unbedingt als „Spielerin" bezeichnen. Silja Gülicher reflektiert beispielsweise über sich: „*Ich war immer eher die Leseratte als die Gamerin*", und Catherina Herminghaus stellt fest: „*Ich bin mit Sicherheit keine Hardcore-Gamerin, die alle möglichen Konsolen-Games komplett von vorne bis hinten durchspielt [...]. Ich bin eher so eine ‚Casual Gamerin'*". Zu einem ähnlichen Fazit kommen Franziska Lehnert („*keine Hardcore-Spielerin*"), Sandra Urban („*kein exzessiver Spieler*") und Wiebe Fölster („*Gelegenheitsspieler*"). Den Begriff „Spieler" assoziieren die Expertinnen vor allem mit einer ausgeprägten Spielenutzung, bei der viel Zeit in das Hobby investiert wird. Neben dieser zeitlichen Komponente verbinden sie aber mit dem Terminus „Spieler" auch eine gewisse Spielkompetenz. Dahingehend beschreibt Victoria Busse die Spielkompetenz als einen wesentlichen Faktor – sie probiere zwar viel aus, sei aber nicht unbedingt gut, besonders nicht in Shootern. Ähnlich sieht das Gitta Blatt: „*Ich spiele gerne. Nicht gut, aber gerne*". Silja Gülicher ist frustriert, wenn ihr die „*lange Erfahrung fehlt*", um manche Spiele wie „Trine 2" richtig gut spielen zu können und ihr die Steuerung schwerfällt.[1] Das historische Bild des männlichen Hardcore-Gamers stimmt nicht mit dem Spielverhalten überein, das die Expertinnen an sich selbst beobachten. Deshalb mögen sie sich selbst auch nicht uneingeschränkt

---

[1] Allerdings hat Sandra Urban sich gezielt „*diverse Kompetenzen*" für unterschiedliche Genres angeeignet, um sich gegenüber dem Vorurteil, dass Frauen nicht spielen, im ihrem Job behaupten zu können. Dazu mehr in Kap. 3.3.

als Spielerin beschreiben. Petra Fröhlich beschreibt diesen Konflikt sehr anschaulich: *„Ich habe sehr viele Bekannte und Verwandte, die viel auf dem iPhone und iPad spielen, das aber so nebenbei machen. Man würde es nicht als Hobby betrachten, das ist eher wie Fernsehen gucken. […] Wer nicht regelmäßig auf den Webseiten unterwegs ist und sich informiert, den würde ich nicht als klassischen Gamer bezeichnen."*
Besonders die sogenannten Casual Games, die häufig aufgrund einer intuitiven Bedienbarkeit einfach zu lernen und kurzweilig sind, aber gleichzeitig schnell zu Erfolgserlebnissen führen und nebenher gespielt werden können, haben es den Expertinnen angetan. Sie spielen „World of Goo" und „Kingdom Rush" oder „Bejeweled" und „Tetris" sowie „Pearls Peril", um nur einige Beispiele zu nennen. Sabine Hahn gibt zu: *„Mein präferiertes Genre sind die sogenannten Casual Games also ‚Bejeweled', ‚Tetris', diese ganz einfachen, stupiden Geschichten."* Eben das „Einfache" macht den Reiz dieser Spiele aus, denn die Zugangshürden sind niedrig. Casual Games können ohne große Vorbereitung gespielt werden und sind schnell zu verstehen, wie Petra Fröhlich anschaulich im Gespräch erläutert hat. Mit dieser Genre-Präferenz liegen die Expertinnen voll im Trend, denn, wie Victoria Busse erklärt, sind Frauen die Hauptnutzergruppe von Casual Games. Dies beobachten auch Franziska Lehnert und Renate Grof in ihrem Bekanntenkreis: Sie kennen beide mehr Frauen, *„die Casual Games spielen als Frauen, die Shooter zocken"* (Franziska Lehnert).

Die Vorliebe für Casual Games hängt eng zusammen mit der beliebtesten Spieleplattform der Frauen: den mobilen Endgeräten wie iPad oder Smartphone, denn diese bieten zum einen in den App-Stores ein vielfältiges Angebot besonders an Casual Games. Zum anderen erlauben die mobilen Geräte aufgrund ihrer bequemen Handhabung eine Parallelnutzung: Man kann *„Fernsehen gucken oder gemütlich auf dem Sofa liegen und Musik hören und gleichzeitig ein Spiel spielen"* (Petra Fröhlich). Da Casual Games zumeist auf kurzweilige Spielphasen hin konzipiert sind, eignen sie sich besonders für diese Art der Nutzung. Außerdem ist Petra Fröhlich begeistert von der Kreativität und der Aktualität der Spiele, die in App-Stores angeboten werden: *„Es gibt nicht viele iPad-Spiele, die ich nicht zumindest mal anteste und ausprobiere. Daran habe ich einen ganz großen Narren gefressen. Dort gibt es im Wochentakt neue kreative Spielideen, die man so bislang noch nicht gesehen hat."* Die tatsächliche physische Mobilität ist schließlich für Ruth Lemmen der hauptsächliche Grund für den hohen Nutzungsgrund für mobile Geräte: *„Ich spiele […] viel auf dem Tablet oder auf dem Handheld, gerade weil ich viel unterwegs bin."* Darüber hinaus bevorzugt sie die eher *„typisch weiblichen Spiele"*.[2]

---

[2] Zu geschlechtsspezifischen Bedürfnissen in der Spielenutzung siehe auch Kap. 3.3

Neben den mobilen Geräten nutzen die Expertinnen (z. B. Ruth Lemmen, Kathleen Kunze, Sandra Urban und Renate Grof) gerne Konsolen wie die Wii, die Xbox oder die Playstation 2. Der PC spielt bei der Nutzung digitaler Spiele nur noch eine nachgeordnete Rolle. Nur Wiebe Fölster ist bekennende PC- und Onlinespielerin: „Ich bin ein reiner PC-Spieler, kein Konsolenspieler."

Mit diesem Spielverhalten bewegen sich die Expertinnen im Mainstream. Die aktuellen Nutzungszahlen der JIM-Studie (2013) des medienpädagogischen Forschungsverbundes Südwest weisen, wenn auch nur für jugendliche Konsumenten, in eben diese Richtung: 45 % der Jugendlichen nutzen Handyspiele täglich oder mehrmals in der Woche. Auf Platz zwei stehen mit 29 % Onlinespiele, gefolgt von Konsolenspielen (23 %) und schließlich Computerspiele offline (19 %). Bei den Handy- und Smartphonespielen ist zudem die Geschlechterdifferenz nicht so ausgeprägt wie bei anderen Plattformen: 41 % der Mädchen und 48 % der Jungen nutzen diese mindestens mehrmals wöchentlich (vgl. MPFS 2013, S. 46). Diese Veränderung im Nutzungsverhalten beobachten die Expertinnen gleichermaßen bei sich selbst: „Mein Spielverhalten [hat sich] sehr geändert. Früher habe ich aufgrund von PC Games viel am PC gespielt, nun spiele ich aber auch auf der Playstation und viel auf dem iPad" (Petra Fröhlich).

Obschon Casual Games und das Spielen auf mobilen Endgeräten als aktueller Nutzungstrend bei den Frauen ausgemacht werden können, sind ihre Genre-Vorlieben wesentlich vielfältiger. Dies hat insbesondere die Frage nach den Spiel-Favoriten verdeutlicht. Mit den Lieblingsspielen decken die Expertinnen ein breites Spektrum ab: Von Rätselspielen wie „Professor Layton" (Silja Gülicher) über Strategiespiele („Anno 2070" – Renate Grof) bis hin zu Action-Adventures („Grand Theft Auto 5" – Petra Fröhlich) oder Multiplayer-Online-Spielen („League of Legends" – Victoria Busse) sowie Shootern („Bulletstorm" – Katharina Dankert) ist alles vertreten. Ferner zeigen sich auch Überschneidungen in den Titelpräferenzen bei den Expertinnen. Sowohl die beiden Action-Adventures „The Last of Us" (Fröhlich & Lehnert) und „Dishonored" (Urban & Dankert) ebenso wie der interaktive Film „Heavy Rain" (Kunze & Lehnert) haben es jeweils gleich zwei Expertinnen angetan. Unter den Lieblingsspielen finden sich bei manchen Frauen außerdem Titel des Arbeitgebers, z. B. spielt Silja Gülicher gern „Mario Kart" und Gitta Blatt mag „Pearl's Peril", ein Wimmelbildspiel von Wooga. Trotz dieser Überschneidungen ist in den Gesprächen deutlich geworden, dass die Expertinnen klar zwischen dem beruflichen und dem freizeitlichen Spielen unterscheiden.

Freizeitliches Spielen – Zeitmangel oder Zeitverschwendung? Beim freizeitlichen Spielen sind die Expertinnen hin und her gerissen. Zum einen fehlt ihnen die Zeit zum Spielen. Beispielsweise wünschen sich Kathleen Kunze und Renate Grof

3.1 Digitale Spiele – Private und berufliche Leidenschaft?

mehr Zeit zum Spielen – wenn sie diese hätten, würden beide gern mehr auf Konsolen in die bunte Welt der Spiele eintauchen. Franziska Lehnert findet ebenfalls nicht mehr die Zeit, ein Spiel *„von vorne bis hinten durchzuspielen"*. Der Zeitmangel ist auch bei Wiebe Fölster maßgeblich für die Spielnutzung: *„Privat spiele ich schon eher Casual Games und Adventures, weil für mehr dann auch die Zeit fehlt."* Um nicht ganz auf das Hobby Spielen zu verzichten, nutzt Wiebe Fölster also diejenigen Spiele, die ohne größeren Zeitaufwand auch zwischendurch gespielt werden können.

In den Gesprächen sind unterschiedliche Gründe für die die Nutzung von digitalen Spielen zum Ausdruck gekommen. Catherina Herminghaus nutzt das Spielen zuhause beispielsweise zur Entspannung. Sie spielt nicht lange am Stück, sondern *„eher zwischendurch, wenn ich mal abschalten will."* Das Abschalten ist gleichfalls für Sabine Hahn wichtig: *„Wenn ich spiele, dann möchte ich wirklich einfach nur abschalten und Zeit totschlagen, nicht auch noch mein Hirn benutzen müssen, deshalb Casual Games."* Dagegen schätzt Sandra Urban die geistige Herausforderung: *„Ich habe auf dem iPad mehrere Spiele wie ‚Machinarium' oder ‚Osmosis', die mich sehr fesseln, die im Casual-Bereich angesiedelt sind, aber auch immer strategisches Denken voraussetzen und mich damit fordern."*

Ein weiteres Nutzungsmotiv führen die Mütter unter den Frauen an: das gemeinsame Spielen mit den Kindern. Odile Limpach spielt selbst nicht viel, aber zusammen mit ihren Kindern kommt dies durchaus manchmal vor. Dabei achtet sie darauf, was die Kinder spielen und dass sie nicht zu viel spielen. Freya Looft spielt ebenfalls gemeinsam mit ihrer Tochter besonders Lernsoftware für Deutsch und Mathematik. Und für sich selbst nutzt sie gelegentlich Lernsoftware am PC, z. B. Gedächtnistrainer. Die geistige Fitness und die mentale Herausforderung sind demnach für sie zentrale Zuwendungsmotive.

Insgesamt nennen die Expertinnen damit unterschiedliche Beweggründe, die auch allgemein bei der Nutzung digitaler Spiele diskutiert werden (vgl. z. B. Kunczik und Zipfel 2006, S. 290 ff.; Klimmt 2004, S. 8 ff.; Vorderer 1996, S. 311 ff.; Fromme et al. 2009, S. 14). Das Hauptaugenmerk der Expertinnen liegt vor allem auf einer erlebnisbezogenen Nutzungsdimension wie Unterhaltung oder Entspannung, auf einer kompensatorischen Dimension wie Langeweile überbrücken oder auf einer leistungsbezogenen Dimension: Herausforderung, Erfolg oder Lernen (vgl. hierzu auch Ganguin 2010a, S. 245)

Trotz dieser guten Gründe für das Spielen und dem Wunsch, zum Teil mehr Zeit für dieses Hobby aufbringen zu können, betonen die Expertinnen auch, dass sie in ihrer Freizeit gern *„Hobbys jenseits meiner Arbeit und den Computerspielen"* (Sabine Hahn) nachgehen. *„Ich habe in meiner Freizeit auch anderes zu tun. Was natürlich daran liegen kann, dass man den ganzen Tag mit Spielen in Berührung ist* und abends dann auch gern mal anderen Interessen nachgeht", schildert beispielsweise Franziska Lehnert.[3] Odile Limpach spielt in ihrer Freizeit ebenfalls nicht viel, weil sie lieber Zeit mit ihrem Ehemann und den drei kleinen Kindern verbringt. In der Freizeit beschäftigen sich die Expertinnen ihren eigenen Aussagen nach folglich eher weniger mit digitalen Spielen, entweder weil ihnen die Zeit fehlt oder weil sie in ihrer Freizeit nicht mit dem Berufsgegenstand konfrontiert werden möchten und andere, sportliche oder familiäre Aktivitäten im Vordergrund stehen (dazu mehr in Kap. 3.4; vgl. auch Wimmer und Sitnikova 2012, S. 161). Dafür ist das Spielen fester Bestandteil ihrer professionellen Arbeit.

Berufliches Spielen – ein Muss In ihrem Job spielen alle Expertinnen, und es gehört für sie elementar zu ihrem Beruf:

- *„Dann spiele ich alle unsere Produkte an, insbesondere Nintendo DS und Nintendo 3DS Produkte – teilweise auch Wii Produkte, um zu sehen, wie sich die spielen lassen"* (Freya Looft).
- *„Es gehört auch dazu, dass ich spiele, dass ich mir die Spiele angucke und dass ich mit den Entwicklern rede"* (Odile Limpach).
- *„Wenn ich die Produkte für das iPad, iPhone oder für Samsung verkaufe, muss ich die Spiele kennen und ich muss sie auch spielen. Das ist schon immer ein Teil des Jobs gewesen, und das wird es auch bleiben"* (Sabine Hahn).
- *„Für ‚Crysis' musste ich erst einmal viele Shooter testen und das hat auch recht schnell Spaß gemacht. Jetzt durch ‚Ryse' spiele ich relativ viele Action Adventures, aber die spiele ich generell sehr gerne"* (Franziska Lehnert).
- *„Die großen Blockbuster spiele ich auf jeden Fall an, einfach um auf dem Laufenden zu bleiben und weil es mich doch sehr interessiert"* (Petra Fröhlich).
- *„Wenn man in der Spielebranche arbeitet, hilft es immens, auch zu spielen, weil man die Materie dann einfach viel besser versteht"* (Wiebe Fölster).
- *„Ja klar, ich muss selbst spielen, sonst wüsste ich nicht, was so los ist"* (Kathleen Kunze).
- *„Es ist also durchaus Teil der Arbeit, aber es ist nicht so, dass ich jetzt hier den ganzen Tag sitze und spiele"* (Ruth Lemmen).

In den angeführten Aussagen werden zwei wesentliche Gründe für das berufliche Spielen sichtbar. Zum einen spielen die Expertinnen die „eigenen" Spiele, also die

---

[3] Obwohl auch Victoria Busse nicht *„zusätzlich noch vor dem Computer sitzen"* möchte, hat sie in letzter Zeit eine Vorliebe für das Spiel „Guild Wars" entwickelt und *„schon wirklich sehr viel Zeit investiert"*. Dies veranschaulicht noch einmal die Spielleidenschaft und die Faszination, die digitale Spiele entfachen können.

Produkte des Unternehmens, um den Gegenstand zu kennen, an dem sie arbeiten.[4] Zum anderen müssen sie spielen, um über die aktuellen Entwicklungen im Spielemarkt informiert zu sein und ihre Expertise auf dem Laufenden zu halten. Diesen Aspekt des informiert Seins über die Branche beschreiben auch Wimmer und Sitnikova (2012, S. 157) in ihrer Analyse der Beschäftigten in der Spieleindustrie.

Dabei unterscheidet sich das Spielen für den Job deutlich von dem Spielen in der Freizeit: *„Das muss man sich allerdings anders vorstellen. […] Ich spiele ganz viele Sachen einfach nur an, um zu gucken, wie die Mechaniken sind, oder wie der Spieleinstieg ist. Ich spiele vor allem Browser Games, um den Markt zu kennen"*, erklärt Kathleen Kunze. Sandra Urban schaut ebenfalls besonders darauf *„wie das Spiel funktioniert".*[5] Und Catherina Herminghaus geht gleich einer ganzen Reihe von Fragen nach: *„Wie ist denn das Tutorial aufgebaut?"* oder *„Wie funktioniert denn hier die Monetarisierung?"* und *„Hier kann ich noch etwas für mein eigenes Produkt lernen." „Nein, ich glaube, ich habe die Analysebrille immer automatisch auf, das kann ich nicht abstellen".*

Im Vordergrund professionell motivierten Spielens stehen nicht länger der Spaß am Spielen oder die privaten Nutzungsmotive, sondern es geht darum, ein tieferes Verständnis für die Spiele und ihre Mechaniken zu entwickeln. Dazu reicht es zum Teil aus, Spiele nur anzutesten und nicht ganz durchzuspielen. Aber die Aussage von Catherina Herminghaus macht deutlich, dass sich der professionelle Blick auf digitale Spiele sogar beim privaten Gebrauch nicht ganz ablegen lässt. Insofern prägt die Arbeit in der Spielebranche den Umgang mit digitalen Spielen nachhaltig, und die Grenzen zwischen freizeitlichem und beruflichem Spielen werden aufgeweicht.

Spielen in der Kindheit – Erinnerungen und Reflexionen Neben dem aktuellen Spielverhalten der Expertinnen haben uns besonders ihre frühen medienbiografischen Erfahrungen interessiert. Der Hintergrund ist die These, dass Frauen in ihrer Kindheit und Jugend weniger spielen als Männer und somit vergleichsweise seltener ihr Hobby zum Beruf machen möchten (vgl. Williams et al. 2009; Fullerton et al. 2008; Wimmer und Sitnikova 2012, S. 165). Odile Limpach hat im Gespräch gleichfalls diesen Zusammenhang beschrieben *„Die ganzen Mitarbeiter hier sind ja meistens auch überzeugte Gamer, die Lust haben, hier zu arbeiten, weil sie ein Hobby zum Beruf machen können. Bei Frauen ist das weniger der Fall. Wir haben immer noch eine Zielgruppe, die eher männlich ist, die sogenannten Hardcore-Gamer."* Für

---

[4] Eine Sonderrolle nimmt sicherlich die Arbeit von Katharina Dankert ein, da ihr Job tatsächlich das Testen von digitalen Spielen ist.
[5] Eine ausführliche Analyse der Rolle und Funktion von Regeln in Spielen findet sich bei Salen und Zimmermann (2004).

Tab. 3.1 Spielbiografie der Expertinnen. (In den Gesprächen mit Frau Limpach und Frau Herminghaus wurde das Thema nicht aufgegriffen.)

Expertin	Erster Kontakt	Erstes (eigenes) Spiel (Veröffentlichungsjahr)
Ruth Lemmen	In der Jugend – mit Cousine	Pong (1972)
Franziska Lehnert	als Kind – erster Kontakt durch Cousin	Banjo-Kazooie (1998)
Freya Looft	nicht in der Kindheit – erst mit 18 Jahren	–
Gitta Blatt	im Beruf	Seafight (2006)
Katharina Dankert	als Kind (ab 11 Jahre eigenen PC)	Lemmings (ab 1991); Mario (ab 1985); Zelda (ab 1986)
Kathleen Kunze	als Kind	Prince of Persia (1989)
Petra Fröhlich	12/13 Jahre	Leisure Suit Larry (ab 1987); Monkey Island-Spiele (ab 1990)
Renate Grof	etwa ab Mitte 20	Leisure Suit Larry (ab 1987)
Sabine Hahn	Erst im Beruf	–
Sandra Urban	als Kind – erster Kontakt durch Cousin	Flugzeug-Spiel
Silja Gülicher	als Kind	Tetris (1989)
Victoria Busse	als Kind, etwa 4 Jahre	Monkey Island (ab 1990); Lost Vikings (1993)
Wiebe Fölster	als Kind – „schon immer"	Moon Patrol (C64; 1983); Summer Games (1984)

uns stellt sich die Frage, ob wir in den Interviews Hinweise auf diese Zusammenhänge finden. Welche Erinnerungen haben die befragten Expertinnen an ihre ersten Computer- und Videospielerfahrungen, wann sind sie zum ersten Mal mit dem Medium in Kontakt gekommen? Und inwiefern waren diese ersten Erfahrungen wichtig für den Schritt in die Games-Industrie?

Der Großteil der Interviewten sammelte tatsächlich die ersten Erfahrungen mit Video- und Computerspielen bereits in der Kindheit – nur Sabine Hahn, Gitta Blatt, Renate Grof und Freya Looft sind erst vergleichsweise spät bzw. erst im Beruf mit dem Medium in Kontakt gekommen (siehe Tab. 3.1). Ursächlich dafür ist vielleicht, dass Computer- und Videospiele in ihrer Kindheit noch nicht vorhanden bzw. nicht weit verbreitet waren. Sabine Hahn weist zudem darauf hin, dass sie „*in Ostdeutschland groß geworden*" ist und sie deshalb „*nie mit irgendeiner Spielekonsole in Berührung gekommen*" ist.

3.1 Digitale Spiele – Private und berufliche Leidenschaft? 229

Die Frage nach den ersten Spielen, an die sich die Expertinnen erinnern können, zeigt, dass ab Mitte der 1980er- und zu Beginn der 90er-Jahre die meisten begonnen haben zu spielen. Besonders das Nintendo Entertainment System (NES) mit „Super Mario Bros.", die Sega Mega Drive Konsole und ab 1989 auch der Gameboy mit der „Killerapplikation Tetris" (Forster 2002, S. 73) waren sehr beliebt. Entweder wurde zu dieser Zeit ein PC („*Meine Familie hat sich damals einen PC zu Weihnachten nach Hause bestellt*" – Petra Fröhlich) oder eine Konsole („*Meine Eltern besaßen schon immer alle Konsolen, die es auf dem Markt gab*" – Victoria Busse) in der Familie angeschafft oder es wurde bei Freunden gespielt. Für einige Expertinnen gehörten dementsprechend Computer- und Videospiele zum Teil ihrer kindlichen Mediensozialisation oder wie Victoria Busse es beschreibt: *Ich bin quasi mit Sega Mega Drive und NES aufgewachsen. […] Spiele waren also immer präsent.*"

Die ersten Erinnerungen an das Spielen verdeutlichen, wie die Spiele eine eigene Welt geschaffen haben und wie intensiv die Momente erlebt wurden, sodass man sich heute noch an einzelne Aspekte erinnern kann. Franziska Lehnert fand den Sound von „Banjo-Kazooie" *„total süß"*, und es hat ihr *„wirklich saumäßig Spaß"* gemacht. Silja Gülicher hat vor allem „Tetris" gespielt und hat die *„Blöcke immer noch […] fallen [ge]sehen, wenn [sie] die Augen zugemacht"* hat. Obschon sich Katharina Dankert nicht mehr an eine prägnante Situation erinnern kann, ist ihr die *„düstere"* Atmosphäre in den „Lemmings" immer noch präsent, ebenso wie bestimmte Unwägbarkeiten, z. B. das Notieren der *„Speichercodes auf einem Zettel"*.

Kathleen Kunze war begeistert von der Geschichte und der Herausforderung in „Prince of Persia" – endlich mal *„kein Weltraum-Thema und Aliens"* – wenngleich es *„noch sehr pixelig"* aussah. An die Grafik-Qualität von „Leisure Suit Larry" erinnert sich ebenfalls Renate Grof: *„Vom heutigen Standpunkt aus betrachtet war es extrem pixelig und von der Grafik auf einem anderen Niveau als die Spiele heute, aber für die damalige Zeit eine super Umsetzung."* Dem würde Silja Gülicher vermutlich nicht zustimmen, denn sie mochte die Jump 'n' Runs, die ihr Bruder gespielt hat, nicht gern, weil *„die so eckig waren, das fand ich nicht ästhetisch."*

Neben Grafik, Sound und Atmosphäre war aber ein weiterer Gesichtspunkt im Rückblick wichtig für die Expertinnen: das gemeinschaftliche Spielen. Franziska Lehnert und Sandra Urban sind über ihre Cousins zum Spielen gekommen; Victoria Busse hat mit ihrer besten Freundin *„jede freie Minute […] vor ihrem Computer verbracht"*. Außerdem erläutert Renate Grof, dass das gemeinschaftliche Lösen der Rätsel prägend war:[6] *„Ich war fasziniert, dass man sich mit anderen auch außerhalb*

---

[6] In Analogie zu den Mediengesprächen beim Fernsehen steht hier das informierende Mediengespräch (vgl. Mikos 1994, S. 108 ff.) im Vordergrund, in dem die Spieler sich gegenseitig helfen und nach Lösungen suchen.

des Spiels sehr intensiv darüber unterhält und sich gegenseitig Tipps gibt, wie man weiter kommen kann – eine etwas andere Form des heute bekannten Multi-Player-Modus."

Wie haben diese Erfahrungen mit dem Spiel in der Kindheit und Jugend und generell die Spielleidenschaft der Frauen ihren beruflichen Werdegang bzw. die konkrete Entscheidung in der Games-Industrie zu arbeiten beeinflusst?

Spielleidenschaft: Das Hobby zum Beruf machen? Die Betrachtung der Spielnutzung hat deutlich gemacht, dass die Expertinnen zum Teil früh mit dem Medium in Kontakt gekommen sind und dass sie immer noch gerne spielen. Teipen (2008, S. 323) stellt heraus, das die Leidenschaft für Spiele in ihrer Studie dazu führte, dass die Befragten ihr Hobby zum Beruf machen wollten. Im Gegensatz dazu war dies nach eigenen Angaben der Expertinnen zumeist kein bewusster Grund für den Eintritt in die Spielebranche.[7] *„Es war aber nie mein Traum oder innigster Wunsch, später einmal in der Games-Industrie zu arbeiten"*, erkennt Catherina Herminghaus rückblickend. Victoria Busse reflektiert, dass ihr trotz der Sozialisation mit dem Medium in ihrer Kindheit, nicht bewusst war, dass ihr *„beruflicher Interessensbereich in der Spielebranche vertreten ist oder vertreten sein könnte."* Sie hat die Spieleindustrie nicht als potenzielles Arbeitsfeld wahrgenommen – auch noch nicht unbedingt während ihres „Interactive System Design"-Studiums in Großbritannien. Renate Grof hat diese gedankliche Brücke ebenfalls nicht geschlagen: *„Wenn ich zurückblicke, habe ich schon frühzeitig mein Faible für Spiele entdeckt. Auf dem Atari ST1040 habe ich nicht nur meine Diplomarbeit geschrieben, sondern auch die ersten Spiele gespielt. Dem folgte der Commodore C64. Jedoch habe ich mir nie Gedanken darüber gemacht, dass ich später im Spielebereich arbeiten werde."* Diese fehlende Verbindung ist nicht allein typisch für die deutsche Spielebranche, sondern zeigt sich auch international. Ebenfalls auf Basis von Expertinneninterviews stellt Consalvo fest, dass viele Frauen die Spieleentwicklung nicht als „viable career choice" (2008, S. 186) wahrnehmen und dass sie deshalb nicht geplant haben in dieser Branche zu arbeiten. Oder mit den Worten Sheri Graner Rays (Game Designerin und Gründerin von „Women in Games International"): „Women don't consider the game industry as a career. [...] It's not on their radar" (Kafai et al. 2008, S. 326). Dies kann auch damit zusammenhängen, dass die Games-Branche im Vergleich zu den anderen Mediensektoren vergleichsweise jung aber vor allem bezogen auf die in Deutschland ansässigen Firmen und die beschäftigten Mitarbeiter

---

[7] Einschränkend muss an dieser Stelle darauf hingewiesen werden, dass unter den befragten Expertinnen allein Kathleen Kunze als Game Designerin tätig ist und keine Programmiererinnen befragt wurden. Es lässt sich vermuten, dass bei diesen Berufsfeldern dem Hobby „Spielen" eine größere Bedeutung bei der Berufswahl zukommt.

vergleichsweise klein ist, z. B. gegenüber der Filmindustrie oder der Werbebranche (siehe Kap. 1).

Gleichzeitig können Erfahrungen mit digitalen Spielen, nachdem die Entscheidung gefallen ist, in der Industrie zu arbeiten, helfen, um dort Fuß zu fassen: „*Computerspiele waren [...] Teil meines kindlichen Alltags, so ist man schneller mit der Industrie warm geworden als wenn man nie gespielt hätte*", erklärt z. B. Franziska Lehnert.

Auch wenn die Arbeit heute durchaus von einem großen Interesse an und einer gewissen Passion gegenüber digitalen Spielen geprägt ist, so führen nur wenige der Interviewten an, dass das Hobby „Spielen" der Grund für den Eintritt in die Branche war. Welche Gründe haben dann dazu geführt, dass die Frauen nun in der Spieleindustrie arbeiten? Und wie haben die Frauen, die zuvor nicht gespielt haben, ihren Weg in die Industrie gefunden? Um Antworten auf diese Fragen zu finden, möchten wir im nächsten Kapitel die Berufswege der Expertinnen eingehender betrachten.

3.2 Wege in die Games-Industrie – Verschlungene Pfade oder gerade Laufbahnen?

Manche der Expertinnen haben erst vor ein paar Jahren mit ihrer Arbeit in der Games-Branche begonnen, andere sind schon seit über 15 Jahren in dem Business. Entsprechend blicken sie auf sehr unterschiedliche Berufswege und damit verbundene Erfahrungsschätze zurück. Doch wie sehen ihre individuellen Berufswege aus? Lassen sich darin bestimmte Gemeinsamkeiten oder fallübergreifende Muster erkennen? Und sind übergreifende Motive erkennbar, warum sich die Expertinnen für eine Tätigkeit in der Games-Branche entschieden haben?

Ausbildung und Studium Mit Ausnahme von Petra Fröhlich haben alle befragten Expertinnen studiert (oder zumindest ein Studium begonnen). Petra Fröhlich wollte nach ihrer Ausbildung eigentlich auch ein Studium im Bereich Germanistik oder Journalismus aufnehmen, doch sie bekam direkt das Angebot, als Redakteurin bei Computec Media – hier erscheint unter anderem das Magazin „PC Games" – einzusteigen. Ein Studium im Bereich Informatik, bei dem zuweilen ein geringer Frauenanteil festgestellt und daher als eine der Ursachen für den noch geringen Prozentsatz von Frauen im Entwicklungsbereich betrachtet wird (siehe Kap. 1; Haines 2004; Blake 2011), haben nur Kathleen Kunze (Medieninformatik) und Victoria Busse (Digitale Medien mit Schwerpunkt Informatik) abgeschlossen. Alle anderen Expertinnen konnten auch ohne ein Informatikstudium Anknüpfungspunkte in der Industrie finden. Bis auf Odile Limpach und Renate Grof, die Wirtschaftswissenschaften studierten, haben die befragten Frauen ihr Studium im Bereich der Kulturwissenschaften erfolgreich beendet. Silja Gülicher beispielsweise hat Philosophie und Geschichte in Mainz studiert; Sabine Hahn Kulturwissenschaften mit Soziologie und Journalistik in Leipzig und Ruth Lemmen hat ein Romanistik-Studium (Französisch mit Lateinamerikanistik sowie Theater- und Filmwissenschaften im Nebenfach) in Berlin absolviert.[8]

Ein Grund für die verschiedenen Studiengänge und die eher untypischen Abschlüsse für die Games-Branche ist, dass es lange Zeit kein spezifisches Ausbildungsangebot gab. Erst in den letzten Jahren wurden zunehmend Ausbildungsangebote und Studiengänge für die unterschiedlichen Berufe, z. B. im Bereich Game Design, geschaffen – zunächst durch private Anbieter, wie die Games Academy und schließlich auch durch Fachhochschulen und Universitäten. Eine Übersicht über die Entwicklung der Ausbildungssituation in Deutschland geben Müller-Lietzkow, Bouncken und Seufert (2006, S. 101 ff.). Fullerton et al. (2008, S. 169 ff.) betonen, dass Games-spezifische Studiengänge mit Projekten und Praktikumsprogrammen einen direkten Zugang zur Industrie ermöglichen. Von diesem könnten besonders junge Frauen profitieren, da eine fundierte Ausbildung helfe, das Selbstbewusstsein für das Arbeiten in einer eher männerdominierten Industrie zu schaffen, sodass sie die Möglichkeit erhielten, auch ohne eine lange eigene Spielbiografie Einblicke in die Industrie zu gewinnen.

Beinahe alle Expertinnen haben während ihres Studiums praktische Erfahrungen gesammelt – jedoch auch dies nicht unbedingt direkt in der Spielebranche. Franziska Lehnert hat als Einzige ein Praktikum in einem Spieleunternehmen, dem Entwickler und Publisher „10tacle",[9] gemacht. Andere Praktika waren häufig in Redaktionen von Medienunternehmen, z. B. der ZDF-Redaktion (Silja Gülicher), der MDR Online Redaktion (Sabine Hahn), bei der Thüringer Allgemeinen (Franziska Lehnert), aber auch in ganz anderen Bereichen, z.B. bei BMW Motorsport (Sandra Urban). Die Relevanz der Praktika wird deutlich, wenn man sieht, dass gleich drei bzw. vier der Expertinnen dadurch ihren ersten Job erhalten haben. Bei Renate Grof war es ein Praktikum bei der City Bank, das ihr den Einstieg als Marketing Managerin eröffnet hat. Silja Gülicher wurde nach einem Praktikum in der PR-Agentur Weber Shandwick für ein Volontariat übernommen und konnte dort anschließend als Junior Beraterin beginnen. Sabine Hahn hat ebenfalls nach einem

---

[8] Kulturwissenschaften scheinen nicht nur in unter den deutschen Frauen in der Spielebranche beliebt zu sein. Beispielsweise hat auch Kim Blake Geisteswissenschaften mit besonderem Schwerpunkt in Geschichts- und Gender-Themen studiert (vgl. Blake 2011, S. 243).

[9] 10takle war von 2003 bis zur Schließung 2008 in Darmstadt ansässig (mit sieben Entwicklungsstudios weltweit).

3.2 Wege in die Games-Industrie

Praktikum in London eine offene Stelle angeboten bekommen. Und schließlich hat Petra Fröhlich durch ihre freie Mitarbeit das Jobangebot bei PC Games bekommen. Nicht nur die Arbeit in Unternehmen, sondern auch praktische Projekte an Hochschulen können Einblicke in das spätere Berufsfeld geben. Wiebe Fölster schildert, dass sie zwar schon vor einem Spiele-Projekt, bei dem sie an der Universität Jena mitgewirkt hat, an der Branche interessiert war (*„sonst hätte ich nicht teilgenommen"*), aber es hat ihr den *„Einblick in die Arbeit eines Entwicklungsteams"* gewährt, und sie konnte miterleben, *„wie so ein Projekt für die Spieleproduktion funktioniert."*

Einstieg und Berufswege Sechs der 15 Interviewten fanden ihren ersten Job nach dem Studium direkt in der Games-Branche. Knapp zwei Drittel der Expertinnen sind folglich als Quereinsteigerinnen in dieses Arbeitsfeld gekommen. *„Also, ich bin wirklich eine Quereinsteigerin, das muss ich schon sagen"* (Ruth Lemmen). Viele Expertinnen hatten zum Teil zuvor sehr unterschiedliche Berufe – auch solche, die man nicht direkt mit der Computer- und Videospielindustrie in Verbindung bringen würde (vgl. dazu auch für die internationale Gamesbranche Consalvo 2008, S. 186; Kafai et al. 2008, S. 333). Freya Looft beispielsweise hat Gymnasial-Lehramt studiert und beide Staatsexamina abgeschlossen. Sie hat jedoch nie im Lehrerberuf gearbeitet, sondern ist stattdessen in die Wirtschaft gegangen, zunächst zu einer mittelständischen Unternehmensberatung. Catherina Herminghaus hat im Rahmen ihres Jura-Referendariats verschiedene Stationen, z. B. in Gerichten oder in Rechtsanwaltskanzleien durchlaufen und *„wollte dann ganz gerne in einem größeren Unternehmen in die Rechtsabteilung."* Über eine Freundin ist sie schließlich zu Electronic Arts gekommen. Der große Anteil der Quereinsteiger ist laut Müller-Lietzkow, Bouncken und Seufert (2006, S. 102) wenig erstaunlich, da Entwickler und Publisher sehr unterschiedliche Qualifikationen suchen.

Rund die Hälfte der Frauen hat ihren Job innerhalb der Branche bereits einmal gewechselt. Renate Grof war beispielsweise erst bei dem Publisher „Sunflower" tätig, bevor sie zu Telekom und Gamesload kam, und Catherina Herminghaus hat die Games-Branche gleich aus ganz unterschiedlichen Perspektiven kennengelernt, denn sie hat von EA mit Stationen beim BIU, der USK und SevenOne Intermedia schließlich zu Travian Games gewechselt. Mittlerweile – nach Abschluss der Interviews – ist sie nicht mehr in der Games-Branche tätig. Neben Catherina Herminghaus haben auch Ruth Lemmen, Sabine Hahn und Sandra Urban nach den Interviews ihren Job gewechselt. Die scheinbar hohe Fluktuationsrate spricht Sandra Urban in ihrem Interview mit dem Schlagwort *„Hire-and-Fire-Mentalität"* kritisch an (siehe dazu ausführlicher Kap. 3.4)

Wimmer und Sitnikova (2012, S. 160) fanden in ihrer Analyse Hinweise, dass aufgrund wachsender Erfahrung ein Wechsel der Berufsschwerpunkte nicht selten ist. So haben einige ihrer Studienteilnehmer zunächst als Programmierer begonnen und haben später auf die administrative bzw. Management-Seite der Industrie gewechselt (z. B. als CEO). Einen solchen Karrierepfad können wir bei unseren Expertinnen nicht nachzeichnen, da die Spezialistinnen (z. B. Kathleen Kunze als Game Designerin oder Victoria Busse als User Experience Expertin) noch am Anfang bzw. mitten in der Entwicklung ihrer Karrieren stecken. Die Frauen, die bereits auf ein vielfältiges Berufsleben zurückblicken können, sind hingegen in der Regel Quereinsteigerinnen und damit nicht als Spezialistinnen in die Industrie gekommen. Die Karrierewege der Interviewten zeigen also eher eine Weiterentwicklung im jeweiligen Berufsfeld. Odile Limpach – als Beispiel für eine Karriere innerhalb eines Unternehmens – hat als Projektmanagerin bei Ubisoft angefangen, ist dann zunächst Marketing Director und danach Geschäftsführerin von Ubisoft Deutschland geworden; nun ist sie Managing Director des Entwicklungsstudios Blue Byte. Der Berufsweg von Renate Grof ist ebenfalls geprägt von ihrem Marketingstudium, aber er zeigt, wie vielfältig und unterschiedlich der Beruf in verschiedenen Unternehmen sein kann. Zunächst hat sie für den Schroedel Schulbuchverlag Edutainment-Titel für Deutschland lizenziert, um anschließend im Kindersegment für den Publisher Sunflowers zu arbeiten. Sunflowers hatte mit „Anno 1602" einen großen Erfolg und Frau Grof hatte die Chance, neben der Vermarktung auch in anderen Bereichen mitzuwirken, da das Team sehr klein war. Bei der Telekom war sie dann sowohl für redaktionelle Inhalte als auch den e-Commerce Bereich eines Spiele-Onlineportals verantwortlich, um schließlich „Gamesload" – den *„erste[n] deutsche[n] e-Commerce-Shop"* mit zu entwickeln. Der rote Faden in dieser Karriere ist die Vermarktung von digitalen Spielen – aber die Handlungsfelder haben sich mit den Arbeitgebern und den Jahren deutlich weiterentwickelt.

Ruth Lemmens und Catherina Herminghaus' Berufswege haben sich von 2006 bis 2009 beim BIU gekreuzt. Ruth Lemmen kam 2006 als Projektmanagerin und Referentin für Medienkompetenz und Serious Games zum BIU, nachdem sie zuvor unter anderem als Projektmanagerin und Beraterin im Bereich der Medienkompetenz selbstständig gewesen ist. Catherina Herminghaus war von 2006 bis 2009 Referentin für Recht und Jugendschutz beim BIU und hat anschließend bei SevenOne Intermedia und bei dem Browsergames-Unternehmen „Travian Games" gearbeitet. Die Verbandsarbeit, welche eher in der Peripherie der Computer- und Videospielbranche angesiedelt ist und nicht direkt an die Produktion anknüpft, kann demnach ebenfalls als „Sprungbrett" in die Kernsegmente der Industrie genutzt werden. Ob als Quer- oder Direkteinsteigerin, als Berufsanfängerin oder Erfahrene – was waren die Motive, in die Spielebranche zu gehen?

3.2 Wege in die Games-Industrie

Gründe für den Eintritt in die Games-Branche So vielfältig wie die Berufswege, so vielfältig sind auch die Motive für die Berufswahl und die Gründe, in der Games-Industrie zu arbeiten. Die Gegenüberstellung der unterschiedlichen Studiengänge der Interviewten hat gezeigt, dass die Ausbildungen noch nicht bewusst so gewählt wurden, dass sie auf die Games-Branche zugeschnitten waren. Eine Ausnahme kann bei Kathleen Kunze gesehen werden. Im Anschluss an das Medieninformatikstudium war für sie klar, dass die Games-Branche ihr zukünftiges Arbeitsfeld sein wird. Sie war schon immer sehr kreativ und hat sich sogar *„tatsächlich Spiele überlegt"*. Trotzdem sagt sie nicht, dass das Hobby „Spielen" ausschlaggebend für die Berufswahl war, sondern es war *„eher so, dass [sie] genau das gefunden ha[t], was [sie] schon immer machen wollte."* Insgesamt hätten die Expertinnen aber mit ihren Qualifikationen auch in anderen Branchen einen Job finden können, und die Quereinsteigerinnen haben dies zunächst auch getan. So war Odile Limpach im Speditionsgeschäft tätig und Renate Grof hat – bevor sie vom Schulbuchverlag in die Games-Branche wechselte – für die City-Bank gearbeitet. Damit hat sie sehr unterschiedliche Branchen kennen gelernt. Häufig waren die Expertinnen aber zuvor bereits im Mediensektor beschäftigt. Gitta Blatt z.B. war bei Premiere und AOL, bevor sie zu Bigpoint ging, und Sabine Hahn hat in Großbritannien zunächst im Bereich der mobilen Content Produktion gearbeitet und ist darüber zu einer Handy-Spiele-Firma gekommen.

Der Schritt von einer Medienbranche in eine andere mag zwar naheliegend erscheinen, aber was hat die Expertinnen zur Auswahl der Games-Branche bewogen? Wie sind die Direkteinsteigerinnen auf diese Industrie aufmerksam geworden? Im vorherigen Kapitel haben wir bereits gesehen, dass die Leidenschaft für digitale Spiele nicht bewusst als Grund angeführt wird (auch wenn diese vielleicht unbewusst einen gewissen Einfluss ausgeübt haben mag). Dafür sind in den Gesprächen zwei andere zentrale Umstände für den Weg in die Branche zum Ausdruck gekommen. Das sind zum einen *persönliche Kontakte* und zum anderen das *Glück bzw. der Zufall*.

Der persönliche Kontakt zu Personen, die mit der Branche verbunden sind, ist ein wesentlicher Punkt für die Frauen. Sie haben von Freunden von offenen Stellen erfahren oder wurden von Bekannten für bestimmte Positionen angeworben. So hat eine Freundin von Catherina Herminghaus, die bei Electronic Arts (EA) gearbeitet hat, den Kontakt vermittelt. Sabine Hahn wusste ebenfalls *„durch Kontakte"* von einer freien Stelle bei EA. Victoria Busse wurde während ihres Studiums von einem ehemaligen Kollegen angesprochen, ob sie *„nicht an einer UX-Position in einer Spielefirma Interesse hätte"*. Nicht der persönliche, sondern der professionelle Kontakt hat bei Silja Gülicher zum Wechsel aus der PR-Agentur zu Nintendo geführt.

Odile Limpach ist es aber wichtig zu betonen, dass „Vitamin B" nicht dafür verantwortlich ist, dass man schließlich eine Stelle bekommt: *„Wenn man jemanden kennt, dann wird man eingeladen, und dann muss man sich beweisen, wie alle anderen auch."* Der persönliche Kontakt kann also nur einen ersten Zugang schaffen. Aber dieser erste Kontakt wird für Unternehmen in Zeiten des Fachkräftemangels immer wichtiger. So führt Victoria Busse an, dass ihr Arbeitgeber speziell für eine „Recruit a friend"-Aktion wirbt. Eine wichtige Informationsquelle über offene Stellen sind demnach Freunde und Bekannte (vgl. Giesecke et al. 2009, S. 44). Gute Kontakte helfen folglich bei der Job-Findung.

Neben den persönlichen Hinweisen zu offenen Stellen nehmen auch Mentoren und Vorbilder eine wichtige Stellung in den Werdegängen ein. Interessanterweise werden in diesem Kontext keine Frauen genannt, sondern es sind Professoren, die zur Spielebranche forschen, Tutoren bei der Bachelorarbeit, Geschäftsführer und Chefs, von denen man viel lernen kann, und Arbeitskollegen, die die entscheidenden Worte finden – so wie Philipp Schindler Gitta Blatt während ihrer gemeinsamen Zeit bei AOL geraten hat: *„Think Big."* Trotz der Wegbegleiter und Förderer fehlt es unter anderem Kathleen Kunze, Wiebe Fölster und Catherina Herminghaus an konkreten Vorbildern: *„Es gab allerdings keine berühmten Persönlichkeiten im Games-Bereich, keinen prominenten Entwickler oder keine bekannte Gamedesignerin, von denen ich dachte: ‚Wow, das ist mein Vorbild, so will ich mal sein!'"* (Catherina Herminghaus). Kathleen Kunze fühlt sich besonders durch den Erfolg und weniger durch Personen bestärkt und Franziska Lehnert betont den Kontakt zur Branche, wenn sie sagt, dass es wichtig sei *„die richtigen Kontakte und ab und zu ein bisschen Glück"* zu haben.

Damit spricht sie die zweite große Gemeinsamkeit an, die die Werdegänge der Interviewten geprägt haben: das Glück bzw. der Zufall. Zwölf der 15 Expertinnen führen ihren Start in die Spielebranche nicht auf eine bewusst getroffene Entscheidung zurück. Sie stellen ihren eigenen Anteil eher in den Hintergrund und betonen die glücklichen Fügungen:[10]

- *„So ist zum Fleiß wirklich großes Glück gekommen, damit ich am Ende da gelandet bin, wo ich jetzt bin."* (Silja Gülicher)
- *„Ich habe damals sehr viel Glück gehabt."* (Ruth Lemmen)

---

[10] Rückblickend beurteilt Blake (2011, S. 243) dies für ihren eigenen Werdegang ähnlich: „In common with many people who entered the games industry in the 1990s, particularly women, I got into it entirely by accident."

3.2 Wege in die Games-Industrie

- *„Das war sehr zufallsgetrieben. Es gibt zwar keine echten Zufälle, aber es war tatsächlich eine Mischung aus Glück und ‚zur richtigen Zeit am richtigen Ort' zu sein."* (Petra Fröhlich)
- *„Ich weiß nicht, ob ich diese Entwicklung einen Zufall nennen möchte. Aber ich habe sie zumindest nicht ganz bewusst vorangetrieben."* (Catherina Herminghaus)
- *„Ich muss ehrlich zugeben, dass es ein bisschen der Zufall war, der mich in die Spielebranche gebracht hat."* (Odile Limpach)
- Das war *„eher Zufall."* (Sandra Urban)
- *„Ich würde sagen, dass sich verschiedene Dinge einfach sehr positiv für mich entwickelt haben und ich in der Games-Branche – wenn auch eher zufällig – meine Heimat gefunden habe."* (Renate Grof)
- Der Schritt in die Gaming-Branche kam *„eigentlich zufällig, da der CFO aus gemeinsamer Zeit bei AOL mich anrief."* (Gitta Blatt)

Diese Betonung des Zufalls hängt vielleicht auch damit zusammen, dass die Expertinnen die Games-Branche vor ihrer Bewerbung nicht unbedingt als mögliches Arbeitsfeld wahrgenommen haben (siehe Kap. 3.1; vgl. auch Consalvo 2008, S. 186), sondern eben eher zufällig durch eine Anzeige oder einen Tipp von einem Wegbegleiter oder Freund darauf gestoßen sind.[11]

Auch wenn zunächst nicht die Intention bestand, in dieser Industrie zu arbeiten, so muss es doch ausschlaggebende Argumente gegeben haben das jeweilige Jobangebot anzunehmen bzw. sich auf eine bestimmte Position zu bewerben. Die Attraktivität der Branche bzw. der Arbeitgeber aus der Perspektive der Expertinnen werden wir deshalb im Kapitel zum Motivationsfaktor Games-Branche eingehen-

---

[11] Interessant ist, dass Frauen im Allgemeinen ihre Karrieren eher als zufällig charakterisieren und nicht von einer strategischen Planung sprechen (vgl. z.B. Macha 2000, S. 155; Seeg 2000, S. 77). Macha (2000, S. 175) beschreibt z.B. für den Stand der Professorinnen, dass diese ihre Karrieren ebenfalls mit dem Zufall begründen. Sie verweisen auf offene Stellenangebote und betonen nicht die eigenen Fähigkeiten. Einerseits ist es möglich, dass gerade Frauen besonders die zufälligen Momente wahrnehmen. Andererseits zeigt sich aber auch, dass Frauen nicht gern von „Karriere" (verbunden mit Zielstrebigkeit und strategischer Planung) sprechen, da es scheinbar als unweiblich angesehen wird (vgl. Macha 2000, S. 154 f.). Diese Diskrepanz lösen Frauen sodann durch die Darstellung des eigenen Berufsweges als zufällig, so Macha. Im Hinblick auf die Aussagen der Games-Expertinnen lässt sich diese Tendenz der Darstellung in manchen Fällen bestätigen. Zum Beispiel erzählt Petra Fröhlich, dass sie während ihrer Schul- und Ausbildungszeit regelmäßig den Verlag, in dem jetzt als Chefredakteurin arbeitet, besuchte und aktiv den Austausch auch gesucht hat. Trotzdem empfindet sie es als großen Zufall, dass der Verlag in Nürnberg, der Stadt in der sie lebt, beheimatet ist und sie dort ein Job-Angebot bekommen hat.

der beleuchten. Doch zunächst möchten wir einen Blick werfen auf die Positionen, die die Expertinnen in der Branche ausüben und die Arbeitsfelder, in denen sie tätig sind.

Positionen und Arbeitsfelder Bei der Auswahl der Expertinnen ist bereits aufgefallen, dass Frauen in bestimmten Feldern der Branche eher vertreten zu sein scheinen als in anderen. Prescott und Bogg (2011b, S. 213) diskutieren dies vor dem Hintergrund der horizontalen Segregation (siehe dazu Kap. 1). Nach ihrer quantitativen Studie, zu der rund 450 Frauen aus der Games-Branche befragt wurden, arbeiten rund 15 % als „Artist/Animator", 6 % als Programmiererinnen, 14 % als Designerinnen, 13 % als Produzentinnen, 13 % als Managerinnen und 23 % in an die Produktion angrenzenden Bereichen wie Human Resources, Administration oder Marketing. Weitere internationale (Markt-)Studien, die die gesamte Arbeitnehmerschaft einbeziehen, kommen zwar zu leicht unterschiedlichen Prozentangaben, bestätigen aber tendenziell diese Verteilung über die verschiedenen Arbeitsbereiche.[12] Insgesamt gelten die Kernbereiche der Entwicklung wie Game Design und Programmierung eher als „männliche" Arbeitsfelder,[13] in denen nicht viele Frauen anzutreffen sind (vgl. auch Wimmer und Sitnikova 2012, S. 153; Prescott und Bogg 2011b, S. 210). Im Gegensatz dazu weisen die Bereiche, die sich eher auf organisatorische, administrative oder kommunikative Aufgaben beziehen, einen höheren Anteil von Frauen auf (vgl. Prescott und Bogg 2011b, S. 210).

Diese Arbeitsschwerpunkte von Frauen bestätigen die Expertinnen auch in den Gesprächen. Demnach arbeiten laut Ruth Lemmen Frauen *„eher in administrativen Jobs."* Silja Gülicher schätzt ebenfalls, dass *„in der ganzen deutschen Marketingabteilung [...] mehr Frauen als Männer"* arbeiten. Und auch Catherina Herminghaus gibt an: *„Das Marketing ist bei uns sehr stark weiblich vertreten".* Odile Limpach schätzt für die Vermarktung (von Ubisoft Blue Byte) einen Frauenanteil von 50 %. Ähnliches gilt für den PR-Bereich, wie Franziska Lehnert verdeutlicht: *„Also bei uns im PR-Team ist es relativ ausgeglichen, nicht ganz halb-halb, aber fast. In unserem Team sind relativ viele Frauen, weil in den Bereichen PR/Marketing und Grafik/*

---

[12] Für Kanada weist die aktuelle Erhebung der Entertainment Software Association of Canada (2013, S. 32) aus, dass im „Creative"-Bereich 14 %, im technischen Bereich 5 % und im Business-/Administrations-Bereich 25 % Frauen arbeiten. Für die USA hat das Game Developer Magazin im „Game Developer Salary Survey" (2013) ebenfalls die jeweiligen Frauenanteile ausgewiesen (z. B. 4 % Programmer/Engineers; 16 % Artists/ Animators; 11 % Game Designer; 23 % Producer; vgl. Baribeau 2013). Da das Game Developer Magazin eingestellt wurde, sind die Daten nicht mehr direkt verfügbar und damit kann z. B. die Stichprobe und deren Repräsentativität nicht nachgeprüft werden.

[13] Zu dem Begriff „männliche Arbeitsfelder" siehe auch das folgende Kap. 3.3.

3.2 Wege in die Games-Industrie

Design eher Frauen arbeiten". Daneben schätzen die Expertinnen den Frauenanteil in Personalabteilungen als vergleichsweise hoch ein. So ist etwa in dem Unternehmen von Catherina Herminghaus *„die komplette Personalabteilung [...] weiblich".* Marketing, Public Relations und Human Resources werden deshalb von den Interviewten auch als *„eher frauenaffin"* (Wiebe Fölster) und als *„‚klassisch' weibliche Bereiche"* (Catherina Herminghaus) bezeichnet.

Den Gegenpol zu diesen Arbeitsfeldern scheint die Entwicklung von digitalen Spielen darzustellen: *„Wenn, dann sind Frauen im Bereich Marketing oder PR unterwegs und nicht als Entwickler"* beschreibt Petra Fröhlich ihren Eindruck von den Geschlechtsverhältnissen in der Branche. Und Wiebe Fölster und Catherina Herminghaus gestehen mit Blick auf ihre persönlichen Kontakte ein, dass sie nur wenige Entwicklerinnen kennen. Sandra Urban und Kathleen Kunze weisen zudem darauf hin, dass bei der Entwicklung weiter unterschieden werden müsse. Sandra Urban vermutet, dass Frauen eher Zugang zum Game Design und in den Analysebereich sowie das Business Development finden können. Dies bestätigt Kathleen Kunze, so seien *„doch bestimmt 20 bis 30 % Bewerbungen von Frauen für den Game Design Bereich".* In der Programmierung hingegen, die technischer ausgerichtet ist, gebe es noch weniger Frauen, *„obwohl wir auch schon bei uns im Team Programmiererinnen haben"* (Kathleen Kunze).

Der Grund dafür vermag nicht zu verwundern: *„Wie gesagt, in der Entwicklung ist es noch sehr eine Männerdomäne. Das hängt damit zusammen, dass wir weniger weibliche Bewerber haben",* erklärt Odile Limpach.[14] Dies hängt elementar mit der Ausbildungssituation zusammen. So beobachtet Franziska Lehnert, die auch an der Games Academy als Dozentin tätig ist, dass in ihren Kursen Frauen *„in der Minderheit"* sind. Nicht nur in spezifisch auf die Computer- und Videospielindustrie ausgerichteten, sondern auch in allgemeinen Studiengängen zeigen sich deutliche geschlechtsspezifische Unterschiede zwischen den Absolventen. Laut der Initiative „Komm mach Mint" haben 2012 20.774 Studierende ein Informatik-Studium in Deutschland abgeschlossen.[15] Der Frauenanteil lag bei 16,2 %. Im Vergleich zum Vorjahr ist dies eine Zunahme von 15,1 Prozent punkten. Der Anteil der Bachelor-Absolventinnen in den Rechts-, Wirtschafts- und Sozialwissenschaften lag hingegen 2012 bei 56,81 % (Masterabsolventinnen, S. 49,26 %) (vgl. BMBF 2012).

Neben der horizontalen Segregation stellt sich also gerade auch die Frage nach einer vertikalen Segregation – also einer Ungleichverteilung in der Hierarchie

---

[14] Eine andere Erfahrung hat Freya Looft gemacht. Bei TREVA sind rund 90 % Frauen angestellt, weil sich auf offene Stellen auch mehr Frauen beworben haben – *„Das liegt daran, dass die inhaltlichen Ausrichtungen unserer Themen insbesondere für Mädchen attraktiv sind"* erklärt Freya Looft.

[15] Die Daten beruhen auf Angaben des Statistischen Bundesamtes.

verschiedener Positionen. Dahinter steht die These, dass Frauen weniger häufig als Männer in Führungspositionen in der Games Industrie beschäftigt sind (vgl. Prescott und Bogg 2011b, S. 209). Allerdings können Prescott und Bogg (2011b, S. 215) diesen Effekt in ihrer Studie nicht bestätigen: Ihren Ergebnissen zufolge arbeiten Frauen ebenso wie Männer in Senior-Positionen.[16] Unsere Expertinnen machen dazu unterschiedliche Beobachtungen. Freya Looft führt kritisch an, dass sie 50 oder 60 Geschäftsführer kenne und darunter nur drei Frauen seien; das habe sich auch seit ihrem Einstieg in die Branche vor zwölf Jahren nicht wesentlich verändert. Ähnlich stellt sich die Situation im Unternehmen von Catherina Herminghaus dar: *„Wenn ich mir jetzt nur meine Produktmanager bei uns anschaue, dann sind wir insgesamt ca. zwölf und davon sind zwei Frauen. Das ist schon wenig, ja!"* Andere Beobachtungen machen hingegen Victoria Busse (*„mir fallen direkt eine Handvoll Frauen ein, die Managementpositionen innehaben und ganze Abteilungen leiten"*) und Silja Gülicher: *„Zudem wird unter anderem sowohl das Controlling als auch das Sales Team sowie das Communication Center jeweils von einer Frau geleitet. Wir haben also auch viele Frauen in leitenden Positionen"*.

In diesem Kontext wird der sogenannte „glass ceiling effect" (Cotter et al. 2001) diskutiert, welcher auch in der Games-Forschung Thema ist (vgl. Krotoski 2004; Dyer-Witheford und Sharman 2005). Die Metapher von der gläsernen Decke wird dafür verwendet, dass Frauen in Unternehmen und Organisationen nicht in die Top-Management-Positionen vordringen, sondern ihre Karrieren eher im mittleren Management enden aufgrund von unsichtbaren Aufstiegsbarrieren. Unsichtbar deshalb, weil diese Prozesse, nur *„schwer sichtbar"* gemacht werden können, wie auch Katharina Dankert in ihrem Interview zu Bedenken gibt. Obwohl Prescott und Bogg in ihren rein quantitativen Ergebnissen keinen direkten Hinweis auf den „glass ceiling effect" finden, da Frauen auch in Führungspositionen arbeiten, ist es interessant zu sehen, dass die befragten Frauen selbst eine andere Wahrnehmung haben: Sie sehen sich tatsächlich diesem Effekt ausgesetzt, denn sie stimmen der These zu, dass es für qualifizierte Frauen schwieriger sei, in Top-Management-Positionen zu gelangen (vgl. Prescott und Bogg 2011a, S. 17 f.). Sandra Urban berichtet aus ihren Erfahrungen als Unternehmensberaterin, *„dass gewisse Positionen eher durch Männer besetzt werden"*. Zwar könnte sich auch Silja Gülicher hypothetisch vorstellen, dass *„wenn Männer zu dominant sind, Frauen benachteiligt werden"*, sie selbst habe solche Erfahrungen allerdings nicht gemacht und auch in den anderen Gesprächen ist eine Benachteiligung in der Karriereentwicklung aufgrund

---

[16] Die Studie prüft leider keinen Zusammenhang zum Alter der Befragten, was für diesen Kontext sehr aufschlussreich wäre.

des Geschlechts nicht direkt zum Ausdruck gekommen – schließlich arbeiten acht der Expertinnen auch selbst in Führungspositionen. Es erstaunt deshalb, dass die Expertinnen nicht deutlicher hervorheben, dass Frauen durchaus in Führungspositionen in der Branche vertreten sind. Gleichzeitig unterscheiden sich die Verantwortungsbereiche der Expertinnen deutlich. Es reicht von der Leitung eines kleinen Teams (z. B. Victoria Busse – User Experience Team) bis hin zur Leitung eines ganzen Unternehmens oder Firmenzweiges (Renate Grof – Leiterin Gamesload; Odile Limpach – Managing Director Ubisoft Blue Byte; Freya Looft – Geschäftsführerin Treva Entertainment).

Ausgangspunkt dieses Kapitels waren die Fragen, ob sich bestimmte Muster oder Gemeinsamkeiten in den Berufswegen zeigen und welche Motive die Expertinnen in die Branche geführt haben. Als Antworten lassen sich folgende Aspekte festhalten: Eine *fundierte Ausbildung bzw. ein Studium* sind eine Grundvorrausetzung, diese muss aber nicht unbedingt speziell auf die Games-Branche zugeschnitten sein. Es gibt keinen „typischen" Karriereweg in die Games-Branche, alle untersuchten Karrieren sind sehr individuell – unter anderem auch deshalb, weil es viele Quereinsteiger gibt. Der Einstieg in die Branche ist vor allem von persönlichen Kontakten geprägt und war häufig nicht geplant, sondern ergab sich eher zufällig – im Sinne einer glücklichen Fügung. Wenn sie aber während ihrer Studienzeit durch Praktika oder Projekte mit der Branche in Kontakt gekommen sind, haben ihnen die Atmosphäre und die Arbeitsweise gefallen – und sie haben sich entschlossen, in diesem Bereich zu arbeiten. Dies bedeutet auch, dass sie sich entschlossen haben als Frau in ein Feld zu gehen, wo überwiegend Männer arbeiten.

3.3 Arbeiten in einer Männerdomäne – Vorteile und Vorurteile?

In internationalen Studien wird die Games-Branche häufig als Männerdomäne bzw. als „male dominated environment" (Prescott und Boog 2013b, S. 55 f.) beschrieben (siehe z. B. auch Bryce und Rutter 2002; Gill 2002; IGDA 2004; Dyer-Witheford und Sharman 2005; Deuze et al. 2007; Prescott und Bogg 2011a, b; Skillset 2013). Für die deutsche Games-Branche liegen derartige Studien noch nicht vor. Allerdings greift das deutsche Games-Magazin „GamesMarkt" in seiner Februarausgabe 2014 die Charakterisierung der Branche als „Männerdomäne" oder „männerdominiert" auf: „Insbesondere die Gamesbranche hat den Ruf, männerdominiert zu sein" (Raumer 2014, S. 16). Und auch unsere Expertinnen teilen diese Einschätzung:[17]

- *„Ja, die Gaming-Industrie ist eine Männerdomäne"* (Odile Limpach).
- *„Es ist nach wie vor so, dass in unserer Branche die meisten Leute Männer sind"* (Franziska Lehnert).
- *„Es ist schon so, dass die Spielbranche ‚männerdominiert' ist"* (Freya Looft).
- *„Ich glaube, dass es nach wie vor immer noch so ist, dass viel mehr Männer in der Branche arbeiten"* (Catherina Herminghaus).
- *„ein weiterhin von Männern dominierter Bereich"* (Victoria Busse).
- *„Es gibt sicherlich mehr Männer, die in der Games-Industrie tätig sind, als Frauen"* (Renate Grof).
- *„Wenn wir uns reine Zahlen anschauen, dann ist es natürlich noch immer eine Männerdomäne".* (Katharina Dankert).

Sandra Urban versucht es wie folgt zu konkretisieren: *„Ich habe es statistisch nicht ausgerechnet, aber gefühlt würde ich sagen, dass die Frauenquote bei Games-Unternehmen bei zehn Prozent liegt".* Damit nennt sie für die gesamte Branche etwa die Größenordnung, die auch internationale Studien ermittelt haben (siehe Kap. 1). Aber der tatsächliche Anteil ist – wie Sandra Urban erklärt – *„von Unternehmen zu Unternehmen"* unterschiedlich. So schätzt Kathleen Kunze den Frauenanteil bei ihrem eigenen Arbeitgeber auf *„etwa 15 bis 20 %."* Victoria Busse, die wie Kathleen Kunze ebenfalls in Hamburg bei einem Online- und Browsergames-Anbieter tätig ist, sieht das ähnlich: *„Ich schätze, bei uns beträgt der Frauenanteil ungefähr 25 %, vielleicht aber auch ein bisschen weniger"* (Victoria Busse). Einen erstaunlich hohen Frauenanteil führt Freya Looft an: *„Wir haben im Unternehmen keine Frauenquote, aber haben freiwillig 90 % Frauen angestellt."* Wie das Beispiel von Freya Looft zeigt, gibt es in der Branche also Ausnahmen von der Männerdominanz, wobei zu berücksichtigen ist, dass sich die Spiele von Treva Entertainment vornehmlich an Kinder, inbesondere an Mädchen richten (z. B. „Mein Gestüt", „Meine Tierpraxis" oder „Emily The Strange"). Diese Zielgruppe scheint für Frauen, die in der Games-Branche arbeiten möchten, folglich interessant zu sein.

---

[17] Ein verbindliches Abgrenzungskriterium, ab welchem Prozentsatz von einer Männerdomäne gesprochen werden kann, existiert nicht. Da unsere Expertinnen angeben, dass mehr Männer als Frauen in der Games-Industrie arbeiten, verwenden wir hier den Begriff „Männerdomäne" oder „männerdominiert" zur Bezeichnung eines quantitativen Verhältnisses, wohl wissend, dass etwa Kanter (1993) einen Richtwert von bis zu 15 % Frauenanteil zur Charakterisierung als „Männerdomäne" als sinnvoll erachtet.

Um mehr Frauen für die Games-Branche zu begeistern, wurden in den letzten Jahren vonseiten der Industrie unterschiedliche Projekte angestoßen. Dies bestätigt auch Franziska Lehnert: *„Es gibt mittlerweile relativ viele Initiativen für Frauen in der Games-Industrie. Gerade jetzt auf der GDC gab es dazu wieder ein extra Talk-Block, wo diesmal auch wirklich nur Frauen gesprochen haben."* Spannend ist hierbei, dass Franziska Lehnert solchen Initiativen auch etwas *„zwiegespalten gegenüber"* steht. Zwar stimmt sie zu, dass bestimmte Förderungsmöglichkeiten für Frauen notwendig sind, um sich in bestimmten Bereichen zu etablieren. *„Anderseits frage ich mich, warum man denn immer das Geschlecht als Abgrenzungskriterium nehmen muss. Warum kann ich denn nicht ganz selbstverständlich als Frau einen Talk halten, in einem ganz ‚normalen' Panel, ohne dass darüber steht, ‚only women'"*, kritisiert sie die gängige Praxis. Hier sind folglich geschlechtsspezifische Grenzziehungen sichtbar, die auch unter dem Stichwort „Tokenismus"[18] (vgl. Kanter 1977) diskutiert werden.

Die Branche versucht demnach, immer gezielter Frauen anzusprechen und das Berufsfeld bekannter zu machen: *„Derzeit wird viel Energie aufgebracht, den jungen Mädchen die Ausbildungsmöglichkeiten aufzuzeigen, die diese Branche zur Verfügung stellt und die jeweiligen Jobprofile transparenter zu machen"*, so Ruth Lemmen aus Sicht des Bundesverbandes Interaktive Unterhaltungssoftware. Hierbei stellt sich die Frage, was die Games-Unternehmen für ein Interesse haben, mehr Frauen für die Branche zu gewinnen. Gibt es spezielle Gründe, die dafür sprechen, mehr Frauen für die Industrie zu begeistern?

Chancen und Vorteile von Frauen in der Games-Industrie In den Interviews zeigt sich, dass die Gründe, gezielt Frauen zu fördern[19], aus Unternehmensperspektive vielfältig sind. Vor dem Hintergrund des demografischen Wandels wird der Fachkräftemangel als zentraler Punkt benannt. Auch unsere Expertinnen sprechen den Fachkräftemangel in der Games-Branche an. Odile Limpach erklärt: *„Wir sind nicht die Einzigen in Deutschland, die Mitarbeiter suchen"*, und Ruth Lemmen gibt zu verstehen, dass der *„Fachkräftemangel"* die Games-Branche umtreibt. Teipen kommt in ihrer Studie ebenfalls zu dem Fazit, dass deutsche Games-Unternehmen

---

[18] Der Begriff Tokenismus beschreibt die Behandlung von Personen, die als Minderheit wahrgenommen werden. Sie sehen sich mit bestimmten Herausvorderungen konfrontiert, da sie besonders sichtbar sind. Obwohl Kanter (1977), die den Begriff geprägt hat, ihn für alle Formen von Minderheiten diskutiert, wurde der Tokenismus besonders in Bezug auf geschlechtliche Unterschiede untersucht.

[19] Eine genauere Betrachtung der Entstehungs- und Entwicklungsprozessen von Frauenförderungsinitiativen in Unternehmen findet sich in den Forschungsarbeiten von Riegraf (2013, S. 165 ff.).

an einem Fachkräftemangel leiden (vgl. Teipen 2008, S. 332). Deshalb werde es für Unternehmen immer wichtiger, qualifizierte Mitarbeiterinnen für sich zu gewinnen.[20] Allgemein führt ein Mangel an Arbeitskräften dazu, dass sich die berufliche Segregation zwischen Frauen und Männern entschärft. Neben der Frauenbewegung wird der Arbeitskraftmangel als entscheidende Gegenkraft zur beruflichen Segregation genannt (vgl. Heintz und Nadai 1998, S. 80).

Außerdem sind Frauen eine wichtige Zielgruppe für die Games-Industrie, wie bereits in der Einführung dieses Buches deutlich hervorgehoben wurde (siehe z. B. auch BIU 2013a; ESA 2013, S. 7). Auch Christian Wawrzinek, Mitgründer und Chief Operating Officer von Goodgame, führt dieses Argument zur Erklärung der Frauen als Zielgruppe ins Feld: „Knapp die Hälfte aller Gamer in Deutschland ist weiblich. Frauen gehören also ganz klar zu unserer Zielgruppe. Konsequenterweise sollten daher auch mehr Frauen an der Entwicklung der Spiele beteiligt sein" (Raumer 2014, S. 18). Dies erhöht nach Consalvo (2008, S. 177) die Chance, dass mehr Spiele entwickelt werden, die beide Geschlechter ansprechen und so ein größeres Publikum erreichen. Dabei geben einige der interviewten Expertinnen an, Männer und Frauen unterschieden sich im Spielverhalten und in ihrem Interesse an bestimmten Spielen. So erklärt beispielsweise Victoria Busse: *„Bei Core-Spielen sind Männer die Hauptzielgruppe. Da gibt es dann schon Unterschiede. Männer interessieren sich eher für Spiele mit Strategie, Kampf und Action. Bei Casual Games zum Beispiel haben Frauen oftmals den viel größeren Anteil"* (siehe zu diesem Punkt auch Kap. 1) und Wiebe Fölster führt ebenfalls aus: *„Es ist Fakt, dass Frauen eher Casual-Spiele oder friedlichere Spiele im Allgemeinen bevorzugen, dass sie es eher als Zeitvertreib sehen und Männer dagegen eher kompetitivere Spiele spielen"*. Auch Freya Looft geht auf die Zielgruppe von Core-Gamer-Spielen ein. Diese seinen *„in der Regel hinsichtlich des Inhalts spezieller, häufig mit männlichen Themen besetzt und daher weniger unisex. Deswegen interessieren sich auch für diese Spiele eher die angesprochene Zielgruppe"*. Dementsprechend werden Spiele auch für unterschiedliche Zielgruppen entwickelt:[21] *„Natürlich werden Spiele für verschiedene Zielgrup-*

---

[20] In Bezug auf den Fachkräftemangel von Unternehmen wird häufig auf den „Diversity"-Ansatz verwiesen. Bei diesem wird davon ausgegangen, „dass sich Produkte und Prozesse von der Entwicklung bis zur Vermarktung verändern, wenn sich statt der bisherigen relativ alters- und kulturhomogenen Männergruppen gemischte Teams mit den Wünschen von Kundinnen und Kunden befassen" (Ihsen 2010, S. 799). Es geht hier folglich um die Erschließung zusätzlicher Fachkräfte (siehe zum Stichwort „Diversity-Ansatz" auch die folgenden Ausführungen).

[21] Dieses Argument wird von mehreren Expertinnen sehr betont. Interessanterweise sind sich die Expertinnen allerdings diesbezüglich nicht ganz einig. So gibt Petra Fröhlich kritisch zu bedenken: *„Ich kann mir nicht vorstellen, dass man Spiele für Frauen explizit planen und*

3.3 Arbeiten in einer Männerdomäne – Vorteile und Vorurteile?

pen gemacht. Die Zielgruppe eines ‚Silent Hunter Online' ist sicherlich mindestens zu 80 bis 85 % männlich. Frauen zu finden, die sich für ein U-Boot-Simulationsspiel interessieren, ist schon schwieriger als für ‚Die Siedler' oder ‚ANNO", so Odile Limpach. Aufgrund unterschiedlicher Interessen und damit einhergehend unterschiedlicher Bedürfnisse der Nutzer, kann es nach Aussage einiger Expertinnen durchaus sinnvoll sein, mehr Frauen an der Entwicklung von Spielen zu beteiligen. So erklärt Ruth Lemmen gewissermaßen aus einer Meta-Perspektive als Referentin des BIU: *„Frauen haben letztendlich einen ganz anderen Blick auf die Produkte und wissen, was die weiblichen Nutzer ansprechen könnte, eine Zielgruppe, die auch für die Branche immer wichtiger wird".* Aus eben diesem Grund ist bei Wooga bewusst auf die Einstellung von Frauen geachtet worden: *„Wir sind über ein Drittel Wooga-Ladies. Das ist auch wichtig, denn unsere Spiele werden zu 70 % von Frauen gespielt"* (Gitta Blatt). Wooga stellt dabei keine Ausnahme dar. Besonders im *„Casual-Bereich der Online-Gaming-Branche"* sind Frauen, laut Victoria Busse, *„eine Hauptzielgruppe".* Dies zeige sich sowohl am Anteil z. B. der Programmiererinnen in der Produktion, besonders aber auf der Führungsebene, da bei ihrem Arbeitgeber auch viele Frauen Bereiche leiten.[22] So verwundert es nicht, dass Games-Unternehmen, die vornehmlich Produkte für Frauen entwickeln wollen, auch gezielt Frauen suchen und einstellen. Kathleen Kunze bestätigt ganz offen, dass sie ihrer Einschätzung nach genau aus diesem Grund ihren Job als Game Designerin erhalten hat: *„Inno-Games suchte gerade ebenfalls einen Game Designer, der ein ‚Frauenspiel' – ein Spiel für Frauen – designen kann. Für diesen Job war ich natürlich ziemlich prädestiniert. Sie wollten ihre Zielgruppen ausweiten, ihr Portfolio ausbauen".* Deshalb vermutet sie, dass sie bei ihrer Bewerbung *„einen Frauenbonus bekommen"* habe. Hingegen schätzen vor allem zwei Expertinnen dies etwas anders ein. So geht Victoria Busse nicht davon aus, *„dass Frauen andere Spiele entwickeln als Männer".* Demnach würde hier das Argument eines „Frauenbonus" (Frauenspiel von Frauen) nicht greifen. Auch Freya Looft steht als Managing Director von Treva Entertainment der Annahme skeptisch gegenüber, dass Frauen andere Spiele als Männer entwickeln. Dies würde sie so *„nicht unbedingt sagen".* Allerdings tragen Frauen *„sicherlich andere*

---

produzieren kann". Entweder sie geht demnach nicht davon aus, dass Spiele gezielt für unterschiedliche Zielgruppen entwickelt werden können. Oder aber sie benutzt andere Kriterien als das Geschlecht, um Zielgruppen zu bestimmen.

[22] Dieser Prozess wird von Fullerton et al. (2008, S. 165) in Sinne eines Zirkels weiter gedacht: Wenn Frauen Spiele entwickeln, die gezielt auch eine weibliche Zielgruppe ansprechen, kann dies unter Frauen zu einem stärkeren Interesse am Hobby Spielen führen, was wiederum einen höheren Frauenanteil in der Spieleproduktion bedeuten kann, da der Zugang über das Hobby stärker gegeben ist.

Fragestellungen an Spiele" heran; auch sei wahrscheinlich, dass die „*Methodik, wie ein Spiel entwickelt wird, eine andere*" ist.

Neben dem Fachkräftemangel sowie der zielgruppenspezifischen Ausrichtung der Produkte sprechen unsere Expertinnen auch die Zusammenarbeit in gemischten Teams an und betonen, die Mischung von Männern und Frauen stellen eine Bereicherung dar.[23]

- „*Ich glaube, dass die Zusammenarbeit von Männern und Frauen in gemischten Teams [...] sehr förderlich für die Branche ist*" (Ruth Lemmen).
- „*Es muss eine gesunde Mischung in den Teams geben, das hat Vorteile, das ist eine Bereicherung*" (Odile Limpach).
- „*Ich glaube, dass es einen positiven Effekt haben wird, wenn mehr Frauen in die Spieleindustrie kommen*" (Wiebe Fölster).
- „*Unternehmen mit Frauen im Management sind nicht besser, weil Frauen besser sind, sondern weil es eben gerade auf die Mischung der Ansichten und Stärken ankommt*" (Gitta Blatt).

Ein Grund, warum Unternehmen unterschiedliche Sichtweisen, besonders im Bereich des Managements schätzen, ist laut Gitta Blatt – der Erfolg:[24] „*Unternehmen mit Frauen im Management [sind] nachweislich erfolgreicher*". Allerdings ist dieses Argument umstritten. Auf der einen Seite weisen empirische Studien die positive Korrelation zwischen Frauen in Führungspositionen und Unternehmensleistung nach (vgl. z. B. Richard et al. 2006; Wolfers 2006; Rose 2007). Auf der anderen Seite kritisieren beispielsweise Börners und Kollegen, dass die „*einschlägige Forschung derzeit keine Schlüsse auf eine generelle ökonomische Vorteilhaftigkeit von Gender Diversity zulässt*" (Boerner et al. 2012, S. 37).[25]

---

[23] Dieses Argument führt die Professorin Linda Breitlauch ebenso an: Unternehmen würden händeringend nach Frauen suchen, da diese „oft andere Sichtweisen und Denkansätze in den Entwicklungsprozess einbringen" (Raumer 2014, S. 18). Auch die Gamedesignerin Graner Ray sieht allgemein Vorteile von gemischten Teams: „If you bring diversity into a workplace, you are going to get better products whether you are making widgets or you are making computer games" (Kafai et al. 2008, S. 323).

[24] Hier kann abermals auf das „Diversity Management" Konzept verwiesen werden. Eine Annahme ist, dass gemischte Teams bessere Ergebnisse erzielen als homogene Gruppen. Durch heterogen zusammengesetzte Gruppen sollen Vorteile maximiert und Nachteile minimiert werden (vgl. Aretz und Hansen 2003, S. 11). Bezogen auf eine geschlechtsspezifische Diversität in der Gruppenzusammensetzung lässt sich demzufolge von „Gender Diversity" sprechen.

[25] Zu diesem Ergebnis kommen sie aufgrund einer umfassenden Meta-Analyse bestehender Studien. Es mangele an allgemeingültigen Standards zur Messung ebenso wie einer einheitlichen Definition von Gender Diversity.

3.3 Arbeiten in einer Männerdomäne – Vorteile und Vorurteile?

Unabhängig davon, ob der ökonomische Erfolg von gemischten Teams größer ist, wird auch das Klima innerhalb der Teams von den Expertinnen angesprochen. So gelten Frauen als gute Teamplayer: Sie *„können gut kommunizieren, moderieren und Menschen zusammenbringen. Und das ist in einem Beruf, wo sehr viel in Projekten, mit vielen Leuten zusammen gearbeitet wird, definitiv von Vorteil"* (Odile Limpach).[26] Besonders die Führung von Teams wird von den Expertinnen hervorgehoben. Kathleen Kunze hält fest: *„Frauen haben ein gutes Händchen dafür, Teams zu führen. Das findet noch viel zu selten statt"*. Das Argument *für* mehr Frauen in der Games-Branche richtet sich demnach vor allem auf die Arbeitsatmosphäre und auf eine Art der Kommunikations- und Verhaltenskultur in Unternehmen. Interessanterweise heben einige Frauen in den Interviews hervor, dass sie eben den aus ihrer Perspektive eher männlich geprägten Kommunikationsstil in den Teams sehr schätzen. Kathleen Kunze gefällt z. B. die direkte Art: *„Ich komme gut klar damit, mit Männern zusammen zu arbeiten, weil sie tatsächlich manchmal ein bisschen pragmatischer sind und auch offener. Wenn irgendetwas schlecht läuft, dann sagt ‚Mann' sich das direkt, ohne dass das jetzt jemand persönlich nimmt, und dann wird das geklärt"*. Das schnelle direkte Aushandeln schätzt auch Sandra Urban: *„Zunächst wird kritisiert, was falsch gelaufen ist. Dann ist es aber auch gut und vergessen. Ich mag diese Attitüde sehr"*.

Insgesamt gibt es gute Gründe, warum Frauen aus der Perspektive der Branche verstärkt in diese Industrie gehen sollten. Offen geblieben ist die Frage, warum vergleichsweise wenige Frauen bisher diesen Weg eingeschlagen haben. Was könnten mögliche Gründe für einen niedrigen Frauenanteil sein?

Herausforderungen für Frauen in einer Männerdomäne Eine mögliche Ursache benennt Odile Limpach, indem sie feststellt, dass das *„Interesse von Frauen (...) häufig in andere Berufe und nicht in die Games-Branche"* führt (siehe Kap. 3.2). Dies ist ein interessanter Punkt, denn die Ausbildung von Interessen hängt eng mit Sozialisationsprozessen zusammen. Geschlecht wird als Konstruktion diskutiert: Personen orientieren sich an gesellschaftlichen Geschlechtertypisierungen, überführen diese in ihr Selbstkonzept und in ihr Handeln. Wir sprechen von „doing gender" (vgl. Luca 2010, S. 359).[27]

---

[26] Interessant ist hierbei, dass Weiblichkeit schichtübergreifend essentialistisch mit sozialen und kommunikativen Kompetenzen verbunden wird. „Dazu gehören der gute Umgang mit Menschen, Hilfsbereitschaft, Einfühlungsvermögen, kooperatives und prosoziales Verhalten" (Buchmann und Kriesi 2012, S. 259).

[27] Nach Butler (1990) ist Geschlecht sozial konstruiert und etwas was wir tun, anstatt etwas das wir sind. Die Annahme geschlechtsspezifischer Unterschiede in den Interessen, Ansichten und Fähigkeiten zwischen Männern und Frauen wird in der Geschlechterforschung

Deshalb werden zur Erklärung, warum Frauen und Männer unterschiedliche Berufe wählen, Geschlechterstereotype von Berufen[28] herangezogen. Bestimmte Berufe gelten als „typisch männlich" (z. B. Bauarbeiter) oder „typisch weiblich" (z. B. Krankenschwester).[29] Die Aufteilung des Arbeitsmarktes in Männer- und Frauenberufe ist dabei nach Heintz und Nadai (1998, S. 80) ein außerordentlich stabiles Merkmal industrialisierter Länder.

Bei der Berufswahl von Frauen und Männern sind Eltern wichtige Sozialisationsinstanzen, wobei Prozesse elterlicher Beeinflussung unter dem Konzept des „gatekeeping" gefasst werden (Behrens und Rabe-Kleberg 2000). Eltern kommunizieren „ihre eigenen Überzeugungen bezüglich geeigneter Berufe" und versuchen, „ihre Söhne und Töchter in die entsprechende berufliche Richtung" zu lenken, wobei dieser Lenkungsprozess oftmals unbewusst erfolge (Buchmann und Kriesi 2012, S. 261). So kann ein bestimmtes Image der Branche sowie der Produkte dazu führen, diese eher skeptisch zu betrachten, wenn sie etwa als nicht mit geschlechtstypischen Kompetenzen und Fähigkeiten des Kindes übereinstimmend wahrgenommen werden. So ließe sich zumindest ein Stück weit auch die elterlich Reaktion des Vaters von Kathleen Kunze interpretieren, der sie jedes Jahr zu Weihnachten gefragt hat: *„Wie lang willst du denn jetzt noch Computerspiele machen, wie lang kann man denn diesen Job machen?"* Hierbei ist auch interessant, dass Franziska Lehnert sich dahingehend äußert, dass sie es sehr wohl *„ein bisschen komisch"* fand, ihrer *„Familie zu sagen, anstatt zu BASF zu gehen – einem Unternehmen, das jeder kennt und jeder akzeptiert – gehe ich lieber zu einer Computerspielefirma".* Weiter

---

häufig mit tief verankerten Vorstellungen von Weiblichkeit und Männlichkeit verbunden. So wird die Geschlechtszugehörigkeit in unserer westlichen Gesellschaft als eine wichtige Ordnungskategorie betrachtet, „die mit essentialistischen Vorstellungen über die Wesensmerkmale, Fähigkeiten und Verhaltensweisen von Menschen verknüpft ist, die als weiblich oder männlich wahrgenommen werden" (Buchmann/Kriesi 2012, S. 259).

[28] Empirische Arbeiten, die sich mit der Konstruktion von Qualifikationen und Kompetenzen auseinandersetzen, sind etwa im Kontext der Professionsforschung die Arbeiten von Wetterer (1992; 2002).

[29] Interessant ist, dass die Charakterisierung „männliche vs. weibliche Berufe" sich durchaus ändern kann, wie historische Analysen gezeigt haben. Ursprünglich männliche Berufsfelder können eher zu Frauen-Berufen werden, und „geschlechtsneutrale" Bereiche können aufgrund von gesellschaftlichen und politischen Entwicklungen verstärkt von einem Geschlecht ausgeübt werden. Kritisiert wird bei diesen Prozessen, dass „Frauenberufe" häufig in der Hierarchie abgewertet werden (vgl. Kreimer 2009, S. 141). Ein Beispiel für einen Beruf, der direkt nach seiner Entstehung zunächst vornehmlich von Frauen ausgeübt wurde und dann doch zu einem Männerberuf wurde, ist der des Schriftsetzers (vgl. dazu die ausführliche Analyse von Robak 1996). Zu dem Thema Geschlechtswechsel von Berufen sind vor allem die Arbeiten von Cockburn (1988) und Wetterer (2002, S. 79 ff.) von Relevanz.

3.3 Arbeiten in einer Männerdomäne – Vorteile und Vorurteile? 249

konnte auch die Familie von Katharina Dankert ihr Interesse an digitalen Spielen „*nicht so ganz nachvollziehen*".

Vorstellungen zur Berufswahl bringen zum Ausdruck, dass es scheinbar bestimmte Interessen, Fähigkeiten und Eigenschaften gibt, die eher das eine als das andere Geschlecht charakterisieren, und die gleichzeitig für die „erfolgreiche Ausübung einer beruflichen Tätigkeit als unabdingbar erachtet werden" (Buchmann und Kriesi 2012, S. 257). Für die Games-Branche gelten Technik- und Mathematikkenntnisse als wichtige Zugangskriterien. So stellt z. B. Sabine Hahn, Senior Business Managerin von Electronic Arts, in dem Gespräch für ihren Job fest: „*Mein Arbeitsalltag ist von Technik bestimmt.*" Aus diesem Grund würden sich Frauen – so wird häufig argumentiert – nicht für die Branche interessieren (vgl. Raumer 2014, S. 17 f.).[30]

Gerade die Begabungen für Mathematik[31] sowie technische Fähigkeiten werden allgemein als männlich wahrgenommen (vgl. Cockburn 1988). Entsprechend werde Frauen häufig wenig „*Technikwissen zugetraut*", so die Erfahrungen von Katharina Dankert. Sie erklärt, dass ihrer Meinung nach die Computer- und Videospielindustrie keine Männerdomäne sein müsste, weil eigentlich nicht „*irgendetwas in dem Geschlecht an sich dazu prädisponiert, sich für Games und Technik zu interessieren*", aber dass gleichbleibende geschlechtertypische Sozialisationsbedingungen, denen „*wir alle unterliegen*" weiterhin zu diesen Geschlechtsunterschieden führen.

Doch die Spieleindustrie weist wesentlich mehr Berufsfelder auf, die gesellschaftlich nicht unbedingt als „typisch männlich" gelten. Allerdings fehlt häufig

---

[30] Studien zeigen dagegen, dass Frauen durchaus ein Interesse an Mathematik haben. So liegt der Frauenanteil in diesem Fach bei Studiumsbeginn häufig bei 50 %. Hierbei ist aber zu beachten, dass dazu auch das Lehramtsstudium zählt. Dabei liegt der Frauenanteil der Lehrerinnen in Deutschland insgesamt bei 70,4 %, in der Grundschule ist er mit 85,4 % am höchsten (vgl. Statistisches Bundesamt 2012, S. 47). Weiter ist zu beachten, dass wieder bezogen auf Bildungswege im Bereich der Mathematik, der Frauenanteil mit jeder Hierarchiestufe abnimmt. So waren etwa im Jahr 2005 nur 7 % der Mathematikprofessuren von Frauen besetzt (vgl. Blunck und Pieper-Seier 2010, S. 821).

[31] In empirischen Studien zu Mathematik und Genderforschung werden heute vor allem Konzepte aus der Sozial- und Entwicklungspsychologie sowie der Pädagogik eingesetzt. „Als Ursachen für die relative Distanz von Mädchen und Frauen zur Mathematik gelten vor allem das geringere fachbezogene Selbstvertrauen, ungünstige Attributionsstile, Geschlechtsrollenklischees in Schulbüchern, Stereotypisierung der Mathematik als männliche Domäne, Erwartungen und Einstellungen von peer-group, Eltern und Lehrpersonen sowie die Interaktionsmuster im Mathematikunterricht" (Blunck/Pieper-Seier 2010, S. 823). Es darf folglich nicht vergessen werden, dass das Bild, etwa von Mathematik, im Schulunterricht geprägt wird. Insgesamt werden geschlechtsspezifische Unterschiede bezüglich des Verhaltens zur Mathematik heute fast nur noch auf Prozesse der Erziehung sowie auf gesellschaftliche Bedingungen zurückgeführt (vgl. ebd.).

das Wissen darüber, so Linda Breitlauch in einem Interview, „welche Berufsfelder überhaupt angeboten werden" und dass „keinesfalls nur Programmierer gebraucht werden" (Raumer 2014, S. 19). Auch die interviewten Frauen arbeiten fast alle in Bereichen der Industrie, die allgemein nicht als „männlich" gelten (z. B. PR, Human Resources, Management, Usability etc.) (vgl. Kap. 3.2). Vielmehr scheint es so zu sein, dass sie sich eher Bereiche ausgesucht haben, in denen vermehrt Frauen anzutreffen sind: *„Man merkt immer noch, dass Frauen in der Games-Branche in – sagen wir – eher ‚klassisch' weiblichen Bereichen arbeiten"* (Catherina Herminghaus).

Daneben findet sich in der Debatte um Frauen und Games auch häufig das Argument, Frauen würden nicht spielen. So fragte Haines in ihrer Studie „Why are there so few women in games?" und die Antwort dazu lautete: „Girls don't play games" (Haines 2004, S. 7). Von diesem Vorurteil berichtet auch Sandra Urban aus ihrer Anfangszeit in der Games-Branche: *„Natürlich wurde mir in meiner beruflichen Anfangsphase zugeschrieben – und diese Vorurteile gibt es nach wie vor – dass, wenn Frauen beispielsweise nicht acht Stunden am Tag Computerspiele spielen, sie sich dann überhaupt nicht auskennen"*. In dieser Aussage schwingt die Botschaft mit, dass Frauen sich an manchen Stellen möglicherweise stärker als ihre männlichen Kollegen beweisen müssen, um anerkannt zu werden. Interessant ist das Ergebnis einer Studie von Terlecki u. a., die erklären, dass Männer allgemein von sich behaupten, sie seien die besseren Computerspieler. Sie hätten das Gefühl, dass sie hier die besseren Fähigkeiten gegenüber weiblichen Spielerinnen besäßen (vgl. Terlecki et al. 2011, S. 29). Beobachtungen dieser Art beschreibt auch Witting (2010, S. 124): „Vielfach ‚spielen' Gamerinnen immer noch gegen das männliche Vorurteil an, dass Mädchen und Frauen grundsätzlich schlechter spielen als Jungen und Männer. Spielerinnen sind oft einer besonderen Aufmerksamkeit ausgesetzt, bei der (…) ihre Spielkompetenz auf dem Prüfstand steht".

Die Einschätzung, dass Frauen keine Computer- und Videospiele spielen, hängt laut Katharina Dankert mit der Frage zusammen *„wofür sich Männer und Frauen primär zu interessieren haben"*. Obwohl Mädchen und Frauen heute ebenso spielen wie Jungen und Männer – wie die Zahlen im Einleitungskapitel anschaulich gezeigt haben – scheinen Video- und Computerspiele allgemein in der Gesellschaft noch nicht als Hobby für Mädchen und Frauen wahrgenommen zu werden. Doch alle unsere Expertinnen spielen in ihrer Freizeit digitale Spiele, und viele geben zudem medienbiografisch rückblickend an, dass Computer- und Videospiele durchaus Teil ihres kindlichen oder jugendlichen Alltags waren (vgl. Kap. 3.1). Aus diesem Grund fordert auch die Entwicklerin Graner Ray, es sei an der Zeit, das Vorurteil abzulegen, Frauen würden keine Computerspiele spielen (vgl. Kafai et al. 2008, S. 325).

3.3 Arbeiten in einer Männerdomäne – Vorteile und Vorurteile?

Eine mögliche Zugangshürde für Frauen könnte laut Ruth Lemmen sein, dass eine Branche mit hohem Männeranteil nicht als attraktives Berufsfeld wahrgenommen wird: *„Was manchmal für Frauen und junge Mädchen abschreckend wirken kann, ist die Tatsache, dass die Branche dann doch eben noch eher männerdominiert ist".* Diese Überlegung wird von Sabine Hahn geteilt: *„Ein Thema als Frau in dieser Industrie ist natürlich nach wie vor: Kommt man damit klar, dass es so eine Männerdomäne ist?".* In den Gesprächen ist jedoch deutlich zum Ausdruck gekommen, dass alle Interviewten gern in diesem männlichen Umfeld arbeiten. Für den Einstieg in die Games-Branche war es aber etwa für Franziska Lehnert durchaus ein Reflexionspunkt: *„Bedenken hatte ich vor allem im Hinblick auf die sehr klare Geschlechterstruktur. Es ist nach wie vor so, dass in unserer Branche die meisten Leute Männer sind. Kann das wirklich Spaß machen oder besteht nicht die Gefahr, nicht ernst genommen zu werden und direkt in einen Herd voller Vorurteile zu laufen?"* Diese Besorgnis stellte sich allerdings bei Franziska Lehnert als unbegründet heraus, denn *„alle waren sehr aufgeschlossen".* In diesem Zusammenhang resümiert Odile Limpach, dass es *„ein bisschen Quatsch [ist], sich von zu vielen Männern erschrecken zu lassen."* Dabei gibt sie aber auch zu bedenken, dass sie sich an diese Situation bereits gewöhnt habe, und fügt einschränkend hinzu: *„Aber vielleicht arbeite ich schon zu lange hier – nur mit Männern".* Gleichzeitig räumt sie auch ein, dass die Branche möglicherweise nicht für alle Frauen geeignet ist. *„Es ist wahrscheinlich, dass nicht jede Frau mit so vielen Männern arbeiten kann, das braucht wahrlich ein bisschen Persönlichkeit".* Dabei würden beispielsweise Männer – so die Erfahrung von Franziska Lehnert – häufig einen *„raueren Ton"* als Frauen anschlagen.[32] Sabine Hahn gibt zu bedenken, dass man in dieser Branche schon *„ein bisschen härteren Tobak vertragen muss"* und sie *„habe auch schon immer mal wieder Sprüche, Witze oder Kommentare einstecken müssen, die extrem unter der Gürtellinie lagen".* Ferner hat Silja Gülicher in ihrem Berufsleben *„natürlich auch schon Chauvinisten kennengelernt".* Insofern kommt Franziska Lehnert zu dem Fazit, dass Frauen, die in der Games-Branche arbeiten wollen, nicht zu *„sensibel"* sein sollten.

Weiter haben wir die Expertinnen im Interview gefragt, ob sie das Gefühl haben, als Frau in der Games-Branche als *„Exotin"* wahrgenommen zu werden. Renate Grof, Leiterin von Gamesload verneint diese Wahrnehmung entschieden und eindeutig. Andere Expertinnen geben allerdings durchaus zu, dass man aufgrund des geringen Frauenanteils in der Branche durchaus als *„Exotin"* wahrgenommen wird (Sandra Urban; siehe auch Wiebe Fölster, Gitta Blatt und Kathleen Kunze). Das führt in manchen Situationen dazu, dass die Positionen von Frauen falsch ein-

---

[32] Hier zeigt sich eine männliche Geschlechterkultur, die etwa durch eine spezifische Sprache oder eigene Verhaltensweisen zum Ausdruck kommt (vgl. Heintz und Nadai 1998, S. 82).

geschätzt werden. Katharina Dankert hat auf Messen wie der gamescom das Gefühl, sie wird nicht für die Person gehalten „*die dort ist, weil sie in der Branche arbeitet und Gamerin ist.*" Und Wiebe Fölster berichtet, dass es auch schon passieren kann, als „*Frau als Standpersonal oder Assistentin abgestempelt*" zu werden. Diese Geringschätzung muss man dementsprechend einfach „*ignorieren oder mit Humor tragen*", so ihre Strategie.[33] Der „Exotinnen"-Status führt auch dazu, dass Frauen, die erfolgreich in der Industrie arbeiten, gern als Referenzbeispiele genutzt werden. Da zum Beispiel die „*Kombination Frau und Game Design nicht so oft vorkommt*" vermarktet die PR-Abteilung von Kathleen Kunze sie gerne, deshalb ist sie „*auf der InnoGames-Webseite auf jedem zweiten Video zu sehen*" und wird gern in „*Pressemitteilungen oder bei Presse-Interviews zitiert*". „*Klar, das verkauft sich schon, gar keine Frage*". Auf diese Weise wird das Geschlecht von den Unternehmen als strategisches Moment genutzt, möglicherweise auch, um damit gezielt weitere Frauen anzusprechen.[34]

Ferner gibt die Unternehmensberaterin Sandra Urban aus ihrer Außenperspektive hinsichtlich der „Exotinnen"-Sonderrolle kritisch zu bedenken, dass zwar Frauen auf „*dem unteren Management-Level Frauen durchaus gewollt und (...) als relevant angesehen*" werden, insbesondere was das Arbeiten in Teams betrifft. Um aber „*als Frau im höheren Management zu arbeiten, darf man jedoch nicht als Exotin wahrgenommen werden, sondern man muss durch Karrierewillen und Leistung bestechen*", um in männerdominierten Feldern akzeptiert zu werden.

Während der Begriff „Männerdomäne" eher einen quantitativen Zustand beschreibt, der allerdings keine Erklärungskraft besitzt, findet sich zudem der Begriff „Männerbund". Dieser „zeichnet sich [...] durch bestimmte Funktionen und Ziele aus, die auf dem Prinzip der Vergemeinschaftung beruhen" (Rastetter 1998, S. 168). Wenn man, wie die Expertinnen beschreiben, als Exotin wahrgenommen wird, dann ist man nicht unbedingt Teil der Gemeinschaft.[35] Von der Erfahrung,

---

[33] Wiebe Fölster ärgert sich zudem über die „*Messe-Babes*", da diese dem Frauenbild der Branche nicht gerecht werden. Diesbezüglich erklärt Graner Ray, dass die knapp bekleideten Damen auf Messen, die sogenannten „booth babes", die z. B. Flyer verteilen, zu der Annahme beitragen würden, dass die Industrie nur etwas für Jungs („boys only") sei (vgl. Graner Ray 2004, S. 150).

[34] Möglicherweise möchten Unternehmen aber auch durch die gezielte Sichtbarmachung von Frauen in der Branche ihr Image, sie seien „männerdominiert" ‚aufpolieren'. Eine solche Sichtweise impliziert zumindest auch der Teaser des Games-Markt-Artikels (2014: 1): „Frauen in der deutschen Gamesindustrie, oder: warum die männerdominierte Branche doch besser ist als ihr Ruf"

[35] Eine solche Beschreibung knüpft an die Diskussion um das Stichwort „Gendered Organisation" (Acker 1990) an. Hiermit beschreibt die Organisationsforschung einen Mechanismus, wonach sich Mitglieder einer spezifischen Gruppe an ihren Spezifika orientieren. Die

3.3 Arbeiten in einer Männerdomäne – Vorteile und Vorurteile?

aus Männer-Kreisen ausgeschlossen zu werden, berichten allerdings unsere Expertinnen kaum. Zwar berichtet Silja Gülicher von einem Erlebnis aus ihrer beruflichen Anfangszeit, nämlich dass, wenn sie sich einem Kollegenkreis genähert habe, sich dieser geschlossen und sie alleine davor gestanden habe: *„Das war total merkwürdig"*.[36] Eine solche Grenzziehung beschreibt auch Kanter (1977), die als eine der ersten am Beispiel von Frauen in Männerberufen aufgezeigt hat, wie Geschlechtergrenzen im Beruf aufgebaut werden, indem beispielsweise die dominante männliche Mehrheit ihre Reihen vor Minderheiten schließt. Allerdings ist dies laut Silja Gülicher heute nicht mehr so, das habe sich sehr gewandelt. In ihrer Funktion als Expertinnen schildern die Frauen in den Gesprächen nicht weiter, dass die Games-Branche durch männliche Zirkel geprägt sei – vielmehr reflektieren sie ihre Position und Zugehörigkeit in der Industrie ungern in Bezug auf das Geschlecht – wie wir im nachfolgenden Kapitel eingehender beleuchten möchten.

Insgesamt kann festgestellt werden, dass der Großteil der interviewten Frauen im Rückblick die ‚Männerdomäne' in der Branche nicht als große Hürde für den Berufseinstieg beschreiben. Das mag aber auch daran liegen, dass sie sich für diesen Weg entschieden haben, eben nicht abgeschreckt wurden und aus heutiger Perspektive reflektieren: *„Ich hatte keine besonderen Hindernisse oder Probleme"* (Victoria Busse). Daneben haben aber die Interviewten durchaus Erfahrungen mit einer Art ‚Sonderstellung als Frau in der Games-Branche' gemacht. Neben möglichen positiven Folgen, wie eine gezielte Förderung von Frauen oder einen Frauenbonus, scheint aber auch in den Interviews durch, dass die befragten Frauen den Eindruck haben, dass man sich als Frau stärker durchsetzen muss.[37] So stellt Silja Gülicher klar: *„Dennoch habe ich damals feststellen müssen, dass man sich als Frau in der Games-Branche einfach mehr beweisen muss"*. Auch Franziska Lehnert kann

---

‚etablierten Insider' bevorzugen ihresgleichen, weil ‚man' aufgrund einer Ähnlichkeit davon ausgeht, dass eine bestimmte Homogenität gemeinsame Ziele sichert und somit auch eher die eigenen Vorhaben durchgesetzt werden können.

[36] So erinnert sich beispielsweise auch Katharina Dankert an eine spezifische Situation aus ihrer Schulzeit: *„Wenn ich versucht habe, mich in meiner Klasse über meinen neuen Rechner zu unterhalten und was ich mir für eine Grafikkarte kaufen möchte, dann gab es ein konsterniertes Schweigen und die Gruppe der Jungs, die sich über genau dasselbe Thema vorher unterhalten hatte, wandte sich kollektiv von mir ab. Die meinten es nicht böse, aber es war offensichtlich nicht vorgesehen, dass ich als Frau mitrede und unter Umständen auch noch mehr weiß"*. Obwohl dieses Beispiel sich nicht genuin auf die deutsche Games-Branche beziehen lässt, sondern aus der Schulzeit stammt, liefert Katharina Dankert hier rückblickend eine plausible Begründung für die damalige Situation.

[37] Auch Seeg führt in Bezug auf Frauen und Karriere an, dass Frauen im Gegensatz zu Männern eher auf dem Prüfstand stehen und sich demnach auch stärker profilieren müssten (vgl. Seeg 2000, S. 76).

sich vorstellen, obwohl sie diese Erfahrung nicht selbst gemacht hat, *„dass man sich als Frau erst einmal mehr beweisen muss – was man als Mann nicht muss"*. Ähnlich sieht es auch Victoria Busse*: „Klar, man muss sich als Frau manchmal vielleicht ein bisschen mehr durchsetzen."*[38] Dies wird von einer Frau in der us-amerikanischen Studie von Haines bestätigt: „I've had to work twice as hard as most blokes here to progress in my career. I find it a constant battle to continue working in the place I bizarrely love" (QA lead tester; Haines 2004, S. 3).

So ergeben sich Indizien dafür, dass Frauen in der Games-Branche bestimmten Herausforderungen ausgesetzt sind und sie stärker ihrem *„Mann"* (Sabine Hahn) stehen müssen. Diesen subjektiven Eindruck bestätigen die Ergebnisse der quantitativen Studie von Prescott und Bogg (2011a, S. 20). Demnach gibt die Mehrzahl der befragten Personen aus der Games-Branche an, dass Frauen es schwerer haben, dort Karriere zu machen (72 % der Frauen und 66 % der Männer sind dieser Ansicht). Interessanterweise stimmt in dieser Studie hierbei nicht nur der überwiegende Anteil der Frauen, sondern auch die Mehrzahl der befragten Männer zu. Freya Looft geht davon aus, dass diese Geschlechterdifferenzen durch ein Umdenken aufgelöst werden können: *„Je flexibler alle in den Köpfen werden, desto mehr wird Gleichberechtigung kommen."*

Eine Frauenquote? Nein Danke! Qualifikation als Kriterium Eine weitere Frage der Interviews war, ob eine solche Gleichberechtigung durch eine Frauenquote[39] geregelt werden sollte. Hintergrund dieser Frage war die Einreichung eines Gesetzentwurfs des Bundesrates zur Förderung gleichberechtigter Teilhabe von Frauen und Männern in Führungsgremien (Deutscher Bundestag 2012).[40] Der Anteil von Frauen in Aufsichtsräten großer deutscher Unternehmen 2009 lag laut der empirischen Untersuchung von Holst und Busch (2010) bei etwa zehn Prozent; in Vorständen sind Frauen mit 2,5 % aller Vorstandsmitglieder (ohne Finanzsektor – dort sieht es allerdings ähnlich aus) noch deutlich seltener anzutreffen. Als Fazit führen die Autoren an, dass in Deutschland die Vorstände und Aufsichtsräte großer Unter-

---

[38] Laut Kanter (1977) sind Frauen in Männerdomänen aufgrund ihrer Minderheit stärker einer permanenten Aufmerksamkeit ausgesetzt und stehen daher einerseits stärker unter Leistungsdruck, andererseits aber auch unter dem Druck, sich nicht zu auffällig zu verhalten (vgl. auch Heintz und Nadai 1998, S. 81).

[39] Allgemein bezieht sich die Frauenquote (auch Geschlechter- oder Genderquote) auf eine Quotenregelung zur Gleichstellung von Frauen und Männern bei der Besetzung von Stellen.

[40] Allerdings scheiterte die Opposition mit ihrem Versuch zur gesetzlichen Einführung einer Quote für Aufsichtsräte: Der Bundestag lehnte am Donnerstag, dem 18. April 2013 den Gesetzesentwurf mit 277 gegen 320 Stimmen bei einer Enthaltung ab.

3.3 Arbeiten in einer Männerdomäne – Vorteile und Vorurteile?

nehmen „nach wie vor von Männern dominiert" seien, und zwar „mit erdrückender Mehrheit" (Holst und Busch 2010, S. 55).[41]

Angeregt durch die öffentliche Diskussion zeige sich „eine erstaunliche Zustimmung zur Frauenquote" so Berghahn „die früher als Schreckensgespenst feministischer Rechtsanforderungen galt" (Berghahn 2012, S. 1). Mit ihrer Aussage verdeutlicht Sabine Berghahn, dass die Diskussion um eine Frauenquote sozialhistorisch gewachsen ist, aber in der aktuellen gesellschaftspolitischen Diskussion ein neues Image bekommen hat.[42]

Auch wenn sich die öffentliche Diskussion der Quote besonders auf die Führungsebene von Unternehmen bezieht, stellt sich doch für eine männlich geprägte Industrie die Frage, ob eine Quote eine Angleichung der Geschlechterverhältnisse bewegen kann. Schließlich – das haben die Ausführungen der interviewten Frauen gezeigt – wünscht sich die Games-Branche einen höheren Frauenanteil. Könnte eine Frauenquote an dieser Stelle ein sinnvolles Instrument sein?

Direkt nach ihrer Meinung zur Frauenquote gefragt, zeigt sich der Großteil der Expertinnen skeptisch und distanziert sich davon: „*Eine Quote hat nie mit Qualität zu tun und als Frau eine staatlich festgelegte Quote zu erfüllen, ist wohl die größte Beleidigung, die man jemandem antun kann*" so Gitta Blatt. Auch Silja Gülicher betont die Nachteile einer solchen Lösung: „*Besteht dann nicht die Gefahr, dass eine*

---

[41] In der Nachfolgeuntersuchung, dem „Managerinnen-Barometer 2011", erklären Holst und Schimeta, dass sich trotz der starken Debatten um die Einführung einer Frauenquote (mit dem Schwerpunkt auf die Dax-30-Unternehmen) die weibliche Marginalität in Spitzengremien nicht geändert habe. Allerdings – dies stellte der Report auch heraus – nahm der Frauenanteil „um 1,5 %punkte gegenüber dem Vorjahr zu und liegt nun bei 3,7 %" (Holst und Schimeta 2012, S. 3).

[42] Ein Meilenstein in der historischen Entwicklung der Frauenquote ist das „Übereinkommen zur Beseitigung jeder Form von Diskriminierung der Frau" – auch als „Frauenkonvention" bezeichnet – das am 18. Dezember 1979 von der UN-Generalversammlung verabschiedet wurde (vgl. United Nations 2013). Darin ging es darum, auf internationaler Ebene die Rechte von Frauen umzusetzen und einer Diskriminierung von Frauen politisch entgegenzuwirken. Neben Deutschland haben bisher 187 Staaten diese Übereinkunft unterzeichnet. Allerdings zeigte sich der UN-Ausschuss 2011 besorgt über die Rolle der Frau auf dem deutschen Arbeitsmarkt. Das Komitee kritisiert etwa, dass Frauen benachteiligt und schlechter bezahlt werden als Männer, obwohl eine Diskriminierung aufgrund des Geschlechts in Deutschland verboten ist (United Nations 2011, S. 4). Im selben Jahr entbrannte in der Politik und im öffentlichen Diskurs ein neuer Streit um die Einführung eine Frauenquote in Unternehmen. Als Beispiel kann die Initiative ProQuote Medien angeführt werden, die fordert, dass bis zum Jahr 2017 mindestens 30 % der Führungspositionen deutscher Print- und Online-Medien mit Frauen besetzt werden sollen. In diesem Zuge wurde, so Berghahn, die Forderung nach einer gesetzlichen Frauenquote neuerdings „salonfähig" und sogar geradezu als „überfällig" angesehen (Berghahn 2012, S. 1).

‚Quotenfrau' ständig auf die Quote reduziert wird? Das ist nicht nur ungünstig für ihr Standing im Team – sondern auch für ihr Selbstwertgefühl: Habe ich diese Position verdient – oder ist sie nur durch ein Gesetz legitimiert?" Frauen möchten dementsprechend nicht als ‚Quotenfrau' ‚abgestempelt' werden. Sie sehen es als falsch an, wenn ihnen aufgrund ihres Geschlechts Zugeständnisse gemacht werden (Stichwort „Tokenismus";[43] vgl. Kanter 1977). Die Frauenquote wird dabei häufig als Beispiel angeführt. Wenn dabei die jeweilige Person erfährt, dass sie nur aufgrund einer gewissen Quote die Position erhalten hat, dann sinke ihr Selbstwert, wie auch Silja Gülicher bemerkt hat. In diesem Sinn kann eine Quote auch schaden. So folgen insgesamt die meisten Expertinnen der Meinung von Kathleen Kunze, die bestimmt: *„Ich bin jemand, der solche Dinge nicht gern reglementieren möchte".*

Stattdessen solle die *„Qualifikation und das Know-How und nicht das Geschlecht wichtig"* sein, so Catherina Herminghaus. Sabine Hahn erklärt ebenfalls: *„Es muss eigentlich um Kompetenz gehen, deshalb sehe ich das eigentlich kritisch."* Odile Limpach weist aus: *„Wenn Sie sich bei uns bewerben, ist es egal, ob Sie ein Mann oder eine Frau sind. Sie müssen einfach qualifiziert sein".* Hierbei glaubt auch Petra Fröhlich, dass die Qualifikation in der entsprechenden Situation das entscheidende Kriterium darstellt: *„Ich glaube schon, dass sich da die Qualifikationen im Einzelfall durchsetzen."*

Auch in der Diskussion um eine Frauenquote findet sich das Argument, dass Qualifikation und Kompetenz[44] die ausschlaggebendenKriterien zu sein haben, wenn es um die Einstellung von Personen geht. Neben der Qualifikation und Kompetenz sollten demnach zusätzliche Kriterien wie beispielsweise das Geschlecht nur eine zweitrangige Rolle spielen.[45] Zudem sehen unsere Expertinnen auch einen

---

[43] Im Sinne des von Kanter (1977) beschriebenen Tokenismus werden Minderheiten öffentlich Zugeständnisse gemacht, um dem Vorwurf der Diskriminierung zu entgehen.

[44] In Bezug auf eine angestrebte Karriere und dementsprechend erforderliche Kompetenzen wird häufig darauf verwiesen, dass es wichtig sei, dass man seine Stärken ausspielt und diese auch nach außen präsentiert. Laut einer Studie von Autenrieth et al. (1993, S. 165) gelten vor allem Engagement/Einsatzbereitschaft, Selbstvertrauen/Selbstdarstellung und Kommunikationsfähigkeit als relevante Eigenschaften und Verhaltensweisen von Führungskräften. Interessanterweise wurden diese Attribute deutlich vor Fachkompetenz und Qualifikation genannt. Nach Bischoff (1990: 93 f.) sind für eine erfolgreiche Karriere folgende Eigenschaften zentral: Selbstsicherheit, Konsequenz, Selbstbeherrschung, Zielstrebigkeit. Diese Merkmale werden von ihr als essenzielle Bausteine bestimmt, um erfolgreich in Unternehmen zu agieren. Allerdings seien diese Charaktereigenschaften eher männerspezifische Facetten, so Bischoff.

[45] Neben dem Argument, dass die Qualifikation das ausschlaggebende Kriterium bei der Stellenbesetzung zu sein hat, wird häufig gegen die Einführung einer Frauenquote vorgebracht, dass mit deren Einführung zudem eine Diskriminierung von Männern einhergehe

3.3 Arbeiten in einer Männerdomäne – Vorteile und Vorurteile?

gravierenden Wandel in der Games-Branche, der möglicherweise die Diskussion aufweichen lässt, warum nur wenige Frauen in der Industrie arbeiten:

- *„Was man feststellt, ist, dass bei den ganzen Ausbildungsinstitutionen der Frauenanteil sukzessive wächst, was erst einmal sehr positiv ist"* (Ruth Lemmen).
- *„Es rücken allerdings auch immer mehr gut qualifizierte Frauen nach, die ihren Weg in die Branche finden und sich dort positionieren können. Das nehme ich so wahr"* (Catherina Herminghaus).
- *„Ich vermute, dass das sehr viel besser geworden ist in den letzten paar Jahren, weil die Zahl der Frauen – rein subjektiv gefühlt – wächst, weil auch immer mehr Frauen in erster Reihe stehen"* (Sabine Hahn).
- *„Ich denke, dass momentan die Chancen für Frauen hervorragend sind, weil einfach der Bedarf sehr groß ist"* (Petra Fröhlich).
- *„Der Einfluss der Frauen wird schon stärker. Wenn ich sehe, wie viele Frauen in der Branche waren, als ich angefangen habe, und wie viele ich jetzt kenne, dann hat sich das schon nach oben korrigiert"* (Sandra Urban).
- *„Ich kann mir schon vorstellen, dass es mehr Frauen in der Branche geben wird. Einfach weil sich die Frauen generell mehr mit Spielen beschäftigen und auch ein bisschen mehr mit in die Industrie hineinkommen"* (Franziska Lehnert).

Die Games-Branche befindet sich im Hinblick auf die Geschlechterverhältnisse also im Umbruch. Der überproportional hohe Männeranteil als Normalität in der Gamesbranche steht folglich zur Disposition, wie die Expertinnenaussagen – und übrigens auch das Nachwort unseres Buches von Linda Breitlauch – vermuten lassen. In der Einführung wurde aufgezeigt, dass von Industrieseite viel unternommen wird, um speziell Frauen zu fördern und sie für diese Branche zu begeistern. Diese Bemühungen scheinen sich positiv auszuwirken. Es ist also zu hoffen, dass sich ein neues Alltagsverständnis etablieren wird, wonach Frauen immer selbstverständlicher als Teil der Games-Branche wahrgenommen werden.

(vgl. Gräfrath 1992, S. 28 ff.). Konkret geht es darum, die Verhältnisse zu beachten, also wenn der angestrebte Frauenanteil in Führungspositionen höher liegt als im entsprechen Arbeitsfeld.

3.4 Motivationsfaktor Games-Branche – Zufriedene „Workaholics"?

Ein weiterer Schwerpunkt der Interviews behandelt die Frage, wie zufrieden die interviewten Frauen mit ihrer Tätigkeit sind. Dazu wurden z. B. folgende Fragen gestellt: Wenn Sie das letzte Jahr Revue passieren lassen, was waren für Sie die Höhepunkte in Ihrem Job? Was begeistert Sie an Ihrem Beruf? Gibt es auch etwas, das Ihnen nicht so gut gefällt? Was waren Ihre Erwartungen an Ihre Karriere in der Games-Branche? Haben sich diese auch erfüllt? Ziel dieser Fragen war es, die Arbeitszufriedenheit[46] der Expertinnen zu beleuchten und Einflussfaktoren zu identifizieren.

Die Games-Branche im kontinuierlichem Wandel Ein übergeordneter Aspekt, von dem weitere Faktoren in der Arbeitsmotivation[47] und Zufriedenheit abgeleitet werden können, hängt eng mit dem Anspruch der Branche zusammen, technologiegetriebene, innovative und attraktive Produkte zu entwickeln und demzufolge stets eine kreative Industrie zu sein. So wird die Games-Branche von den Expertinnen als ein schnelllebiger, sich kontinuierlich verändernder und dadurch auch faszinierender Arbeitssektor beschrieben. Diese Dynamik in der Branche findet beispielsweise Wiebe Fölster „*toll, da sich viel sehr schnell ändern kann*". Die Veränderungen beziehen die Expertinnen auf Unternehmen, auf Produkte und ent-

---

[46] *Arbeitszufriedenheit* ist ein Konstrukt der Arbeits- und Organisationspsychologie, welches eine sehr intensive Erforschung erfahren hat (vgl. Nerdinger et al. 2008, S. 427). Bereits bis zum Jahr 2000 wurden laut Judge et al. (2001) über 11.000 Untersuchungen zu diesem Thema veröffentlicht. Wichtige Ausführungen zur Arbeitszufriedenheit gehen auf die Arbeiten von Herzberg, Mauser und Snydermann (1959), Bruggemann, Groskurth und Ulich, (1975), Hackman und Oldham (1980) sowie Büssing und Bissels (1998) zurück. Eine der am meisten angeführten Kritiken an diesen Modellen ist, dass das Konzept zur Arbeitszufriedenheit theoriearm sei und dessen Erklärungen zumeist nur auf Motivationstheorien zurückgreife. Um eine Arbeitsgrundlage für die folgenden Ausführungen zu benennen, orientieren wir uns an dem Verständnis zur Arbeitszufriedenheit von Kauffeld und Schermuly (2011). Diese bestimmen Arbeitszufriedenheit als „das, was Menschen in Bezug auf ihre Arbeit und deren Facetten denken und fühlen. Es ist das Ausmaß, in dem Menschen ihre Arbeit mögen (Zufriedenheit) oder nicht mögen (Unzufriedenheit)" (Kauffeld und Schermuly 2011: 180). So bezieht sich das hier vorliegende Konzept von Arbeitszufriedenheit auf eine „multidimensionale Reaktion auf eine Tätigkeit" (Liebig 2006, S. 27). Es handelt sich folglich nicht lediglich um eine positive, sondern um eine bipolare Dimension im Sinne von zufrieden und unzufrieden.

[47] In Anlehnung an die Arbeiten von Nerdinger, Blickle und Schaper (2008, S. 427) zur Arbeits- und Organisationspsychologie verstehen wir unter Arbeitsmotivation „das Produkt aus individuellen Merkmalen von Menschen, ihren Motiven, und den Merkmalen einer aktuell wirksamen Situation, in der Anreize auf die Motive einwirken und sie aktivieren".

3.4 Motivationsfaktor Games-Branche – Zufriedene „Workaholics"?

sprechend auch auf unterschiedliche technologische Trends, wie etwa bei Sandra Urban ersichtlich wird: *„Die Entwicklungen innerhalb der Branche selbst sind super spannend; das heißt, das Entstehen neuer Unternehmen, Konsolidierungen, neuer Plattformen oder neuer Hypes".* Der stetige Wandel der Branche fasziniert auch Petra Fröhlich, wobei sie hier vor allem Weiterentwicklungen in den Produkten hervorhebt: *„Noch vor ein paar Jahren gab es noch keine iPad-Spiele, heute sind sie ein riesiges Thema für uns. Kein Mensch weiß, was in zwei Jahren ist. Das ist in der Tat das Faszinierende in dem Bereich".* Das konkrete Beispiel des iPads, welches 2010 auf den Markt kam, verdeutlicht den schwungvollen technologischen Veränderungsprozess, der sich auch nachhaltig auf aktuelle Spieletrends auswirkt. Auf diese Umbrüche zu reagieren, Entwicklungen zu beobachten und Trends frühzeitig zu erkennen, ist auch das Moment an der Branche, welches Renate Grof besonders reizt: *„Jeden Tag gibt es im Spielebereich Entwicklungen, die faszinierend und neu sind. Vor zehn Jahren hat man sich zum Thema ‚Browser Games' beispielsweise überhaupt keine Gedanken gemacht".* Die Entwicklung von Browsergames hat eine neue Ära des digitalen Spielemarktes eingeleitet (vgl. Müller-Lietzkow und Meister 2010, S. 80 f.), und diese Spiele mauserten sich gerade in Deutschland zu einem der wichtigsten Zweige der Computer- und Videospielindustrie. Damit gehen auch neue Geschäftsmodelle[48] einher, wie etwa am Free-to-Play-Konzept[49] deutlich wird[50] – ein Ansatz, der nach Meinung von Renate Grof *„anderen, etablierten Geschäftsmodellen den Rang abläuft".* Sie fände es dabei *„extrem beeindruckend, wie schnell aus einem kostenlosen Angebot ein kommerzielles Produkt werden kann. Das macht für mich den Reiz meiner Arbeit aus".* Eine erste starke Gemeinsamkeit in den Gesprächen ist, dass vor allem der technologische Wandel, neue Geschäftsmodelle und die Entwicklung neuer Produkte ein faszinierendes Moment für die Interviewten

---

[48] Ein Überblick über Geschäftsmodelle bei Onlinespielen findet sich bei Müller-Lietzkow (2009, S. 256). In diesem Zusammenhang ist interessant, dass die Games-Industrie trotz seit Jahren steigender Umsätze stetig aufs Neue Geschäftsmodelle generiert. Eine These hierbei ist, dass die „Spieleindustrie, anders als die Musikindustrie, vorher Trends antizipieren möchte" (Müller-Lietzkow 2009: 254), eine Annahme, die mit den Interviewaussagen unserer Expertinnen übereinstimmt.

[49] Free-to-Play ist ein Geschäftsmodell, bei dem das Spielen generell kostenlos ist und die Anbieter den Gewinn über Werbung oder kostenpflichtige Zusatzangebote, etwa Premium-Mitgliedschaften oder virtuelle Güter generieren.

[50] Neue Geschäftsmodelle, etwa im Bereich der Online-Spiele, implizieren aus medienpädagogischer Sicht neue Herausforderungen. So werden Geschäftsmodelle, die hinter Online-Spielen stehen (z. B. das klassische Abo-Modell, ‚Gratisspiele', die sich etwa über Itemselling oder Premium-Mitgliedschaften finanzieren), aus Sicht des Jugendschutzes zum Teil sehr kritisch bewertet (vgl. Kommission für Jugendmedienschutz der Landesmedienanstalten 2014).

sind. Das positive Erleben wird in den Gesprächen durch Adjektive wie „toll", „sehr spannend", „faszinierend" oder „beeindruckend" zum Ausdruck gebracht. Allerdings haben die schnellen Veränderungen und Umbrüche in der Branche auch ihre Kehrseite. Der stetige Wandel, dem die Branche ausgesetzt ist, kann auch zu gewissen Unsicherheiten führen, denn die Branche muss stets flexibel und schnell auf Veränderungen reagieren können. *„Der Branche an sich geht es im Moment nicht immer nur gut und das sorgt eben auch dafür, dass man relativ flexibel auf kurzfristige Marktgegebenheiten reagieren muss"* erklärt Freya Looft und gibt weiter zu Bedenken: *„Sicherheit heißt nicht immer Flexibilität"* und die Games-Branche sei noch keine *„solide Branche".* Dabei reflektiert Victoria Busse, dass das Jahr 2012 *„ja gewissermaßen im Zeichen von Entlassungen"* stand und die *„Spielebranche im Allgemeinen und die Onlinespielebranche im Speziellen"* stark zu *„knabbern"* hatten. Hierzu äußert sich etwa Sandra Urban dahingehend, dass sich in der deutsche Games-Branche eine gewisse *„Hire-and-Fire-Mentalität"* zeige, die aber auch für die IT-Branche insgesamt *„gängig"* sei. Dabei seien *„befristete Arbeitsverträge"* in der Games-Branche *„eher üblich"*.[51] Im Gegensatz dazu, bedeute eine *„Festanstellung erst mal mehr Sicherheit"*, das sei natürlich laut Ruth Lemmen selbstverständlich. Ein Grund für die Notwendigkeit flexibler Beschäftigungsverhältnisse in der Games-Industrie könnte in den Unsicherheiten gesehen werden, denen sich die Industrie selbst ausgesetzt sieht. So sind Spieleproduktionen mit einem relativ hohen Misserfolgsrisiko verbunden (vgl. z. B. Müller-Lietzkow 2009, S. 251). Die Unternehmen reagieren auf diese Unsicherheiten bei der Produktion digitaler Spiele durch „fixed-term employment contracts" (Teipen 2008, S. 320).[52] Allerdings nimmt Freya Looft an, dass Arbeitgeber sich wahrscheinlich bemühen, Mitarbeiter *„Vollzeit und ohne große Schwankung einzustellen. Da sind vermutlich Männer diejenigen, die weniger Schwankungen ausgesetzt sind – sprich Schwangerschaft, etc."*, was entsprechend ein Nachteil für Frauen bedeuten könnte.

Die Sicherheit des Arbeitsplatzes ist nach Nerdinger, Blickle und Schaper (2008, S. 430) ein Kontextfaktor[53] der Arbeitszufriedenheit. Eine negative Bewertung von

---

[51] In diesem Zusammenhang ist auch zu erwähnen, dass es sich in der Games-Branche „vielfach nicht um zählbare versicherungspflichtige Beschäftigungsverhältnisse handelt" (Müller-Litzkow 2009, S. 245).

[52] So ist zu bedenken, dass die Finanzierung von Spieleproduktionen ein hohes finanzielles Risiko – dies gilt für alle Produktionsstandorte – bedeutet, welches mit dem am Filmmarkt vergleichbar ist. Es gilt, dass das Investitionsvolumen schnell nach der Veröffentlichung des Spiels wieder eingespielt werden muss, denn der „product life cycle" von digitalen Spielen ist meistens sehr kurz (vgl. Teipen 2008, S. 320).

[53] Kontextfaktoren thematisieren Erlebnisse, die außerhalb der eigenen Tätigkeit liegen, also der Arbeit extrinsisch sind. Daneben sprechen die Autoren von sogenannten Kontentfak-

3.4 Motivationsfaktor Games-Branche – Zufriedene „Workaholics"?

Kontextfaktoren führt – so die These – zu Unzufriedenheit. Auch wenn Sandra Urban selbst nicht von einem befristeten Vertrag berichtet, macht sie sich allgemein aufgrund der großen Umbrüche in der Industrie Gedanken über ihre *„berufliche und finanzielle Sicherheit"*. Mögliche Gründe für Jobwechsel sieht sie in einer *„Rezession, Umstrukturierung und dergleichen"*. In diesem Zusammenhang gibt auch Renate Grof als Leiterin von Gamesload zu bedenken, dass die Games-Branche stark davon abhängig ist, wie sich die Wirtschaft und die Kaufkraft der User entwickelt: *„Wenn unsere Kunden sparen müssen, dann sparen sie natürlich auch im Bereich Unterhaltung, und das merken wir anhand rückläufiger Verkaufszahlen"*. Aus diesem Grund ist es ihrer Einschätzung nach wichtig, bei bestimmten Trends einzulenken und diese auszugleichen: *„Wir haben in unserer Branche immer wieder ein Auf und Ab, das wir kompensieren müssen. Sind unsere Verkaufszahlen nicht so, wie wir sie erwarten, müssen wir gegensteuern"*. Diese Flexibilität von Unternehmen – schnell auf Marktentwicklungen reagieren zu können – wird als ein entscheidender Faktor in der Arbeit und den Beschäftigungsmodellen der sogenannten „New Economy" angesehen. Casper und Soskice (2004) betonen, dass Flexibilität eine zentrale Voraussetzung für die erfolgreiche Entwicklung von Unternehmen ist. Aus diesem Grund gilt es, Strategien zu entwickeln, um flexibel auf Veränderungen des Marktes zu reagieren, erklärt beispielsweise auch Victoria Busse: *„Schwierige Zeiten macht jede Branche mindestens einmal mit, aber mit gutem Management und einer guten Strategie sind wir jetzt sehr gut aufgestellt"*. Eine mögliche Strategie können Budgetkürzungen sein, so Renate Grof, die zur Folge haben, dass man sich von Beschäftigten – vor allem Freelancern[54] – trennen muss. Das seien *„natürlich die Dinge, die mir keinen Spaß machen, die aber einfach zu meinem Job gehören"* (Renate Grof).

Der Wandel der Games-Branche wird von den Expertinnen als motivierend und zentral für die Arbeit beschrieben. Eher leise klingt dabei auch die Kehrseite an,

---

toren. Diese sind „überwiegend intrinsische Aspekte, d. h. in der Arbeit liegende Faktoren" (Nerdinger et al. 2008, S. 430). Die Unterscheidung in Kontext- und Kontentfaktoren geht auf die Arbeiten von Herzberg und seine Mitarbeiter (1959) und ihre Zwei-Faktoren-Theorie zurück, die wiederum von Hygienefaktoren und Motivatoren sprechen.

[54] Freelancer sind Personen, die nicht in sozialversicherungspflichtigen Beschäftigungsverhältnissen arbeiten. In diesem Zusammenhang erklärt auch Teipen (2008, S. 320) als ein Ergebnis ihrer Studie mit Experten aus der Games-Industrie, dass es bei der Produktion von Spielen, die auf kurzzeitigen Intervallen kalkuliert werden, ein Kernteam gebe. Bei zusätzlichem situativem Bedarf greife man dann auf befristete Arbeitsverträge und Freelancer zurück. Insofern verwundert es nicht, dass sich dann die Unternehmen zuerst von diesen trennen müssen.

nämlich dass Wandel in jeder Hinsicht Flexibilität einschließt und damit auch erhebliche Unsicherheiten[55] verbunden sind.

Arbeitsalltag und Arbeitsatmosphäre – locker, jung und abwechslungsreich Entsprechend der Branchendynamik ist auch der Arbeitsalltag der Expertinnen geprägt von Flexibilität, Kreativität und innovativen Prozessen. Genau dies hat sich Wiebe Fölster gewünscht: *„Ich hatte gehofft, dass die Arbeit abwechslungsreich ist, weil die Branche so dynamisch ist und sich sehr schnell verändert, und das hat sich auch bestätigt."* Da sich bei ihr der erwartete Soll-Zustand mit dem jetzigen Ist-Zustand[56] deckt, empfindet sie die *„Abwechslung"* in ihrer Tätigkeit als besonders *„motivierend"*. Ähnlich äußert sich auch die Spieletesterin Katharina Dankert: *„Was mich heute noch fasziniert, ist die Vielfalt der Arbeit. Es ist extrem abwechslungsreich."* Auch Kathleen Kunze sagt es sehr zu, dass ihre Arbeit als Game-Designerin *„kreativ und abwechslungsreich ist"*. Diese Abwechslung in den Arbeitsanforderungen betonen ebenso Renate Grof und Freya Looft, indem sie positiv hervorheben, dass kein Tag wie der andere sei. Daraus folgt für Silja Gülicher und Petra Fröhlich, dass ihre Arbeit nie *„langweilig"* wird, sie als *„so spannend und vielseitig"* (Sandra Urban) erlebt wird. Die Anforderungsvielfalt[57] der eigenen Tätigkeit, die bunte Palette der Arbeitsinhalte und Aufgaben ist demnach für die Expertinnen ein wichtiger intrinsischer Motivationsfaktor, denn jeder Tag habe seinen eigenen *„Charme"* (Silja Gülicher).[58] Die Abwechslung in den Tätigkeiten führt dazu, dass es einen typischen Arbeitsalltag nicht gibt, so unsere Expertinnen:

- *„Nein, es sind kaum Muster erkennbar: Das ist das Spannende und Tolle an diesem Job!"*. (Silja Gülicher)
- *„Das ist das Schöne – es gibt keine Routine. Es ändert sich sehr, sehr viel"*. (Odile Limpach)

---

[55] An dieser Stelle kann als eine kritische Betrachtung der Flexibilisierung der Arbeitswelt exemplarisch das Werk von Richard Sennett „Der flexible Mensch" (1998) genannt werden. Hierin setzt sich der Autor auch mit Unsicherheiten in Arbeitsverhältnissen auseinander.

[56] Den Vergleich der eigenen Bedürfnisse, Erwartungen und ihrer Realisierung (Soll-Ist-Wert-Vergleich) stellt auch Bruggemann (1974, S. 281 ff.) in ihren Arbeiten zur Arbeitszufriedenheit heraus.

[57] Siehe hier auch das Job Characteristic Model nach Hackman und Oldham (1980), die herausgearbeitet haben, welche Merkmale der Arbeitstätigkeit für die Zufriedenheit und die Motivation von Mitarbeitern besonders wichtig sind.

[58] Zu diesem Ergebnis kommt auch Teipen (2008, S. 324) in ihren Studien mit Experten aus der Games-Branche. So liege eine große Attraktivität für die Games-Branche darin, dass der Arbeitsalltag abwechslungsreich ist und nicht standardisierten, vorab strukturierten Abläufen folgt.

3.4 Motivationsfaktor Games-Branche – Zufriedene „Workaholics"?

- „*Einen typischen Arbeitstag gibt es eigentlich nicht. Es kommt immer sehr darauf an, in welcher Phase des Projektes man sich befindet*". (Kathleen Kunze)
- „*Es gibt keinen typischen Arbeitstag. Es gibt typische Anker in einer Arbeitswoche. Ich kann aber keinen Tag wirklich ‚berechnen'*". (Gitta Blatt)
- „*Das ist immer sehr unterschiedlich, kein Tag ist der gleiche*". (Sandra Urban)
- „*In der Regel nimmt man sich Sachen vor und man hat auch einen Plan, was passieren muss, und dann kommt es doch alles anders als man denkt*". (Franziska Lehnert)
- „*Prinzipiell wechselt es jeden Tag, einen typischen Tag gibt es eigentlich gar nicht bei mir*". (Victoria Busse)
- „*Es gibt an sich nie den typischen Tag. Stattdessen gibt es immer mal eine Überraschung, die der Zufall bringt, und dann muss man neu organisieren. Jeder Tag ist an sich auch ein bisschen anders. Anders als geplant, aber das ist nicht schlecht.*" (Freya Looft)

Wenn allerdings dann doch bestimmte Aufgaben erledigt werden müssen, die als eher langweilig, aber notwendig eingestuft werden, zählen diese zu der weniger beliebten Seite des Arbeitsalltags. Hier freuen sich Expertinnen, wenn sie diese Aufgaben delegieren und outsourcen können, wie Sabine Hahn und Franziska Lehnert beschreiben. Ferner bewertet es Catherina Herminghaus als „*nervig*", wenn bestimmte bürokratische Wege eingehalten werden müssen, was die gewünschte und geforderte Kreativität untergräbt oder ausbremst. Dies käme umso häufiger vor, je größer das jeweilige Unternehmen sei.

Als ein besonderes Highlight, das sich von dem ‚untypischen Arbeitsalltag' der Expertinnen abgrenzt, werden Messebesuche genannt. Für Odile Limpach, Sabine Hahn und Ruth Lemmen ist etwa die „gamescom" immer ein berufliches Event, das ihnen viel Spaß macht. Für Ruth Lemmen ist diese Messe nicht nur etwas Besonderes, „*weil man die Kollegen alle wieder sieht*", sondern auch weil der BIU der Träger der gamescom ist und sie entsprechend mit verantwortlich ist für eine erfolgreiche gamescom. Auch Wiebe Fölster berichtet positiv von ihren Messeerlebnissen, nämlich, dass man mit vielen Leuten spricht, die man sonst nicht sieht, und auch viele Neuigkeiten erfährt. Silja Gülicher empfindet die jährlich in Los Angeles stattfindende „*E3 immer wie mein berufliches Sylvester*". Hierbei hebt sie hervor, dass dies auch das „*Team noch einmal enger zusammen*" bringt. Das Arbeiten in Teams sowie die Teilnahme an Meetings ist ein weiteres Merkmal, das für die Branche kennzeichnend ist. Es geht hier folglich auch um das soziale Miteinander – ein Aspekt, der zu einer kreativen Arbeitsatmosphäre beiträgt.

Die besondere Arbeitsatmosphäre in der Games-Branche scheint in den Expertinnen-Interviews deutlich hervor und wird ebenfalls als sehr positiv erlebt. Sabine

Hahn gefällt besonders gut, dass es in der Branche „*unkonventionell*" und „*umgangssprachlich, sehr alltäglich*" zugeht. Dies zeige sich beispielsweise darin, dass sie „*im Büro nicht im Anzug erscheinen*" muss und sich die Leute in der Branche vornehmlich mit „*Du*" ansprechen.[59] Diesen eher formlosen Kleidungs- und Kommunikationsstil greift auch Wiebe Fölster auf und charakterisiert die Games-Industrie als eine „*lockere*", „*entspannte*" Branche.

Der Grund, warum gerade die Games-Branche von den Expertinnen als besonders locker und entspannt von der Arbeitsatmosphäre ausgewiesen wird, hängt nicht zuletzt mit ihrer Beschreibung als „jung" zusammen. So formuliert beispielsweise Silja Gülicher, dass die Games-Industrie sie so fasziniert, weil es sich um eine „*tolle, junge Branche handelt*". Weiter bezeichnen auch Sabine Hahn, Wiebe Fölster, Ruth Lemmen und Freya Looft die Branche als „jung".[60] Das von den Expertinnen zugeschriebene Attribut „jung" bezieht sich einerseits auf die Entwicklungsgeschichte der Computer- und Videospiele. Von den ersten ‚Gehversuchen' vor circa 50 Jahren hat sich der Bereich der Computer- und Videospiele sehr schnell zu einem aufstrebendem und bedeutenden Mediensektor entwickelt.[61] Aber nicht nur aus der geschichtlichen Entwicklungsperspektive lässt sich die Games-Branche als „jung" charakterisieren, sondern auch aufgrund der Altersstruktur der in diesem Feld Beschäftigten.[62] So geben die befragten Expertinnen häufig an, dass sie eher mit jungen Personen zusammenarbeiten (Sandra Urban kennt in der Branche „*sehr wenige Leute, die älter als 40 sind*") oder diese gezielt einstellen, weil sie zum Beispiel „*viel Input mitbringen*" (Freya Looft). Nicht selten entwickeln sich dann auch aufgrund der gemeinsamen Arbeit freundschaftliche Beziehungen unter den Kolleginnen und Kollegen, die ebenfalls zu einer positiven Arbeitsatmosphäre beitragen:

---

[59] Mit dem „Du" wird Distanz auf verbaler Ebene abgebaut. Das Verhältnis der Mitarbeiter scheint persönlicher, und hierarchische Ebenen in der Unternehmensstruktur sind weniger ersichtlich. Ob es sich aber dadurch tatsächlich um flachere Hierarchien im jeweiligen Unternehmen oder einer gewissen Branche handelt, kann allein anhand der Anredeformulierung nicht beantwortet werden. Allerdings wirkt der Umgang bzw. die Arbeitsatmosphäre dadurch weniger formal, was sich sodann auch in einem legereren Kleidungsstil manifestiert, wie Frau Hahn beschrieben hat.

[60] Auch Martin Lorber bezeichnet die Computerspielindustrie als eine „immer noch recht junge" Branche im Vergleich zu anderen Medienbereichen (vgl. Lorber 2010, S. 43).

[61] Zur Entwicklung der Games-Industrie siehe z. B. die Arbeiten von Kerr (2006, S. 21 ff.), den ‚Gameplan' von Forster mit der Aufzählung und Beschreibung der Spielkonsolen und Heim-Computer, beginnend mit dem Jahr 1972, sowie das sehr lesenswerte Buch von Donovan: „Replay. The History of Video Games" (2010).

[62] Ebenfalls weist der Hoppenstedter Branchenmonitor (2012) die Games-Industrie von der Altersstruktur im Vergleich zu anderen Mediensektoren als eine junge Branche aus und betont hier auch nochmal das ‚junge' Topmanagement.

3.4 Motivationsfaktor Games-Branche – Zufriedene „Workaholics"?

„*Wir sind zum Glück ein ziemlich cooles Team. Das heißt, dass es für mich eher so ist wie abends mit Freunden ein bisschen zusammen zu sitzen, als zu sagen: ‚Jetzt muss ich die Nasen noch drei Stunden länger ertragen'*" (Franziska Lehnert).[63] Insgesamt beschreibt Renate Grof den Umgang in der Branche als „*sehr offen und fast freundschaftlich, selbst wann man für konkurrierende Unternehmen tätig ist*".

In Bezug auf das gemeinsame Arbeiten im Team wird auch die Diversität der Personen, mit denen zusammengearbeitet wird, angeführt. Franziska Lehnert ist beispielsweise von der „*Zusammenarbeit mit allen möglichen Charakteren, Kulturen, ja, Menschen*" begeistert. Diese kulturelle Vielfalt in der Gruppenbildung offenbart sich dann in der internationalen Ausrichtung der Branche, wie etwa bei Gitta Blatt es für Wooga beschreibt: „*Die Internationalität in allen Teams, die ich in diesem Ausmaß in einer Organisation noch nicht erlebt habe, macht mir viel Spaß. Auch, dass mein eigenes Team aus sechs Nationen besteht, ist für mich wichtig, und ich lerne viel*".

Insgesamt betonen fast alle Expertinnen, dass sie die soziale Komponente an ihrer Arbeit wertschätzen – konkret: Mit Menschen im Team zusammenzuarbeiten, die eine ähnliche Begeisterung für das Produkt haben, kann motivierend wirken.[64] So antwortet etwa Odile Limpach auf die Frage, was sie an ihrem Job fasziniert, dass sie mit „*so vielen begeisterten Leuten zu tun [hat]. Die Antwort war einfach*". Auch Catherina Herminghaus verweist darauf, dass sie gerne mit Leuten zusammen arbeitet, „*die dieselbe Passion haben wie ich und die gemeinsam etwas auf die Beine stellen wollen*". In diesem Zusammenhang lässt sich eine Übereinstimmung der Expertinnen zu ihrer Einstellung bezüglich digitaler Spiele ausmachen, die zu einer gewissen Arbeitszufriedenheit unter den Kolleginnen und Kollegen beiträgt.[65]

---

[63] Hier zeigt sich bei Franziska Lehnert eine Art „affektives Commitment", eine emotionale Bindung zu ihrer Arbeit und den Kolleginnen und Kollegen (vgl. Kraus und Woschée 2012, S. 190).

[64] Im Gegensatz dazu führen Moser und Galais (2012, S. 130) im Kontext der Projektarbeit aus, dass sich eine „geringe Identifikation mit dem Projektteam in einer geringeren Priorisierung der Projektaufgaben niederschlagen" kann.

[65] An dieser Stelle ließe sich das Konzept des „Person-Group Fit" anführen. Dies beschreibt „die Passung zwischen einer Person und der Gruppe, mit der sie zusammenarbeitet. Der Person-Group Fit ist im Arbeitsalltag besonders wichtig, da ein Großteil der zu erledigenden Aufgaben eine Zusammenarbeit mit den Kollegen erfordert. Die Zufriedenheit mit den Mitgliedern einer Arbeitsgruppe wird am meisten durch den Person-Group Fit beeinflusst" (Kauffeld und Grohmann 2011, S. 98) und Personen mit einer ähnlichen Leidenschaft für das Produkt passen – so hier die These – besonders gut zusammen.

Anerkennung des Spiele-Universums – Persönliche Identifikation und gesellschaftliche Akzeptanz In Kap. 3.1 ist bereits deutlich geworden, dass die Expertinnen eine Leidenschaft und einen gewissen Enthusiasmus für digitale Spiele haben. Dass die Leidenschaft für die Produkte die Arbeitsmotivation erhöhen kann, belegen unterschiedliche Studien im Games-Bereich (vgl. Wimmer und Sitnikova 2012, S. 165; Consalvo 2008, S. 186). Obwohl wir bereits aufgezeigt haben, dass digitale Spiele bzw. das persönliche, freizeitliche Spielen nicht der Motor gewesen sind, um in die Games-Branche einzusteigen – unsere Expertinnen wollten nicht ihr Hobby zum Beruf machen, wie etwa in der Studie von Teipen (2008, S. 324) –, zeigen doch alle Expertinnen eine hohe Affinität und emotionale Bindung zu digitalen Spielen und somit zu ihrem beruflichen Kontext: *„An meinem Job begeistert mich dieses Medium. Ich liebe Games, ich finde Games großartig und zwar in vielerlei Hinsicht. Ich habe dafür einfach eine Passion"* so Catherina Herminghaus. Ähnlich äußert sich Ruth Lemmen: *„Für die Technologien und die Produkte unserer Branche kann ich mich begeistern"*. Auch wenn Frauen vor dem Brancheneintritt nicht gespielt haben, werden sie irgendwann dann doch mit dem *„Gaming-Virus infiziert"* (Renate Grof). Diese Leidenschaft für die Produkte zeigt sich bei allen unseren Expertinnen. Dies stellt auch Teipen (2008) bei ihrer Expertenbefragung heraus. Aufgrund der persönlichen Wertschätzung des Produkts liegt in der Regel *„eine emotional starke Bindung"* vor, erläutert Sandra Urban. Dies führt dann auch dazu, dass das bereits thematisierte Feedback der User einen besonders hohen Stellenwert bekommt: *„Ich war erschrocken, wie sehr mich Reviews beeindruckten"*, denn *„sobald es um das eigene Produkt geht, ist das etwas Besonderes"*, erklärt Franziska Lehnert. Diese emotionale Komponente verstärkt sich noch einmal, wenn man an der Entwicklung selbst beteiligt ist: *„Es ist aus meiner Feder entstanden, und als es live geschaltet wurde, war das schon ein erhebender Moment"* gesteht die Game Designerin Kathleen Kunze nicht ohne Stolz.

Obwohl die Identifikation mit den Produkten und Projekten[66] sehr stark ist, weist Wiebe Fölster auf einen Aspekt hin, der ihr nicht so gut gefällt: *„Eine Sache, die mich manchmal nervt, ist das Frauenbild der Branche, vor allem wenn es um die Darstellung weiblicher Charaktere im Spiel"* geht.[67] Und auch Gitta Blatt führt

---

[66] Siehe hierzu auch die Ausführungen von Kraus und Woschée (2012, S. 187 ff.) zu „Commitment und Identifikation mit Projekten" im Rahmen angewandter Psychologie für das Projektmanagement.

[67] Das Frauenbild in digitalen Spielen hat dabei die Medienkritikerin und Videobloggerin Anita Sarkeesian veranlasst, Computer- und Videospiele auf sexistische Darstellungen hin zu untersuchen. Daraufhin brach ein Shitstorm mit Angriffen und Beschimpfungen gegen sie aus (vgl. Weckerle 2013). Das Ausmaß des Shitstorms wurde von vielen Beobachtern als Beweis dafür gesehen, dass das Problemfeld noch größer sei, als sie selbst angenommen hatte.

an, *„dass viele Hersteller üppige Busen und knappe Tangas bei ihren Hauptcharakteren bevorzugen. Das muss man schon mögen, an so einem Frauenbild als Frau mitzuarbeiten".* Bryce und Rutter sprechen von einem sogenannten „Gendered Game Content", der sich in einer sexualisierten und stereotypisierten Repräsentation weiblicher Spielfiguren offenbare. Spieleinhalte seien „embodying gendered, patriarchal and stereotypical representations of females" (Bryce und Rutter 2002, S. 246). Taylor (2003, S. 36 f.) zeigt auf, dass in Studien zu Frauen und Online-Gaming häufig die hypersexualisierte[68] Darstellung weiblicher Spielfiguren kritisiert wird. Außerdem sind weibliche Spielcharaktere weitaus seltener in Spielen anzutreffen. Anhand einer umfassenden Inhaltsanalyse decken Williams et al. (2009, S. 827) auf, dass weibliche Spielcharaktere nur 15 % aller Spielfiguren ausmachen. Mit diesen Befunden lässt sich auch der Wunsch von Spielerinnen nach weiblichen Spielcharakteren (vgl. Witting 2010, S. 119) begründen.

Die eigene Identifikation mit den Produkten und mit der Branche könnte dann auch das Bedürfnis unserer Expertinnen erklären, dass ihre Arbeit gesellschaftlich anerkannt wird.[69] So bemängeln einige Expertinnen eine vereinfachte, einseitige öffentliche Diskussion über digitale Spiele, etwa wenn lediglich über den Gewaltaspekt debattiert wird. Wiebe Fölster kritisiert den Begriff der *„Killerspiele".* Dieser Diskurs werde der Vielfalt, der Kreativität und dem Bestreben der Branche und auch den Produkten selbst nicht gerecht. Allerdings legen Medien, wie etwa die *„Werbung"* oder die *„Presse"* hierauf ungerechtfertigter Weise ein besonderes Augenmerk, was sie ärgert. Sabine Hahn benutzt ebenfalls den Ausdruck „Killerspiele", um auf die Gewaltdebatte einzugehen. Dabei stößt ihr immer wieder auf, dass dieses *„Vorurteil"* in unserer Gesellschaft extrem ausgeprägt sei. Renate Grof wünscht sich, *„dass sich die gesellschaftliche Akzeptanz der Spiele in der Gesamtbevölkerung"* grundlegend verändert, denn gewalthaltige Spiele seien nur ein Bruchteil des *„Spiele-Universums",* sie *„repräsentieren nicht die gesamte Spiele-Landschaft".*[70]

Dieses Ereignis spricht auch unsere Expertin Katharina Dankert an: *„Ich interessiere mich natürlich ohnehin für die Frage Gender und Gaming, gerade weil ich mich selbst auch davon betroffen fühle. […] Gerade, wenn man sich zu so einer Berichterstattung die Kommentare durchliest, da ist es bei mir mit Humor irgendwann vorbei, da kann und will ich über bestimmte Sachen nicht mehr lachen".*

[68] Von einer solchen Darstellung sprechen auch Jenson et al. (2011, S. 149). Sie stellen diese sowohl für weibliche als auch für männliche Spielfiguren fest („highly hyper-feminized and hypermasculinized").

[69] Anerkennung im Beruf, die Zufriedenheit erzeugen kann, zählt nach Nerdinger, Blickle und Schaper (2008, S. 430) zu den sogenannten „Kontentfaktoren, die überwiegend intrinsische Aspekte, d. h. in der Arbeit liegende Faktoren, thematisieren".

[70] Diese Einschätzung wird z. B. von den Prüfungsstatistiken der USK klar bestätigt: Im Jahr 2012 haben Shooter nur 5,9 % der geprüften Titel ausgemacht. Weiter erhielt der größte Teil

Ruth Lemmen als Vertreterin des BIU und zuständig für Medienkompetenz hebt dementsprechend auch in ihrer Funktion hervor, dass Computer- und Videospiele „*viele Kompetenzen*" fördern können. „*Sie sind beispielsweise für die Medienkompetenzvermittlung sehr geeignet, vor allem aufgrund der Interaktion, die durch sie ermöglicht wird*". Aus Expertinnensicht ist es daher wünschenswert, eine ganzheitliche Betrachtung vorzunehmen, dies bedeutet auch die Chancen von Spielen zu diskutieren.

Die einseitige Betrachtung betrifft nicht nur gewalthaltige Inhalte, sondern auch die Spiel-Typologie (vgl. dazu auch Primbs 2008, S. 52). Gitta Blatt führt an, dass die Games-Branche heute vielfältig und divers sei, sie aber noch als recht „*browsergame-lastig*" angesehen werde, „*wenn man mit Nicht-Gamern spricht. Das ist schade und ärgert mich auch manchmal*". Das Moment, dass viele – besonders die Nicht-Gamer – die Branche und ihre Arbeit in dieser nicht verstehen würden, bemängelt auch Wiebe Fölster. Sie gibt zu bedenken, dass anscheinend viele Personen, die selbst keinen Zugang zu digitalen Spielen haben, gegenüber ihrer Arbeit Vorurteile hätten und meinten, „*dass wir hier den ganzen Tag nur Games spielen und Spaß haben*". Laut Freya Looft sind solche Vorstellungen besonders altersabhängig: „*Jüngere oder gleichaltrige Menschen empfinden [meinen Job] als sehr spannend*". Dagegen sei ihr Beruf „*für etwas ältere Menschen wenig greifbar und es kommt häufig die Frage der Verständlichkeit der Branche*". Ähnlich äußert sich auch nochmal Gitta Blatt, die in ihrem persönlichen Umfeld die Erfahrung machen musste, dass viele ihrer Freunde der Meinung sind, „*dass Spielen kein Job ist und ich es sehr gut habe*". Im Bereich der Spielebranche zu arbeiten, kann demnach dazu führen, dass die Berufsanforderungen von anderen nicht gesehen werden. Darum ist auch Wiebe Fölster sehr froh, dass in der Industrie ihre Arbeit als Beruf respektiert und gewürdigt wird. Franziska Lehnert freut sich ebenfalls, dass „*das Herstellen von Games wird als Handwerk anerkannt*" wird.

Das Branchen-Image der Computerspielindustrie ist allerdings ein Faktor, den die Expertinnen nicht persönlich beeinflussen können, sondern ein von außen zugeschriebener Ruf, mit dem sie sich konfrontiert fühlen und dem gegenüber sie sich rechtfertigen müssen. Diesen Rechtfertigungsdruck bewerten sie als störend. Im Gegensatz dazu, haben aber auch einige Expertinnen die entgegengesetzte Erfahrung gemacht. „*Es ist nun eher so, dass die Familie und der Freundeskreis total begeistert sind von meinem Job – das finden alle cool*". Erklärend zu ihrer Aussage

---

der Spiele – 34,6 % – das Alterskennzeichen „freigegeben ab 0 Jahren" (vgl. USK 2014a). Hier handelt es sich um familienfreundliche Spiele, die aus der Sicht des Jugendschutzes keinerlei Beeinträchtigungen für Kinder beinhalten (vgl. USK 2014b). Lediglich 7,8 % der geprüften Titel erhielten keine Jugendfreigabe und sind nur für Erwachsene bestimmt. Weniger als einem % wurde das Kennzeichen gänzlich verweigert.

führt Ruth Lemmen – ähnlich wie Gitta Blatt – an, dass sie ihren Beruf *„toll"* fände, *„weil sie selbst gerne spielen"*. Die eigene Spielleidenschaft bzw. Spielerfahrung von Personen scheint demzufolge mit das ausschlaggebende Merkmal zu sein, ob man die Games-Branche als Berufs- und Arbeitsfeld positive Attribute zuschreibt oder nicht.

Erfolgserlebnisse: Anerkennung, Weiterentwicklung, Projektabschluss Aber nicht nur die gesellschaftliche Anerkennung der eigenen Berufstätigkeit und der Produkte, sondern auch das Feedback der User ist ein wesentlicher Faktor, der zur Arbeitsmotivation und -zufriedenheit beitragen kann. Nicht zuletzt lässt sich die Anerkennung der User daran ablesen, wie *„monetär erfolgreich"* das Produkt auf dem Markt ist, so Catherina Herminghaus. Daneben spielt auch das Feedback der Nutzer und der Community eine entscheidende Rolle. Odile Limpach ist besonders stolz darauf, dass Ubisoft Blue Byte den European Studio Award gewonnen hat, der von den Gamern gewählt wird. Dies sei für sie eine besondere Auszeichnung, denn es war nicht *„irgendeine Jury aus der Branche"*, sondern die Gamer-Community, die gesagt hat: *„Blue Byte gefällt uns, weil sie gute Spiele machen."*

Nicht nur die Auszeichnung mit einem Preis, sondern auch die direkte Rückmeldung der Nutzer in Form von Kommentaren kann Bestätigung geben und zur Arbeitsmotivation beitragen: *„Wenn man dann in den Foren oder auf der Facebook-Seite Meinungen verfolgt und sieht, dass Leute es gerne mögen oder es ‚liken' und entsprechende Kommentare schreiben oder Fan-Art basteln, dann ist das sehr schön"* erklärt Kathleen Kunze. Catherina Herminghaus findet das Feedback der Nutzer deshalb besonders spannend, weil sich daraus *„ableiten"* lässt, wie man etwa ein *„Feature"* verbessern könne. Dieser Aspekt ist besonders für Online-Spiele relevant, denn diese werden häufig von so genannten „Live-Teams" entwickelt (vgl. Müller-Lietzkow und Meister 2010, S. 90). Das bedeutet, dass auch nach Veröffentlichung der ‚Basis-Spielversion' weiter am Produkt gearbeitet wird und die Rückmeldungen der Nutzer in die Weiterentwicklung einfließen können. Die Spielerinnen und Spieler können damit Einfluss auf die Produkte ausüben, den es bei den „traditionellen" Spieleproduktionen (PC- und Konsolen-Titel) so nicht gab. Außerdem haben Spiele heute auch nicht selten einen hohen Anteil an Nachfolgespielen (vgl. Müller-Lietzkow 2009, S. 247).[71] Aufgrund dieser Einflussmöglichkeiten können die Gamer – im Sinne der Verschmelzung der Rollen von Produzent und Konsument – als „Prosumer" betrachtet werden (vgl. Reichert 2008).

---

[71] Als eine Konsequenz folgt daraus auch, dass User-generated-Content in der Spieleindustrie immer mehr zu einem wichtigen Thema wird.

So sehr ein positives Feedback motivieren kann, so sehr kann ein negatives Feedback der Zielgruppe auch verunsichern. Dies betrifft z. B. technische Probleme. Gerade im Bereich der Onlinespiele wird erwartet, dass das Spiel reibungslos läuft. Daher stellt diese Spielgattung besondere Anforderungen an die Infrastruktur (vgl. Primbs 2008, S. 52). Wenn diese Dinge nicht funktionieren, Online-Spiele, z. B. *„zwei Stunden offline"* sind, so Odile Limpach, könnten die Gamer durchaus *„sauer"* werden, und *„das ist für die Kollegen, die das Spiel entwickeln, aber nichts für den aktuellen Schaden können, nicht einfach, dies mitzuerleben, und sich jeden Tag die Vorwürfe anzuhören ‚Warum geht das nicht?'"*

Es wird bereits aus den bisherigen Äußerungen der Expertinnen deutlich, dass Erfolge in der Arbeit und eine entsprechende Anerkennung der eigenen Tätigkeit für sie zentral sind: *„Gestärkt hat mich immer nur der Erfolg"*, so etwa die stark leistungsbezogene Einschätzung von Kathleen Kunze. Wiebe Fölster beschreibt in ihrem Interview, dass ihr beruflicher Erfolg dazu geführt hat, dass sie einen neuen Aufgabenbereich mit neuen Entfaltungsmöglichkeiten bekommen hat – was ihr gezeigt habe, das ihre Vorgesetzen Vertrauen in ihre Arbeit haben. Rückblickend sieht Victoria Busse ein Erfolgserlebnis darin, dass ihr Team *„offiziell als Abteilung anerkannt"* wurde. Damit sei deutlich geworden, dass ihre Arbeit *„geschätzt und akzeptiert wird"*.

Ein weiteres Erfolgserlebnis sehen die Expertinnen in ihrer persönlichen Weiterentwicklung. Diese drückt sich auch darin aus, dass sie im Beruf immer wieder aufs Neue gefordert werden. Sabine Hahn schätzt es folglich an ihrer Tätigkeit, dass diese sie *„jung"* und *„auf Trab hält"*, während Victoria Busse an sich den Anspruch stellt, *„nicht auf der Stelle [zu] treten."* Kathleen Kunze ist gerne auf Abruf produktiv: *„Ich beschäftige mich gerne mit neuen Dingen und bin gerne auf Knopfdruck kreativ."* Freya Looft möchte *„kopfmäßig"* gefordert werden, und Renate Grof gefällt es, wenn sie die Möglichkeit hat, sich *„auszuleben"*. Den Wunsch nach persönlicher Entfaltung veranschaulicht Sandra Urban, indem sie positiv reflektiert, dass sie eine *„extreme Lernkurve"* durchlaufen habe. Neue Herausforderungen regen Leistung an, man möchte die Aufgabe möglichst gut erfüllen und entwickelt ein entsprechendes Engagement (siehe z. B. Nerdinger et al. 2008, S. 426). Alles in allem legen unsere Expertinnen mit dem Bedürfnis und der Erwartung, sich weiterzuentwickeln und stets aufs Neue gefordert zu werden, einen hohen Maßstab an ihre Arbeit. *„Bei jeder meiner beruflichen Stationen hatte ich die Möglichkeit, etwas Neues zu entwickeln und mit aufzubauen. [...] Dieser Drang nach Neuem begleitete mich mein ganzes Berufsleben – bis heute."* (Renate Grof).

Aber nicht nur die eigene Weiterentwicklung kann als ein Erfolg in der Arbeit gewertet werden, sondern auch die Beobachtung, dass sich Kolleginnen und Kollegen verbessern. Auf Führungspositionen gilt es, Mitarbeiterinnen und Mit-

3.4 Motivationsfaktor Games-Branche – Zufriedene „Workaholics"?

arbeiter, für die man Verantwortung trägt, zu fördern und zu unterstützten. Die Expertinnen mit Personalführungsaufgaben schätzen diese Verantwortung: *„Ich mag es, Führungskraft zu sein und ich finde es toll, wenn ich sehen kann, wie durch mein Coaching [...] sich jemand positiv weiterentwickelt"* (Catherina Herminghaus). Ferner wird auch von Franziska Lehnert das Thema „Verantwortung übernehmen" positiv als Erfolg gewertet.[72] So war es eines ihrer beruflichen Highlights, dass sie für „Crysis 3" *„zum ersten Mal ein komplett eigenes Projekt"* im PR-Bereich verantwortet hat, und zwar mit dem Wissen, *„was für ein Budget dahinter steckt und man weiß auch, dass man derjenige ist, der dafür gerade stehen muss, wenn Sachen schief gehen. Das war ein absolut positives Erlebnis und hat mich emotional sehr ergriffen"*.

Team- und Projektarbeit gehören, wie bereits beschrieben, zum ‚Kerngeschäft' der Games-Industrie. Demzufolge bedeuten auch Projektabschlüsse etwas Besonderes. An ihnen wird nicht zuletzt der Erfolg der eigenen Leistung gemessen, wie etwa Wiebe Fölster illustriert: *„Ansonsten ist es ein Höhepunkt meiner Arbeit, wenn man ein Projekt erfolgreich abgeschlossen hat und wieder mit etwas Neuem anfangen kann. Diese kleinen Erfolgserlebnisse"*. Ähnlich äußert sich auch Silja Gülicher zum „Hardware-Launch" der Nintendo TV-Konsole, und für Kathleen Kunze war es ein besonderer Moment, als sie ihr *„erstes Browser Game ‚Lagoonia' publiziert"* wurde.

Work-Life-Balance Der letzte Punkt, den wir im Zusammenhang mit der beruflichen Zufriedenheit eingehender betrachten möchten, ist die Work-Life-Balance.[73] Was machen die Expertinnen gern in ihrer Freizeit? Wie empfinden sie ihre Work-Life-Balance? Zur Relevanz einer gesunden Balance zwischen Arbeit und Freizeit gibt sodann Odile Limpach zu bedenken, dass es *„extrem wichtig"* sei, eine *„gesunde Work-Life-Balance"* zu haben, gerade wenn es um kreative Arbeitsaktivitäten gehe. Als „Work-Life-Balance" bezeichnet das Bundesministerium für Familie, Senioren, Frauen und Jugend (2005, S. 4) die „intelligente Verzahnung von Arbeits- und Pri-

---

[72] Verantwortung ist nach der Zwei-Faktoren-Theorie von Herzberg, Mauser und Snydermann (1959) ein zentrales intrinsisches Moment für die Arbeitsmotivation. Damit Arbeit intrinsisch motivierend wirkt, müssen Arbeitende sich für die Ergebnisse ihrer Tätigkeit verantwortlich fühlen und auch deren Qualität einschätzen können (vgl. Nerdinger et al. 2008, S. 431).

[73] Work-Life Balance bezieht sich auf Vorstellungen über ein gelungenes Leben im Sinne einer Balance zwischen unterschiedlichen Lebensbereichen. Zudem geht es darum, wie Personen handeln, um dieses Gleichgewicht zwischen privatem und beruflichem Leben herzustellen (vgl. Oechsle 2010, S. 234).

vatleben vor dem Hintergrund einer veränderten und sich dynamisch verändernden Arbeits- und Lebenswelt".[74]

Die Computer- und Videospielindustrie wird häufig als eine Branche beschrieben, die sich durch eine sogenannte „long hours culture", insbesondere zu „Crunch Times", also die intensive Arbeitszeit kurz vor Projektabschluss, auszeichnet (vgl. auch Gill 2002; IGDA 2004; Consalvo 2008; Prescott und Bogg 2011a, b). Dass in den Spieleteams durchaus „*Crunch-Phasen*" vorkommen können,[75] bei denen Überstunden anfallen, bestätigt Victoria Busse. Dies sei in „*anderen IT- oder Software-Unternehmen vielleicht anders*". Franziska Lehnert berichtet ebenfalls, dass es arbeitsintensive Phasen gab: „*vor allem als ‚Crysis' kurz vor der Fertigstellung stand, da bin ich die meiste Zeit im Büro. Dann ist es in der Regel so, dass ich nicht vor 23 Uhr nach Hause gehe*". Auch Odile Limpach gesteht ein, dass es „*immer Zeiten*" gebe, „*die stressig sind, wo man länger bleibt, wo es Probleme gibt*". Aber gerade wenn man etwa an einem Onlinespiel arbeitet, so die Expertin, dann könnte man auch „*vier Jahre lang Crunchtime machen. Das geht nicht*". Und so zeigt sich auch im Großen und Ganzen ein Konsens in den Interviews, dass solche sehr arbeitsintensiven Phasen nicht längerfristig anhalten und immer mehr die Ausnahme darstellen. Auch wenn die Expertinnen beschreiben, dass es vereinzelt zu Projektende zu Überstunden kommen kann, war es in den Gesprächen Tenor, dass die spezifische Kultur der langen Arbeitszeiten, wie sie noch laut IDGA 2004 charakteristisch für die Branche war, heute nicht mehr gelte.

Modelle zur Flexibilisierung von Arbeitszeit und -ort gelten für die Expertinnen als wichtige Maßnahmen für eine gesunde Work-Life-Balance. Dabei sind etwa die Arbeitszeiten bei Sandra Urban „*sehr gut geregelt, denn sie sind sehr flexibel*". Auch Wiebe Fölster kann nicht „*meckern, das funktioniert ganz gut. In meiner Abteilung ist es nicht so, dass man bis zehn Uhr abends im Büro sitzt, sondern man hat schon vernünftige Arbeitszeiten*". Kathleen Kunze bestätigt ebenfalls, dass sie nicht beschweren kann: „*Ich kann mir absolut gut einteilen, ob ich Frühaufsteher bin und zeitig anfange oder ob ich lieber ausschlafe. Das ist auch sehr frei*". Teipen stellt (2008, S. 331) in ihrer Studie heraus, dass – entgegen ihrer Hypothese – die von ihr unter-

---

[74] Prantl (2005, S. 329) sieht die Erlangung der „Balance zwischen den beiden Hauptlebensbereichen „Arbeit" und „Freizeit" (…) als eine der größten Herausforderungen unserer Zeit" an.

[75] Diese charakteristische Arbeitskultur in der Games-Branche wurde von der International Game Developers Association (IGDA) in ihrem „Quality of Life White Paper" (2004) aufgegriffen und beschrieben. Konkret geben fast drei von fünf Spielentwicklern an, dass sie 46 h oder mehr in der Woche arbeiten (38,1 % arbeiten 46–55 h und 19,7 % über 55 h in der Woche; vgl. IGDA 2004, S. 18).

suchten deutschen Games-Unternehmen eine interne Flexibilität in den Arbeitszeiten aufweisen. Nichtdestrotz kann nicht verneint werden, dass es sich um ein sehr zeitintensives Arbeitsfeld handelt. So beginnt etwa der Arbeitstag bei Freya Looft bei Treva Entertainment „*um 9:00 Uhr und endet um 20:00 Uhr*" oder etwa bei Silja Gülicher beginnt er „*zwischen acht und neun Uhr und hört irgendwann zwischen sechs und sieben Uhr abends auf*". Allerdings sei der hohe Workload in der Branche auch kein Geheimnis, denn wer „*in der Branche anfängt, der ist sich auch bewusst, dass es sich um einen zeitintensiven Beruf handelt*", stellt Petra Fröhlich aus der Perspektive der Chefredakteurin klar. Silja Gülicher spricht den hohen Workload in der Branche ebenso an, den sie eher negativ bewertet. Aber schließlich bestehe das Leben auch nicht nur aus „*Sonnenschein [lacht]*", umso wichtiger sei es, dass man selbst darauf achte, dass die eigene „*Work-Life-Balance ausgewogen ist*", denn würde man die richtige Work-Life-Balance nicht finden, so Catherina Herminghaus, dann mache dies „*einen Menschen unzufrieden*". Fragt man die Expertinnen, wie es nun konkret um ihre Work-Life-Balance bestellt ist, dann weist der Großteil der Befragten auf ihr Freizeitverhalten hin, welches ihnen helfe, eine gesunde Verzahnung von Arbeits- und Privatleben aufrecht zu erhalten. Konkret werden hier Tätigkeiten genannt, die es ihnen ermöglichen, vom Job „abzuschalten" und „herunterzukommen".[76]

Auffällig – aber nicht verwunderlich – ist, dass sehr viele unserer Expertinnen sich sportlich aktiv betätigen,[77] wobei die beliebteste oder am häufigsten genannte Sportart das Laufen ist. So gehen Sandra Urban, Silja Gülicher, Franziska Lehnert und Gitta Blatt gerne laufen, wobei letztere auf sympathische Weise gleich eine Begründung hinzufügt: „*Meine Sportschuhe sind morgens quasi mein Psychotherapeut*". Franziska Lehnert hat sich stattdessen ein konkretes Ziel gesetzt. So mache ihr das Laufen „*zurzeit am meisten Spaß macht*", da sie anstrebt, an einem „*Halbmarathon*" teilzunehmen. Silja Gülicher und Catherina Herminghaus praktizieren leidenschaftlich gerne Yoga, Katherina Dankert geht gerne „*Klettern*". Sport hilft

---

[76] Die freie Zeit, die einer Person neben der Arbeit zur Verfügung steht, wird folglich von einigen Expertinnen dazu genutzt, die Arbeitskraft wiederherzustellen, z. B. in Form aktiver oder auch passiver Erholung oder auch als kompensatorischer Ausgleich von der Arbeit (siehe hierzu auch die Ausführungen von Habermas [1958, S. 219 ff.] zur Kompensationstheorie).

[77] Sport (als Teil des Gesundheitsmanagements) kann nach Braun, Adjej und Münch (2003) als eine mögliche Selbstmanagementstrategie genutzt werden. Dabei konnte beispielsweise eine Untersuchung von Prantl (vgl. 2005, S. 327) in Bezug auf den Zusammenhang von Arbeitszufriedenheit und einer sportlich orientierten Freizeitgestaltung aufzeigen, dass die Häufigkeit der Ausübung von ergebnisorientierten Sportarten deutlich mit der stabilisierten Arbeitszufriedenheit (nach Bruggemann 1974) korreliert.

anscheinend, um „*einfach mal abzuschalten*" (Catherina Herminghaus). Fitnessstudio und Krafttraining favorisieren Sandra Urban, Renate Grof und Silja Gülicher, um etwa den „*Nebenwirkungen entgegen zu wirken, die durch das lange Sitzen entstehen*" lacht Silja Gülicher.

Neben weiteren Aktivitäten, die von unseren Expertinnen in ihrer Freizeit gerne ausgeübt werden, etwa Kochen, Reisen und Gartenarbeit, betonen aber auch fast alle, dass ihnen die soziale Komponente sehr wichtig ist. Dies bezieht sich auf Treffen mit Freunden. Freundschaften zu pflegen und soziale Netzwerke aufrecht zu erhalten wird von den Expertinnen als ein bedeutsamer Aspekt herausgestellt, um eine gesunde Work-Life-Balance zu haben. Ein Grund für den hohen Stellenwert der sozialen Kontakte ist, dass man sich „*nicht nur über seinen Job definieren*" (Silja Gülicher) sollte.

Bei den Expertinnen mit Familie steht diese im Mittelpunkt der Freizeitgestaltung. Dabei habe Odile Limpach für sich gelernt, dass ihr die Zeit mit der Familie auch wieder besondere Kraft gebe und sie keinesfalls darunter beruflich leide – im Gegenteil. Allerdings ist die Vereinbarkeit von Beruf und Familie für manche Expertinnen auch nicht einfach. So hat etwa Freya Looft teilweise auch ein schlechtes Gewissen und äußert sich nicht ganz glücklich, wenn sie erklärt: „*Ich weiß nicht, was sich Frauen in ähnlichen Positionen wünschen – ich bin nicht ganz zufrieden. Aber ich glaube, man braucht 24 Stunden am Tag, um eine gute Mutter zu sein, die viel Zeit mit den Kindern verbringt und ebenfalls in der Geschäftsführung tätig ist. Insofern wird es immer so sein, dass man denkt, man tut im einen oder anderen Bereich zu wenig, auch wenn man Hilfe hat*". Gerade die Frage nach der Vereinbarkeit von Beruf und Familie in der Games-Branche ist folglich immer noch einen Diskussionspunkt, wie auch die persönliche Einschätzung von Blake (vgl. 2011, S. 248 f.) nahe legt. Dabei kann als eine entscheidende Veränderung in der Erwerbstätigkeit von Frauen darin gesehen werden, dass „Frauen mit Kindern verstärkt berufstätig sind bzw. bleiben" (Heintz und Nadai 1998, S. 80). Dies gilt auch für unsere Expertinnen. Allerdings verweisen einige Expertinnen darauf, dass man möglicherweise als „*Frau nach wie vor im Nachteil ist, wenn man ein Kind bekommt. Du musst theoretisch eine ganze Weile aus deinem Job ausscheiden*" (Franziska Lehnert). Die Branche ist allerdings, wie oben beschrieben, sehr schnelllebig und stetig im Wandel. Die Industrie muss schnell auf Marktveränderungen reagieren. Dies könnte ebenfalls ein Grund dafür sein, erklärt Freya Looft, dass Frauen „*wegen der Doppelbelastung von Beruf und Familie auch nach sicheren Arbeitgebern*" suchen, die sie in der Games-Branche eher nicht finden.

Dabei wird die „Balance zwischen Arbeits- und Privatleben" als eine wesentliche Voraussetzung angesehen, „um die Einsatzbereitschaft, Loyalität und Motivation der Arbeitskräfte dauerhaft zu erhalten (Bundesministerium für Familie et al. 2005, S. 14). Dies haben auch Games-Unternehmen erkannt, und so stellt sich auch Odile

Limpach als Managing Director eines Entwicklungsstudios die Frage: „*Wie schaffen wir es, dass die Mitarbeiter gerne bei uns sind, dass sie eine gute Work-Life-Balance haben?*" Hierzu können Instrumente und Maßnahmen zur Unterstützung angeboten werden. Die Firma von Odile Limpach hilft etwa bei den Kindergartenkosten und Gitta Blatt führt aus, dass auch ihr Unternehmen versucht, familienfreundlich zu sein, indem z. B. ein Babysitter-Notdienst eingerichtet wurde sowie eine Kita-Kooperation. Neben der Unterstützung der Kinderbetreuung als Instrument zur Bindung von Mitarbeiterinnen und Mitarbeitern stellen Unternehmen auch Weichen für die Gesundheitsprävention. So wird Sport ebenfalls von einigen Games-Unternehmen gefördert, wobei auch Odile Limpach darauf hinweist, dass in ihrem Unternehmen daneben ebenso eine gute Ernährungsphilosophie wichtig ist.

Betrachtet man insgesamt die Aussagen zur Selbsteinschätzung der persönlichen Work-Life-Balance, dann wird deutlich, dass die Expertinnen mit dieser durchaus zufrieden sind. Zum gleichen Ergebnis kommen auch Prescott und Bogg (2011a, S. 22) in ihrer Studie. Die eigene Work-Life-Balance als positiv und zufriedenstellend zu empfinden, könnte ferner nach der Studie von Wimmer und Sitnikova (2012) mit der Identifikation der Arbeitstätigkeit, den Arbeitsinhalten und der Branche zusammenhängen und diese ist, wie oben beschrieben sehr groß. Dementsprechend erklären auch alle Expertinnen, dass ihnen die Arbeit sehr viel Spaß macht, man also nicht denkt, *„Och, eigentlich will ich gar nicht hier sein"* (Franziska Lehnert), sondern gerne arbeitet; man möchte schließlich auch sein Projekt zu Ende bringen. Hier werden Situationen sichtbar, in denen sich die Expertinnen mit einem bestimmten Leistungsstandard auseinandersetzen und dies positiv bewerten. Man könnte ihnen auch ein hoch ausgeprägtes Leistungsmotiv zuschreiben (vgl. Nerdinger et al. 2009, S. 426). Interessanterweise erklären sich dann auch gleich zwei Expertinnen, Gitta Blatt und Victoria Busse, mit einem etwas ‚zwinkerndem Auge' zu *„Workaholics"*.

Insgesamt wird aus der zusammenfassenden Darstellung ersichtlich, dass die befragten Expertinnen die Games-Branche auf sozialer Ebene, die vor allem die Arbeitsatmosphäre betrifft, als „locker" und „entspannt" charakterisieren. Auf emotionaler Ebene wird die Branche als „leidenschaftlich" bestimmt. Auf der Prozessebene muss die Branche „dynamisch", und „flexibel" reagieren, mit dem Ziel, stets „kreativ" und „innovativ" zu sein. Und in Bezug auf eine historische sowie soziodemografische Beschaffenheit haben wir es vornehmlich mit einer „jungen" Industrie und „jungen" Menschen zu tun.

Fasst man vor diesem Hintergrund die unterschiedlichen Punkte zusammen, die die Expertinnen an ihrer Arbeit begeistern und motivieren, dann sind dies vor allem die thematisierten Leistungserlebnisse, die Anerkennung der eigenen Tätigkeit, der Arbeitsinhalt sowie das Gefühl, neuen Herausforderungen zu begegnen und sich entfalten zu können. Dies sind überwiegend intrinsische Aspekte, die im Kontext der Arbeits- und Organisationspsychologie als Motivatoren bzw. Kontentfaktoren bezeichnet werden und Arbeitszufriedenheit erzeugen können.[78] Im Vergleich dazu fallen die Äußerungen der Expertinnen zu den Aspekten, die sie eher negativ beschreiben und zu einer gewissen Arbeitsunzufriedenheit führen können, eher gering aus. Zu nennen sind vornehmlich Unsicherheiten im Beschäftigungsverhältnis und ein gewisses Image der Branche, also Faktoren, die außerhalb der Tätigkeit selbst liegen.[79]

3.5 Praktische Ratschläge für den Berufseinstieg

Zum Abschluss möchten wir gern die Tipps zusammenfassen, die die Expertinnen in den Interviews verraten haben.[80] Welche Rolle spielen fachliche Kompetenzen, welche Bedeutung haben soziale Kontakte, was sind spezifische Anforderungen in der Branche – und lassen sich speziell Tipps für junge Frauen aufzeigen, die sich für die Games-Branche interessieren?

Fachliche Kompetenz durch spezialisierte Ausbildung/Studium Die Expertinnen selbst haben in ganz unterschiedlichen Bereichen studiert, aber sie sind sich einig, dass eine fundierte Ausbildung, am besten ein Studium, eine Grundvoraussetzung für die Arbeit in der Games-Branche ist.[81] Das Studium sollte *„Anknüpfungspunkte"* (Ruth Lemmen) für die Branche bieten, *„fachlich (...) fokussiert sein"* (Sandra Urban) oder am besten gleich speziell auf einen Bereich zugeschnitten sein: *„Auf jeden Fall ein Studium, und nicht zu allgemein, wir brauchen Spezialisten. Wir brauchen Game-Design-Spezialisten, wir brauchen Programmier-Spezialisten,*

---

[78] Persönliche und professionelle Erfüllung in der Arbeit stellt Teipen als die entscheidenden Faktoren heraus, die stark motivieren, in der Games-Branche zu arbeiten, im Gegensatz zu dem Bedürfnis langer Beschäftigungsverhältnisse. Zudem zeigte sich auch in ihrer Untersuchung eine Begeisterung für einen abwechslungsreichen Arbeitsalltag; auch hier gab es ferner kaum eine Person, die nicht eine starke Leidenschaft für digitale Spiele aufwies und von ihnen fasziniert gewesen ist (vgl. Teipen 2008, S. 325).

[79] Der Umstand, dass mehr Männer als Frauen in der Branche arbeiten, hat nach Aussagen unserer Expertinnen keinen direkten negativen Einfluss auf die Arbeitszufriedenheit. Möglicherweise führt dieser Umstand sogar dazu, dass sie motiviert werden, in ihrer Leistung besonders gut zu sein und sich stärker zu beweisen.

[80] So richtet sich – wie in der Einleitung angeführt – dieses Buch besonders auch an den neugierigen Nachwuchs und Branchen-Interessierte.

[81] Auf die Wichtigkeit einer fundierten, guten Ausbildung, um längerfristig in der Games-Industrie zu bestehen, weisen z. B. auch Müller-Lietzkow und Meister hin (2010, S. 91).

3.5 Praktische Ratschläge für den Berufseinstieg

Grafik-Spezialisten, reines Projektmanagement ..." rät Odile Limpach. Auch Freya Looft merkt an, dass ein *„Master ohne eine spezielle Ausrichtung [nicht] sinnvoll"* sei, denn *„was letztendlich zählt sind die Fachkompetenz und das Engagement"* (Ruth Lemmen). Besonders die Fachkompetenz ist Silja Gülicher in ihrem Feld der PR wichtig: *„Man [sollte] auf jeden Fall sein Handwerk beherrschen – Fan sein alleine reicht nicht."* Gleichzeitig geht es laut Gitta Blatt nicht darum, *„jahrelange Erfahrung nachzuweisen, sondern deutlich zu machen, dass man das Talent und die Smartness mitbringt."*

Diese Ratschläge zeigen deutlich, dass die Games-Industrie gerade auf dem Weg ist, sich zu professionalisieren (siehe dazu 3.6 „Ausblick"). Das bringt Freya Looft mit der Feststellung zum Ausdruck, dass die Gamesbranche *„keine Kinderschuhe"* mehr anhabe. Die Berufsprofile hätten sich *„spezialisiert"*, und entsprechend konkretisiert hätten sich auch die Anforderungen der Arbeitgeber.

Praktika und Kontakte knüpfen Neben spezialisierten Bildungswegen sind Praxiserfahrungen ein entscheidender Pluspunkt, um den richtigen Beruf zu finden und schließlich einen Job zu bekommen: *„Auf jeden Fall Praktika machen!"* fordert Silja Gülicher, und Franziska Lehnert findet zwar das *„Studium [...] wichtig, aber Eigeninitiative hilft bedeutend mehr."* Aus der Perspektive der Game Designerin betont auch Kathleen Kunze, dass praktische Erfahrungen wichtiger sind als gute Noten: *„Gute Noten sind die eine Sache – ich weiß, dass Mädchen manchmal mehr darauf achten als Jungs. [...] Durch Praktika und durch praktische Arbeiten Erfahrungen zu sammeln, das ist das Allerwichtigste."* So gilt es laut Wiebe Fölster, *„so früh wie möglich [zu] versuchen, Kontakte aufzubauen"*. Um eine Praktikumsstelle zu bekommen und erste Kontakte in die Branche zu knüpfen, empfehlen sowohl Franziska Lehnert als auch Petra Fröhlich, auf Konferenzen und Messen zu gehen, wie die gamescom oder die Quo Vadis. Dort kann man sich *„live ein Bild von dem Unternehmen machen"*, so Petra Fröhlich. Außerdem raten Sandra Urban und Petra Fröhlich, für ein Praktikum oder den Berufseinstieg aufgrund der Reputation eher bekannte große Studios und Publisher zu wählen, denn dort könne man *„nachhaltig lern[en] oder vielleicht später auch in andere Bereiche wechseln"* (Sandra Urban). Insgesamt raten die Expertinnen, dass man sich gut beraten lassen sollte. Petra Fröhlich gibt beispielsweise den Tipp, sich bei *„Initiativen, die Informationsmaterial zur Verfügung stellen und entsprechende Kontakte herstellen können"*, zu informieren.

Sehr gute Englischkenntnisse Eine weitere Anforderung, die viele der Expertinnen auf die Frage, was man für die Branche mitbringen sollte, anführen, sind gute Englisch-Kenntnisse. Die Games-Branche ist international und sowohl Entwickler und Publisher als auch hybride Online- und Browsergames-Unternehmen arbeiten in einem globalen Markt und haben z. B. häufig weitere Entwicklungsstudios, die in anderen Ländern beheimatet sind. Deshalb, erklärt Odile Limpach, sei es für den Beruf sehr hilfreich, wenn man „Multikulturelles mag". Außerdem sind auch in den deutschen Unternehmen die Teams oft international aufgestellt – „Wir haben mittlerweile Mitarbeiter aus der ganzen Welt hier, zum Beispiel aus Portugal, Rumänien oder Japan" führt sie weiter aus – deshalb ist die Firmensprache in der Regel Englisch.[82] Franziska Lehnert gibt in ihrem Gespräch zu, das sie zunächst „Respekt" hatte vor der Tatsache, dass bei Crytek nur Englisch gesprochen wird, „aber mittlerweile ist das so selbstverständlich" geworden, dass sie sich „das Gegenteil gar nicht vorstellen" kann. Und: „Sicherlich ist die Games-Industrie ein internationales Business", was die Beherrschung einer gemeinsamen Sprache („eine zweite wäre sicherlich hilfreich") notwendig macht, resümiert Freya Looft. Als Konsequenz dieser zunehmenden Internationalisierung der Branche bringt Ruth Lemmen aus ihrer Sicht als Referentin des BIU die Voraussetzungen für die Branche auf den Punkt: „Gute bis sehr gute Englischkenntnisse sind (...) generell sehr wichtig für unsere Arbeit, egal in welcher Position". Es empfiehlt sich also, bereits während der Schul- und der weiteren Ausbildungszeit darauf zu achten, die eigenen Englisch-Kenntnisse zu trainieren und auszubauen.

Softskills – vom Spezialisten zum Teamplayer In den Gesprächen haben die interviewten Frauen über die qualifizierte Ausbildung und damit verbundene Fähigkeiten hinaus auch einige Fertigkeiten aufgeführt, die helfen können, in der Games-Branche Fuß zu fassen. Dazu zählen eine hohe Leistungsbereitschaft verbunden mit einer Leidenschaft für den eigenen Beruf und das Produkt. Silja Gülicher betont, dass sie von Berufseinsteigern erwartet, dass sie „150 % Einsatz" zeigen, schließlich „muss ja noch so viel gelernt werden, so vieles ist noch neu". Neben der Leistungsbereitschaft erwarten die Expertinnen Teamfähigkeit. Der hohe Workload lasse sich nämlich nur im Team bewältigen, was eine „hohe emotionale Intelligenz" vorrausetze, erklärt Silja Gülicher. Entsprechend ist es wichtig, soziale Kompetenz zu demonstrieren. Dies gilt auf jeden Fall schon im Vorstellungsgespräch. Denn in den Gesprächen werde geschaut, ob die jeweilige Person „gut ins Team passt" gibt Renate Grof zu verstehen. Weiter sollte man neben dem „Talent" auch „Smartness" mitbringen, so der Tipp von Gitta Blatt. Renate Grof legt Wert darauf, ob jemand den „richtigen Spirit" mitbringt. Eine Komponente

---

[82] Die englische Sprache ist seit langem die globale Lingua franca. Im Zuge der Globalisierung haben sich die Anforderungen auch an Arbeitnehmer verändert. Immer häufiger wird in der Arbeitswelt erwartet, die englische Sprache kompetent zu beherrschen (siehe auch Ganguin und Götz 2014, S. 229)

des „richtigen Spirits" ist eine allgemeine Neugier an den Medien, wie Freya Looft anführt. Ihrer Auffassung nach soll man viel „nach rechts und links schauen, was in anderen Medien gerade passiert", denn die Spielebranche ist jung und entwickelt sich „schneller [...] als andere Segmente". Insgesamt werden soziale Kompetenzen auch für die Games-Branche immer wichtiger.[83]

Spielerische Leidenschaft Auch wenn man kein „Hardcore"-Gamer mehr sein muss, um in der Spiele-Industrie einen Job zu bekommen, sollte man doch eine gewisse Leidenschaft für digitale Spiele aufbringen und sich mit diesen intensiv auseinandersetzen – unabhängig davon, ob man in der Entwicklung, dem Publishing oder angrenzenden Bereichen arbeiten möchte. In den Expertinnen-Gesprächen ist deutlich geworden, dass alle Frauen, wenn auch mit unterschiedlichen Genre-Präferenzen und unterschiedlichen Zeitbudgets, spielen – mindestens beruflich, aber häufig auch privat. Entsprechend raten sie, ein „Grundinteresse an Spielen" (Silja Gülicher) sowie eine „Leidenschaft zum Spielen" (Ruth Lemmen) mitzubringen, zu versuchen, „ein Spiel zu verstehen, also hinter das Spiel gucken" (Wiebe Fölster) und „über Entwicklungen auf dem Laufenden zu bleiben" (Victoria Busse). „Wer nicht selber spielt, der hat sich, zumindest im Produktmanagementbereich, wenn nicht sogar in der kompletten Games-Branche – nicht richtig positioniert", verdeutlicht Catherina Herminghaus. Im Bereich des Game-Design, geht Kathleen Kunze sogar noch einen Schritt weiter: Man sollte nicht nur selbst spielen, sondern am besten auch mal ein kleines „Spiel zusammen mit Freunden entwickel[n]", das man als Referenzbeispiel bei der Bewerbung anführen kann.

Speziell für Frauen: Nicht abschrecken lassen vom Image der Männerdomäne Zusätzlich zu den allgemeinen Tipps geben die Expertinnen auch Ratschläge speziell für den weiblichen Nachwuchs. Ganz grundsätzlich sollte sich eine Frau nicht dadurch von ihrer Berufswahl abhalten lassen, dass die Computer- und Videospiel-Industrie zurzeit noch „von Männern dominiert wird" sagt Wiebe Fölster. Schließlich – und das haben die Interviews deutlich zum Ausdruck gebracht – fühlen sich alle Expertinnen recht wohl in der Branche. Und wenn dann doch ‚Männer-Sprüche' kommen, sollte man als Frau lernen, diese zu kontern und sie nicht zu persönlich nehmen. So sollte, wer in der Branche Fuß fassen will, nicht zu „sensibel" sein (Franziska Lehnert). Ein „dickes Fell" kann demnach nicht schaden, ermuntert Sabine Hahn. Gleichzeitig ist es ihrer Meinung nach hilfreich, wenn

---

[83] So haben auch nach den Erfahrungen von Blake (2011, S. 244 f.) besonders die Softskills wie Team- und Kommunikationsfähigkeit in der Games-Branche an Bedeutung gewonnen. Weitere Voraussetzungen sind natürlich immer auch Kreativität und Innovationskraft (vgl. Müller-Lietzkow und Meister 2010, S. 91).

man bei männlichen Smalltalk-Themen mitreden könne: Man muss „*ein bisschen Ahnung von Fußball haben, über Schenkelklopfer lachen können, ein bisschen Bier trinken können*". Sich ein Stück weit auf die eher männlich geprägten Gepflogenheiten der Branche einzulassen, kann laut Sabine Hahn folglich nützlich sein.[84] Allerdings sollte man auch auf jeden Fall „*authentisch bleiben*", appelliert Renate Grof: „*Frauen sollten sich nicht so verhalten, wie sie glauben, sich in einer vermeintlichen Männerdomäne verhalten zu müssen.*" Vielmehr gehe es darum, die eigenen „*Stärken*" bewusst einzusetzen. In der Teamfähigkeit sehen die Expertinnen beispielsweise eine Stärke von Frauen, die es gelte zum Vorteil zu nutzen.

Als Head of Human Resources fasst Gitta Blatt alle Tipps anschaulich und prägnant zusammen:

> Versucht es einfach und probiert Euch aus, es gibt viele neue Job-Profile, die im Entstehen sind und geprägt werden können. Ich halte es für wichtig, sich auszuprobieren, seine Träume zu verfolgen und diese zu testen. [...] Eine gute Ausbildung und ein gutes Diplom sind ebenfalls wichtig. [...] Generell braucht man Ausdauer, Flexibilität, Kreativität, Passion und eine Art von Perfektionismus, der einen antreibt, nach immer neuen Wegen und Verbesserungen zu suchen. Man sollte sich gut vernetzen und möglichst viel Erfahrung sammeln. Mein Motto: ‚Show me someone with passion!'

3.6 Ausblick: Professionalisierung der Games-Branche?

In der Einleitung haben wir Computerspiele als Kulturgut diskutiert. Anhand der Anerkennung des Deutschen Kulturrates sowie der Aufnahme in den Kreis der deutschen Kultur- und Kreativ-Industrie haben digitale Spiele auf politischer und wirtschaftlicher Ebene in den letzten Jahren an Ansehen gewonnen. Über die zunehmende Akzeptanz digitaler Spiele in der Gesellschaft berichten auch unsere Expertinnen. Dies zeige sich auch darin, dass ihr Beruf als Handwerk anerkannt wird. Zudem haben digitale ihren Platz in der Gesellschaft als gern gesuchte Freizeitbeschäftigung gefunden. Spielerin oder Spieler zu sein, sei im Vergleich zu früher nichts, wofür man sich „schämen" müsste. Trotzdem sehen sich die Interviewten immer noch mit bestimmten Vorurteilen konfrontiert, besonders wenn es um die Gewaltdiskussion geht. Es ist ihnen aber wichtig, dass digitale Spiele nicht auf dieses Thema reduziert werden.

---

[84] Hieran lässt sich zeigen, dass Sabine Hahn sich den männlichen Gepflogenheiten anpasst, die laut Heintz und Nadai möglicherweise der „eigenen Geschlechtsidentität zuwiderlaufen" (Heintz und Nadai 1998, S. 82).

3.6 Ausblick: Professionalisierung der Games-Branche?

Ausgangspunkt der Untersuchung zu Berufsbiographien von Frauen in der Games-Branche waren zwei übergeordnete Fragestellungen, die wir hier noch einmal aufgreifen möchten. Die erste Leitfrage war, warum sich unsere Expertinnen für einen Weg in die Games-Branche entschieden haben und was sie an ihrer Arbeit fasziniert?

Insgesamt fällt auf, dass der Berufsweg in die Games-Branche zumeist nicht strategisch geplant wurde – zumindest stellen es die Frauen nicht so dar. Es war nicht ihr lang gehegter Wunsch, in den Spielesektor einzusteigen. Dies steht im Gegensatz zur internationalen Forschungsliteratur, die sagt, dass die meisten Beschäftigten in der Games-Industrie ihr Hobby zum Beruf machen wollen. Häufig war es laut den Expertinnen dem Zufall oder dem Glück geschuldet, dass sie in der Branche ‚gelandet' sind. Allerdings spielten soziale Kontakte eine wesentliche Rolle. So wurden viele durch Freunde, Bekannte, Kollegen oder Mentoren auf die Branche bzw. auf eine Stelle in der Branche aufmerksam.

Obwohl demnach die eigene Spielleidenschaft nicht der ausschlaggebende Grund gewesen ist, dass sich unsere Expertinnen für die Games-Branche entschieden haben, zeigt sich, dass alle sehr wohl von Video- und Computerspielen fasziniert sind. Sie spielen privat wie auch beruflich und in den Interviews wird der Eindruck erweckt, dass sie sich sehr stark mit dem Medium wie auch mit der Branche identifizieren. Dies wirkt auf die Expertinnen motivierend und macht für sie die besondere Arbeitsatmosphäre aus: Arbeiten im Team mit Gleichgesinnten. Dabei sei ein freundschaftlicher, lockerer Umgang miteinander in der Branche üblich. Die Expertinnen haben eine große Leidenschaft für ihre berufliche Tätigkeit. Sie interpretieren ihre Arbeit nicht als „Zwang", sondern es geht ihnen um Selbstverwirklichung, die Möglichkeit, eigene Ideen zu umzusetzen, kreativ und selbstbestimmt zu sein. Nicht zuletzt der Faktor „Spaß an der Arbeit" scheint in allen Interviews auf.

Die zweite Leitfrage bezog sich auf Erfahrungen, in einem männergeprägten Berufszweig zu arbeiten. Vor dem Hintergrund des Fachkräftemangels, der angenommene Vorteile von gemischten Teams und besonders im Hinblick auf die Zielgruppe „Frauen" führen die Expertinnen an, dass ihr Fachwissen und ihre Kompetenzen gefragt sind. Dabei scheinen sie aber eher Zugang zu bestimmten Bereichen der Branche zu haben. Mit ihren Aussagen zu „frauenaffinen" Berufsfeldern bestätigen die Interviewten die vertikale Segregation der Branche (vgl. Prescott und Bogg 2011b).

Ferner lassen sich bestimmte Herausforderungen, in einer männlich geprägten Berufskultur das ‚weibliche Arbeitsvermögen' einzubringen, aus den Gesprächen ablesen. Vorurteile (wie ein geringes Technikinteresse oder eine weniger ausgeprägte Spielkompetenz) sowie die oftmals auf eine männliche Zielgruppe ausgerichteten Spielinhalte und der Umstand, dass man sich als Frau in einer männlich-geprägten Unternehmenskultur beweisen muss, werden in diesem Kontext genannt. Zudem wird die Schwierigkeit angesprochen, Beruf und Familie zu vereinen. Frauen sollen beruflich ‚ihren Mann' stehen und gleichzeitig für die Familie da sein. Hinzu kommen der für die Branche charakteristische hohe ‚Workload' sowie die Schnelllebigkeit des Marktes, sodass man es sich nicht leisten kann, für längere Zeit aus dem Beruf auszuscheiden. Solche Herausforderungen der Branche gelten für Männer und Frauen gleichermaßen, jedoch ist die Doppelbelastung von Beruf und Familie für Frauen besonders relevant und stellt ein Kriterium bei der Berufswahl und -ausübung dar (vgl. Heintz und Nadai 1998, S. 83).[85] Diese Aspekte werden jedoch von den meisten Expertinnen nicht als tatsächliche Barrieren verstanden oder thematisiert, sondern als zu meisternde Aufgaben.

Die hier aufgezeigten Berufsbiographien von Frauen haben deutlich gemacht, dass es einen allgemeinen „Königsweg" in die Games-Branche nicht gibt, aber in den letzten Jahren habe sich die Branche immer stärker professionalisiert.[86] Es werden immer häufiger Spezialisten benötigt, um im globalen Wettbewerb mitzuhalten. Dabei ist eine fundierte Ausbildung für das Bestehen in der Games-Branche heute dringend notwendig, so der Tenor unserer Expertinnen – die (fast) alle selbst ein Studium absolviert haben. Allerdings handelte es sich hierbei zumeist nicht um einen games-spezifischen Studiengang. Stattdessen ist der Großteil der Expertinnen durch einen Quereinstieg in die Branche gekommen. Vor dem Hintergrund neu etablierter und games-spezifischer Studiengänge und des sich verändernden Marktes stellt sich die Frage, ob der Quereinstieg in die Branche weiterhin die vornehmliche Praxis sein wird. Denn, wie Odile Limpach anführt, werden zunehmend Spezialisten im Bereich des Game-Designs, der Programmierung etc. gesucht. Es lässt sich demnach für die Games-Branche die These formulieren, dass es in Zukunft immer schwieriger sein wird, ohne eine spezialisierte Ausbildung in die Branche einzusteigen. Können möglicherweise Frauen von dieser Entwicklung und dem wachsenden Angebot games-spezifischer Studiengänge profitieren? In der Forschungsliteratur findet sich genau eine solche Schlussfolgerung: Games-spezifische Studiengänge mit Projekten und Praktikumsprogrammen sind für Frauen beson-

---

[85] Für zukünftige Forschungsarbeiten wäre ein Geschlechtervergleich der Wahrnehmung und Beurteilung von möglichen Herausforderungen in der Berufsbiografie spannend.

[86] Professionalisierung ist ein Prozess, „in dem es um den Erwerb und die Kodifizierung von akademischem Expertenwissen, um die Entwicklung eines spezifischen Berufsethos, um die Festschreibung der Zugangsvoraussetzungen für bestimmte Berufsbereiche oder um den Aufbau berufsständischer Vereinigungen geht, die in relativer Autonomie die Interessen der Profession definieren und vertreten – und all dies allem Anschein nach ohne Ansehen des Geschlechts" (Wetterer 1992, S. 7).

ders interessant, denn sie ermöglichen ihnen nicht nur einen direkten Zugang zur Industrie, sondern fördern auch ihr Selbstbewusstsein, in einer eher männerdominierten Industrie zu arbeiten (vgl. z. B. Fullerton et al. 2008, S. 169 ff.). Allerdings ist aus der Geschlechterforschung bekannt, dass Professionalisierungsprozesse – historisch betrachtet – immer auch gleichzeitig „Prozesse der Ausgrenzung und später zumindest der Marginalisierung von Frauen" (Wetterer 1993, S. 12) waren. Unsere Expertinnen haben hingegen die Beobachtung gemacht, dass immer mehr Frauen ihren Weg in die Games-Branche (auch aufgrund von ensprechenden Ausbildungsangeboten) finden. Allerdings wünschen sie sich immer noch ein ausgeglicheneres Geschlechterverhältnis sowie eine Unternehmenskultur in der Frauen sich wohlfühlen („*Es gibt nicht nur Bier im Kühlschrank, sondern eben auch den Piccolo*" – Gitta Blatt). Trotzdem geben die Expertinnen jungen Frauen den Tipp, sich nicht von der Männerdomäne Games-Branche abschrecken zu lassen. Die Branche ist spannend und faszinierend, die Arbeit ist vielfältig und kreativ. Es ist ein abwechslungsreiches Feld für ‚starke' Frauen – für „Pac-Woman" und „Super Maria".

Nachwort

4

Dieses Buch zeigt, dass und vor allem wie Frauen in der Gamesbranche erfolgreich sind und sein können. Es sollte jungen Frauen Mut machen, sich mit einem hoch spannenden Berufsfeld auseinander zu setzen, das ungewöhnliche und kreative Möglichkeiten und vor allem Entfaltungsspielräume bietet wie kaum eine andere Branche.

Frauen bringen Sichtweisen ein, die ein so komplexes kreativ-technisches Produkt wie ein Computerspiel nur bereichern können. Aber prozentual gesehen sind Frauen in der Branche noch deutlich unterrepräsentiert. Dabei liegt der Anteil an weiblichen Spielern bundesweit inzwischen bei 45 Prozent. Demnach ist es verwunderlich, dass das Interesse daran, in dieser Branche auch zu arbeiten, noch immer so hinterher hinkt. Auch wenn es noch keine Erhebungen dazu gibt, wird geschätzt, dass derzeit kaum mehr als 15 % der Arbeitnehmer in den Entwicklerunternehmen weiblich sind.

Ist die Gamesbranche also männerdominiert? Wenn man einschlägige Konferenzen besucht und die Anzahl der teilnehmenden Frauen mit denen der Männer abgleicht – ja. Beschäftigungszahlen – so vorhanden – in Entwicklerunternehmen oder gar bei Publishern: ein ähnliches Bild. Von Verbänden ganz zu schweigen. Bei der Betrachtung von Führungspositionen sogar eklatant. Da sehen Vorstände und Geschäftsführung ähnlich aus wie in DAX-Unternehmen. Im Durchschnitt sind 80–90 % der Führungspositionen in deutschen Spieleschmieden von Männern besetzt.

Aber ist diese Situation dem Umstand geschuldet, dass Frauen keinen Einlass erhalten in die Branche? Nach meinem Eindruck ist das Gegenteil der Fall. Zumindest Entwickler sind froh, wenn sich gut ausgebildete Frauen auf die unterschiedlichsten Posten bewerben, und eröffnen ihnen bei entsprechender Eignung sämtliche Aufstiegschancen. Erfolgreiche Spieleunternehmen werben sogar explizit um Frauen und unterstützen Initiativen wie den „Girls Day" oder bringen eigene auf den Weg.

Die grundsätzlichen Probleme sind nicht neu, wie die frisch aufgelegte Debatte zur Frauenquote jüngst zeigt: (Un-)Vereinbarkeit von Familie und Beruf trifft Frauen häufig drastischer als Männer. Das ist sicher auch in der Spielebranche kaum anders, jedoch zeichnet sich diese sehr wohl durch Flexibilität auch hinsichtlich Arbeitszeitgestaltung aus.

Dann fiel mir die erste Frage ein, die mir ein Journalist stellte, als ich zur Professorin berufen wurde: „Wieso spielen Sie eigentlich – als Frau?" Und ob „Spiele für Frauen zu entwickeln bedeuten würde, Gameboys rosa zu lackieren?" Vorurteile dieser Art schrecken Frauen nicht ab, aber die beruflichen Möglichkeiten offenbaren sich möglicherweise nicht so offensichtlich wie für Männer. Das Hobby zum Beruf zu machen, bedeutet für sie scheinbar eine geringere Hürde als für Frauen.

In meiner Studentenschaft habe ich jahrelang beobachtet, dass die Anzahl der weiblichen Studenten sukzessive anstieg: von nicht einmal 10 % auf schließlich 50 %. In der Ausbildung wächst also sichtbar der Anteil von Frauen, die ernsthaft in die Spielebranche einsteigen wollen. Es gibt also immer mehr gut ausgebildete Frauen auf der einen Seite und eine offene Branche auf der anderen. Vielleicht ist es nur eine Frage der Zeit, bis dieses Thema vom Tisch ist.

Professorin Dr. Linda Breitlauch
Fachhochschule Trier

Übersicht: Initiativen

Initiative	Gründung	Inhalte	Link zur Homepage
Berlin Geekettes Hamburg Geekettes	2012 2013	*Geekettes* ist eine gemeinnützige Organisation, die Frauen im Tech-Bereich zusammenbringt. Die Community von Frauen hat es sich zum Ziel gesetzt, aufstrebende und etablierte Gründerinnen im Technologiebereich zu fördern und zu unterstützen. Dahinter steht die Überzeugung, dass Unternehmen und Produkte in der Zukunft umso erfolgreicher und vielfältiger sein werden, je mehr Frauen sich im technischen Design, in der Entwicklung und als Führungskräfte in technischen Bereichen engagieren	Berlingeekettes. com hamburggeekettes.com
Difference Engine Initiative	2011	*Difference Engine Initiative* ist ein Programm, das der Unterstützung von Frauen, die ihr erstes Videospiel entwickeln wollen, dient. Die Initiative wurde als Kollektivarbeit der Organisation Hand Eye Society, der Ryerson Universität und dem Toronto International Film Festival gestartet, um mehr Personen aus unterrepräsentierten Gruppen für die Videospiel-Industrie zu gewinnen, zunächst mit dem Fokus auf Frauen. Sechs Wochen lang erfahren die Teilnehmer etwas von professionellen Spielemachern, erlernen die Grundzüge des Spiele-Designs und werden bei der Realisierung ihres ersten Projektes gelenkt	Handeyesociety. com/project/ the-difference-engine-initiative

Initiative	Gründung	Inhalte	Link zur Homepage
Feminists in Games	2012	*Feminists in Games* ist eine Initiative, deren Mitglieder darum bemüht sind, eine stärker vernetzte Gemeinschaft von Studenten und Praktizierenden zu schaffen, um Brücken zwischen Industrie und der Wissenschaft aufzubauen. Mit dem Aufbau dieser Zusammenarbeit geht es um die Schaffung und Erhaltung von Veränderung auf drei Gebieten:	www.feministsingames.com
		Methodologie: Wie Forschung in Bezug auf Geschlecht und Spielablauf begrifflich erfasst und umgesetzt wird;	
		Stipendium: um Bildungsentwicklung von und Möglichkeiten für neue Fachkräfte in dem Bereich zu unterstützen; und	
		Industrie: Rückgabe von Feedback an die Partner in der Industrie, sowie Unterstützung von Frauen, die bereits in der der Spiele-Industrie arbeiten oder aber einsteigen	
IDGA (International Game Developers Association) Women in Games SIG (Special Interest Group)	2005	Die *IGDA* Women in Games Special Interest Group wurde gegründet um positive Effekte auf die Spiele-Industrie in Bezug auf Geschlechter-Balance am Arbeitsplatz und am Markt allgemein zu erzeugen. Die Interessengemeinschaft arbeitet an der Entwicklung von Methoden, mit denen derzeit in der Industrie beschäftigte Frauen unterstützt, gefördert und ermutigt werden. Außerdem wird mit verschiedenen Programmen um Frauen in der Games-Branche geworben und versucht, dieses Feld für Frauen attraktiver zu gestalten. Darüber hinaus geht es der Interessengemeinschaft um die Schaffung eines Bewusstseins für den Einfluss und den Wert von weiblichen Fachkräften in der Industrie und um zahlenmäßige Schätzungen in Bezug auf die in der Spiele-Industrie beschäftigten Frauen	www.igda.org

Übersicht: Initiativen

Initiative	Gründung	Inhalte	Link zur Homepage
„Komm, mach MINT."	2008	„Komm, mach MINT" ist ein nationaler Pakt zwischen Politik, Wirtschaft, Wissenschaft und Medien für Frauen in den sogenannten MINT-Berufen (Mathematik, Informatik, Naturwissenschaft und Technik) und Bestandteil der Qualifizierungsinitiative der Bundesregierung „Aufstieg durch Bildung". Ziel des Paktes ist es, das Bild der MINT-Berufe in der Gesellschaft zu verändern und das Potential von Frauen für naturwissenschaftlich-technische Berufe angesichts des sich abzeichnenden Fachkräftemangels zu nutzen. Im Einzelnen bedeutet das:	www.komm-mach-mint.de
		ein realistisches Bild der ingenieur- und naturwissenschaftlichen Berufe zu vermitteln und die Chancen für Frauen in diesen Feldern aufzuzeigen,	
		junge Frauen für naturwissenschaftlich-technische Studiengänge zu begeistern,	
		Hochschulabsolventinnen für Karrieren in technischen Unternehmen und Forschungseinrichtungen zu gewinnen	
Women In Games	2004	*Women in Games* ist eine Initiative, die sich zum Ziel gesetzt hat, die Rolle von Frauen in der Spiele-Entwicklung zu stärken. Dabei werden wissenschaftliche und industrielle Perspektiven auf wegweisende Arbeiten in der Computerspiel-Forschung, -Entwicklung und -Bildung hervorgehoben und der Fokus auf Themen gelegt, die für Frauen von besonderem Interesse sind. So wird eine Beseitigung des Geschlechter-Ungleichgewichtes angestrebt und ein vollständigeres Verständnis von Spielen und dem Spielprozess zu erlangen versucht	www.womeningames.com
Women In Games International (WIGI)	2004	*Women in Games International* ist eine Initiative sowohl männlicher als auch weiblicher Fachkräfte der Games-Industrie, die sich für die Inklusion und Förderung von Frauen in der globalen Spiele-Industrie stark macht. Dem liegt das Verständnis zugrunde, dass eine erhöhte Gleichheit und Kameradschaft unter den Geschlechtern globale Auswirkungen auf verbesserte Produkte, eine höhere Konsumenten-Zufriedenheit und eine insgesamt stärkere Spiele-Industrie hat	www.womeningamesinternational.org

Initiative	Gründung	Inhalte	Link zur Homepage
Women In Games Jobs (WIGJ)	2009	*Women in Games Jobs* ist eine Organisation, die es sich zur Aufgabe gemacht hat, dass mehr Frauen ihren Weg in die Spieleindustrie finden. In diesem Zusammenhang werden Vorbilder gefördert und Frauen, die gerne den Einstieg in die Spieleindustrie wagen würden, beratend und unterstützend zur Seite gestanden. Die Mitglieder der Organisation machen sich außerdem dafür stark, dass die Industrie für Frauen attraktiver gestaltet wird. Des Weiteren geht es den Mitglieder der Initiative um eine Sensibilisierung führender Repräsentanten der Branche für das Thema „Frauen in der Spiele-Industrie"	www.womeningamesjobs.com

Glossar

Accelerometer (dt.: Beschleunigungssensor): Dieser kann beispielsweise in einem Mobiltelefon eingebaut sein. Es handelt sich dabei um einen Sensor, der die Bewegungen eines Handys erfassen und messen kann. Dieser ermöglicht beispielsweise die Bildschirmanpassung bei Drehen eines Smartphones in Hochkant- oder Querformat. Außerdem dient der Sensor beispielsweise zur Spielsteuerung über das Bewegen des Gerätes (z. B. beim Murmel-Labyrinth-Spiel auf dem Smartphone).

Betastadium/-phase (auch Closed-Beta oder Open-Beta): Eine Software im *Beta-Stadium* ist eine unfertige Version eines Programms. Um ihre Beta-Version zu testen, können Entwickler ihre Software in verschiedenen Beta-Stadien herausgeben. Eine *Closed-Beta-Version* wird nur an eine kleine, von den Entwicklern ausgesuchte Anwendergruppe vergeben und steht damit weiteren potenziellen Kunden sowie der Öffentlichkeit noch nicht zur Verfügung. Eine *Open-Beta-Version* wird einer breiteren Anzahl von Interessenten zur Verfügung gestellt, häufig um letzte Fehler in der Software zu finden und den Alltagsbetrieb zu testen.

Box-Product: Video- oder Computerspiel, das auf einem physikalischen Datenträger im Handel verfügbar ist (im Gegensatz zu einer Download-Version).

Cartridge (dt.: Spielmodul): Speichermedium, das für Computer- und Videospiele vorwiegend in den 1980er- und 1990er-Jahren genutzt wurde, z. B. beim Gameboy.

Casual Games: Gelegenheitsspiele, die durch schnelle Erfolgsergebnisse, relativ leichte Zugänglichkeit und intuitive Eingabemethoden gekennzeichnet sind.

Community Management: Alle Tätigkeiten rund um Konzeption, Aufbau, Leitung, Betrieb, Betreuung und Optimierung von virtuellen und real-weltlichen (Fan-)Gemeinschaften (eines digitalen Spiels).

Computer Generated Imagery: Fachausdruck für die elektronischen Bilderzeugung und -bearbeitung zur Erzeugung oder Intensivierung von Spezialeffekten oder zu Herstellung ganz eigener Bilder, Bildschichten, Hintergründe etc. Anwendung finden solche Verfahren beispielsweise in der Filmproduktion oder der Computersimulation.

Coop-Mode (dt.: Kooperationsmodus): Mehrspielervariante in digitalen Spielen bei der mehrere Spieler gemeinsam Einzelspielermissionen bestreiten. Es findet kein Wettstreit zwischen den Spielern statt, sondern ein Team spielt gegen einen oder mehrere Computergegner.

Core-Gamer: Der Ausdruck Core- oder Hardcore-Gamer bezeichnet eine stärker technik- und spielaffine Spielergruppe im Vergleich zu Gelegenheitsspielern. Core Gamer investieren viel Zeit und weitere Ressourcen in ihr Hobby und verfügen über entsprechendes Wissen und Fähigkeiten in diesem Bereich. Im Gegensatz zu Casual Games zeichnen sich Spiele für *Core Gamer* durch ihre höhere Komplexität, Dauer und Professionalität aus.

Cross-Platform (dt.: plattformübergreifend): Plattformübergreifende Spiele können auf verschiedenen Endgeräten, z. B. dem PC und dem Tablet gespielt werden.

Data Warehouse: Datenbank, in der Daten aus unterschiedlichen Quellen in einem einheitlichen Format zusammengefasst werden. Sie erleichtern Unternehmen den Zugang zu diesen Daten und dienen häufig zur Berichterstattung oder Datenanalyse.

DevKit (Development Kit): Sammlung von Werkzeugen und Anwendungen, die die Softwareentwicklung erleichtern.

Edutainment: Der Begriff *Edutainment* setzt sich aus den englischen Wörtern education (Bildung) und entertainment (Unterhaltung) zusammen und beschreibt die spielerische Vermittlung von Wissen.

E-Sport (elektronischer Sport): Sportlichen Wettkampf zwischen Spielern mit digitalen Spielen. E-Sport-Ligen organisieren z. B. die professionellen Wettbewerbe.

Fan-Art: Zeichnung eines Fans, beispielsweise über eine Fernsehserie, ein Buch oder ein digitales Spiel.

Free-to-Play: Spiele, die kostenlos gespielt werden können, also ohne dass Beiträge für die Nutzung des Spiels anfallen.

Front-End(-Entwicklung): Die Front-End-Entwicklung findet näher an der Benutzeroberfläche statt, während die Back-End-Entwicklung sich eher auf das dahinterliegende System bezieht.

Gamification: Anwendung spielerischer Mechaniken oder Elemente außerhalb von Spielen, um die Motivation oder das Engagement für etwas zu erhöhen, z. B. der Einsatz von Punktelisten für das Erfüllen bestimmter Aufgaben.

Handheld: Tragbare Spielkonsole, die zum Spielen in den Händen gehalten wird, z. B. Gameboy, Nintendo DS oder Wii U.

IGN (Imagine Games Network): Multimedia-News- und Review-Seite mit Fokus auf digitalen Spielen.

Interface Design (dt.: Schnittstellendesign): Disziplin innerhalb des Designs, die sich mit der Gestaltung von Benutzeroberflächen beschäftigt. Dabei geht es um eine Optimierung der kommunikativen Schnittstellen aus der Perspektive der Nutzer.

IP-Bewertung (Intellectual Property): Monetäre Bewertung von immateriellen Vermögenswerten eines Unternehmens, wie zum Beispiel von Marken, Patenten oder Rechten.

MMORPG (Massively Multiplayer Online Role-Playing Game): Digitale Spiele, die ausschließlich online mit und gegen mehrere tausend andere Spieler in einer virtuellen Welt gespielt werden, z. B. World of Warcraft.

Playtest: Vorgang, bei dem ein Computerspiel auf mögliche Fehler oder andere unerwünschte Effekte hin getestet wird, bevor es veröffentlicht wird.

Pro-Gamer (dt. Berufsspieler): Spieler, der das Spielen von Computer- oder Konsolenspielen auf professioneller Ebene betreibt.

Raid: kurzfristiger Zusammenschluss mehrerer Spieler, die das Ziel verfolgen, gemeinsam einen übermächtigen Gegner in einem (Online-)Spiel zu besiegen.

Relaunch: Strategie zur Verlängerung des Lebenszyklus eines Produktes durch zielgruppenspezifische Anpassungen im Angebot.

Steam: Internet-Vertriebsplattform von Valve Corporation für digitale Spiele, die neben dem Verkauf, der Wartung und der Überwachung den Spielern auch die Möglichkeit bietet, miteinander zu kommunizieren.

Tech-Lead: Person, die innerhalb eines bestimmten Projektes den technischen Überblick und in diesem Zusammenhang auch die Verantwortung hat, die technischen Belange zu steuern.

Triple-A-Spiele: Mit *Triple-A* wird ein Spiel bezeichnet, für dessen Entwicklung bis zur Markteinführung ein außerordentlich hohes Budget benötigt wird. Außerdem liegt die Entwicklungsdauer eines Triple-A-Spiels normalerweise über den durchschnittlichen Werten.

UX (User Experience): Alle Aspekte der Erfahrungen, die ein Nutzer mit einem Produkt oder einem Dienst macht.

Literatur

Acker, Joan. 1990. Hierarchies, jobs, bodies: A theory of gendered organizations. *Gender & Society* 4 (2): 139–158.

AON Hewitt/TIGA. 2013. Aon Hewitt and TIGA survey shows three per cent rise in salaries for UK games software developers. http://aon.mediaroom.com/2013-01-24-Aon-Hewitt-and-TIGA-survey-shows-three-per-cent-rise-in-salaries-for-UK-games-software-developers. Zugegriffen: 18. 12. 2013.

Aretz, Hans-Jürgen, und Katrin Hansen. 2003. Erfolgreiches Management von Diversity. Die multikulturelle Organisation als Strategie zur Verbesserung einer nachhaltigen Wettbewerbsfähigkeit. *Zeitschrift für Personalforschung* 17 (1): 9–36.

Autenrieth, Christine, Karin Chemnitzer, und Michel Domsch. 1993. *Personalauswahl und -entwicklung von weiblichen Führungskräften*. Frankfurt a. M.: Campus.

Baribeau, Tami. 2013. The 2013 game developer gender wage gap. http://borderhouseblog.com/?p=10567. Zugegriffen: 11. Jan. 2014.

Bath, Corinna, Heidi Schelhowe, und Heike Wiesner. 2010. Informatik. In *Handbuch Frauen- und Geschlechterforschung. Theorie, Methoden, Empirie*, 3., erw. und durchges. Aufl., Hrsg. Ruth Becker und Beate Kortendiek, 829–841. Wiesbaden: VS Verlag für Sozialwissenschaften.

Behrens, Johann, und Ursula Rabe-Kleberg. 2000. Gatekeeping im Lebensverlauf – Wer wacht an Statuspassagen? Ein forschungspragmatischer Vorschlag, vier Typen von Gatekeeping aufeinander zu beziehen. In *Biographische Sozialisation*, Hrsg. Erika M. Hoerning und Peter Alheit, 101–135. Stuttgart: Lucius & Lucius.

Berghahn, Sabine. 2012. Vereint im Kampf für die Frauenquote in Aufsichtsräten? – Eine kommentierende Betrachtung. Hrsg. v. Freie Universität Berlin. http://www.fu-berlin.de/sites/gpo/Aktuelles/berghahnquote.pdf?1361542000. Zugegriffen: 30. Jan. 2014.

Bischoff, Sonja. 1990. *Frauen zwischen Macht und Mann. Männer in der Defensive. Führungskräfte in Zeiten des Umbruchs*. Reinbek bei Hamburg: Rowohlt.

Bitkom. 2013a. Ansturm auf Informatik-Studienplätze hält an. http://www.bitkom.org/de/themen/54629_78050.aspx. Zugegriffen: 30. Jan. 2014.

Bitkom. 2013b. Erstmals über 900.000 Beschäftigte in der ITK-Branche. Pressemitteilung vom 28. Februar 2013. Berlin. http://www.bitkom.org/de/themen/54633_75196.aspx. Zugegriffen: 4. Feb. 2014.

BIU. 2011. Gamer in Deutschland 2011. Eine Studie des Bundesverband Interaktive Unterhaltungssoftware e. V. (BIU) auf Basis einer Befragung von 25.000 Deutschen durch die

GfK. Die Ergebnisse sind repräsentativ für 70 Millionen Deutsche. http://www.biu-online.de/fileadmin/user_upload/pdf/BIU_Profilstudie_Gamer_in_Deutschland_2011.pdf. Zugegriffen: 30. Jan. 2014.

BIU. 2013a. Marktvolumen: 752 Millionen Euro wurden im ersten Halbjahr 2013 in Deutschland für Computer- und Videospielsoftware ausgegeben. http://www.biu-online.de/de/fakten/marktzahlen/die-deutsche-gamesbranche-im-ersten-halbjahr-2012/marktvolumen.html. Zugegriffen: 18. Dez. 2013.

BIU. 2013b. Verkauf von Datenträgern und Downloads. http://www.biu-online.de/de/fakten/marktzahlen/datentraeger-und-downloads.html. Zugegriffen: 30. Jan. 2014.

BIU. 2013c. Arbeitsmarkt. http://www.biu-online.de/de/fakten/arbeitsmarkt.html. Zugegriffen: 30. Jan. 2014.

BIU. 2013d. Der Deutsche Computerspielpreis. http://www.biu-online.de/de/verband/projekte/deutscher-computerspielpreis.html. Zugegriffen: 18. Dez. 2013.

BIU. 2013e. Gamer in Deutschland. http://www.biu-online.de/de/fakten/gamer-statistiken/gamer-in-deutschland.html. Zugegriffen: 1. Feb. 2014.

BIU. 2014. Games Standort Deutschland. www.biu-online.de/de/themen/standort-deutschland.html. Zugegriffen: 1. Feb. 2014.

Blake, Kim. 2011. A woman in games: A personal perspective, 1993–2010. *International Journal of Gender, Science and Technology* 3 (1): 243–249.

Blunck, Andrea, und Irene Pieper-Seier. 2010. Mathematik: Genderforschung auf schwierigem Terrain. In *Handbuch Frauen- und Geschlechterforschung. Theorie, Methoden, Empirie*. 3., erw. und durchges. Aufl., Hrsg. Ruth Becker und Beate Kortendiek, 820–828. Wiesbaden: VS Verlag für Sozialwissenschaften.

Boerner, Sabine, Hannah Keding, und Hendrik Hüttermann. 2012. Gender Diversity und Organisationserfolg – Eine kritische Bestandsaufnahme. *Schmalenbachs Zeitschrift für betriebswirtschaftliche Forschung* 64:37–70. http://agensev.de/wp-content/uploads/2012_Boerner-Keding_H%C3%BCtter mann.pdf. Zugegriffen: 30. Feb. 2014.

Bruggemann, Agnes. 1974. Zur Unterscheidung verschiedener Formen von „Arbeitszufriedenheit". *Arbeit und Leistung* 28 (11): 281–284.

Bruggemann, Agnes, Peter Groskurth, und Eberhard Ulich. 1975. *Arbeitszufriedenheit*. Bern: Huber.

Bryce, Jo, und Jason Rutter. 2002. Killing like a girl: Gendered gaming and girl gamers' visibility. Paper presented at the Computer Games and Digital Culture Conferences. http://www.digra.org/digital-library/publications/killing-like-a-girl-gendered-gaming-and-girl-gamers-visibility/. Zugegriffen: 30. Jan. 2014.

Buchmann, Marlis, und Irene Kriesi. 2012. Geschlechtstypische Berufswahl: Begabungszuschreibungen, Aspirationen und Institutionen. In *Soziologische Bildungsforschung, Sonderband 52 der Kölner Zeitschrift für Soziologie und Sozialpsychologie*, Hrsg. Rolf Becker und Heike Solga, 256–280. Wiesbaden: Springer VS.

Bundesministerium für Familie, Senioren, Frauen und Jugend. 2005. Work Life Balance. Motor für wirtschaftliches Wachstum und gesellschaftliche Stabilität Motor für wirtschaftliches Wachstum und gesellschaftliche Stabilität. Analyse der volkswirtschaftlichen Effekte – Zusammenfassung der Ergebnisse. http://www.bmfsfj.de/BMFSFJ/Service/Publikationen/publikationen,did=29834.html. Zugegriffen: 31. Jan. 2014.

Bundesministerium für Forschung und Bildung (BMBF). 2012. Hochschulabsolventinnen und -absolventen nach Fächergruppen, Prüfungsgruppen und Geschlecht. Zeitreihe:

1993–2012. http://www.datenportal.bmbf.de/portal/de/K25.gus?rid=T2.5.46#T2.5.46. Zugegriffen: 16. Jan. 2014.
Bundesministerium für Wirtschaft und Technologie (BMWi). 2010. Monitoring zu wirtschaftlichen Eckdaten der Kultur- und Kreativwirtschaft 2009. http://www.kultur-kreativwirtschaft.de/Dateien/KuK/PDF/doku-594-monitoring-zu-wirtschaftlichen-eckdaten-2009,property=pdf,bereich=kuk,sprache=de,rwb=true.pdf. Zugegriffen: 8. Jan. 2014.
Bundesministerium für Wirtschaft und Technologie (BMWi). 2012. Monitoring zu ausgewählten wirtschaftlichen Eckdaten der Kultur- und Kreativwirtschaft 2011. Langfassung. http://www.kultur-kreativ-wirtschaft.de/KuK/Navigation/Mediathek/publikationen,did=557816.html. Zugegriffen: 8. Jan. 2014.
Büssing, André, und Thomas Bissels. 1998. Different forms of work satisfaction. *European Psychologist* 3 (3): 209–218.
Butler, Judith. 1990. *Gender trouble: Feminism and the subversion of identity*. London: Routledge.
Casper, Stephen, und David Soskice. 2004. Sectoral systems of innovation and varieties of capitalism: Explaining the development of high-technology entrepreneurship in Europe. In *Sectoral systems of innovation: Concepts, issues and analyses of six major sectors in Europe*, Hrsg. Franco Malerba, 348–387. Cambridge: Cambridge University Press.
Cassell, Justine, und Henry Jenkins. 2000. *From Barbie to Mortal Kombat. Gender and computer games*. Cambridge: MIT Press.
Cockburn, Cynthia. 1988. *Die Herrschaftsmaschine. Geschlechterverhältnisse und techn. Know-how*. Hamburg: Argument-Verl.
Consalvo, Mia. 2008. Crunched by passion: Women game developers and workplace challenges. In *Beyond Barbie and Mortal Kombat. New perspectives on gender and gaming*, Hrsg. Yasmin B. Kafai, Carrie Heeter, Jill Denner, und Jennifer Y. Sun, 177–192. Cambridge: MIT Press.
Cotter, David A., Joan M. Hermsen, Seth Ovadia, und Reeve Vanneman. 2001. The glass ceiling effect. *Social Forces* 80 (2): 655–681.
Deeke, Axel. 1995. Experteninterviews – ein methodologisches und forschungspraktisches Problem. In *Experteninterviews in der Arbeitsmarktforschung. Diskussionsbeiträge zu methodischen Fragen und praktischen Erfahrungen*, Hrsg. Christian Brinkmann, Axel Deeke, und Brigitte Völkle. Nürnberg: Institut für Arbeitsmarkt- und Berufsforschung.
Deutscher Bundestag. 2007. Antrag. Wertvolle Computerspiele fördern, Medienkompetenz stärken. Drucksache 16/7116. http://dip21.bundestag.de/dip21/btd/16/071/1607116.pdf. Zugegriffen: 2. Feb. 2014.
Deutscher Bundestag. 2008. Antwort. Ausgestaltung und Umsetzung des Computerspielpreises. Drucksache 16/10041. http://dip21.bundestag.de/dip21/btd/16/100/1610041.pdf. Zugegriffen: 2. Feb. 2014.
Deutscher Bundestag. 2012. Gesetzentwurf des Bundesrates: Entwurf eines Gesetzes zur Förderung gleichberechtigter Teilhabe von Frauen und Männern in Führungsgremien (GlTeilhG). http://dip21.bundestag.de/dip21/btd/17/112/1711270.pdf. Zugegriffen: 31. Okt. 2013.
Deuze, Mark, Chase B. Martin, und Christian Allen. 2007. The professional identity of gameworkers. *Convergence: The International Journal of Research into New Media Technologies* 13 (4): 335–353.
Dietz, Martin, Christof Röttger, und Jörg Szameitat. 2011. Betriebliche Personalsuche und Stellenbesetzungen. Neueinstellungen gelingen am besten über persönliche Kontak-

te. IAB-Kurzbericht 26/2011. Hrsg. v. Institut für Arbeitsmarkt- und Berufsforschung. Nürnberg. http://doku.iab.de/kurzber/2011/kb2611.pdf. Zugegriffen: 15. Juli 2013.

Donovan, Tristan. 2010. *Replay. The history of video games*. East Sussex: Yellow Ant.

Dyer-Witheford, Nick, und Zena Sharman. 2005. The political economy of Canada's video and computer game industry. *Canadian Journal of Communication* 30 (2), 187–210.

Entertainment Software Association (ESA). 2013. Game player data. Data from ESA's 2013 essential facts about the computer and video game industry. http://www.theesa.com/facts/game player.asp. Zugegriffen: 18. Dez. 2013.

Entertainment Software Association of Canada (ESAC). 2013. Canada's video game industry in 2013. Final Report. http://theesa.ca/wp-content/uploads/2013/10/ESAC-Video-Games-Profile-2013-FINAL-2013-10-21-CIRC.pdf. Zugegriffen: 18. Dez. 2013.

Filmförderungsanstalt (FFA). 2013. FFA Info. Zahlen aus der Filmwirtschaft. http://www.ffa.de/downloads/publikationen/ffa_intern/FFA_info_1_2013.pdf. Zugegriffen: 30. Jan. 2014.

Flick, Uwe, Ernst von Kardorff, und Ines Steinke. 2000. Was ist qualitative Forschung. Einleitung und Überblick. In *Qualitative Forschung. Ein Handbuch*, Hrsg. Ernst von Kardorff, Ines Steinke, und Uwe Flick, 13–29. Reinbek bei Hamburg: Rowohlt Taschenbuch-Verlag.

Forster, Winnie. 2002. *Gameplan. Spielekonsolen und Heim-Computer. 256 Geräte von 1972–2002*. Garching: Verlagsdruckerei Joseph C. Hubwer.

Fritz, Jürgen. 2003. Computerspiele – logisch einfach, technisch verwirrend, sozial komplex. In *Computerspiele. Virtuelle Spiel- und Lernwelten. [CD-Rom]*, Hrsg. Jürgen Fritz und Wolfgang Fehr. Bonn: Bundeszentrale für Politische Bildung.

Fromme, Johannes, Benjamin Jörissen, und Alexander Unger. 2009. Bildungspotenziale digitaler Spiele und Spielkulturen. *Medienpädagogik. Zeitschrift für Theorie und Praxis der Medienbildung* Themenheft 15/16:1–23.

Fullerton, Tracy, Janine Fron, Celia Pearce, und Jacki Morie. 2008. Getting girls into the game: Toward a „Virtuous Cycle". In *Beyond Barbie and Mortal Kombat. New perspectives on gender and gaming*, Hrsg. Yasmin B. Kafai, Carrie Heeter, Jill Denner, und Jennifer Y. Sun, 161–176. Cambridge: MIT Press.

Gamasutra. 2013. Gender gap and the game developer salary survey. http://gamasutra.com/blogs/PatrickMiller/20130404/189895/Gender_Gap_and_the_Game_Developer_Salary_Survey.php. Zugegriffen: 18. Dez. 2013.

Ganguin, Sonja. 2010a. *Computerspiele und lebenslanges Lernen. Eine Synthese von Gegensätzen*. Wiesbaden: VS Verlag für Sozialwissenschaften.

Ganguin, Sonja. 2010b. Browsergames – die Spiele der Zukunft? In *Digitale Spielkultur*, Hrsg. Sonja Ganguin und Bernward Hoffmann, 79–92, München: kopaed.

Ganguin, Sonja, und Maria Götz. 2014. Mobilität und Medien – Mediennutzung Studierender im Ausbildung. In *Medienkommunikation in Bewegung. Mobilisierung, mobile Medien, kommunikative Mobilität*, Hrsg. Jeffrey Wimmer und Maren Hartmann, 227–240. Wiesbaden: Springer VS.

Ganguin, Sonja, und Dorothee M. Meister. 2013. Spiele als Lernköder? Über das Potenzial von Computerspielen. In *Kinder – Eltern – Medien. Medienpädagogische Anregungen für den Erziehungsalltag*, Hrsg. Anna-Maria Kamin und Dorothee M. Meister, 151–166. München: Fink.

Giesecke, Johannes, Jan Paul Heisig, und Jutta Allmendinger. 2014. Einstiegswege in den Arbeitsmarkt. Diskussionspapier. Hrsg. v. Wissenschaftszentrum Berlin für Sozialforschung (WZB). bibliothek.wzb.eu/pdf/2009/p09-002.pdf. Zugegriffen: 15. Jan. 2014.

Gill, Rosalind. 2002. Cool, creative and egalitarian? Exploring gender in project-based new media work in euro. *Information, Communication & Society* 5 (1): 70–89.

Gläser, Jochen, und Grit Laudel. 2004. *Experteninterviews und qualitative Inhaltsanalyse als Instrumente rekonstruierender Untersuchungen*. 1. Aufl. Wiesbaden: VS Verlag für Sozialwissenschaften.

Gräfrath, Bernd. 1992. *Wie gerecht ist die Frauenquote? Eine praktisch-philosophische Untersuchung*. Würzburg: Königshausen & Neumann.

Graner Ray, Sheri. 2004. *Gender inclusive game design. Expanding the market*. Hingham Mass: Charles River Media.

Griefahn, Monika. 2010. Computerspiele als Kulturgut. In *Digitale Spielkultur*, Hrsg. Sonja Ganguin und Bernward Hoffmann, 31–36. München: kopaed.

Habermas, Jürgen. 1958. Soziologische Notizen zum Verhältnis von Arbeit und Freizeit. In *Konkrete Vernunft. Festschrift für E. Rothacker*, Hrsg. Gerhard Funke, 219–231. Bonn: Bouvier.

Hackman, Richard J., Greg R. Oldham. 1980. *Work redesign*. Reading: Addison-Wesley.

Haines, Lizzie. 2004. Why are there so few women working in games? Research for media training North West. http://archives.igda.org/women/MTNW_Women-in-Games_Sep04.pdf. Zugegriffen: 30. Jan. 2014.

Hartmann, Tilo, und Christoph Klimmt. 2006. Gender and computer games: Exploring females' dislikes. *Journal of Computer-Mediated Communication* 11 (4): 910–931.

Heintz, Bettina, und Eva Nadia. 1998. Geschlecht und Kontext: De-Institutionalisierungsprozesse und geschlechtliche Differenzierung. *Zeitschrift für Soziologie* 27 (2): 75–93.

Herzberg, Frederick, Bernard Mausner, und Barbara Snyderman. 1959. *The motivation to work*. 2. Aufl. New York: Wiley.

Hoffmann, Dagmar. 2005. Experteninterviews in der Medienforschung. In *Qualitative Medienforschung. Ein Handbuch*, Hrsg. Lothar Mikos und Claudia Wegener, 268–278. Konstanz: UVK Verlagsgesellschaft.

Holst, Elke, und Anne Busch. 2010. DIW-Führungskräfte-Monitor 2010. http://www.diw.de/documents/publikationen/73/diw_01.c.358490.de/diwkompakt_2010-056.pdf. Zugegriffen: 31. Jan. 2014.

Holst, Elke, und Julia Schimeta. 2012. Spitzengremien großer Unternehmen: Hartnäckigkeit männlicher Strukturen lässt kaum Platz für Frauen. In: DIW Wochenbericht Nr. 3 vom 19. Januar 2012, 3–12. http://www.diw.de/documents/publikationen/73/diw_01.c.391625.de/12-3.pdf. Zugegriffen: 31. Jan. 2014.

Hoppenstedt. 2012. Jung, dynamisch, männlich – die Games-Branche in Deutschland. In: Themenportal. Wirtschaft und Unterhaltung. http://www.themenportal.de/wirtschaft/jung-dynamisch-maennlich-die-games-branche-in-deutschland-67420. Zugegriffen: 18. Dez. 2013.

IDGA. 2004. Quality of life in the game industry: Challenges and best practices. http://legacy.igda.org/sites/default/files/IGDA_QualityOfLife_WhitePaper.pdf. Zugegriffen: 1. Feb. 2014.

IDGA. 2005. Game developer demographics report. http://legacy.igda.org/game-developer-demographics-report. Zugegriffen: 18. Dez. 2013.

Ihsen, Susanne. 2010. Ingenieurinnen: Frauen in einer Männerdomäne. In *Handbuch Frauen- und Geschlechterforschung. Theorie, Methoden, Empirie*. 3., erw. und durchges. Aufl., Hrsg. Ruth Becker und Beate Kortendiek, 799–805. Wiesbaden: VS Verlag für Sozialwissenschaften.

Jenson, Jennifer, Stephanie Fisher, und Suzanne de Castell. 2011. Disrupting the gender order: Leveling up and claiming space in an after-school video game club. *International Journal of Gender, Science, and Technology* 3 (1): 149–169.
Judge, Timothy A., Sharon K. Parker, Amy E. Colbert, Daniel Heller, Remus Ilies. 2001. Job satisfaction: A cross-cultural review. In *Handbook of industrial, work and organizational psychology*, Hrsg. Neil Anderson, Denise S. Ones, Handan Kepir Sinangil, und Chockalingam Viswesvaran, 25–52. London: Sage.
Kafai, Yasmin B., Carrie, Heeter, Jill Denner, und Jennifer Y. Sun. Hrsg. 2008. *Beyond Barbie and Mortal Kombat. New perspectives on gender and gaming.* Cambridge: MIT Press.
Kanter, Rosabeth M. 1977. *Men and women of the corporation.* New York: Basic Books.
Kauffeld, Simone, und Anna Grohmann. 2011. Personalauswahl. In *Arbeits-, Organisations- und Personalpsychologie*, Hrsg. Simone Kauffeld, 93–111. Berlin: Springer.
Kauffeld, Simone, und Carsten C. Schermuly. 2011. Arbeitszufriedenheit und Arbeitsmotivation. In *Arbeits-, Organisations- und Personalpsychologie*, Hrsg. Simone Kauffeld, 179–194. Berlin: Springer.
Kerr, Aphra. 2006. The business of making digital games. In *Understanding digital games*, Hrsg. Jason Rutter und Jo Bryce, 36–57. London: Sage.
King.com. 2012. Studie: Casual social gaming in Deutschland. Presseversion. Hamburg/London. http://www.google.de/url?sa=t&rct=j&q=&esrc=s&source=web&cd=1&ved=0CC4QFjAA&url=http%3A%2F%2Fwww.presseportal.de%2Fshowbin.htx%3Fid%3D220602%26type%3Ddocument%26action%3Ddownload%26attname%3Dking-com-casual-social-gamer-studie-2012-kurzfassung.pdf&ei=AgHtUo-iNorEsgaAvIDgCA&usg=AFQjCNGo9friT94NeWYprjLz2-xovtf_cA&bvm=bv.60444564,d.Yms&cad=rja. Zugegriffen: 1. Feb. 2014.
Klimmt, Christoph. 2004. Der Nutzen von Computerspielen – ein optimistischer Blick auf interaktive Unterhaltung. *medien+erziehung (merz)* 48 (3): 7–11.
Kommission für Jugendmedienschutz der Landesmedienanstalten (KJM). 2014. Computerspiele. http://www.kjm-online.de/themen/computerspiele.html. Zugegriffen: 22. Jan. 2014.
Kraus, Rafaela, und Ralph Woschée. 2012. Commitment und Identifikation mit Projekten. In *Angewandte Psychologie für das Projektmanagement. Ein Praxisbuch für die erfolgreiche Projektleitung.* 2. Aufl., Hrsg. Monika Wastian, Isabell Braumandl, und Lutz von Rosenstiel, 187–206. Berlin: Springer.
Kreimer, Margareta. 2009. *Ökonomie der Geschlechterdifferenz. Zur Persistenz von Gender Gaps.* Wiesbaden: VS Verlag für Sozialwissenschaften.
Krotoski, Aleks. 2004. Chicks and Joysticks. An exploration of women and gaming. Hrsg. v. Entertainment & Leisure Software Publishers Association (ELSPA). http://cs.lamar.edu/faculty/osborne/COSC1172/elspawhitepaper3.pdf. Zugegriffen: 30. Jan. 2014.
Kuckartz, Udo. 1999. *Computergestützte Analyse qualitativer Daten. Eine Einführung in Methoden und Arbeitstechniken.* Opladen: Westdeutscher Verlag.
Kunczik, Michael, und Astrid Zipfel. 2006. *Gewalt und Medien.* Stuttgart: UTB.
Liebig, Christian. 2006. *Mitarbeiterbefragungen als Interventionsinstrument. Untersuchung ihrer Effektivität anhand des Kriteriums Arbeitszufriedenheit.* Wiesbaden: Deutsher Universitäts-Verlag GWV.
Lorber, Martin. 2010. Unheilige Allianz. Über die (notwendige) Zusammenarbeit von Computerspielindustrie und Pädagogik. In *Digitale Spielkultur*, Hrsg. Sonja Ganguin und Bernward Hoffmann, 43–45. München: kopaed.

Luca, Renate. 2010. Gender. In *Handbuch Mediensozialisation*, Hrsg. Ralf Vollbrecht und Claudia Wegener, 357–363, Wiesbaden: VS Verlag für Sozialwissenschaften.

Macha, Hildegard. 2000. *Erfolgreiche Frauen. Wie sie wurden, was sie sind.* Frankfurt: Campus.

Medienpädagogischer Forschungsverbund Südwest (MPFS). 2012. *KIM-Studie 2012. Kinder + Medien, Computer + Internet. Basisuntersuchung zum Medienumgang 6- bis 13-Jähriger.* Stuttgart.

Medienpädagogischer Forschungsverbund Südwest (MPFS). 2013. *JIM-Studie 2013. Jugend, Information, (Multi-)Media. Basisuntersuchung zum Medienumgang 12- bis 19-Jähriger.* Stuttgart.

Meuser, Michael, und Ulrike Nagel. 1991. Experteninterviews – vielfach erprobt, wendig bedacht. In *Qualitativ-empirische Sozialforschung*, Hrsg. Detlef Garz und Klaus Kraimer, 441–471. Opladen: Westdeutscher Verlag.

Meuser, Michael, und Ulrike Nagel. 1997. Das Experteninterview – Wissenssoziologische Voraussetzungen und methodische Durchführung. In *Handbuch qualitative Forschungsmethoden in der Erziehungswissenschaft*, Hrsg. Barbara Friebertshäuser, 481–491. Weinheim: Juventa-Verlag.

Meuser Michael, Ulrike Nagel. 2010. ExpertInneninterview: Zur Rekonstruktion spezialisierten Sonderwissens. In *Handbuch Frauen- und Geschlechterforschung. Theorie, Methoden, Empirie.* 3., erw. und durchges. Aufl., Hrsg. Ruth Becker und Beate Kortendiek, 376–379. Wiesbaden: VS Verlag für Sozialwissenschaften.

Mikos, Lothar. 1994. *Fernsehen im Erleben der Zuschauer. Vom lustvollen Umgang mit einem populären Medium.* Berlin: Quintessenz.

Moser, Klaus, Nathalie Galais. 2011. Personalpsychologie im Projektmanagement. In *Arbeits-, Organisations- und Personalpsychologie*, Hrsg. Simone Kauffeld, 121–144. Berlin: Springer.

Müller-Lietzkow, Jörg. 2008. Entwicklungstendenzen und neue Konkurrenzen in der Computer- und Videospielindustrie. Ein Überblick über aktuelle und zukünftige ökonomische Grundlagen und Forschungsfragen. In *Clash of realities 2008 – Spielen in digitalen Welten*, Hrsg. Winfred Kaminski und Martin Lorber, 199–219. München: kopaed.

Müller-Lietzkow, Jörg. 2009. Überblick über die Computer- und Videospielindustrie. In *Wie wir spielen, was wir werden. Computerspiele in unserer Gesellschaft*, Hrsg. Tobias Bevc und Holger Zapf, 241–261. Konstanz: UVK.

Müller-Lietzkow, Jörg, und Ricarda B. Bouncken, und Wolfgang Seufert. 2006. *Gegenwart und Zukunft der Computer- und Videospielindustrie in Deutschland.* Dornach: Entertainment-Media.

Müller-Lietzkow, Jörg, und Dorothee M. Meister. 2010. Der Computer- und Videospielmarkt. Eine (medien)ökonomische Erfolgsgeschichte. In *Digitale Spielkultur*, Hrsg. Sonja Ganguin und Bernward Hoffmann, 79–92. München: kopaed.

Nerdinger, Friedemann W., Gerhard Blickle, und Niclas Schaper. 2008. *Arbeits- und Organisationspsychologie.* Heidelberg: Springer.

Norris, Kamala O. 2004. Gender stereotypes, aggression, and computer games: An online survey of women. *CyberPsychology & Behavior* 7 (6): 714–727.

Oechsle, Mechthild. 2010. Work-Life-Balance: Diskurse, Problemlagen, Forschungsperspektiven. In *Handbuch Frauen- und Geschlechterforschung. Theorie, Methoden, Empirie.* 3., erw. und durchges. Aufl. Hrsg. Ruth Becker und Beate Kortendiek, 234–243. Wiesbaden: VS Verlag für Sozialwissenschaften.

Prantl, Natalie. 2005. Das Konzept Work-Life-Balance eingebettet in die beiden Hauptlebensbereiche „Arbeit" und „Freizeit". *OSC* 12 (4): 321–331.
Prescott, Julie, und Jan Bogg. 2011a. Career attitudes of men and women working in the computer games industry. *Eludamos. Journal for Computer Game Culture* 5 (1): 7–28.
Prescott, Julie, und Jan Bogg. 2011b. Segregation in a male-dominated industry: Women working in the computer games industry. *International Journal of Gender, Science and Technology* 3 (1): 205–227.
Prescott, Julie, und Jan Bogg. 2013a. *Gendered occupational differences in science, engineering, and technology careers.* Hershey: Information Science Reference.
Prescott, Julie, und Jan Bogg. 2013b. The gendered identity of women in the games industry. *Eludamos. Journal for Computer Game Culture* 7 (1), 55–67.
Primbs, Dirk. 2008. Spieleplattformen: Zukunftspotenzial für Jedermann. In *Spielend die Zukunft gewinnen. Wachstumsmarkt Elektronische Spiele,* Hrsg. Arnold Picot, Said Zahedani, und Albrecht Ziemer, 51–57. Berlin: Springer.
Quandt, Thorsten. 2011. Deutsche Computerspieler: Viele Gelegenheitszocker, wenige Extremgamer. https://www.uni-hohenheim.de/thema.html?&tx_ttnews[tt_news]=9808&cHash=ab395b89 6d66f1e35a2a92d2bdd0924c. Zugegriffen: 18. Dez. 2013.
Rastetter, Daniela. 1998. Männerbund Management. Ist Gleichstellung von Frauen und Männern trotz wirksamer archaischer Gegenkräfte möglich? *Management: Zeitschrift für Personalforschung* 12 (2): 167–186.
Raumer, Daniel. 2014. Frauenpower statt Quote. *Gamesmarkt* 14 (2): 16–21.
Reichert, Ramón. 2008. *Amateure im Netz. Selbstmanagement und Wissenstechnik im Web 2.0.* Bielefeld: Transcript-Verlag.
Richard, Orlando C., David Ford, und Kiran Ismail. 2006. Exploring the performance effects of visible attribute diversity: The moderating role of span of control and organizational life cycle. *The International Journal of Human Resource Management* 17 (12): 2091–2109.
Riegraf, Birgit. 1996. *Geschlecht und Mikropolitik. Das Beispiel betrieblicher Gleichstellung.* Opladen: Leske+Budrich.
Riegraf, Birgit. 2013. Frauenförderung als mikropolitische Aushandlungs- und Entscheidungsprozesse im Unternehmen. In *Geschlecht und Organisation,* Hrsg. Ursula Müller, Birgit Riegraf, und Sylvia M. Wilz, 165–182. Wiesbaden: VS Verlag für Sozialwissenschaften.
Riesmeyer, Claudia, und Nathalie Huber. 2012. *Karriereziel Professorin. Wege und Strategien in der Kommunikationswissenschaft.* Köln: Halem.
Robak, Brigitte. 1996. *Vom Pianotyp zur Zeilensetzmaschine. Setzmaschinenentwicklung und Geschlechterverhältnis 1840–1990.* Marburg: Jonas.
Rose, Caspar. 2007. Does female board representation influence firm performance? The Danish evidence. *Corporate Governance* 15 (2): 404–413.
Salen, Katie, und Eric Zimmerman. 2004. *Rules of play. Game design fundamentals.* Cambridge: Massachusetts Institute of Technology.
Saltzman, Marc. 2003. *Game creation and careers. Insider secrets from industry experts.* Indianapolis: New Riders.
Seeg, Britta. 2000. *Frauen und Karriere. Strategien des beruflichen Aufstiegs.* Frankfurt a. M.: Campus.
Sennett, Richard. 1998. *Der flexible Mensch. Die Kultur des neuen Kapitalismus.* 7. Aufl. Berlin: Berlin-Verlag.

Skillset. 2006. Employment census: The results of the sixth census of the audio visual industries. http://www.creativeskillset.org/uploads/pdf/asset_9920.pdf?6. Zugegriffen: 18. Dez. 2013.
Skillset. 2009. Employment census: The results of the seventh Census of the Creative Media Industries December 2009. The sector skills council for creative media. http://www.creative skillset.org/uploads/pdf/asset_14487.pdf. Zugegriffen: 18. Dez. 2013.
Skillset. 2013. Who works in computer games? http://www.creativeskillset.org/games/industry/article_2194_1.asp. Zugegriffen: 10. Dez. 2013.
Statistisches Bundesamt. 2012. Schulen auf einen Blick, Ausgabe 2012. https://www.destatis. de/DE/Publikationen/Thematisch/BildungForschungKultur/Schulen/BroschuereSchulenBlick0110018129004.pdf?__blob=publicationFile. Zugegriffen: 26. Jan. 2014.
Teipen, Christina. 2008. Work and employment in creative industries: The video games industry in Germany, Sweden and Poland. *Economic and Industrial Democracy* 29 (3): 309–335.
Terlecki, Melissa, Jennifer Brown, Lindsey Harner-Steciw, John Irvin-Hannum, Nora Marchetto-Ryan, Linda Ruhl, und Jennifer Wiggins. 2011. Sex differences and similarities in video game experience, preferences, and self-efficacy: Implications for the gaming industry. *Current Psychology* 30 (1): 22–33
Treumann, Klaus Peter, Sonja Ganguin, und Markus Arens. 2012. *E-Learning in der beruflichen Bildung. Qualitätskriterien aus der Perspektive lernender Subjekte*. Wiesbaden: VS Verlag für Sozialwissenschaften.
United Nations. 2011. Economic and social council. Consideration of reports submitted by States parties under articles 16 and 17 of the Covenant. Online verfügbar unter: http://www.institut-fuer-menschenrechte.de/fileadmin/user_upload/PDF-Dateien/Pakte_Konventionen/ICESCR/icescr_state_report_germany_5_2008_cobs_2011_en.pdf. Zugegriffen: 30. Jan. 2014.
United Nations. 2013. Overview of the convention. http://www.un.org/womenwatch/daw/cedaw. Zugegriffen: 26. Jan. 2014.
USK. 2014a. Statistik Unterhaltungssoftware Selbstkontrolle. USK veröffentlicht Jahresbilanz 2012. http://www.usk.de/pruefverfahren/statistik/. Zugegriffen: 13. Jan. 2014.
USK. 2014b. Die fünf Kennzeichen und was sie bedeuten. http://www.usk.de/pruefverfahren/alterskennzeichen/. Zugegriffen: 13. Jan. 2014.
Vorderer, Peter. 1996. Rezeptionsmotivation: Warum nutzen Rezipienten mediale Unterhaltungsangebote? *Publizistik* 41 (3): 310–326.
Weber, Rachel. 2013. Sony's House wants female devs on PS 4. Hrsg. v. GamesIndustry International. http://www.gamesindustry.biz/articles/2013-04-05-sonys-house-wants-female-devs-on-ps4. Zugegriffen: 19. Juli 2013.
Weckerle, Andrea. 2013. *Civility in the digital age. How companies and people can triumph over haters, trolls, bullies and other jerks*. Indianapolis: Pearson Education.
Wetterer, Angelika. 1992. Theoretische Konzepte zur Analyse der Marginalität von Frauen in hochqualifizierten Berufen und Professionen. In *Profession und Geschlecht. Über die Marginalität von Frauen in hochqualifizierten Berufen*, Hrsg. Angelika Wetterer, 13–40. Frankfurt: Campus.
Wetterer, Angelika. 1993. *Professionalisierung und Geschlechterhierarchie. Vom kollektiven Frauenausschluss zur Integration mit beschränkten Möglichkeiten*. Kassel: Jenior & Pressler.
Wetterer, Angelika. 2002. *Arbeitsteilung und Geschlechterkonstruktion. ‚Gender at Work' in theoretischer und historischer Perspektive*. Konstanz: UVK.

Williams, Dmitri, Nicole Martins, Mia Consalvo, und James D. Ivory. 2009. The virtual census: Representations of gender, race and age in video games. *New Media & Society* 11 (5): 815–834.
Wimbauer, Christine. 1999. *Organisation, Geschlecht, Karriere. Fallstudien aus einem Forschungsinstitut.* Opladen: Leske + Budrich.
Wimmer, Jeffrey, und Tatiana Sitnikova. 2012. The professional identity of gameworkers revisited: A qualitative inquiry on the case example of German professionals. *Eludamos. Journal for Computer Game Culture* 6 (1): 153–169.
Witting, Tanja. 2010. Bildschirmspiele und die Genderfrage. In *Digitale Spielkultur,* Hrsg. Sonja Ganguin und Bernward Hoffmann, 115–125. München: kopaed.
Wolfers, Justin. 2006. Diagnosing discrimination: Stock returns and CEO gender. *Journal of the European Economic Association* 4 (2–3): 531–541.http://www.biu-online.de/fileadmin/user_upload/pdf/BIU_Profilstudie_Gamer_in_Deutschland_2011.pdf.

Printed by Printforce, the Netherlands